GERMANIA SACRA

NEUE FOLGE 8

DIE BISTÜMER DER KIRCHENPROVINZ MAINZ

DAS BISTUM HILDESHEIM

2

GERMANIA SACRA

HISTORISCH-STATISTISCHE BESCHREIBUNG DER KIRCHE DES ALTEN REICHES

HERAUSGEGEBEN VOM
MAX-PLANCK-INSTITUT FÜR GESCHICHTE

NEUE FOLGE 8

DIE BISTÜMER DER KIRCHENPROVINZ MAINZ

DAS BISTUM HILDESHEIM

2

DAS BENEDIKTINER(INNEN)KLOSTER BRUNSHAUSEN
DAS BENEDIKTINERINNENKLOSTER ST. MARIEN VOR GANDERSHEIM
DAS BENEDIKTINERKLOSTER CLUS
DAS FRANZISKANERKLOSTER GANDERSHEIM

1974

WALTER DE GRUYTER · BERLIN · NEW YORK

DAS BISTUM HILDESHEIM

2

DAS BENEDIKTINER(INNEN)KLOSTER BRUNSHAUSEN

DAS BENEDIKTINERINNENKLOSTER ST. MARIEN
VOR GANDERSHEIM

DAS BENEDIKTINERKLOSTER CLUS

DAS FRANZISKANERKLOSTER GANDERSHEIM

IM AUFTRAGE
DES MAX-PLANCK-INSTITUTS FÜR GESCHICHTE
BEARBEITET VON

HANS GOETTING

1974

WALTER DE GRUYTER · BERLIN · NEW YORK

ISBN 3 11 004314 9

Library of Congress Catalog Card Number 72-81555

Printed in Germany

Satz und Druck: F. Spiller, 1 Berlin 36

Bindearbeiten: Wübben & Co., Berlin

VORWORT

Im Anschluß an Band 7 der Neuen Folge der Germania Sacra, der das Reichsstift Gandersheim behandelt, umfaßt der vorliegende Band 8 die Geschichte der drei Gandersheimer Eigenklöster Brunshausen, St. Marien vor Gandersheim und Clus sowie des Franziskanerklosters Gandersheim.

Das hohe Alter und die Bedeutung der ursprünglichen Fuldaer Missionszelle Brunshausen aus dem Ende des 8. Jahrhunderts ist vor Jahren auf Grund diplomatischer Analysen der frühen Urkunden des Reichsstifts Gandersheim, voran der sog. Älteren Gründungsurkunde, festgestellt worden. Man darf es als besonderen Glücksfall bezeichnen, daß im Anschluß daran die Ergebnisse der Urkundenforschung durch umfangreiche archäologische Untersuchungen als richtig erwiesen und darüber hinaus noch erweitert werden konnten. Die sich von 1960 bis 1969 erstreckenden Ausgrabungen wurden in den ersten Jahren von dem bewährten Bodendenkmalpfleger für den Verwaltungsbezirk Braunschweig, Oberkustos Dr. Franz Niquet, durchgeführt und erbrachten nach ausgedehnten Flächenabdeckungen westlich des engeren Klosterbezirks und nördlich der Klosterkirche aufschlußreiche Ergebnisse, darunter nicht nur den Nachweis spezifischer Fuldaer Keramik, sondern auch die Auffindung des außerhalb des eigentlichen Benediktinerklosters errichteten Hauses des Gründungskapitels des späteren Reichsstifts Gandersheim (852—881, vgl. GS NF 7 S. 82). Die baugeschichtlichen Untersuchungen in der Klosterkirche selbst, die in größerem Umfang erst dadurch ermöglicht wurden, daß der Landkreis Gandersheim unter der Leitung des verstorbenen Oberkreisdirektors Karl Klages dankenswerterweise Mittel zur Sicherung des vom Verfall bedrohten Kirchendaches bereitstellte, gingen 1963 in die Zuständigkeit des Niedersächsischen Landeskonservators Dr. Hans Roggenkamp über, der die örtliche Grabungsleitung — nach Berufung von Dr. Gottfried Kiesow zum Landeskonservator von Hessen — an Maria Schott-Keibel übertrug. Ihre überaus sorgfältige Ausgräbertätigkeit führte mit der Aufdeckung von nicht weniger als vier Vorgängerbauten unter dem heutigen spätgotischen Kirchenbau zu wesentlichen neuen Erkenntnissen, deren Bedeutung über die engeren Landesgrenzen hinausreicht. Die jahrelangen Untersuchungen wurden zunächst mit Forschungsmitteln des Landes Niedersachsen aus dem Zahlenlotto gefördert und konnten seit 1965 mit

Unterstützung der Deutschen Forschungsgemeinschaft weitergeführt werden. Allen Genannten und ihren Helfern haben das Germania Sacra-Unternehmen und der Bearbeiter dieses Bandes für die hervorragende und verständnisvolle Zusammenarbeit sowie für die aufopfernde Grabungstätigkeit unter zeitweise sehr schlechten Witterungsbedingungen besonders herzlich zu danken.

Für das vollständig von der Bildfläche verschwundene, im 10. Jahrhundert gegründete Kloster St. Marien vor Gandersheim ließen sich entsprechende archäologische Untersuchungen noch nicht durchführen. Über seine Geschichte gab es auch bisher — mit Ausnahme des von mir aus dem Nachlaß von Hermann Herbst herausgegebenen Aufsatzes über die Bibliotheksstiftung von 1477 — keinerlei Vorarbeiten. Gleichwohl konnte aus den erhaltenen Urkunden und Akten des im Jahre 1570 aufgehobenen Klosters erstmals ein Bild sowohl der topographischen und baugeschichtlichen Gegebenheiten wie auch der verfassungsgeschichtlich interessanten Entwicklung des zweitältesten Eigenklosters des Reichsstifts Gandersheim gewonnen werden.

Für die dritte und jüngste Eigengründung, das Reformkloster Clus, hatten sich die Verhältnisse der älteren Zeit durch kritische Untersuchungen der eigenen urkundlichen Überlieferung weitgehend klären lassen. Zur Bibliotheksgeschichte und zur Rolle von Clus als Ursprung der sog. Bursfelder Kongregation konnten Vorarbeiten von Hermann Herbst zugrundegelegt werden.

Die Geschicke des — wie St. Marien — ganz verschwundenen Franziskanerklosters Gandersheim schließlich, das im ganzen nur knapp sieben Jahrzehnte vor der Reformation bestanden hat und dessen Archiv vollständig verloren ist, mußten überwiegend aus fremden Quellen dargestellt werden.

Überhaupt ist der Zustand der archivalischen Überlieferung der einzelnen Klöster sehr unterschiedlich. Während das mittelalterliche Klosterarchiv von Brunshausen ebenfalls nahezu gänzlich verlorengegangen ist, sind für St. Marien und Clus die Urkundenbestände und wenige späte Kopiare erhalten, für das Marienkloster auch vereinzelte Rechnungen des 15./16. Jhs. Im ganzen kann die Überlieferung als nicht besonders reich bezeichnet werden. Spezielle historiographische Quellen liegen nur in der Cluser Chronik des Henricus Bodo und deren Fortsetzung durch den Abt Heinrich Pumme für die Zeit von c. 1430—1581 vor.

Zu den Signaturen der vielfach zitierten Archivalien des Niedersächsischen Staatsarchivs Wolfenbüttel ist zu beachten, daß sich einzelne Bestände noch während des Drucks dieses Bandes in Neuordnung befanden. Dies gilt vor allem für den von Archivdirektor i. R. Dr. jur.

Hermann Kleinau neu verzeichneten großen Bestand 2 Alt (Geheime Ratsregistratur). Hier mußten die Akten meist mit ihrer vorläufigen Nummer zitiert werden. Die endgültigen Bezeichnungen sind aber jetzt mit Hilfe einer Konkordanz und eines ausführlichen Namen- und Sachverzeichnisses zum Archivfindbuch 2 Alt leicht festzustellen.

Es bedarf ferner noch des Hinweises, daß in den Personallisten nach den Bearbeitungsrichtlinien der Germania Sacra aus Raumgründen in der Regel nur das erste und letzte Vorkommen der einzelnen Klosterpersonen angegeben wurden, nicht etwa alle dazwischenliegenden Erwähnungen, die sich aus den Quellen ermitteln ließen. Die Namen von Verstorbenen aus Brunshausen und Clus in den Admonter Totenroteln sind auf meine Bitte von Hartmut v. Hindte an den Originalen im Klosterarchiv Admont überprüft worden, wobei die Lesungen der Büngerschen Ausgabe z. T. berichtigt werden konnten.

Im übrigen gilt mein Dank auch für diesen Band allen, denen schon im Vorwort zum 7. Band für freundliche Förderung und Hilfe zu danken mir ehrenvolle Verpflichtung war.

Hans Goetting

INHALTSVERZEICHNIS

ALLGEMEINE ABKÜRZUNGEN

(soweit nicht im Verzeichnis der Allg. Abkürzungen des Dahlmann-Waitz, 10. Auflage, Bd. 1. 1969 S. 29—36 enthalten)

A.	= Anmerkung
ad a.	= ad annum
Ant.	= Antiquitates
B.	= Bischof
bisch.	= bischöflich
Bl.	= Blatt
BuK.	= Bau- und Kunstdenkmäler
CIC.	= Corpus Iuris Canonici
D.	= Diözese
D (vor gekürztem Herrschernamen, z. B. DLdJ., DO II. usw.)	= Diplom (z. B. Ludwigs des Jüngeren, Ottos II. usw.), gedr. in der Diplomata-Ausgabe der MGH.
Dipl. App.	= Diplomatischer Apparat der Universität Göttingen
E.	= Ende
Eb.	= Erzbischof
ED.	= Erzdiözese
erw.	= erwähnt
E. U.	= eigenhändige Unterschrift
Fb.	= Findbuch
fl	= Floren, Gulden
Fstm.	= Fürstentum
fstl.	= fürstlich
GOV.	= Geschichtliches Ortsverzeichnis
H.	= Hälfte
HABiblWb.	= Herzog-August-Bibliothek Wolfenbüttel
HAbt.	= Hauptabteilung
Hann.	= Hannover
Hs	= Handschrift (in der HAbt. Handschriften im Niedersächsischen Staatsarchiv Wolfenbüttel)
HStA.	= Hauptstaatsarchiv
Hzg.	= Herzog
hzgl.	= herzoglich
Hztm.	= Herzogtum
Jh.	= Jahrhundert
K	= Karte(n), HAbt. Karten im Niedersächsischen Staatsarchiv Wolfenbüttel
Kan.	= Kanoniker
KB	= Kirchenbuch
LBibl.	= Landesbibliothek
Lkr.	= Landkreis
LP.	= Leichenpredigt

M.	=	Mutter
MGH.	=	Monumenta Germaniae Historica
Nds.	=	Niedersachsen, niedersächsisch
Not.Instr.	=	Notariatsinstrument
O. D.	=	Ohne Datum
O. J.	=	Ohne Jahresangabe
Or.	=	Originalurkunde
O. T.	=	Ohne Monats- und Tagesangabe
R.	=	Rückvermerk
Reg.	=	Regest
Rep.	=	Repositur
SS.	=	Scriptores in der Ausgabe der MGH
Slg	=	Sammlung(en), HAbt. Sammlungen im Niedersächsischen Staatsarchiv Wolfenbüttel
StA.	=	Staatsarchiv
StadtA.	=	Stadtarchiv
StUBibl.	=	Staats- und Universitätsbibliothek
Th	=	Thaler
UB	=	Urkundenbuch
Urk	=	Urkunde(n), HAbt. Urkunden im Niedersächsischen Staatsarchiv Wolfenbüttel
v. (mit folgender Zahl)	=	Vers
V.	=	Vater
Wb.	=	Wolfenbüttel
* vor Ortsnamen	=	Kennzeichnung von Wüstungen

BENEDIKTINER(INNEN)KLOSTER BRUNSHAUSEN

1. QUELLEN, LITERATUR UND DENKMÄLER

§ 1. Quellen

1. Ungedruckte Quellen

StA. Wb. = Wolfenbüttel, Niedersächsisches Staatsarchiv.[1])

Hauptabteilung Urkunden (Urk):

6 Urk:	Reichsunmittelbares Kanonissenstift Gandersheim.
10/11 Urk:	Benediktinerkloster Clus (mit Brunshausen).
14 Urk:	Benediktinerinnenkloster St. Marien vor Gandersheim.
41 Urk:	Stadt Gandersheim.
60—110 Urk:	Grafen, Edelherren und adlige Familien.
139 Urk:	Varia Brunsvicensia.

Hauptabteilung Handschriften (Hs):

Abteilungen I—IV Hs, VI Hs Gr. 2—10, 14—16.

VII A Hs:	Kopial- und Lehnbücher, Urkundensammlungen usw. betr. Adelsgeschlechter.
VII B Hs:	Kopialbücher, Urkundensammlungen, Güterverzeichnisse betr. die Braunschweigischen Stifter und Klöster, VII B Hs 1—67 (Stift Gandersheim).

Hauptabteilung Ältere Landesakten (Alt):

1 Alt: „Fürstliches Hauptarchiv" Gr. 8—12, 13, 19, 22—24.
2 Alt: Kanzlei, Geh. Ratsstube.
4 Alt: Kammer, insbesondere:
  4 Alt 2 Gr. 2 Clus und Brunshausen.
  4 Alt 18 Fb. 14.
8 Alt: Ämter.
11 Alt: Stifter und Klöster, insbesondere:
  11 Alt Brunshausen.
  11 Alt Gandersheim Fb. 1, Fb. 2, insbesondere: Angelegenheiten der Klöster Brunshausen und Clus, Fb. 3.
14 Alt: Fürstl. Konsistorium.
16 Alt: Handelsbücher der Fürstl. Kanzlei.
19 Alt: 30—33 (Erbregister und Corpora bonorum).

---

[1]) Alle Signaturen im Text ohne vorangehende Nennung eines Archivs oder einer Bibliothek beziehen sich auf Archivalien des Niedersächsischen Staatsarchivs Wolfenbüttel. Zum Bestand 2 Alt s. den Hinweis im Vorwort.

Hauptabteilung Kgr. Westphalen (W).

Hauptabteilung Landschaftliche und ständische Akten (Ldsch).

Hauptabteilung Kirchenbücher und Personenstandsregister (Kb).

Hauptabteilung Nichtstaatliche Archivalien (N), insbesondere:
17 N Stadt Gandersheim.
142 N Braunschw. Landeskulturverband, vorl. Nr. 8:
G. Brackebusch, Fragebogen Brunshausen.
253 N Nachlaß Adolf Mühe-Gandersheim.
254 N Nachlaß Gg. Ludw. Brackebusch-Gandersheim.

Hauptabteilung Karten, Risse und Pläne (K).

Hauptabteilung Sammlungen (Slg), insbesondere:

1 Slg:	Siegelabgüsse.
2 Slg:	Siegelstempel.
5 Slg:	v. Praunsches Siegelkabinett.
12 Slg:	Pergamentbruchstücke.
32 Slg:	Regestensammlung H. Dürre.
37 Slg nr. 28:	Fb. der Akten der Stiftskirchenbibliothek.

HABibl. Wb.	= Wolfenbüttel, Herzog-August-Bibliothek, insbesondere: Cod. Guelf. 19. 13 Aug. 4°: Henricus Bodo von Clus, Chronica cenobii Clusini (abgekürzt CC.) und Syntagma ecclesie Gandesiane.
StadtA. Brschw.	= Braunschweig, Stadtarchiv und Stadtbibliothek.
LKA. Brschw.	= Braunschweig, Archiv der Ev. luth. Braunschw. Landeskirche (früher in Wolfenbüttel).
Stiftsk. Bibl. Gand.	= Gandersheim, Stiftskirchenbibliothek.
StadtA. Gö.	= Göttingen, Stadtarchiv.
HStA. Hann.	= Hannover, Niedersächsisches Hauptstaatsarchiv, Urkunden, insbesondere: Hild. Or. 2: Kloster Lamspringe.
Bisch. Bibl. Hild.	= Hildesheim, Bischöfliche (Beverinische, Dom-)Bibliothek.
BistA. Hild.	= Hildesheim, Bistumsarchiv.
StA. Magd.	= Magdeburg, Staatsarchiv.
HStA. München	= München, Bayerisches Hauptstaatsarchiv.
Schönst. Arch.	= Schönstein, Hatzfeld-Wildenburgisches Archiv.

2. Gedruckte Quellen[2])

Admonter Totenroteln = Bünger, Fritz, Admonter Totenroteln 1442 bis 1496 (Beitr. z. Gesch. d. alten Mönchtums u. d. Benediktinerordens 19) 1935.

Agius, V. Hath. = Vita Hathumodae abbatissae Gandersheimensis primae (ed. Georg Heinrich Pertz, MGH. SS. 4 S. 165—189).

[2]) Im allgemeinen werden nur mehrfach zitierte Werke aufgeführt. Die Abkürzungen von Reihen und Zeitschriften richten sich nach Dahlmann/Waitz, Quellenkunde der deutschen Geschichte. Bd. 1. [10]1969 S. 37 ff.

Ann. Hild. = Annales Hildesheimenses (ed. Georg Waitz, MGH. SSrerGerm. 1878, Neudr. 1947).

Ann. Quedl. = Annales Quedlinburgenses (ed. Georg Heinrich Pertz, MGH. SS. 3 S. 19—90).

Ann. Saxo = Annalista Saxo (ed. Georg Waitz, MGH. SS. 6 S. 542—777).

Bodo, Syntagma = Bodo Henricus, Syntagma ecclesie Gandesiane (Teildruck: H. Meibom, Rer. Germ. S. 477—510 und G. W. Leibniz, SSrerBrunsv. 3 S. 701—726 und 2 S. 337—345).

Bodo, CC. = Selecta ex Chronico Clusino Henrici Bodonis, gedr. G. W. Leibniz, SSrerBrunsv. 2 S. 345—370 (Auszüge aus Cod. Guelf. 19. 13 Aug. 4°).

Caeremoniae = Linneborn J., Die Reformation der westfälischen Benedictinerklöster durch die Bursfelder Congregation. B. Die Reformation der Frauenklöster (StudMittGBened 21. 1900 S. 53—67, Teildruck der ungedr. „Caeremoniae sanctimonialium ord. s. Ben. sub observantia Bursfeldensi ... famulantium").

Chron. Hild. = Chronicon episcoporum Hildesheimensium (ed. Georg Heinrich Pertz, MGH. SS. 7 S. 845—873).

Dronke, Trad. = Dronke E. F. J., Traditiones et Antiquitates Fuldenses. 1844.

Eberhard = Die Gandersheimer Reimchronik des Priesters Eberhard. Hg. von Ludwig Wolff (Altdeutsche Textbibliothek 25) 1927. Dazu die ältere Ausgabe: Eberhard von Gandersheim, Reimchronik von Gandersheim (ed. Ludwig Weiland, MGH. Dt. Chron. 2. 1877 S. 397—429).

Feise, Ausz. = Feise Wilhelm, Urkundenauszüge zur Geschichte der Stadt Einbeck bis zum Jahre 1500 [nebst] Orts- und Personenregister von Erich Plümer. 1959—1961.

Harenberg = Harenberg Johann Christoph, Historia ecclesiae Gandershemensis cathedralis ac collegiatae diplomatica. Hannover 1734.

Hildesh. Denkschrift = Cod. Dresd. J 206 der Sächs. Landesbibl. Dresden, als Hs. 2 in den Anmerkungen zur Edition der V. Bernw. (s. unten) berücksichtigt.

Hrotsvit, Primord. = Hrotsvithae Opera (ed. Paul von Winterfeld, MGH. SSrerGerm. 1902, S. 229—246) und Hrotsvithae Opera (ed. Karl Strecker, BiblTeubner, [2]1930, S. 256—274).

J. L. = Regesta pontificum Romanorum. Hg. von Philipp Jaffé, 2. Aufl. bearb. von S. Loewenfeld, F. Kaltenbrunner und P. Ewald 1. 2. 1885—1888.

Kayser, Ref. KirchVis. = Kayser Karl, Die reformatorischen Kirchenvisitationen in den welfischen Landen 1542—1544. Instructionen, Protokolle, Abschiede und Berichte der Reformatoren. 1897.

Klosterordnung 1655 = Augusti Herzogens zu Brunswyk und Lunaeburg Verordnung, wy es mit Besez- und Verfassung der Clöster ... zu halten. Wolfenbüttel 1655.

Leuckfeld = Leuckfeld Johann Georg, Antiquitates Gandersheimenses. Wolfenbüttel 1709.

Orr. Guelf. = Origines Guelficae. Hg. nach den Vorarbeiten von Leibniz, Eckhart und Gruber von Christian Ludwig Scheidt. 1—5. Hannover 1750—1780.

Potth. = Regesta pontificum Romanorum unde ab an. 1198 usque ad an. 1304. Hg. von August Potthast. 1—2. 1874—1875.

Schmidt, Päbstl. Urkk. = Schmidt Gustav, Päbstliche Urkunden und Regesten, die Gebiete der heutigen Provinz Sachsen und deren Umlande betreffend. 1. 1295—1352) 2. (1353—1378). (GQProvSachs 21 u. 22) 1886—1889.

UB Drübeck = Urkundenbuch des in der Grafschaft Wernigerode belegenen Klosters Drübeck. Bearb. von Eduard Jacobs (GQProvSachs 5) 1874.

UB Eichsf. = Urkundenbuch des Eichsfeldes. Bearb. von Alois Schmidt. 1. (GQProvSachsAnhalt 13) 1933.

UB Fulda = Urkundenbuch des Klosters Fulda. Bearb. von Edmund Ernst Stengel. 1, 1. 1913. 1, 2 (Veröffentl. HistKommHessWaldeck 10, 1) 1958.

UB Gosl. = Urkundenbuch der Stadt Goslar und der in und bei Goslar belegenen geistlichen Stiftungen. Bearb. von Georg Bode und Uvo Hölscher. 1—5. (GQProvSachs 29—32. 45) 1893—1922.

UBHHalb. = Urkundenbuch des Hochstifts Halberstadt und seiner Bischöfe. Bearb. von Gustav Schmidt. 1—4. (PubllPreußStaatsArch 17. 21. 27. 40) 1883—1889.

UBHHild. = Urkundenbuch des Hochstifts Hildesheim und seiner Bischöfe. Hg. von Karl Janicke und Hermann Hoogeweg. 1. (PubllPreußStaatsArch 65) 1896. 2—6. (QDarstGNdSachs 6. 11. 22. 24. 28) 1901—1911.

UB Walkenried = Die Urkunden des Stiftes Walkenried. Bearb. von Adolf Hettling und Wilhelm Ehlers. 1. 2. (UB des HistVNdSachs 2. 3.) 1852—1855.

V. Bernw. = Vita Bernwardi episcopi Hildesheimensis auctore Thangmaro (ed. Georg Heinrich Pertz, MGH. SS. 4 S. 754—782).

V. Godeh. = Vita Godehardi episcopi Hildesheimensis auctore Wolfherio prior et posterior (ed. Georg Heinrich Pertz, MGH. SS. 11 S. 167—218).

Volk, GenKapRez. = Volk P. Paulus, Die Generalkapitelsrezesse der Bursfelder Kongregation. 1. (1458—1530). 2. (1531—1653) 1955—1957.

§ 2. Literatur[3])

Ahlhaus, Patronat = Ahlhaus Josef, Geistliches Patronat und Inkorporation in der Diözese Hildesheim im Mittelalter. 1928.

Bernhardi, Jbb. L. III. = Bernhardi Wilhelm, Lothar von Supplinburg (Jahrbücher des Dt. Reiches) 1879.

Bertram Adolf, Geschichte des Bisthums Hildesheim 1. 1899.

BuK. 5 = Die Bau- und Kunstdenkmäler des Herzogtums Braunschweig. 5. Die Bau- und Kunstdenkmäler des Kreises Gandersheim, bearb. v. Karl Steinacker, 1910.

Goetting, Anfänge = Goetting, Hans, Die Anfänge des Reichsstifts Gandersheim (BraunschwJb. 31. 1950 S. 5—52).

Goetting, Brunshausen = Goetting Hans, Das Fuldaer Missionskloster Brunshausen und seine Lage (ZHarzV 5/6. 1953/54 S. 9—27).

Goetting, Gandersheim und Rom = Goetting Hans, Gandersheim und Rom. Die Entwicklung der kirchenrechtlichen Stellung des Reichsstifts Gandersheim und der große Exemtionsprozeß 1203—1208 (JbGesNdSächsKG 51. 1953 S. 36—71).

Goetting, Kritik = Goetting Hans, Zur Kritik der älteren Gründungsurkunde des Reichsstifts Gandersheim (MittÖsterrStaatsarch 3. 1950 S. 362—403).

[3]) Im allgemeinen werden nur mehrfach zitierte Werke aufgeführt. Die Abkürzungen von Reihen und Zeitschriften richten sich nach Dahlmann/Waitz, Quellenkunde der deutschen Geschichte. Bd. 1. [10]1969 S. 37 ff.

G o e t t i n g, Or. Suppl. = G o e t t i n g Hans, Die Gandersheimer Originalsupplik an Papst Paschalis II. als Quelle für eine unbekannte Legation Hildebrands nach Sachsen (NdSächsJbLG 21. 1949 S. 93—122).

G o e t t i n g, Riechenberg = G o e t t i n g Hans, Die Riechenberger Fälschungen und das zweite Königssiegel Lothars III. (MIÖG 78. 1970 S. 132—166).

G o e t t i n g - N i q u e t, Ausgrab. Brunshausen = G o e t t i n g Hans u. N i q u e t Franz, Die Ausgrabungen des Bonifatiusklosters Brunshausen bei Gandersheim (Neue Ausgrabungen u. Forschungen in Niedersachsen hg. v. Herb. Jankuhn 1) 1963 S. 194—213.

G ü n t h e r Fr., Der Ambergau. 1887.

H e i n e k e n Johanna, Die Anfänge der sächsischen Frauenklöster. Diss. phil. Göttingen 1910.

W. H e i n e m a n n, Hildesh. = H e i n e m a n n Wolfgang, Das Bistum Hildesheim im Kräftespiel der Reichs- und Territorialpolitik vornehmlich des 12. Jahrhunderts (QDarstGNdSachs 72) 1968.

H ö f n e r, Büchersl gen. = H ö f n e r Curt, Zur Geschichte der Gandersheimer Büchersammlungen. Ein Beitrag aus Coburg (Buch u. Welt, Festschrift f. Gust. Hofmann zum 65. Geb. dargebr.) 1965 S. 197—210.

H o f m e i s t e r, Liste = H o f m e i s t e r Philipp, Liste der Nonnenklöster der Bursfelder Kongregation (StudMittGBened 53. 1935 S. 77—102).

H o m a n n Heinrich, Kloster und Bistum in der Diözese Hildesheim. Diss. phil. Marburg [Masch.] 1925.

K i e s o w, Vorbericht = K i e s o w Gottfried, Vorbericht über die Ausgrabungen in der ehemaligen Klosterkirche Brunshausen (Vorchristlich-Christliche Frühgeschichte in Niedersachsen, Beiheft zum JbGesNdSächsKG 64. 1966 S. 136—141).

K l e i n a u, ADVerz. Hild. = K l e i n a u Hermann, Ein neuer Text des Archidiakonats-Verzeichnisses des Bistums Hildesheim (BraunschwJb 39. 1958 S. 84—102).

K l e i n a u, GOV = K l e i n a u Hermann, Geschichtliches Ortsverzeichnis des Landes Braunschweig. 1. 2. Namen- und Sachverzeichnis (Geschichtliches Ortsverzeichnis von Niedersachsen 2. VeröffHistKommNdSachs 30) 1967—1968.

K l e i n a u, BestÜbersStAWb. = K l e i n a u Hermann, Übersicht über die Bestände des Niedersächsischen Staatsarchivs in Wolfenbüttel 1 (Veröffentlichungen der Niedersächsischen Archivverwaltung 17) 1963.

K r a u s e, Runica = K r a u s e Wolfgang, Die Runica-Inschrift von Brunshausen (Studien zur europäischen Vor- und Frühgeschichte, hrsg. von M. Claus, W. Haarnagel und K. Raddatz) 1968. S. 349—353.

K r o n e n b e r g, Clus u. Brunsh. = K r o n e n b e r g Kurt, Clus und Brunshausen. Verlassene Klöster. [2]1966.

K r o n e n b e r g, Ref. = K r o n e n b e r g Kurt, Die Reformation des Reichsstiftes Gandersheim durch Herzog Julius von Braunschweig (JbGesNdSächsKG 66. 1968 S. 81—106).

K r o n e n b e r g, Wanderungen = K r o n e n b e r g Kurt, Wanderungen um Gandersheim. 1965.

K r u m w i e d e, Patroz. = H e n n e c k e Edgar und K r u m w i e d e Hans Walter, Die mittelalterlichen Kirchen- und Altarpatrozinien Niedersachsens (StudKirchengeschNdSachs 11) 1960.

L ü d e r s Wilhelm, Die Fuldaer Mission in den Landschaften nördlich des Harzes (ZHarzV 68. 1935 S. 50 ff.).

Lüntzel, Diöz. = Lüntzel H. A., Die ältere Diöcese Hildesheim 1. 2. 1837.

Lüntzel, Gesch. Hild. = Lüntzel H. A., Geschichte der Diöcese und Stadt Hildesheim 1. 2. 1858.

Machens, Archidiakonate = Machens Joseph, Die Archidiakonate des Bistums Hildesheim im Mittelalter (BeitrrGNdSachsWestfErgH 8) 1920.

Petke, Wohldenberger = Petke Wolfgang, Die Grafen von Wöltingerode-Wohldenberg. Adelsherrschaft, Königtum und Landesherrschaft im nordwestlichen Harzvorland im 12. u. 13. Jh. (VeröffInstHistLdesforschUnivGöttingen 4) 1971.

Samse, Zentralverw. = Samse H., Die Zentralverwaltung in den südwelfischen Landen vom 15.—17. Jahrhundert. Ein Beitrag zur Verfassungs- und Sozialgeschichte Niedersachsens (QDarstGNdSachs 49) 1940.

Schilling, Zehnten = Schilling Hugo K., Die Fundationsgüter und Zehnten des Stiftes Gandersheim im elften Jahrhundert (ZsHarzV 33. 1900 S. 486—493).

Schilling, Plenar = Schilling Hugo K., Die vermeintliche Urkunde im Gandersheimer Plenar (HistVjSchr 4. 1901 S. 70—74).

Schott-Keibel, Kirchengrabung = Schott-Keibel Maria, Kirchengrabung in Brunshausen bei Gandersheim. Vorläufiger Bericht (Niedersächsische Denkmalpflege 6. 1970. S. 34—42).

Seebaß-Freist, Pastoren = Seebaß Georg und Friedrich Wilhelm Freist, Die Pastoren der ev. luth. Landeskirche Braunschweig. 1. 1969.

Spanuth, Quellen = Spanuth Friedrich, Quellen zur Durchführung der Reformation im Braunschweigisch-Wolfenbüttelschen Lande 1551—1568 (JbGesNdSächsKG 42. 1937 S. 241—288).

Spanuth, Vis. Prot. = Spanuth Friedrich, Protokolle der Visitationen der Frauenklöster des Braunschweigisch-Wolfenbüttelschen Landes im Jahre 1568 (JbGesNdSächsKG 51. 1953 S. 118—127).

Steinacker, Stift Gandersheim = Steinacker Karl, Stift Gandersheim (BraunschwJb 8. 1909 S. 1—47).

Stengel, Edmund Ernst, Die Reichsabtei Fulda in der deutschen Geschichte (E. E. Stengel, Abhandlungen und Untersuchungen zur Hessischen Geschichte. VeröffHistKomm f. Hessen und Waldeck 26) 1960 S. 1—26.

Stengel, Edmund Ernst, Zur Frühgeschichte der Reichsabtei Fulda, 4. Brunshausen das monasterium s. Bonifatii (E. E. Stengel, Abhandlungen u. Untersuchungen zur Hessischen Geschichte. VeröffHistKomm f. Hessen u. Waldeck 26) 1960 S. 275—278.

§ 3. Topographie und Denkmäler

1. Baugeschichte der Klosterkirche

Nach den archäologischen Untersuchungen der Jahre 1962—1968 kann die Baugeschichte der Klosterkirche, die vorher durchaus rätselhaft war (vgl. K. Steinacker, BuK. 5 S. 40—44), als im wesentlichen geklärt gelten. Die von G. Kiesow (Vorbericht S. 136—141) veröffentlichten Ergebnisse konnten in den Grabungsjahren 1967/1968 nicht unerheblich

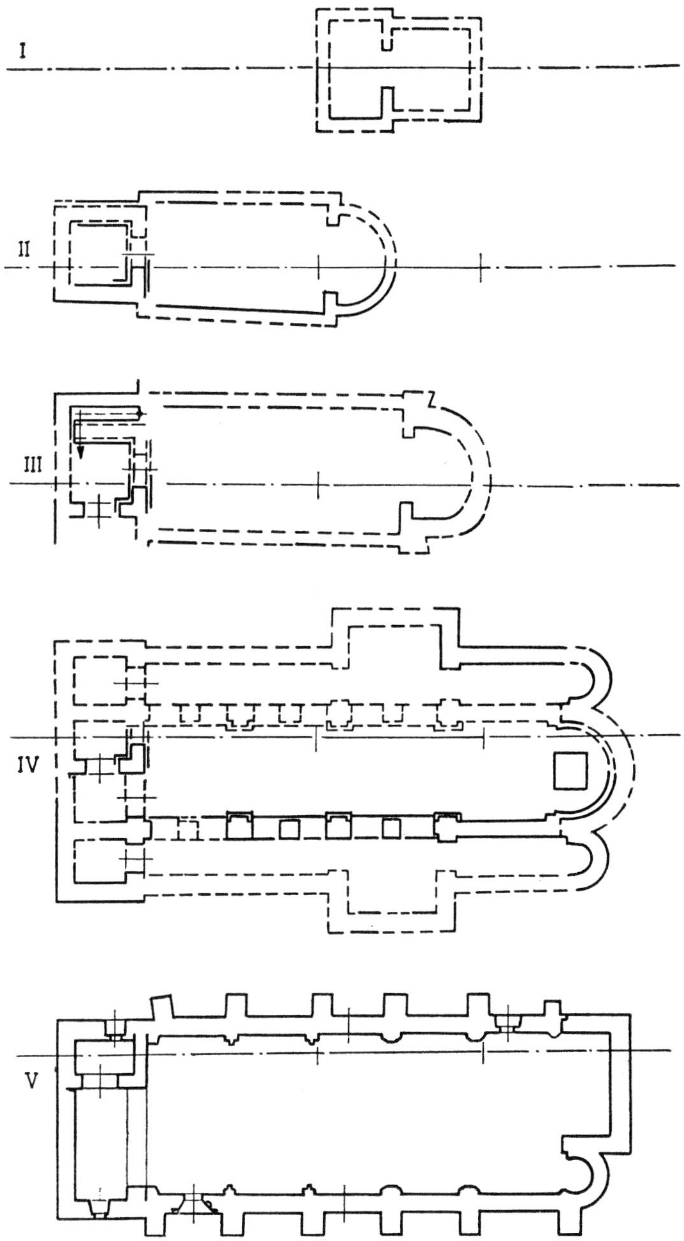

Brunshausen, Lkr. Gandersheim. Rekonstruktionen der Kirchen I bis IV und Grundriß der bestehenden gotischen Anlage V (M. 1 : 500). Fundamentpläne in lagemäßiger Relation zur Mittelachse von Bau I.

——— Fundament, Fundamentgruben, Aufgehendes.

– – – Rekonstruktion.

Wiedergabe mit freundlichst erteilter Genehmigung des Herrn Niedersächsischen Landeskonservators aus: Maria Schott-Keibel, Kirchengrabung in Brunshausen bei Gandersheim. Vorläufiger Bericht. (Niedersächs. Denkmalpflege 6) 1970 S. 38.

modifiziert und erweitert werden (vgl. M. Schott - Keibel, Kirchengrabung S. 34 ff.). Die Ergebnisse, deren Einzelheiten dem endgültigen Grabungsbericht vorbehalten sind, sollen hier nur kurz skizziert werden.

Unter dem heutigen, im wesentlichen spätgotischen Kirchenbau konnten nicht weniger als vier Vorgängerbauten nachgewiesen und in ihren Resten freigelegt werden:

1) Bau I, die älteste Anlage, die wohl noch in das Ende des 8. Jhs. zu setzen wäre und in der man wohl die Missionskapelle der Gründungszeit sehen darf, war ein zweiteiliger, kapellenartiger Bau. Der östliche Teil, der Altar- bzw. Chorraum, bildete ein Quadrat von 5,25 m im Lichten. Ihm war im Westen ein querrechteckiger Raum von 3,50 × 6,50 m vorgelagert. Der Fußboden bestand aus rosa gefärbtem Gipsmörtel.

2) Bau II, die erste karolingische Klosterkirche mit einer Gesamtlänge von 21 m, hatte ein annähernd rechteckiges einschiffiges Langhaus von rd. 12 m lichter Länge und rd. 7 m Breite, an das sich im Osten eine eingezogene halbrunde Apsis von 3,60 m Durchmesser und im Westen ein noch im heutigen Nordwestturm nachweisbarer quadratischer Turm von 4 m lichter Seitenlänge anschloß. Die Apsis lag über dem westlichen Querrechteckbau von Bau I. Die Fundamente ihres Bogens überlagerten auch die Südwestzunge der Grundmauer von dessen Ostteil, so daß die „Missionskapelle“ nach Brand vorher abgebrochen sein dürfte. Bau II wird in die ersten Jahrzehnte des 9. Jhs. zu setzen sein. Er besaß einen Fußboden von Kalkplatten und Gipsestrichguß sowie gelblichen Wandverputz. Von diesem wurden im Fundamentschutt der noch erhaltenen romanischen Südapsis in 4 m Tiefe Stücke mit Sgraffiti, wohl Einritzungen von Klosterschülern, aufgefunden. Sie zeigen sowohl karolingische Leerbuchstaben wie auch einfache Kapitalbuchstaben. Besonders interessant ist, daß sich auf einem Stück unter der Inschrift [LITTER]A RVNICA ein Wort mit der angelsächsischen Dorn-Rune fand (VAIþIAN) (vgl. W. Krause, Runica S. 349 ff. m. Abb.). Sie weist auf Verbindung mit Fulda hin, in dessen Skriptorium bekanntlich bis zur Mitte des 9. Jhs. auch die angelsächsische Spitzschrift geschrieben wurde.

3) Die erste karolingische Klosterkirche muß sich bald als zu klein erwiesen haben und wurde nach der Mitte des 9. Jhs. durch einen größeren Neubau ersetzt. Dieser Bau III mit einer Gesamtlänge von 26,50 m übernahm von dem Vorgängerbau nur den Westturm und umfaßte mit seinem Langhaus von rd. 16 m lichter Länge und rd. 8,50 m lichter Breite das Langhaus und die Apsis von Bau II, der wohl anschließend abgebrochen wurde. Die gestelzte Apsis des Neubaues (mit größerer Mauerstärke und vertiefter Fundamentgründung) erhob sich über dem ehemali-

gen Ostquadrat von Bau I. Die Turmfront im Westen wurde durch nördliche und südliche Annexbauten erweitert, die mit dem Turmuntergeschoß durch Bogenöffnungen von 2,40 m Durchmesser verbunden waren. Diese Annexbauten, die die Turmfront zu einer querrechteckigen Anlage erweiterten, lassen darauf schließen, daß Bau III als zweite karolingische Klosterkirche errichtet sein dürfte, nachdem das Gründungskapitel des späteren Reichsstifts Gandersheim in Brunshausen westlich des Klosters auf dem heutigen Großen Garten vorläufig untergebracht worden war und die Klosterkirche mitbenutzte, also zwischen 852 und 881.

In diesem Bau III werden wir das *antiquum templum* Hrotsvits bzw. die *antiqua ecclesia* der Hildesheimer Quellen (s. u. § 7) zu sehen haben, in der 866 Herzog Liudolf und 874 auch seine Tochter Hathumod, die erste Gandersheimer Äbtissin, beigesetzt wurden.

4) Wahrscheinlich im Zusammenhang mit der Reform von 1134, die Brunshausen dem Abt des neugegründeten Klosters Clus unterstellte, kam es zur Errichtung eines großen Neubaues, dessen Aufwendigkeit sich vielleicht mit dem Bestreben erklären läßt, die gleichzeitige, in ihren Ausmaßen wesentlich bescheidenere Klosterkirche in Clus in den Schatten zu stellen. Dieser Bau IV, von dem noch die Südapside und weitere Teile erhalten sind, war eine dreischiffige, dreiapsidiale romanische Basilika von rd. 35,50 m lichter Gesamtlänge und (im Langhaus) rd. 14,20 m lichter Gesamtbreite, die von dem Vorgängerbau nur den Turm stehen ließ und in ihren Westriegel einbezog. Der bis an den Ostrand des Hügelsporns hinausgerückte Chorraum war im Osten durch eine halbrunde Hauptapsis geschlossen und im Norden und Süden von ebenfalls absidial geschlossenen, abgeteilten Seitenchören begleitet. Die Arme des schwach ausladenden Querschiffs waren gegen die Vierung durch Mittelstützen abgetrennt, so daß Kiesow (Vorbericht S. 140) wohl mit Recht Einflüsse von der Reformklosterkirche Hamersleben her vermutet. Das 6,50 m breite vierjochige Mittelschiff öffnete sich zu den 2,50 m breiten Seitenschiffen in Arkaden, die im Wechsel von Säulen und Pfeilern getragen waren. Reiche Funde von Putzstücken zeugen von buntfarbiger ornamentaler Ausmalung dieser Kirche. Eine endgültige Neugestaltung der Westanlage (Querriegel mit zwei Türmen?) ist wohl wegen der Änderung der Klosterverfassung vor 1200 unterblieben (M. Schott - Keibel, Kirchengrabung S. 37).

5) Wohl um 1300 scheint die unmittelbar am Ostrand des Hügelsporns gelegene Hauptapsis eingestürzt zu sein und wurde durch einen geraden Chorabschluß ersetzt. Dabei erfolgte wahrscheinlich die gotische Wölbung des Chorraumes. Für den Ausgang des 14. Jhs. müssen Zerstörungen des Klosters und vielleicht auch der Kirche angenommen wer-

den, die nach der Reform von 1448 im Zusammenhang eines wirtschaftlichen Aufschwungs, der auch für Brunshausen anzunehmen ist, zu einem spätgotischen Umbau der Klosterkirche führten. Dieser Bau V wurde im Westen mit der Nonnenempore begonnen und nach Unterbrechung — vielleicht auf Grund der zweiten Reform von 1495 — nach Osten weitergeführt, im ganzen aber nicht mehr vollendet. Bis auf den Westbau, den gotischen Chor und die romanische Südapside wurde die Basilika des 12. Jhs. abgebrochen. Dabei beschränkte sich Bau V in seiner Ausdehnung auf das Mittelschiff und das südliche Seitenschiff des Vorgängerbaues. Das ehemalige nördliche Seitenschiff der romanischen Basilika blieb ausgeschlossen und diente nur noch als Sakristei und Zugang von den Klausurgebäuden her, während die Nordwand des neuen einschiffigen (?) Langhauses an der Stelle der (herausgerissenen) Fundamente der nördlichen Arkadenreihe des romanischen Langhauses von Grund auf neu errichtet wurde. K. Steinacker (BuK. 5 S. 40 ff.) war dieser Sachverhalt verborgen geblieben, da ihm die Zeichnung des Kirchengrundrisses von Fricke aus dem Jahre 1791 (4 Alt 2 Gr. 2 Clus und Brunshausen nr. 8) nicht bekannt war, die das ausgeschiedene, inzwischen auch archäologisch nachgewiesene nördliche Seitenschiff noch zeigt.

Eine Vollendung des Kirchenbaues wurde wohl durch den Klosterbrand von 1528, der nur die Kirche und die Alte Propstei verschonte, und durch die Ereignisse der Reformationszeit verhindert. Die Inventare von 1572, 1577, 1603/4 und 1637 sagen über den baulichen Zustand der Kirche nichts aus, doch sprechen die Inventare von 1639 und das Corpus bonorum von 1668/9 von einer „feinen großen Kirche", die offenbar wenig beschädigt war und auch wesentliche Teile ihrer Ausstattung noch besaß (s. u. § 3, 2). Im weiteren Verlauf des 17. Jhs. scheint der Gottesdienst in der Kirche auf den Nonnenchor beschränkt und die übrige Kirche stark vernachlässigt worden zu sein, da die Stiftsäbtissin Elisabeth Ernestine Antonie 1716 den Befehl geben mußte, *den Unflath aus dem alten Chor aus(zu)führen, welcher so hoch gelegen, daß der Altar damit bedecket gewesen.* Auch war der Chor ohne Fenster (Bericht von Kroll 1730, 11 Alt Gand. Fb. 2 nr. 144).

Nach dem Tode der Stiftsäbtissin muß alsbald ein weiterer baulicher Verfall der Klosterkirche eingesetzt haben, da am 30. Juli 1785 die Domina berichtete, *daß das Kirchendach so schadhaft sey, daß es an vielen Orten durchregne, auch der Prediger auf der Kanzel für den* (!) *Regen nicht sicher stehe.* Auch hätten die zwei *runden Bogen an der Kirche oben an dem Chor* (d. h. die romanischen Seitenapsiden) sehr schadhafte Stellen (4 Alt 2 Gr. 2 Clus u. Brunsh. nr. 8). Am 30. Juli 1791 berichtete der Kammerbaumeister Fricke an die Stiftsäbtissin: *Alle . . . Schadhaftig-*

keiten würden nicht entstanden seyn, wenn man die Beschieferung auf der Kirche mit geringem jährlichen Kostenaufwande in gehörigem Stande erhalten, auch ... die übrigen Dach-Reparaturen nicht seit 15 bis 16 Jahren verabsäumt hätte. Nunmehr sind die Beschädigungen an dem Kirchendache ohne importante Kosten nicht mehr abzuhelfen, wenn man auch alle möglichste Menage beobachtet. Die Gesamtreparaturkosten für das vom Balken bis zum First 31 Fuß hohe Dach wurden auf rd. 583 Rth. veranschlagt (ebenda). Das Reichsstift war nicht geneigt, diese Summe aufzuwenden, und so wurde der Abbruch der Kirche ins Auge gefaßt. Da jedoch die Abbruchkosten von 504 Rth. den Wert der verkäuflichen Baumaterialien erheblich überstiegen und die Zehntscheune in Dankelsheim gerade einem Unwetter zum Opfer gefallen war, genehmigte die Stiftsäbtissin am 14. März 1793 die Überlassung der Kirche an den Amtmann Becker zu Clus für ökonomische Zwecke (11 Alt Gand. Fb. 2 nr. 202 und 4 Alt 2 Clus u. Brunsh. nr. 8). Das herzogliche Konsistorium erteilte am 27. April 1793 seinerseits die Genehmigung zur Profanierung der Kirche. Seitdem wurde die alte Klosterkirche, nunmehr „Bergscheuer" genannt, als Scheune und Remise des Vorwerks Brunshausen der Domäne Clus verwendet und im Hinblick auf diesen Zweck baulich instandgehalten (vgl. auch die Planskizzen und Zeichnungen von Franz Gittermann 1875 in 142 N vorl. nr. 8). Während der Aufsiedlung der Domäne nach dem zweiten Weltkrieg wurde die Kirche vorübergehend als Reithalle verwendet. Doch setzten erneute Dachschäden dem nach wenigen Jahren ein Ende, bis sich der Landkreis Gandersheim 1962 entschloß, das für die Geschichte des Kreises wichtige Baudenkmal neu decken und die Fenster provisorisch verglasen zu lasen. Erst durch diese baulichen Sicherungsmaßnahmen wurden die archäologischen Untersuchungen innerhalb der Kirche möglich.

2. Altäre und sonstige Ausstattung

Nachrichten über die Altäre der Klosterkirche fehlen aus dem Mittelalter und erscheinen erst in den Inventaren der Reformations- und Nachreformationszeit (1572: 2 Alt 3532; 1577: 41 Alt Fb. 1 nr. 11; 1603/04: 2 Alt 9275; 1639: 4 Alt 18 Fb. 14 D II 1). Danach standen 1572 auf dem Hochaltar im Chor ein Kruzifix und vier hölzerne *Götzen*, 1577 und noch 1603/04 ein Kruzifix und eine *Tafel mit einem Marienbilde.* Ein Nebenaltar (in der südlichen Apside) mit Kruzifix wird 1577 erwähnt. Außer diesem nennt das Inventar von 1603/04 zwei weitere Altäre *unten in der Kirche.* Einer von diesen stand nach dem Inventar von 1639 neben dem Predigtstuhl und trug *ein Kruzifix und zwei andere*

Bilder. Oben auf dem Jungfernchor befand sich 1572 ein Altar mit zwei hölzernen Kruzifixen und dreißig *Bildern oder Götzen.* Er wird 1603/04 als „Altar mit Kruzifix und Tafel neben etzlichen Bildern" und 1639 als *schöner vergüldeter Altar mit schönen vergüldeten Figuren* beschrieben. 1668 heißt es: ... *eine feine große Kirche, darin fünf Altäre, unten in der Kirche vier und auf dem Jungfrauen Chor eins* (!), *davon drei mit feinen Tafeln* (19 Alt 32, vgl. auch Kronenberg, Clus u. Brunsh. S. 130).

An sonstiger Ausstattung werden außer dem Predigtstuhl (Kanzel) 1577 ein Taufstein, eine zerbrochene Orgel, ein Priesterpult und ein Priesterstuhl, 1603/04 ein Taufstein und ein Orgelpositiv mit sechs Stimmen vermerkt. Auf dem Jungfernchor befanden sich 1577 *zwei Große Stühle und Gemeinstühle auf beiden Seiten,* 1639 *beiderseits feine Stände.*

Bei den Grabungen im Hauptchor konnten zahlreiche Fragmente von Glasmalereien der ehemaligen Chorfenster aus der Zeit um 1300 geborgen werden.

3. Grabdenkmäler

Über die erhaltenen Grabdenkmäler vgl. Bau- und Kunstdenkmäler 5 S. 45. Darüber hinaus befand sich nach dem Inventar von 1639 (4 Alt 18 Fb. 14 D II 1) im Chor an der Wand *Christoph von Hambsteds Epitaphium.* Von diesem wurde ein Rest mit dem Wappen und der fragmentarischen Inschrift *1561 den 5.* in der südlichen Bogenöffnung des Turmunterteils vermauert. Die im gleichen Inventar genannten Wappensteine des N. von Stopler und Curdts von Gremsheim sind heute verschwunden. Bei den BuK. 5 S. 45 genannten Grabdenkmälern für zwei Konventualinnen des 18. Jhs. an der südlichen Außenwand der Kirche handelt es sich um die Epitaphien der Maria Elisabeth Hagemeyer (gest. 14. Januar 1778) und der Domina Dorothea Christiane Schrader geb. Behrensbach (gest. 1. Sept. 1792).

4. Kirchenschatz und Glocken

Mittelalterliche Schatzverzeichnisse liegen nicht vor. Bei der Visitation des Klosters durch die herzoglichen Kommissare am 16. April 1572 wurden auf dem Chor der Kirche 2 Kelche, 3 Monstranzen, 6 *Götzenröcke,* 1 *Bischofshut mit 42 silbernen Pfennigen beschlagen* sowie zahlreiche Meßgewänder und Ornate (darunter 17 Kaseln) mit Zubehör und auf dem Jungfernchor 3 kleine *Götzenröcke* und in einem *aufgerichten Schaff* neben dem Altar 13 *Capita reliquiarum* und 1 *alte unduchtige Crone* vorgefunden (2 Alt 3488).

Die Inventarisierung vom 21. Jan. 1577 (41 Alt Fb. 1 nr. 11) fand in einer Kiste in der Sakristei (dem ehemaligen nördlichen Seitenschiff der romanischen Kirche) zwei silbervergoldete Kelche mit Patenen und 6 Kaseln sowie andere Textilien vor, die einzeln aufgeführt werden. Die Schlüssel einer zweiten Kiste mit Kirchenornaten und Kleinodien waren von den herzoglichen Kommissaren schon am 24. April 1572 nach Wolfenbüttel geschickt worden (2 Alt 3532).

Eine notarielle Bestandsaufnahme vom 2. Febr. 1587 über den Inhalt einiger angeblich von Domina und Schäfferin heimlich verwahrter Kisten ergab ein weiteres spezifiziertes Verzeichnis der liturgischen Gewänder, Paramente und Kleinodien. U. a. waren darin aufgeführt 8 Kaseln und 4 Chorröcke, zahlreiche mit Perlen und Steinen geschmückte *Heiligenröcke*, mehrere Kelche und Monstranzen sowie *Bonifacii Infull von rotem Sammett mitt 64 Perlen und verguldeten Spangen* (2 Alt 3507). Über den weiteren Verbleib dieser Gegenstände ist nichts bekannt.

Ein Inventar der nach der Profanierung der Klosterkirche noch vorhandenen wenigen liturgischen Geräte wurde am 23. Juni 1801 aufgestellt (11 Alt Gand. Fb. 2 nr. 201).

An Glocken wurden 1577 auf dem Turm zwei große und eine kleine Glocke (41 Alt Fb. 1 nr. 11), 1637 und 1639 noch zwei Glocken vorgefunden (4 Alt 18 Fb. 14 D II 1). Eine Beschreibung gibt Steinacker, BuK. 5 S. 44 f. (vgl. auch 142 N [Braunschw. Landeskulturverband] vorl. nr. 8).

5. Kapellen

Besondere Kapellen werden in der Überlieferung nicht erwähnt.

6. Sonstige Klostergebäude

Abgesehen von einer Erwähnung der Kurie des Propstes und der Kapelläne aus dem 15. Jh. (VII B Hs 48 Bl. 22 v) fehlen ältere Zeugnisse über die Klostergebäude völlig. Erst die Inventare von 1577 (41 Alt Fb. 1 nr. 11), 1637 (11 Alt Gand. Fb. 2 nr. 143) und 1639 (4 Alt 18 Fb. 14 D II 1) ergeben zusammen mit den herzoglichen Kammerakten und Grundrissen des frühen 19. Jhs. (4 Alt 18 Fb. 14 A I) ein Bild des älteren Zustandes, der heute durch den Abbruch des Nord- und Ostflügels im 19. Jh. (s. u.) wesentlich verändert ist. Der große Brand vom 21. November 1528 hatte nur die Klosterkirche, die sog. Alte Propstei und einen Speicher verschont (Henr. Bodo, CC. Bl. 194 r). Die Gebäude dürften jedoch auf den stehengebliebenen Mauern wieder aufgebaut worden sein, so daß die Angaben der genannten Inventare Rückschlüsse auf den mittelalterlichen Zustand erlauben.

Der Umfang der sich — wie in Gandersheim und Clus — auf der Nordseite der Kirche in einem unregelmäßigem Viereck um einen Klosterhof mit Kreuzgang gruppierenden Konventsgebäude (vgl. den Grundriß BuK. 5 S. 47 Abb. 32 von 1830) ist von der Längenausdehnung der vorromanischen Kirche des 9. Jhs. bestimmt, ist also der romanischen bzw. gotischen Kirchenerweiterung nicht gefolgt. Die Inventare von 1577 und 1637/39 beschreiben die beiden (heute verschwundenen) Flügel im Osten und Norden als *zwei gemauerte alte Schlafhäuser mit 25 Cellen, darunter auch mit gemauerten Creutzgängen, alten Rembter und Krankenhäuser gebauet*. Beide Flügel waren also massive zweistöckige Gebäude, und zwar war nach den Vermessungen der in der mittelalterlichen Bausubstanz offenbar kaum veränderten beiden Bauten im 19. Jh. der Ostflügel 93 Fuß lang und 40 Fuß tief, der Nordflügel (ohne den an den Westflügel stoßenden Küchenbau) 103 Fuß lang und ebenfalls 40 Fuß tief (15 W Krondomäne Gandersheim vorl. nr. 155 und 4 Ldsch 81 Bd. 1). Beide Obergeschosse, neun Fuß hoch, enthielten das Dormitorium mit 25 Zellen. Vom Obergeschoß des Ostflügels führte eine Tür unmittelbar auf den Nonnenchor. Das Untergeschoß des Ostflügels, 15 Fuß hoch, nahm außer dem Kreuzgang der (große) Remter ein, vielleicht auch noch die Gaststube. Auch vom Untergeschoß des Ostflügels bestand ein Zugang zur Kirche, und zwar durch das aufgegebene nördliche Seitenschiff des romanischen Baues zum Chorraum. Das Untergeschoß des Nordflügels beherbergte die Krankenstuben (*Krankenhäuser* des Inventars von 1637) und wohl auch den 1577 genannten *Kleinen Remter*. Im Winkel zwischen dem Nord- und Westflügel lag die massive und gewölbte Küche.

Den Westflügel bildete wohl die sogenannte Alte Propstei als Wohnung des Propstes und der Kapelläne, die im Untergeschoß die Propsteistube mit Vorgemach und im Obergeschoß sechs Kammern enthielt. Dieser Westflügel und etwa ein Drittel des Nordflügels wurden zwischen 1713 und 1726 als „Fürstliches Haus“ zu einem Sommerschloß der Gandersheimer Fürstäbtissin Elisabeth Ernestine Antonie umgebaut. Dieses Gebäude, welches außer Wohnräumen auch eine Kapelle, die Bibliothek der Äbtissin, ihre Gemäldesammlung und ihr Naturalienkabinett aufnahm, ist von dem Oberhofmeister J. A. von Kroll ausführlich beschrieben worden (11 Alt Gand. Fb 1, I nr. 23, gedr. BuK. 5 S. 45, vgl. ferner die Beschreibung von Joh. Michael Weinrich, Pentas historischer und theologischer Betrachtungen, Coburg 1727 und die Inventaraufnahme von 1767, 11 Alt Gand. Fb. 1, III nr. 50 Bd. 1).

Den an die Kirche angelehnten Nordflügel des Gebäudevierecks bildete das *Back- und Pforthaus* mit einem Raum *vor der Rullen*, dem Eingang in den Klosterhof mit Drehkreuz, und das sog. Dominahaus, dessen vielfacher Umbau im 19. Jh. genauere Schlüsse auf den mittelalterlichen Zustand nicht mehr zuließ. Es ist nach Einsturz im Jahre 1966 zum größten Teil abgetragen worden. Auch vom Obergeschoß dieses Dominahauses bestand ein Zugang zum Nonnenchor.

Dem Umbau des westlichen Klosterflügels zum „Fürstlichen Haus" gingen umfangreiche Reparatur- und Aufräumungsarbeiten voraus, insbesondere die Aushebung des ganzen Klosterinnenhofes, welcher (nach dem Bericht des Oberhofmeisters J. A. von Kroll) *drei, vier, auch fünf Fuß hoch mit Kummer verschüttet gewesen, bis über die Söllen der Fenster, also daß das Vieh dadurch aus- und eingegangen und seine Mittagsruh daselbst gehalten, auch alles Schnee- und Regenwasser in die Gebäude geflossen,* ferner die Säuberung der Kreuzgänge und die Ausräumung des verschütteten Klosterbrunnens im Innenhof durch Bergleute aus dem Harz. Die einschneidendste Maßnahme war die Anlegung eines Barockgartens auf der Westseite des Fürstlichen Hauses und die hierfür durchgeführte Planierung des ansteigenden Geländespornes, d. h. seine Abtragung bis zu 4 m Tiefe (vgl. die Berichte von Kroll 11 Alt Gand. Fb. 1, I nr. 23 und Fb. 2 nr. 144).

Eine Ansicht der zweigeschossigen Gartenfront des Sommerschlosses, dessen Länge 150 Fuß bei einer Breite von 40 Fuß betrug, existiert noch auf dem Porträt der Erbauerin von Joh. Peter Haborch im Kaisersaal der Abtei Gandersheim (Abb. BuK. 5, Taf. XIV nach S. 182). Das Fürstliche Haus wurde unter den Nachfolgerinnen der Fürstäbtissin Elisabeth Ernestine Antonie nicht mehr genutzt und geriet in der zweiten Hälfte des 18. Jhs. in raschen Verfall, so daß die Kgl. Westphälische Domänenverwaltung die Einrichtung des ehemaligen Sommerschlosses als Kornboden befahl und die übrigen Klostergebäude am 20. Sept. 1813 an den Müller Schwachheym auf Abbruch verkaufte (11 Alt Gand. Fb. 2 nr. 210). Nachdem noch 1827 aus Anlaß eines geplanten Einbaues von Tagelöhnerwohnungen Grund- und Aufrisse des Ost- und Nordflügels hergestellt worden waren (4 Alt. 18 Fb. 14 A I), wurden beide Flügel schließlich in den Jahren 1834—1840 abgebrochen. Ihre Grundmauern wurden 1960 bei einer Probegrabung angeschnitten, wobei Spuren mehrerer mittelalterlicher Brände festgestellt wurden. Weitere archäologische Untersuchungen sind in Aussicht genommen.

Das Fürstliche Haus wurde schließlich 1829 im Obergeschoß zu

Futter- und Kornböden, im Untergeschoß zum Schafstall umgebaut, das Dominahaus als Schafmeisterwohnung eingerichtet (4 Alt 18 Fb. 14 D III 1; vgl. ferner 4 Alt 2 Gr. 2 Clus u. Brunsh. nr. 5 und 19 Bd. 2).

Der Wirtschaftshof des Klosters lag im Süden unterhalb der Kirche und umfaßte 1577 das „Vorwerk" mit Zubehör, Schweinhaus, Wagenhaus und Schmiede. In der Nachreformationszeit wurde die Klostergutsverwaltung (Propstei mit Schreiberei) aus der Alten Propstei auf den Wirtschaftshof verlegt, auf dem nunmehr außer dem Acker- und Schweinhaus Meierei, Scheuern und Ställe besonders genannt werden. Alle diese Gebäude, elf an der Zahl, wurden 1627 von durchziehenden Marodeuren niedergebrannt. Die Ruinen zeigt noch der Merian-Stich nach der Zeichnung von Conrad Buno vom Jahre 1650. Vor dem Wiederaufbau, der erst seit der zweiten Hälfte des 17. Jhs. allmählich erfolgte, hatte der Klosterverwalter behelfsmäßig wieder Unterkunft in der Alten Propstei bezogen, während die Kreuzgänge vorübergehend zu Ställen eingerichtet werden mußten.

Die Klostermühle, die sicher zu den ältesten Anlagen zählt, liegt nördlich des Klosterhofes am Fuße des Hügelsporns an dem von der Gande abgeleiteten Mühlgraben. Das heutige Gebäude wurde nach einem Brande 1673 neu errichtet.

7. Baumeister und Künstler

Namen von Baumeistern und Künstlern sind nicht bekannt. Abbildungen der Steinmetzzeichen in der Klosterkirche siehe BuK. 5 S. 45 Abb. 31.

2. ARCHIV UND BIBLIOTHEK

§ 4. Archiv

Das Klosterarchiv ist schon frühzeitig vollständig untergegangen, vermutlich bei einer unbekannten Zerstörung des Klosters um die Wende des 14. Jhs. Weitere Verluste mögen beim Klosterbrand vom 21. November 1528 eingetreten sein. In einer Supplik des Klosters an Herzog Friedrich Ulrich v. J. 1624 heißt es: ... *nachdem das Kloster in 100 Jahren zweimal abgebrandt, dahero das Kloster ... in große Armuth geraten undt viel Brieff undt Siegel mitverbrandt undt wegkkommen sein* ... (2 Alt 3531/34). Bei der Visitation durch die herzoglichen Kommissare am 16. April 1572 wurden nur 29 Urkunden aus der Zeit von

1412—1550 und keinerlei Kopiare oder Register vorgefunden (2 Alt 3532). Der Schlüssel zu der Kiste mit *des Closters Siegeln und Briefen* wurde dem Herzog von den Kommissaren am 24. April 1572 übersandt (2 Alt 3488).

Die noch vorhandenen Reste gingen in der Zeit des Dreißigjährigen Krieges verloren. Nach einem Vermerk im Inventar von 1637 (19 Alt 31) waren (1625) *alle Brieffe und Register von dem dahmaligen Verwalter Casparo Uhrlanden bei diesem einfallenen Kriegeßwesen in Wulffenbüttel in vermeinte Verwahrung bracht worden und alle miteinander von* (!) *abhanden kommen.* Dies trifft auf die Urkunden in vollem Umfange zu; denn der Urkundenbestand 10/11 Urk (Clus/Brunshausen) enthält, soweit erkennbar, keine Urkunden, die sich im ehemaligen Brunshäuser Klosterarchiv befunden haben könnten. Von den „Registern" ist das Erbregister von 1569 (19 Alt 30) von den herzoglichen Beamten wohl schon 1570 eingezogen worden und so erhalten geblieben. Der Aktenbestand 11 Alt Brunshausen enthält nur kümmerliche Reste von (1475) 1569 ab, die — meist als Vorakten — teils mit herzoglichen Akten, teils mit Akten des Reichsstifts Gandersheim überliefert worden sind (Kleinau, BestÜbersStAWb. S. 77).

§ 5. Bibliothek

Im Jahre 1947 wurde von mir im Schloßarchiv von Wrisbergholzen Ldkrs. Alfeld, wo es als Einband eines Merkbüchleins über Hägergerichtssachen 1570 ff. diente, ein Blattfragment einer Handschrift des Hieronymus-Traktats über Psalm 76/77 aus dem 9. Jh. aufgefunden (beschrieben und abgedruckt von R. Drögereit, Ein angelsächsisches Bruchstück mit des Hieronymus „Tractatus in psalmos" aus Wrisbergholzen, JbGesNdSächsKG 51. 1953 S. 3 ff., dessen Datierungs- und Lokalisierungsversuche noch weiterer Untersuchungen bedürfen). Falls das in angelsächsischer Spitzschrift geschriebene Blatt mit Fulda in Verbindung zu bringen wäre, läge in Anbetracht der Tatsache, daß der Brunshäuser Besitzkomplex um Westfeld und Sehlem in unmittelbarer Nähe des Fundortes liegt, der Gedanke nahe, in dem Fragment den — bisher einzigen — Rest der karolingischen Klosterbibliothek von Brunshausen zu sehen, welche im Hinblick auf die dort im 9. Jh. blühende Schule nicht unbedeutend gewesen sein kann.

Im übrigen muß die ältere Bibliothek von Brunshausen — wie auch die von Gandersheim und Clus — spätestens in den Fehdezeiten des ausgehenden 14. Jhs. untergegangen sein. Der jetzt in der Herzog-August-Bibliothek in Wolfenbüttel verwahrte, einst dem St. Jakobskloster in Mainz gehörige Codex (Sammelhandschrift Regino von Prüm, De eccl. disciplinis u. a., Cod. Guelf. 83.21 Aug. fol.), der auf Bl. 1 r den bemerkenswerten Eintrag: *Alfridus episcopus — Brunesteshuson* von einer Hand des beginnenden 11. Jhs. aufweist, hat entgegen den bisherigen Vermutungen niemals der Brunshäuser Klosterbibliothek angehört, sondern stammt aus Mainz und wurde, wie ich an anderer Stelle zeigen zu können hoffe, von der Mainzer Partei im großen Gandersheimer Streit als Hilfsmittel benutzt. Die auf dem gleichen Blatt angebrachten Besitzvermerke von St. Jakob in Mainz entstammen dem 12. und dem 15. Jh. Die Handschrift wurde von Herzog August d. J. erst Mitte des 17. Jhs. aus Mainz für seine Wolfenbütteler Bibliothek erworben.

Die gleiche Bibliothek erhielt zu Beginn des 19. Jhs. aus der aufgelösten Universitätsbibliothek Helmstedt drei Handschriften, die auf Grund von Besitzvermerken dem Kloster Brunshausen zuzuweisen sind:

1) 256 Helmst. (Heinemann I, 1 Nr. 289):
„Sermones et exhortationes", Perg. Hs. des 14. Jhs. Vermerk auf der Innenseite des Vorderdeckels: *Abbas in Riddaghes(husen) et totus conventus dederunt hunc librum monialibus in Brunteshusen, et est tertium librum* (!) (15. Jh.).

2) 392 Helmst. (Heinemann I, 1 Nr. 427):
„Niederdeutsches Evangelienbuch mit Glosse und niederdeutsche Episteln und Prophetien", Pap. Hs. des 15. Jhs. Auf dem Vorsatzblatt: *Hoc est tercium librum teutonicum* (!) *evangeliorum monalium* (!) *in Brunteshusen, datum est nobis de Brunswyck* (15. Jh.).

3) 576 Helmst. (Heinemann I, 2 Nr. 624):
Sammelhandschrift (lateinisches und niederdeutsches Vokabular, Grammatik, Botanik, Medizin, Rezepte), Pap. Hs. 1408—1431, z. T. in Göttingen geschrieben. Auf dem hinteren Schmutzblatt: *Iste liber pertinet monasterio Brunshußen* (M. 16. Jh.).

Die Eintragungen von 1) und 2) lassen darauf schließen, daß es sich um auswärtige Bücherstiftungen handelt, die möglicherweise als Ersatz für die verlorene ältere Bibliothek bzw. im Zuge der Reformen des 15. Jhs. erfolgt sind.

Weitere Handschriften konnten Brunshausen bisher nicht zugewiesen werden, obwohl die herzoglichen Beamten bei der Visitation vom 16. April 1572 immerhin 102 *alte unduchtige lateinische papistische Bücher* und 15 lateinische Psalter zählten. Zwei Kisten mit *abergläubischen, unchristlichen Büchern und Götzen* wurden am 24. April 1572 von den Kommissaren nach Wolfenbüttel übersandt (2 Alt 3488). Die Inventarisierung der Klosterkirche vom 21. Januar 1577 vermerkte auf dem Hauptchor je ein Buch von Pergament und Papier, auf dem Jungfernchor *7 alte Bücher* (41 Alt. Fb. 1 nr. 11). 1587 hieß es nur summarisch *alte Bücher* (2 Alt 3507). Von ihnen wird ein Teil nach Wolfenbüttel oder in die Universitätsbibliothek Helmstedt gelangt sein, während die übrigen wohl in Brunshausen selbst untergegangen sind. Jedenfalls waren, als 1624 die Abgabe der Klosterbibliothek von Clus nach Helmstedt angeordnet wurde (s. unten S. 186), in Brunshausen offenbar keine nennenswerten Bestände mehr vorhanden, da eine entsprechende Anordnung für das Kloster nicht erfolgte.

Beim Umbau des Westflügels des Klosters zum „Fürstlichen Haus" der Stiftsäbtissin Elisabeth Ernestine Antonie wurde von 1717 ab unter maßgebender Mitwirkung des Abteioberhofmeisters J. A. von Kroll eine Handbibliothek eingerichtet, über deren Zusammensetzung im Unterschied zur Abteibibliothek Kroll bemerkte: ... *dahingegen in Ihro Durchl. Handbibliotec nach Brunshausen kleinere autores in historicis, politicis, geographicis, genealogicis, mathematicis, linguis exoticis etc. destinirt sind, welche Dieselbe propriis sumptibus angeleget und bißher augmentirt haben* (Curt Höfner, Zur Geschichte der Gandersheimer Büchersammlungen S. 203 ff. und Abb. 3 und 4). Über die weiteren Schicksale, die Vereinigung mit der Abteibibliothek nach dem Tode der Fürstäbtissin 1766 und die Aufteilung nach 1811 s. GS NF 7 Reichsstift Gandersheim § 5.

3. HISTORISCHE ÜBERSICHT

§ 6. Name, Patrozinium und Lage

Der N a m e des Ortes, an dem die Fuldaer Cella s. Bonifatii gegründet wurde, erscheint in den Quellen, da die Vita Hathumodae des Agius Ortsangaben bewußt vermieden hat, erst zu Beginn des 11. Jhs., — sicher datierbar in der Eintragung der Zehntorte im Gandersheimer Stiftsplenar von 1007 (gedr. GS NF 7 Gandersheim S. 256). Hier lautet die Namensform *Brunisteshusi* oder *Brunesteshusi* (der Vokal der zweiten Silbe ist durch ein Loch im Pergament zerstört). Dieser Form entsprechen die Schreibungen *Brunesteshuson* in dem wohl dem frühen 11. Jh. zuzuschreibenden Besitzeintrag der Wolfenbütteler Hs. 83.21 Aug. fol. (s. o. § 5) und *Brunistishusun, -in* und *Brunesteshuson* in den Hildesheimer Bischofsviten (V. Bernw. S. 762f. und V. Godeh. S. 205).

Danach handelt es sich um einen Ortsnamen, der aus dem Stammwort

§ 7. Gründung und ältere Geschichte des Benediktinermönchsklosters

Das in der sog. Älteren Gründungsurkunde des Reichsstifts Gandersheim enthaltene Bruchstück eines Geleitschreibens König Ludwigs des Deutschen von c. 845, ausgestellt für das Grafenpaar Liudolf und Oda aus Anlaß ihrer Reise nach Rom zu Papst Sergius II., enthält die Bitte um Überlassung von Reliquien *pro coenobio, quod avus et eius* (sc. Liutulfi comitis) *postea carissimus genitor in honore omnipotentis domini dedicaverunt.*

In meiner diplomatischen Untersuchung der Gründungsurkunde (Goetting, Kritik S. 362 ff. u. Anfänge S. 11 ff.) glaube ich nachgewiesen zu haben, daß es sich bei diesem liudolfingischen Coenobium nicht um das damals noch nicht existierende Stift Gandersheim, sondern nur um das ältere Brunshausen gehandelt haben kann. Hier wurden die Reliquien der hll. Päpste Anastasius und Innocentius, die für das erst zu gründende Familienstift der Liudolfinger in Rom erworben worden waren, zunächst niedergelegt, und im Bereich des älteren Brunshausen wurde schließlich im Jahre 852 das erste Kanonissenkapitel des Stifts Gandersheim unter der Leitung von Liudolfs ältester Tochter Hathumod provisorisch untergebracht, bis nach drei Jahrzehnten die Übersiedlung der Kanonissen in die inzwischen in Gandersheim fertiggestellten Stiftsgebäude erfolgen konnte (s. GS NF 7 Reichsstift Gandersheim § 7).

Daß in Brunshausen bereits eine *antiqua ecclesia*, eine ältere klösterliche Anlage vorhanden war, und zwar ein Männerkloster, als die vorläufige Unterbringung der ersten Gandersheimer Kanonissen dort erfolgte, wird durch mehrere zuverlässige Quellen belegt. So geben die Quedlinburger Annalen zum Jahre 852 an, daß die *inchoatio* des Stifts Gandersheim *in antiquiori loco* stattgefunden habe (Ann. Quedl. S. 46). Agius, der Verfasser der zeitgenössischen Vita Hathumodae, berichtet, daß das Kanonissenkapitel aus Mangel an Platz *extra in villula* untergebracht werden mußte (Agius, V. Hath. S. 168), und Hrotsvit erzählt in ihrem Gandersheimer Gründungsgedicht von der Beisetzung Herzog Liudolfs im Jahre 866 in dem *antiquum templum* zu Brunshausen (Primordia v. 292), während die Hildesheimer Denkschrift ebenfalls von der *antiqua ecclesia Brunesteshusen* im Gegensatz zur jüngeren Gandersheimer Stiftskirche spricht (V. Bernw. S. 763). Besonders wichtig aber ist die Urkunde Bischof Bernhards I. von Hildesheim von 1134 o. T., aus der wir erfahren, daß sich in Brunshausen ein Benediktinermönchskloster befand, welches *reliquarum* (sc. ecclesiarum, d. h. Gandersheim und Clus) *mater et principium* sei (UBHHild. 1, 208 S. 190).

Alle diese Einzelnachrichten erschienen im Zusammenhang mit der oben zitierten Stelle der Gandersheimer Gründungsurkunde in neuer Beleuchtung. Insgesamt erheben sie die Vermutung zur Gewißheit, daß wir in Brunshausen eine klösterliche Einrichtung vorauszusetzen haben, die älter sein muß als das im Jahre 852 ins Leben getretene Stift Gandersheim, und zwar um zwei Generationen. Auf hohes Alter deutet nicht zuletzt das seltene und kennzeichnende Patrozinium des hl. Bonifatius (s. o. § 6). Es ist nur durch enge Verbindung mit der Reichsabtei Fulda zu erklären. Von hier aus konnte E. E. Stengel (Zur Frühgeschichte der Reichsabtei Fulda. 4. Brunshausen das monasterium s. Bonifatii, zuletzt in: Abh. u. Unters. z. hess. Gesch. 1960, S. 275 ff.) einwandfrei nachweisen, daß Brunshausen mit dem bisher irrig auf den Frauenberg bei Fulda bezogenen *Coenobium quod vocatur sci. Bonifatii cella* der Konventsverzeichnisse der Fuldaer Eigenklöster des 9. Jhs. (MGH. SS. 13 S. 218; zur Datierung s. u. S. 25 f.) zu identifizieren ist. Die Cella s. Bonifatii in Brunshausen steht in diesem Verzeichnis zwischen den Bonifatiusklöstern Hameln an der Weser und Großburschla an der Werra, gehörte also zu den Fuldaer Missionsklöstern, die in Erfüllung der Christianisierungsaufgaben, die der Abtei Fulda von der Reichsgewalt übertragen worden waren, wohl noch gegen Ende des 8. Jhs. in das eroberte Sachsen vorgeschoben wurden. Während Hameln für Engern und Großburschla für das sächsisch-thüringische Grenzgebiet bestimmt waren, dürfte Brunshausen mit einer ersten kirchlichen Organisation Ostsachsens, speziell der Gebiete nördlich und nordöstlich des Harzes betraut worden sein. Die anzunehmende Ausstattung aller drei Missionsklöster mit Reliquien des hl. Märtyrermissionars Bonifatius machte sie für die Christianisierungsaufgaben in den eroberten Gebieten vor Einrichtung der Bistümer Minden, Hildesheim und Halberstadt besonders geeignet.

Die Nachricht der älteren Gandersheimer Gründungsurkunde aus dem Geleitschreiben Ludwigs des Deutschen, daß Großvater und Vater des Grafen und späteren Herzogs der Ostsachsen Liudolf an der Fundation der Bonifatiuszelle Brunshausen maßgebend beteiligt waren, verbindet sich zwanglos mit der Überlieferung der ältesten Schichten des Sachsencartulars der Fuldaer Traditionen, die uns von Güterschenkungen der Liudolfinger in der Mark Gandersheim berichten. Hier steht an erster Stelle die große Schenkung von Eigengut und 77 Unfreien durch *Liutolf (comes) de Saxonia* (UBFulda 1, 159 S. 237). Der Herausgeber Stengel vermutet in diesem „ältesten Liudolfinger" den nach den Fuldaer Totenannalen am 19. März 785 verstorbenen Liutolf, der also — wie der Sachsenführer Hessi — sein Leben als Mönch in Fulda beschlossen hätte. Folgt man dieser Annahme, so wäre die Schenkung noch vor 785 anzusetzen. Zwei weitere Schenkungen haben ebenfalls in der Zeit des Fuldaer Abtes Baugulf, also zwischen 780 und 802, stattgefunden: *Hadolf de Saxonia* schenkte nicht näher bezeichnete Güter und 49 Unfreie (UBFulda 1, 491 S. 490 f.), ein mit diesem gleichzusetzender *Adolf de Saxonia* (vgl. ebda. S. 490 Vorbem.) jedoch im Flenithigau und der Mark Gandersheim, also der geschlossenen Siedellandschaft um Altgandersheim herum, 15 Hufen mit allem Zubehör sowie *suam specialem domum cum huba et omnibus adjacentiis et familia* (ebda. nr. 505 S. 497). Dazu tritt noch aus der Zeit des folgenden Fuldaer Abtes Ratgar, also nach 802, die Schenkung eines *Buno de Saxonia* über Eigengut *in loco Gandesheim*, d. h. im liudolfingischen Besitzzentrum Altgandersheim (E. F. J. Dronke, Trad. et Ant. Fuld. S. 96 c. 41 nr. 28). Er dürfte jedoch, wie wir jetzt durch die Forschungen von R. Wenskus (Festschr. f. Hermann Heimpel z. 70. Geb. 3. 1972 S. 384) wissen, nicht dem liudolfingischen Verwandtenkreis, sondern einer sich aus diesem Raum zurückziehenden, vermutlich frankenfeindlichen Familie angehören.

Daß die Tradenten Liutolf und Hadolf dagegen Liudolfinger waren, dürfte außer Zweifel stehen. Den Namensbestandteil Had- trägt bereits der bei Rudolf von Fulda und Widukind von Corvey (I, 11) überlieferte Spitzenahn des Geschlechts Hadugoto bzw. Hathagat. Er kehrt auch in dem Namen der unmittelbar nördlich Brunshausen gelegenen Ortswüstung *Adistessen wieder (= Hadistes-heim; Hadist ist übrigens mit dem gleichen Suffix gebildet wie der Name Brunist im Ortsnamen Brunshausen, s. o. § 6). Der Personenname Liudolf aber ist mit den Namen der beiden Wüstungen *(Nord-)Liudolfshausen (nördlich Brunshausen) und *(Süd-)Liudolfshausen (südlich des Clusberges) verbunden.

Auffallend ist besonders die Schenkung der *specialis domus* durch (H)Adolf. Die Bezeichnung ist in den frühen Traditionen ohne Beispiel. Wenn auch selbstverständlich ein exakter Beweis unmöglich ist, liegt es nahe, in dieser von einem Liudolfinger an Fulda übertragenen *specialis domus* das an hervorragender Stelle gelegene Brunshausen zu sehen, welches auf Grund seines Namens wie auch der Besitzverhältnisse als liudolfingisches Eigengut angesprochen werden muß. Sollte weiterhin mit Stengel der am 19. März 785 verstorbene Liutolf mit dem gleichnamigen Tradenten und dieser mit dem in der Gründungsurkunde als Stifter Brunshausens genannten Großvater des späteren Herzogs Liudolf gleichzusetzen sein, so wäre die Errichtung des Fuldaer Außenklosters noch in die erste Hälfte der achtziger Jahre des 8. Jhs. hinabzurücken.

Aber auch wenn der Großvater Herzog Liudolfs ein anderer Liudolf als der 785 verstorbene Fuldaer Mönch dieses Namens gewesen sein sollte, wären die Anfänge der Cella s. Bonifatii in Brunshausen noch vor dem Ausgang des 8. Jhs., jedenfalls vor Beendigung der Fulda übertragenen Missionsaufgaben im eroberten sächsischen Gebiet anzusetzen. Die nicht zu bestreitende Verbindung Brunshausens mit der bedeutendsten Reichsabtei ist inzwischen auch archäologisch durch die Auffindung spezifisch Fuldaer Keramik in Brunshausen gesichert worden (Goetting-Niquet, Ausgrabg. Brunshausen S. 203 f.). Unbestritten muß andererseits auch seine enge Beziehung zu dem Stiftergeschlecht der Liudolfinger bleiben, die ihren Aufstieg dem frühen Bunde mit den Franken verdankten und ihrerseits die Christianisierung ihres Herrschaftsbereichs auch im eigenen Interesse förderten. Wie noch der Enkel Graf Liudolf nach dem Wortlaut des Geleitschreibens Ludwigs des Deutschen in der Älteren Gandersheimer Gründungsurkunde *eidem sacro loco praeest,* so werden auch sein Vater und Großvater die weltlichen „Rektoren" der Fuldaer Missionszelle gewesen sein, in ähnlicher Weise, wie dann etwa der Widukindenkel Graf Waltbraht Rektor seiner Stiftung Wildeshausen war (MGH. DLDt. 142; vgl. auch Th. Mayer, Fürsten und Staat [1965] S. 8 ff.).

Unter dem Schutz der Liudolfinger, seiner Stifter und Rektoren, konnte die Fuldaer Cella Brunshausen ihre Aufgabe, bei der ersten kirchlichen Organisation Ostsachsens mitzuwirken, durchführen, bis sie seit dem zweiten Jahrzehnt des 9. Jhs. darin von den neuerrichteten Bistümern Hildesheim und Halberstadt abgelöst wurde. Als von Fulda abhängiges Benediktinerkloster aber hat Brunshausen weiter bestanden. Hier konnte, wie wir sahen, von 852—881 das erste Kapitel des Kanonissenstifts Gandersheim unter Leitung der Liudolftochter Hathumod bis zur Fertigstellung des Gandersheimer Münsters und der Stiftsgebäude untergebracht werden und zwar *(extra in villula)* in einem westlich des Klosters gelegenen besonderen Gebäude, dessen Fundamente 1961 f. ergraben werden konnten (Goetting-Niquet, Ausgrabg. Brunshausen S. 209 f. u. Abb. 5). In der Klosterkirche aber wurden im Jahre 866 Herzog Liudolf und im Jahre 874 auch die erste Gandersheimer Äbtissin Hathumod beigesetzt, bevor beider Überreste im Jahre 881 in die neue Gandersheimer Stiftskirche transferiert wurden.

Wir haben bereits oben die Namenlisten der Mönche und Schüler von sechs Fuldaer Außenklöstern erwähnt, in denen Brunshausen als *Coenobium quod vocatur sci. Bonifatii cella* erscheint. Stengel (a.a.O. S. 278) kommt hinsichtlich der Zeitstellung, insbesondere auf Grund der Namensformen, zu dem Schluß, daß die Listen etwa in den Jahren 880—885 angelegt sein müßten. Neuere paläographische Untersuchungen rücken sie jedoch eher an die Mitte des 9. Jhs. heran (mündl. Mitteilung des bisherigen Bearbeiters der älteren Fuldaer Hss., Norbert Eickermann). Das Klosterverzeichnis läßt erkennen, daß Brunshausen noch nach der Mitte des 9. Jhs. eine blühende Anstalt mit 23 Mönchen, darunter 14 Priestern, und 16 Schülern war. An ihrer Spitze stand der *presbyter et monachus Liutuart, illorum magister*, da dem Leiter eines abhängigen Außenklosters der Abtstitel nicht zukam. Sein Name läßt darauf schließen, daß die Liudolfinger damals auch die geistliche Leitung Brunshausens durch einen der Ihren haben wahrnehmen lassen.

Der Verlust aller älteren Quellen in Brunshausen selbst läßt nicht erkennen, wann sich das Verhältnis zum Mutterkloster Fulda löste und Brunshausen Eigenkloster des Reichsstifts Gandersheim wurde, als das es später erscheint. Wir werden annehmen dürfen, daß der Wechsel noch vor der Mitte des 10. Jhs. erfolgt ist, als Fulda allmählich auch seine übrigen Außenbesitzungen in Sachsen (über diese vgl. Wilhelm Lüders, Die Fuldaer Mission in den Landschaften nördlich des Harzes, ZHarzV 68, 1935 S. 50 ff.) aufzugeben begann. Daß in jener Zeit engere Beziehungen zwischen Otto I., seinem Familienstift Gandersheim und der Reichsabtei Fulda bestanden, zeigt die Tatsache, daß der König durch seinen Gesandten Abt Hathumar von Fulda im Jahre 948 von Papst Agapet II. für Gandersheim ein Privileg erwirken ließ, dem der Wortlaut des Fuldaer Exemtions- und Zehntprivilegs als Grundlage diente (s. GS NF 7 Reichsstift Gandersheim § 8). Im Schatten des glanzvollen Reichsstifts hat Brunshausen keine Rolle mehr zu spielen vermocht. Sein Name erscheint in keiner der spärlichen Quellen bis zum 12. Jh., obwohl mit Sicherheit angenommen werden kann, daß die Brunshäuser Mönche zu geistlichen Verrichtungen im Stift Gandersheim herangezogen worden sind. Die Supplik der Gandersheimer Kanonissen an Papst Paschalis II. von 1107/10 erwähnte ausdrücklich auch die mitbetroffenen *patroni nostri et clerici in tribus monasteriis*, womit neben dem Reichsstift selbst und dem Marienkloster nur noch Brunshausen gemeint gewesen sein kann (Goetting, Or. Suppl. S. 122).

Nach dem Siege der Reform wurde im zweiten Jahrzehnt des 12. Jhs. in unmittelbarer Nähe das Benediktinerkloster Clus gegründet und von dem hirsauisch reformierten Corvey aus besetzt (s. u. Clus § 7). Daß die Errichtung einer Reformanstalt nicht durch Umwandlung des älteren Klosters Brunshausen erfolgte, läßt den Schluß zu, daß sich die neuen Ideen hier offenbar nicht durchsetzen ließen. Nach dem Versagen der ersten Besetzung in Clus wurde dort ein neuer Konvent *secundum ... ordinem Cluniacensem* eingeführt und zugleich der Konvent von Brunshausen dem Cluser Abt unterstellt. Über diese Vorgänge berichten uns das Diplom Kaiser Lothars III. vom 25. Jan. 1134 (DLIII. 59) und eine Urkunde Bernhards I. von Hildesheim von 1134 o. T. (UBHHild. 1, 208 S. 191). Während in der Bischofsurkunde die Reform von Clus und die Regelung der Stellung seines Abtes absolut im Vordergrund stehen und die Übernahme auch der Leitung von Brunshausen — mit der bemerkenswerten Kennzeichnung: *que reliquarum* [sc. ecclesiarum] *mater est et principium* — durch den Cluser Abt nur ergänzend hinzugefügt wird, bildet die Verbindung beider Klöster allein in der Person des Abtes bei voller Selbständigkeit der Konvente den Kern des Diploms Lothars III. Wie schon Bernhardi (Jbb. L. III. S. 527 Anm. 9) und Ottenthal-Hirsch in der Vorbemerkung zu DLIII. 59 zur Erwägung stellten, könnte die Kaiserurkunde ein früheres Stadium der Verhandlungen über das Schicksal der beiden Klöster widerspiegeln[2]. Das Diplom besagt, die Gandersheimer Äbtissin Liutgard habe *subiectarum sibi hactenus ecclesiarum Brunsteshus. et Clusę desolationem et instabilium in eis personarum variationem* als unerträglich empfunden und nach Beratung mit dem Kaiser und auswärtigen Ordensleuten die Vereinigung ihrer beiden Eigenklöster in der Weise verfügt, *ut degentium utrobique monachorum idem sit abbas, idem et baculus.* Die Mönchskonvente beider Anstalten sollten jedoch als solche getrennt bestehen bleiben, an ihren Einkünften keinen Schaden erleiden und den von ihnen gemeinsam zu erwählenden Abt der Stiftsäbtissin zur Bestätigung und Investitur präsentieren.

Die oben zitierte Begründung für die Verbindung beider Anstalten unter gemeinsamer Leitung zeigt die Sprache der Reformer: die *instabilium in eis personarum variatio* machte diese Verbindung erforderlich, und nur von dieser war in dem kaiserlichen Diplom die Rede. Welches der beiden Klöster den gemeinsamen Abt stellen sollte, ist nicht gesagt. Dagegen läßt die Urkunde des Diözesanbischofs keinen Zweifel darüber, daß es der Abt von Clus sei, der auch Brunshausen mit verwalten solle: *Ecclesiam quoque de Brunsteshus . . . simili cura et regimine possessam tam in temporalibus quam in spiritualibus idem abbas disponat, ita ut utriusque ecclesię unus baculus et eadem sedes habeatur.* Zwar wird auch in der Bischofsurkunde nicht unmittelbar von einer *subiectio* Brunshausens unter den Cluser Abt gesprochen, aber schon die Stellung des zitierten Passus an der Spitze der Besitzliste von Clus zeigt, daß ein entsprechendes Verhältnis gemeint war.

Wie sich die Verbindung beider Klöster in der Praxis der folgenden Jahrzehnte auswirkte, ist wegen des Verlustes vor allem der Bruns-

---

[2]) Zum gegenseitigen Verhältnis der beiden Urkunden jetzt gegen W. HEINEMANN, Hildesheim S. 150 ff. und Anm. 141, GOETTING, Riechenberg S. 143 f. und W. PETKE, Wohldenberger S. 278 Anm. 278. S. auch unten S. 201 ff.

häuser Quellen im einzelnen nicht festzustellen. Clus jedenfalls scheint das Verhältnis zu dem älteren Nachbarkloster nachgerade zu einem besitzrechtlichen umgedeutet zu haben; denn in dem großen päpstlichen Privileg, welches Clus im Jahre 1192 von Coelestin III. erwirkte (J. L. 16940. UBHHild. 1, 486 S. 462, s. u. Clus § 7), wurde nicht etwa die Leitung des Klosters Brunshausen durch den Abt von Clus bestätigt, sondern es wurde innerhalb der Besitzbestätigung die *ecclesia de Brunsteshus* geradezu mit unter den übrigen Cluser Klosterbesitzungen aufgeführt, — ein Umstand, der sich nur so erklären läßt, daß die von Clus zur Bestätigung an der Kurie eingereichte Besitzliste wohl bereits in dieser Form abgefaßt war.

Sehr bemerkenswert ist demgegenüber das Ergebnis der archäologischen Untersuchungen in der Klosterkirche Brunshausen: Dort wurde wohl noch vor der Mitte des 12. Jhs. mit dem Bau einer aufwendigen dreischiffigen Basilika begonnen, die von den Vorgängerbauten nur die westliche Turmlage übernahm und den ungleich bescheideneren gleichzeitigen Bau der Klosterkirche in Clus an Ausdehnung weit übertraf (s. o. § 3, 1). Inwiefern man hier den Versuch des älteren und wirtschaftlich besser gestellten Klosters Brunshausen zu sehen hat, die Neugründung Clus äußerlich in den Schatten zu stellen, mag unentschieden bleiben. Eine auffallende Tatsache bleibt dieser Bau immerhin.

§ 8. Das Benediktinernonnenkloster

Daß zwei konkurrierende Benediktinerklöster auf so engem Raum auf die Dauer nicht lebensfähig waren, konnte freilich vorausgesehen werden. Erwägungen, Brunshausen in ein Nonnenkloster umzuwandeln und die Verbindung mit Clus zu lösen, müssen spätestens im letzten Drittel des 12. Jhs. angestellt worden sein. Das vermutlich ohne Mitwirkung des Reichsstifts von Clus erbetene obenerwähnte Privileg Papst Coelestins III. von 1192 scheint ein Versuch gewesen zu sein, von Clus aus einer solchen Entwicklung vorzubeugen (s. u. Clus § 7). Die Umwandlung muß zwischen 1192 und 1205 stattgefunden haben, da Papst Innozenz III. am 22. Juni 1206 in seinem großen Exemtionsprivileg dem Reichsstift Gandersheim bereits das *monasterium sancti Bonifatii in Brunestasun, ubi sunt moniales incluse et prepositus regularis,* bestätigt (Potthast 2823, gedr. Harenberg S. 748 ff.). Der Ausdruck *moniales incluse* bedeutet zweifellos regulierte (Benediktiner-)Nonnen im Gegensatz zu den Kanonissen des Reichsstifts und zu den stiftsähnlichen Verhältnissen im Gandersheimer Marienkloster (vgl. u. St. Marien § 8).

Woher Brunshausen besetzt wurde, ist nicht bekannt. Gleicher Verfassungsaufbau (Propst und Priorin, s. u. § 11) und später nachweisbare engere Beziehungen lassen eine Besetzung von dem nahen Benediktinernonnenkloster Lamspringe aus vermuten, das um die Mitte des 12. Jhs. im Zuge einer von den Augustinerchorherren getragenen Reform aus einem Kanonissenstift in ein Benediktinerinnenkloster umgewandelt wurde und stets in nahen Beziehungen zum Hildesheimer Diözesanbischof stand. Dies würde vielleicht auch die Haltung des ersten Brunshäuser Propstes Werenbertus erklären, der — wie der Abt von Clus — auch nach der Erringung der Exemtion durch das Reichsstift die Verbindung zum Bischof von Hildesheim aufrechterhielt (s. u. § 18). Er erscheint auch 1217 als Zeuge in einer Urkunde Bischof Siegfrieds von Hildesheim für Kloster Lamspringe (UBHHild. 1, 698 S. 665).

Im weiteren Verlauf des 13. Jhs. beschränkten sich die Zeugenschaften der Pröpste von Brunshausen im wesentlichen auf Urkunden des Reichsstifts Gandersheim. Eine selbständige Rolle scheint das Kloster nicht gespielt zu haben, wohl auch auf Grund wirtschaftlicher Schwierigkeiten. Entfernterer Außenbesitz wurde abgestoßen, so um 1220 Ländereien in *Gronstede bei Gustedt an das St. Godehards-Kloster in Hildesheim (UBHHild. 1, 753 S. 705, dort irrtümlich abbas statt prepositus), 1251 eine Hufe in Reddeber an das Kloster Drübeck (UB Drübeck, Geschichtsqu. d. Prov. Sachsen 5, S. 232) und 1267 zwei Hufen in Nauen an das Kloster Frankenberg zu Goslar verkauft, dieses mit der Begründung, *cum ecclesia nostra . . . gravi debitorum onere pregravatur* (IV Hs 51 S. 149, UBGosl. 2, 130 S. 191).

Das 14. Jh. scheint für Brunshausen, wie auch für die übrigen Gandersheimer Anstalten, eine Zeit des allmählichen Niedergangs gewesen zu sein. Mit einer mindestens teilweisen Zerstörung in den Kriegen Herzog Ottos des Quaden zu Braunschweig-Göttingen muß gerechnet werden (s. o. § 5; über das Verhältnis zur Landesherrschaft s. u. § 19).

Im Jahre 1408 kam es zu einer schweren Auseinandersetzung mit dem Nachbarkloster Clus wegen dessen Ansprüchen auf das „Brunshäusische Holz“, in deren Verlauf der Hofmeister des Klosters den Cluser Abt durch einen Beilhieb verwundete (11 Alt Gand. Fb. 1 III nr. 1; s. u. Clus § 7). Brunshausen scheint in diesem Streit schließlich seine Holzrechte behauptet zu haben. Eine Vermehrung des Klosterbesitzes in Dannhausen (VII B Hs 1 S. 68) und Altgandersheim (VII B Hs 12 Bl. 40 v.) und mehrere Rentenkäufe scheinen in der ersten Hälfte des 15. Jhs. auf eine wirtschaftliche Erholung zu deuten.

Damit hängt vielleicht die zeitweilige Ersetzung des Propstes durch einen dienstvertraglich angenommenen Laienhofmeister neben dem bisherigen Konversenhofmeister zusammen, was andererseits auch für eine gewisse Lockerung der Klosterverfassung spricht.

Erste und zweite Reform

Die von Clus ausgegangene Reformbewegung, die nach der Konstitution der Bursfelder Union auch die benachbarten Nonnenklöster im Sinne ihrer Statuten wieder einer strengeren Observanz zuzuführen bestrebt war, führte schon 1448 zu dem Auftrag der Gandersheimer Stiftsäbtissin Elisabeth an Abt Gottfried von Clus, unter Hinzuziehung der Unionsäbte von Bursfelde und Reinhausen die „geistlichen Jungfrauen ihres Klosters Brunshausen" zu visitieren und zu reformieren (VII B Hs. 12 Bl. 132 v, dazu C. C. Bl. 140 r). Diese erste Reform im Sinne der Bursfelder Kongregation, wobei zwar Brunshausen dieser nicht förmlich angeschlossen wurde, aber doch unter unmittelbarer Aufsicht des aufblühenden Reformklosters Clus stand, das auch die Beichtväter stellte, war offensichtlich erfolgreich. Im Jahre 1461 wurde die Brunshäuser Nonne Sancta von Meingodessem zur Äbtissin des Klosters Hadmersleben Krs. Wanzleben gewählt (StA. Magdeburg, Rep. U 8 a Hadmersleben nr. 66). Sie hat von dort aus mit Unterstützung des Priors Dietrich von Huysburg schon im folgenden Jahre die Reform des Benediktinerinnenklosters Ebstorf ins Werk gesetzt. Die Durchführung der Reform in Ebstorf mit der Wiederherstellung strenger Klausur und der Einführung neuer liturgischer Gebräuche unter Vernichtung der vorhandenen älteren Lektionarien, Gradualien, Antiphonarien usw., wie sie auf Grund der dortigen Quellen Conrad Borchling (Litterarisches und geistliches Leben im Kloster Ebstorf am Ausgang des Mittelalters, ZHistVNdSachs 1905 S. 370 und 388 ff.) darstellte, läßt auch Rückschlüsse auf ähnliche Verhältnisse in Brunshausen zu.

Freilich muß es auch hier dann nach einigen Jahrzehnten zu einer Reaktion gegen die strenge Observanz gekommen sein. Am 10. Februar 1495 beauftragte Bischof Barthold von Hildesheim die Äbte von Clus und St. Michael in Hildesheim mit der Visitation und Reformierung der Klöster Lamspringe, Escherde und Brunshausen, welche verschiedene Mißstände, insbesondere das freie Verlassen des Klosters, abstellen sollte (10/11 Urk 91 a). Ob hiermit der — nicht ausgeführte — Plan Herzog Heinrichs d. Ä. im Zusammenhang steht, den Konvent des Marienklosters vor Gandersheim nach Brunshausen zu transferieren (s. unten St. Marien § 10), muß offenbleiben. Im Verlauf dieser zweiten Reform wurde auf Veranlassung der Visitatoren ohne Beteiligung der

Äbtissin des Reichsstifts Gandersheim als Patronatsherrin in Brunshausen eine neue Domina (Priorin) gewählt. Es kam darüber zu einem Streit der Stiftsäbtissin mit Abt Wedego von Clus, der seinerseits die Hilfe der Bursfelder Unionsäbte von St. Michael und St. Godehard in Hildesheim anrief. Ein Schiedsgericht sollte den Zwist beilegen, die neugewählte Domina aber bis auf weiteres ihr Amt ausüben (10/11 Urk 95 a). Ein ganz ähnlicher Fall begab sich Ende 1524, als ebenfalls ohne Wissen der Stiftsäbtissin im Beisein der Bursfelder Visitatoren, der Äbte von Clus und Northeim, die bisherige Subpriorin Gertrud Augustini zur Priorin gewählt wurde (VII B Hs 12 Bl. 51 v). Daß die Gewählte gegenüber der Stiftsäbtissin betonte, die Mitwirkung der beiden Äbte sei auf Aufforderung des Klosters Brunshausen, auch *von des Ordens wegen* erfolgt, läßt ein Streben nach Unabhängigkeit von der alten Eigenherrin im Sinne der Reform deutlich erkennen.

Wie im Falle Clus scheint auch für Brunshausen bereits die erste Reform der Mitte des 15. Jhs. zu einem wirtschaftlichen Aufschwung geführt zu haben, der die Inangriffnahme eines nahezu völligen Neubaues der Klosterkirche erlaubte (s. o. § 3, 1). Er wurde nicht vollendet, da zwei Ereignisse im zweiten und dritten Jahrzehnt des 16. Jhs. schwere Rückschläge brachten: einmal die Hildesheimer Stiftsfehde, die die Zerstörung auch der Brunshäuser Klostermeierhöfe zum mindesten in der Heberbörde zur Folge gehabt haben muß (vgl. unten Clus § 8), und dann vor allem der verheerende Brand vom 21. Nov. 1528, welcher außer der Kirche, der Alten Propstei und einem Speicher alle Klostergebäude vernichtete (Henr. Bodo, CC. Bl. 194 r). Die Nonnen hatten nur ihre Bekleidung und weniges Hausgerät retten können. Der Cluser Chronist Henricus Bodo vermerkte als Augenzeuge überdies viele Zerstörungen und Entwendungen während der Löschmaßnahmen, dazu auch Schadenfreude auf seiten der schon von der lutherischen Reformation berührten Gandersheimer Bürger. Da der Konvent in Brunshausen sich, soweit erkennbar, weitgehend aus Bürgertöchtern vornehmlich der Stadt Gandersheim ergänzte, hatte die zunehmende Infragestellung des Klosterlebens überhaupt zusammen mit den genannten wirtschaftlichen Rückschlägen eine Lockerung der klösterlichen Disziplin zur Folge. Dies kam in dem Urteil eines herzoglichen Schiedsgerichtes vom 25. August 1531 in einem neuen Hudestreit zwischen Clus und Brunshausen, in dessen Verlauf einem Cluser Mönch durch Brunshäuser Knechte ein Auge ausgeworfen wurde, zum Ausdruck: Die von Brunshausen sollten ihre Klausur, *wo ohr orden der reformation medebrynget*, wieder schließen und halten, worauf Clus ihnen wiederum einen geeigneten Beichtvater senden wolle (10/11 Urk 115 a).

Die Schmalkaldische Reformation

Elf Jahre später stellte die Besetzung des Landes durch die Schmalkaldener Verbündeten die Existenz des Klosters überhaupt in Frage. Der Visitationsabschied der Schmalkaldener vom 22. Okt. 1542 verlangte die sofortige Abschaffung des katholischen Gottesdienstes, die alsbaldige Ablegung der „Kronen", innerhalb von sechs Wochen auch der „Kappen", verbot weitere Aufnahmen und stellte den Austritt aus dem Konvent unter Gewährung einer Aussteuer frei. Zugleich wurde die Haltung eines evangelischen Prädikanten, insbesondere auch für die eingepfarrten Dörfer Altgandersheim, Gremsheim, Ackenhausen und Wolperode, befohlen (Kayser, Ref. KirchVis. S. 33—35). Wieviele Konventualinnen in Brunshausen von der Möglichkeit des Austritts Gebrauch machten, ist nicht überliefert. Die übrigen — es waren nach der Klosterbeschreibung des Kammermeisters Andreas Bessel für die Schmalkaldener Statthalter und Räte von 1544 (StadtA. Brschw. B III 5 Bd. 27 Bl. 615r) 6 Chorjungfrauen und 8 Laienschwestern — übten passiven Widerstand. Das zweite Visitationsprotokoll der Schmalkaldener vermerkte: *diese Jungfrauen gehen auch in schwarzen Kleidern und Skapuleren. Die Domina hat am andern ort das Sacrament nach alter gewonheit unter einer gestalt genommen, hat gebeten, sie ires ampts zu entsetzen, ist aber aus uhrsach verblieben ...* Aus Armut sei auch der geforderte Beitrag von 30 Gulden zur Predigerbesoldung nicht gegeben worden (Kayser, Ref. KirchVis. S. 33 Anm. 44 und 45, S. 34 Anm. 46). Der Personalstand des Konvents war auch noch 1546 der gleiche (StadtA. Braunschw. B III 5 Bd. 27 Bl. 558 v). Die Schäden des Klosters im Schmalkaldischen Kriege hatten sich auf Verluste an Getreide und Pferden beschränkt und wurden auf 492 Thaler beziffert (41 Alt Fb. 1 nr. 2). Außerdem waren die Patronatsrechte über die Kirche zu Avendshausen Krs. Einbeck mit dem Filial Rengershausen an den zum Luthertum übergetretenen Herzog Philipp I. zu Grubenhagen verlorengegangen (Kayser, Ref. KirchVis. S. 585 Anm. 1328). Die Wiederinbesitznahme des Landes durch Herzog Heinrich d. J. stellte die alten Verhältnisse für zwei Jahrzehnte wieder her.

Die Landesreformation und ihre Folgen

Als mit dem Regierungsantritt des Herzogs Julius das Fürstentum Wolfenbüttel evangelisch wurde und der Landesherr sogleich die Hand auf die seiner Klosterherrschaft zugerechneten Anstalten legte, befanden sich in Brunshausen 9 Chorjungfrauen unter Leitung der Domina Anna

Stein, der Schwester des Gandersheimer Stiftsseniors Bartold Stein, ferner 4 Laienschwestern und 4 „Lehrkinder" (2 Alt 3533). Eine erste informatorische Visitation fand am 31. Okt. 1568 statt. Das Protokoll (gekürzt gedr. bei Spanuth, Vis. Prot. S. 120) enthielt, *was die Closterjungfrawen in der gehaltenen Visitation Anno 68 wegen der Gesenge, des hochwirdigen Sacraments und der Cleidung geantwort haben.* Diese Antwort war, wie auch in den anderen Klöstern, meist ausweichend. Die Domina erklärte sich mit den Gesängen zufrieden, wegen des Sakraments wollte sie Gott um Gnade bitten und *sich berichten lassen,* mit der Kleidung wollte sie *sich weisen lassen.* Ähnlich äußerten sich auch die einzelnen Konventualinnen. Allein Gese Slikers war *mit dem Sacrament wol zufriden, dan sie weis, das es recht is unter beiderlei Gestalt.* Der Amtmann von Gandersheim war angewiesen worden, schwarzes Tuch zu verteilen und dem Konvent bei der Beschaffung bürgerlicher Kleidung behilflich zu sein.

Schließlich erschienen am 7. Juni 1570 die herzoglichen Visitatoren D. Jacob Andreae, D. Nicolaus Selnecker und Erasmus Ebner in Brunshausen und forderten die Konventualinnen auf, eine Rente von 20 Th. oder Kost ad vitam anzunehmen und das Kloster zu verlassen. Nach einer Bedenkzeit, während der die Eltern der „Lehrkinder" befragt werden sollten, erging am 13. Juni 1570 die Antwort, die Jungfern wollten im Kloster bleiben, desgleichen wollten dies die Eltern für ihre Kinder. Allein die Nonne Ursula Kircks erklärte sich zum Austritt gegen die versprochene Rente von 20 Thalern bereit (VII B Hs 35a Bl. 32). Die beiden evangelischen Prediger, die der Herzog am 8. August 1570 nach Brunshausen schickte, vermochten sich nicht zu halten und zogen wieder ab (s. unten § 23, 10).

Dabei blieb es zunächst. Doch wurde am 9. Okt. 1571 gegen den Willen von Domina und Konvent, allerdings mit vorläufiger Zustimmung der Stiftsäbtissin, ein herzoglicher Beamter, der frühere Amtmann zu Seesen Barwart Mente, als Verwalter (Propst) in Brunshausen eingesetzt (11 Alt Brunsh. 3; 2 Alt 3478). Ein herzogliches Reskript befahl die Umstellung des Klosterhaushalts gemäß der Braunschweigischen Klosterordnung (11 Alt Brunsh. 5). Am 16. April 1572 fand eine erneute gründliche Visitation und Inventarisierung des Klosters statt. Die herzogliche Instruktion für die Visitatoren vom 9. April 1572 schrieb vor, Briefe und Siegel des Klosters in einer Kiste zu versiegeln, bis die Abschrift der Urkunden durch herzogliche Beamte erfolgt sei. Kirchenschatz und Bücher sollten die Kommissare *inventiren, die lutherischen Bücher im Kloster lassen, die andern aberglaubischen . . . Bücher nebst Bildern und Gotzen, auch Cronen und Claren, auch zwo Nunnenkappen zum Gedechtnus nehmen und in starcke verschlossene Kasten legen und an hero in Unsere Vestung* (Wolfenbüttel) *führen.* Die Schlüssel zu den Kisten mit den Urkunden und den Kirchenornaten und Kleinodien sollten dem Herzog übersandt werden (2 Alt 3488). Die herzoglichen Kommissare, die Amtleute Johann von Assebeck, Barwart Mente und Brandt Brennecke, verfuhren der Instruktion entsprechend. Die Schlüssel sowie zwei Kisten mit *aberglaubischen unchristlichen Büchern und Götzen* wurden am 24. April 1572 nach Wolfenbüttel geschickt (2 Alt 3488, vgl. auch oben § 5).

Der Tod der Domina Anna Stein, die vor ihrem Ableben noch das Abendmahl in beiderlei Gestalt genommen hatte, am 9. Mai 1572 gab dem Herzog erwünschte Gelegenheit, nun auch in die personellen Angelegenheiten des Konvents einzugreifen. Er befahl dem „Propst" Barwart Mente sofort, jede Einsetzung einer neuen Domina durch die Gandersheimer Stiftsäbtissin zu verhindern (2 Alt 3487), und ließ im Beisein des Konsistorialrats D. Nicolaus Selnecker und des Gandersheimer Superintendenten Valentin Greser eine ihm genehme Nachfolgerin wählen, jene Ursula Kircks, die sich seinerzeit zum Verlassen des Klosters bereiterklärt hatte. Die Stiftsäbtissin Magdalena von Chlum protestierte dagegen sofort, da das Kloster ihrer Jurisdiktion unterstände (5. Juni 1572, 6 Urk 923). Als Kompromiß gestand Artikel 5 des Dritten Vertrages zwischen dem Reichsstift und Herzog Julius vom 11. Juni 1572 zu, die Äbtissin solle die Qualifikation der Gewählten prüfen und dann sie oder ggf. eine andere bestätigen. Daraufhin wurde von der Äbtissin Ursula Kircks als Priorin (Domina) förmlich bestätigt. Sie setzte der Durchführung der Reformation in Brunshausen keinen Widerstand entgegen, verhielt sich aber sonst — wohl auch, weil die Leistungen an die Landesherrschaft (11 Alt Brunshausen 5—8) als drükkend empfunden wurden —, der Stiftsäbtissin gegenüber loyal. Es gelang dieser sogar, noch 1572 einen Verwalter (Propst) ihrer Wahl, Henning Rheme, der bisher Verwalter der von Oldershausen in Förste gewesen war, in Brunshausen einzusetzen. Erst als sich der Konflikt zwischen Herzog und Reichsstift zunehmend verschärfte (s. GS NF 7 § 11), wurde im Juli 1576 wiederum der alte Amtmann Barwart Mente als „herzoglicher Mitverwalter" in Brunshausen eingesetzt (2 Alt 3495), der aber bald erkrankte und am 10. Okt. 1576 durch den herzoglichen Kammerbeamten Marx von Elpen ersetzt wurde. Die Anweisung der Stiftsäbtissin vom 12. Okt. 1576 an das Kloster, gegen diese Maßnahme passiven Widerstand zu leisten und dem Eindringling keine Verpflegung zu reichen, wurde von Domina und Konvent befolgt (2 Alt 3493). Am 17. Jan. 1577 berichtete die herzogliche Visitationskommission, daß sich

Domina und Konventualinnen auf den Befehl der Äbtissin beriefen, dem „Nebenverwalter" Marx von Elpen nichts zu reichen. Trotzdem hätten sie, die Kommissare, dem Gesinde den Verwalter als solchen angekündigt, die Schlüssel abgefordert und alles „inventiren" lassen. Währenddessen sei die Domina zum Kloster hinaus und nach Clus zur Äbtissin, die übrigens sehr schwach sei. Der Propst habe sich nicht finden lassen. Die Kommissare fragten gleichzeitig an, ob die Kornböden gewaltsam geöffnet werden sollten, falls die Domina die Schlüssel in Clus bei der Äbtissin ließe (11 Alt Gand. Fb. 1, III, 3).

Krankheit und Tod der Stiftsäbtissin Magdalena gaben dem Herzog, wie in Clus, so auch in Brunshausen freie Hand. Der 1572 von der Stiftsäbtissin bestellte Verwalter Henning Rheme, in dessen Hinterlassenschaft sich übrigens vorwiegend lutherische Bücher befanden, war geflohen (11 Alt Gand. Fb. 1, III, 3 und 2 Alt 3493). Vergeblich protestierten Domina und Konvent unter Hinweis auf ihren der Stiftsäbtissin geleisteten Eid gegen den herzoglichen Verwalter. Die Bemühungen des Reichsstifts um Herausgabe der Klöster Clus und Brunshausen, die schließlich zu einem entsprechenden kaiserlichen Mandat vom 9. Dez. 1579 an Herzog Julius führten (6 Urk 939, s. unten Clus § 8), hatten keinen Erfolg. Der Herzog legte am 30. Jan. 1580 beim Reichskammergericht Appellation ein und bestritt die Okkupation der Klöster, da die Stiftsäbtissin über diese *in temporalibus keine Administration gehabt* habe.

Als die Domina Ursula Kircks am 29. Dez. 1586 starb, folgte ihr die bisherige Schäfferin Ilsabe Hevekers im Amt. Daß der Konvent inzwischen vollständig evangelisch geworden war, wird nicht zu bezweifeln sein, obwohl sich die Schwester des Abtes Johann von St. Michael in Hildesheim, Maria Lovensen, in Brunshausen befand und im Juli 1588 auch dessen Nichte, Barbara Vadtschildt, dort eingekleidet wurde.

§ 9. Das evangelische Frauenkloster

Der Große Vertrag des Herzogs Heinrich Julius mit dem inzwischen ebenfalls evangelisch gewordenen Reichsstift vom 20. Aug. 1593 (s. GS NF 7 § 11) sah die Eidesleistung von Domina und Propst (Verwalter) an die Äbtissin vor. Propst, Schreiber und Gesinde sollten vom Herzog und der Äbtissin gemeinsam bestellt, die Klosterrechnungen beiden vorgelegt werden. Die Einhaltung dieses Vertrages wurde am 1. Nov. 1593 von der Domina, ihrer Stellvertreterin und dem Propst, dem bisherigen herzoglichen Amtsschreiber Georg Timmermann, vor der Äbtissin eidlich versprochen (VII B Hs 36 Bd. 4 Bl. 244). Schon die Rechnungsabnahme für 1593 und 1594 erfolgte gemeinsam durch die herzoglichen Räte und die Stiftäbtissin Anna Erika, wobei jede Partei eine Ausfertigung erhielt (VII B Hs 36 Bd. 4 Bl. 282).

Der Besetzungsmodus der Dominastelle war jedoch noch nicht zweifelsfrei geregelt. Nach dem Tode der Domina Elisabeth Hevekers am 4. Aug. 1617 ließen die herzoglichen Räte die bisherige Schäfferin Anna Kinen wählen, ohne die Bestätigung der Stiftsäbtissin einzuholen (2 Alt 3551). Diese, eine Schwester des Herzogs Heinrich Julius, legte Protest ein, und der Herzog entschied darauf, daß ihre vertraglichen Rechte zu wahren seien (11 Alt Gand. Fb. 2 nr. 133). Drei Jahre später, nach dem Tode der Anna Kinen am 9. April 1620, unternahm die Stiftsäbtissin ihrerseits einen Vorstoß zur Erweiterung ihres Einflusses, indem sie den Nachlaß der Domina, der von dem herzoglichen Klosterverwalter bereits versiegelt war, durch den Stiftssenior und den Abteiverwalter nochmals mit ihrem Äbtissinnensiegel versehen ließ (VII B Hs 36 Bd. 5 Bl. 23 v; Kronenberg, Clus u. Brunsh. S. 124 f.). Der Streit hatte die Folge, daß überhaupt keine Dominawahl zustande kam und die Schäfferin vertretungsweise die Konventsleitung übernahm. Auch die Zahl der Konventualinnen hatte langsam abgenommen. 1624 waren nur noch drei alte Chorjungfern in Brunshausen (2 Alt 3503).

Die Ereignisse des Dreißigjährigen Krieges trafen das Kloster besonders hart. Im Juli 1627 wurden von durchziehenden „Freibeutern" unter dem Obersten Hans von Eystorff, die für ihre Abweisung durch die Stadt Gandersheim Vergeltung übten, alle Wirtschaftsgebäude im Werte von 5800 Gulden niedergebrannt. Diesem Ereignis folgte im Juli 1629 die Okkupation des Klosters durch die Katholiken auf Grund des Restitutionsedikts vom 6. März 1629 und die Vertreibung der vorhandenen fünf Konventualinnen. Von Gandersheim aus, wo sie Zuflucht gefunden hatten, richteten sie am 3. Aug. 1629 eine Supplik an den Herzog und baten um Aufnahme in andere Klöster des Landes (2 Alt 3577). Der neue katholische Abt von Clus, Nicolaus Seling, nach dem 15. Juli 1629 von den Kommissaren und Visitatoren der Bursfelder Union eingesetzt (s. unten S. 233 f.), wurde zugleich Administrator von Brunshausen (27. Sept. 1629, 11 Alt Gand. Fb. 2 nr. 64). Der Vertreibung des evangelischen Konvents folgte nach wenigen Monaten die Einführung katholischer Nonnen, vermutlich aus Hildesheim. Schon am 26./28. Aug. 1629 hatte das Generalkapitel der Bursfelder Kongregation die Rekuperation Brunshausens mit Befriedigung festgestellt (Volk, Generalkapitelsrezesse 2 S. 504). Auf dem Generalkapitel des folgenden Jahres am 16./19. Juni 1630 in Seligenstadt wurde Abt Nicolaus Seling förmlich zugelassen und auch als Administrator von Brunshausen bestätigt (ebda. S. 519). Dem Abt von St. Godehard in Hildesheim wurde die Inspektion der Konvente zu Clus und Brunshausen übertragen (ebda. S. 514).[3])

Die Kriegsereignisse infolge des Eingreifens der Schweden machten die Lage des katholischen Konvents bald unhaltbar. Schon am 24. Juni 1631 schrieb der Administrator Abt Nicolaus Seling von *Virgines in Brunshausen,* die wegen der herumziehenden Soldateska in höchster Gefahr seien (11 Alt Clus 28). Am 25. Sept. 1631 wurden Clus und Brunshausen von den katholischen Mönchen und Nonnen geräumt. Eine zeitweilige Rückkehr des Abtes Seling nach Clus, die das Heranrücken Pappenheims in der Zeit vom 24. Sept. 1632 bis Anfang Febr. 1633 möglich machte, hatte für Brunshausen keine Folgen. Es blieb für die Katholiken verloren. Allerdings erlaubten die Kriegsereignisse, in deren Verlauf Brunshausen 1632 nochmals von schwedischen und 1637 von kaiserlichen Truppen verwüstet wurde, auch eine Wiederkehr des evangelischen Konvents vorerst nicht.

Inzwischen hatte das Reichsstift am 15. Sept. 1634 vom Hause Braunschweig, vertreten durch Herzog August d. Ä., die vertragliche Zusage über eine Rückgabe der Klöster Clus und Brunshausen erwirkt. Aber der neue Landesherr, Herzog August d. J., hielt sich nicht daran gebunden, sondern schuf neue Verhältnisse. Am 16. Juli 1639 wurde der bisherige Brunshäuser Verwalter Cosmus Mumme entlassen, ein *praepositus ordinarius* vorläufig nicht mehr bestellt und das Kloster auf Zeit an den Landkommissar Johann Starcke verpachtet, angeblich unbeschadet der Rechte der Stiftsäbtissin aus dem Vertrag von 1593 (2 Alt 3589). Den noch lebenden, anderweitig untergebrachten Konventualinnen wurde die Wiederaufnahme verweigert (2 Alt 3503).

Erst die neue Braunschweigische Klosterordnung, die schließlich am 12. März 1655 erlassen wurde, führte wieder zu den früheren Verhältnissen zurück. Nach Aufgabe der Klosterpacht durch den letzten Pächter Konrad Niebecker wurde schon am 1. Okt. 1653 eine Haushaltung *von Klosters wegen* eingerichtet und wieder ein Verwalter bestellt (2 Alt 3478). Eine Visitation des Klosters am 11. Febr. 1653 hatte ergeben, daß nur noch eine alte Konventualin, Anna Blocks, vorhanden war, — es sei *die Gelegenheit auff dem Closter so schlecht beschaffen, daß nebst ihr nur 1 Junffer noch accomodirt werden* könne (2 Alt 3596). Als Domina bestellte der Herzog kurzerhand eine Klosterfrau aus Marienberg vor Helmstedt (2 Alt 3596 und 8640). Die Braun-

[3]) Philipp Hofmeister, Liste der Nonnenklöster der Bursfelder Kongregation, StudMittGBened 53. 1935 S. 80, dessen Angaben über Brunshausen durchweg falsch sind, spricht von einer Inspektion mit dem Ziel einer etwaigen Wiederbesetzung.

schweigische Klosterordnung (gedr. Wolfenbüttel 1655, S. 22) regelte schließlich die Klosterverwaltung in der Weise, daß der jeweilige Superintendent von Greene als geistlicher Propst fungieren solle, daß aber die wirtschaftliche Leitung ein (Unter-)Verwalter unter der Aufsicht des Amtmanns von Greene als eines „Oberinspektors" haben solle. Der Konvent bestand von jetzt an aus der Domina und in der Regel drei, zeitweise zwei Konventualinnen. Auf freiwerdende Stellen wurden Exspektanzen erteilt.

Mit dem Retraditionsrezeß vom 21. Dez. 1695 kehrte zusammen mit Clus auch Brunshausen unter die Jurisdiktion des Reichsstifts zurück. Die Klosterwirtschaften wurden seit 1700 gemeinsam an einen Pächter verpachtet, der in Clus wohnte und Brunshausen als Vorwerk nutzte (11 Alt Gand. Fb. 2 nr. 173). An der Verfassung des Konvents änderte sich wenig. Die Stellen der Konventualinnen wurden nunmehr nach Einholung der Zustimmung des herzoglichen Konsistoriums von der Stiftsäbtissin besetzt und dienten zunehmend der Versorgung von weiblichen Angehörigen der Abteihofstaats. Die Stiftung einer Schule *zur Erziehung einiger Kinder im Kloster Brunshausen*, die der neue Hofprediger der Stiftsäbtissin inspizieren sollte (herzogl. Bestätigung vom 4. Juni 1718, VII B Hs 11 Bd. 5), gedieh nicht.

Eine neue Funktion erhielt Brunshausen durch die Umgestaltung des West- und eines Teiles des Nordflügels des Klosters zu einem Lustschloß für die Fürstäbtissin Elisabeth Ernestine Antonie in den Jahren 1713—1726 (s. o. § 3, 6). Aber diese Episode endete schon mit dem Tode der Fürstäbtissin im Jahre 1766. Die beiden letzten Äbtissinnen von Gandersheim benutzten das „Fürstliche Haus" nicht mehr. Nachdem der Gottesdienst in der Klosterkirche wegen deren Baufälligkeit schon 1791 eingestellt und ihre Profanierung 1793 genehmigt worden war (s. o. § 3, 1), wurde zunächst wechselweise in Wolperode und Altgandersheim Gottesdienst gehalten, bis schließlich im Jahre 1800 die Stiftsäbtissin einen Betsaal in der Gandersheimer Abtei zur Verfügung stellte. Die Residenzpflicht der Konventualinnen wurde infolge der zunehmenden Vernachlässigung der Brunshäuser Klostergebäude wenig später aufgehoben. Nach der Säkularisierung des Reichsstifts vergab das Herzogliche Staatsministerium bzw. der Braunschweigische Kloster- und Studienfonds als Rechtsnachfolger die Präbenden der Konventualinnen vorzugsweise an unverheiratete Töchter verdienter braunschweigischer Beamter (Kronenberg, Clus u. Brunsh. S. 143).

4. VERFASSUNG

§ 10. Die Klosterverfassung

1) Das Benediktinermönchskloster

Die äußerst dürftige Überlieferung der ersten Jahrhunderte läßt nur wenige Einzelheiten der Klosterverfassung erkennen. Brunshausen war anfangs eine Missionszelle, als *Cella sancti Bonifatii* ein vom Mutterkloster Fulda abhängiges Außenkloster. Der Leiter des *Coenobium* hat offenbar niemals den Abtstitel geführt. In dem Mönchsverzeichnis aus der Mitte des 9. Jhs. (MGH. SS. 13 S. 218; s. o. § 7) wird der geistliche Leiter des Konvents, der Priestermönch Liutwart, *illorum* (sc. fratrum) *magister* genannt. Er stand einer Mönchsgemeinschaft von 22 Brüdern vor, von denen 13 die Priester- und 5 die Diakonsweihe besaßen. Dazu kamen 16 Schüler. Aus dem 10. Jahrhundert, in dem der Übergang der Eigenherrschaft über Brunshausen von der Abtei Fulda an das Stift Gandersheim erfolgt sein muß, und aus dem 11. Jh. fehlen jegliche Nachrichten über die innere Verfassung. Der Leiter der Mönchs- oder wohl schon Kanonikergemeinschaft, deren *desolatio* und *variatio* die Reformer von 1134 zu beklagen hatten (s. o. § 7), hat einen Abtstitel offenbar ebenfalls nicht geführt. Der Abt von Clus übernahm die Leitung von Brunshausen bis zu dessen Umwandlung in ein Nonnenkloster.

2) Das Benediktinernonnenkloster

Die gegen Ende des 12. Jhs. eingetretene Veränderung wird erstmals in der großen Besitzbestätigung Papst Innozenz' III. für das Reichsstift Gandersheim vom 22. Juni 1206 (Potthast 2823, s. GS NF 7 § 9) faßbar. Mit den hier für Brunshausen belegten *moniales incluse* unter einem *prepositus regularis* waren nicht etwa Inklusen im strengen Begriffssinne gemeint, sondern Regularschwestern, Nonnen im Gegensatz zu den Gandersheimer Kanonissen, und zwar sicher von vornherein Benediktinerinnen, wenn auch die Ordenszugehörigkeit erst seit 1267 urkundlich gesichert ist (UB Goslar 2, 130 u. 131 S. 191 f.). Entsprechend der Verfassung der im 12. Jh. in der Diözese Hildesheim unter dem Einfluß der Augustinerregel reformierten Benediktinernonnenklöster hatte nicht — wie in dem älteren St. Marienkloster vor Gandersheim — eine Äbtissin die Leitung. Klostervorsteher war vielmehr ein Propst, dem als Leiterin des Nonnenkonvents eine Priorin zur Seite stand. Diese Verfassung hat in Brunshausen die Jahrhunderte bis zur Reformation überdauert und nur hinsichtlich der Bedeutung beider Ämter, vor allem infolge der Bursfelder Reform, einige Veränderungen erlebt. Die einzige Erwähnung einer Äbtissin in Brunshausen in der Adresse einer Hildesheimer Bischofsurkunde vom 21. Okt. 1313 (UBHHild. 4, 192 S. 93) geht zweifellos auf einen Irrtum dieses auch sonst fehlerhaften Dokuments zurück, ist also nicht im Sinne einer Verfassungsänderung (so noch Goetting, Brunshausen S. 18) zu deuten, wie wir sie vom 13.—15. Jh. im St. Marien-Kloster feststellen können. Über die Ordenszugehörigkeit und das Verhältnis zur Bursfelder Kongregation s. u. § 17.

§ 11. Die Klosterämter des Benediktinernonnenklosters

1) Propst

Der Propst *(prepositus, provest,* seit 1410 auch *provisor)* war der Rechtsvertreter des Klosters nach außen, der Verwalter des Klosterbesitzes, der Einkünfte und Ausgaben, und zugleich der erste Klostergeistliche. Über den Propstwahlmodus in Brunshausen sind wir nicht unterrichtet, dürfen aber annehmen, daß — wie in Clus der Abt — auch in Brunshausen der Propst nach Wahl durch den Konvent der Äbtissin des Reichsstifts präsentiert und von ihr bestätigt werden mußte. Für ihn war ein besonderes Propsteigut aus dem Klostervermögen ausgeschieden (VII B Hs 12 Bl. 40 v). Er bewohnte im Klosterbereich eine eigene Kurie (VII B Hs 48 Bl. 22 v und oben § 3, 6). Eine besondere Kapelle des Propstes ist nicht bezeugt. Daß er unter eigenem Siegel urkundete, ist bezeugt (s. unten § 20), doch ist ein Brunshäuser Propstsiegel nicht erhalten.

In den Zeugenreihen der Urkunden des Reichsstifts Gandersheim im 13. Jh., die uns im wesentlichen die Namen der ersten Pröpste überliefern, steht der Propst von Brunshausen hinter dem Abt von Clus an zweiter Stelle noch vor den Stiftskanonikern. Ob er selbst gleichzeitig ein Stiftskanonikat innehaben konnte, läßt sich nicht nachweisen. Vermutlich konnte aber ein Gandersheimer Stiftskanoniker Propst von Brunshausen werden, so möglicherweise der im Reichsstift 1225—1227 als Diakon und *Sacerdos* belegte Petrus, der mit dem im Jahre 1240 als Propst von Brunshausen genannten Petrus identisch sein könnte (Orr. Guelf. 4, Praef. S. 72).

Sonst dürfte der Propst meist Regularkleriker gewesen sein, so etwa der 1277 als Augustinerchorherr in Riechenberg bezeugte ehemalige Brunshäuser Propst Thetmarus (UB Gosl. 2, 233 S. 265). Der in den

Jahren 1410—1412 in Brunshausen erwähnte Propst Heinrich Hartwigs war Kanoniker (Präbendat) in St. Marien vor Gandersheim gewesen (VII B Hs 276 S. 54).

Die Stellung des Propstes war im 13. Jh., wie aus den vielfachen Zeugenschaften der ersten Pröpste hervorzugehen scheint, stärker als in späterer Zeit. In den wenigen überlieferten Klosterurkunden ist er anfangs als alleiniger Aussteller neben dem Konvent genannt (UBHHild. 1, 753 S. 705: *Werenbertus d. g.* [prepositus] *et conventus in Br.;* VII B Hs 101 Bl. 62 r: *Werenbertus d. g. prepositus in Br. ... de communi nostri conventus consilio).* Erst nach der Mitte des 13. Jhs. urkundete die Priorin mit (UB Gosl. 2, 130/1 S. 191 f.: *Ropertus prepositus, Helenburgis priorissa totusque conventus ...).* Bereits gegen Ende des 13. Jhs. urkundeten auch Priorin und Konvent selbständig ohne den Propst (10/11 Urk 18). Allerdings handelte es sich in diesem Falle um eine dem Kloster Clus erteilte Erlaubnis zur Errichtung einer Kapelle in *Adestessen, also nicht um eine Güterangelegenheit. In solchen fungierte weiterhin der Propst als erster Aussteller.

Seit dem ersten Viertel des 15. Jhs. scheint es in Brunshausen vorübergehend einen Propst nicht gegeben zu haben. An seine Stelle war ein Laienhofmeister getreten. Es war dies der verheiratete Hinrik Hovel aus Sehlem (HStA. Hannover, Hild. Or. 2 Lamspringe nr. 160 a), der offenbar zusammen mit dem Konversenhofmeister die Klosterwirtschaft leitete. In den Jahren von 1432—1441 werden in mehreren Urkunden als Mitaussteller nach Priorin, Küsterin, Kämmerin und Konvent ausdrücklich *de hovemestere edder vorstendere* genannt (z. B. VII B Hs 12 Bl. 9 v, 16 v, 40 v). Allerdings wurde gerade 1441 für die *provestye*, also das Propsteigut, ein Sedelhof und eine halbe Hufe zu Altgandersheim erworben (VII B Hs 12 Bl. 40 v).

Die erste Reform nach den Grundsätzen der Bursfelder Kongregation von 1448 hat offenbar wieder einen Propst eingesetzt, obwohl wir erst 1473 von einer Stellvertretung des Propstes durch den Kaplan Jan Kopman hören (10/11 Urk 70 a), der dann 1482 selbst als Propst von Brunshausen erscheint (10/11 Urk 133). Allerdings war der Propst nach den Bursfelder Caeremoniae (dist. I c. XV, dist. II c. I, XI) im wesentlichen auf die Vermögensverwaltung nach außen *(potestas oeconomica in foro externo)* beschränkt und hatte seine ursprüngliche zentrale Stellung in der Klosterleitung verloren. Das kam u. a. darin zum Ausdruck, daß er in den Urkunden nunmehr an dritter Stelle hinter der Priorin und der Subpriorin als Aussteller erschien (1512: *Katherina priorissa, Elizabet suppriorissa, Tile Scaper provest unde gancze sampninge ...*, 10/11 Urk 104). Der vielbeschäftigte Vikar des Reichsstifts Tilemann

Schaper war von 1512 — c. 1531 Propst zu Brunshausen, wobei er 1520 auch als Pleban zu Brunshausen und Altgandersheim bezeichnet wurde, und war anschließend 1531—1543 Kanoniker im Reichsstift und Verweser der Abtei. Auch in der Folgezeit finden wir Gandersheimer Geistliche als Pröpste, so 1541 den Vikar von St. Marien Johann Fricke und 1558 den Kanoniker des Reichsstifts Johann Schnor, über den die Domina beim Herzog (!) Klage erhob, so daß seine Absetzung erwogen wurde (2 Alt 3473). Letzter Propst des katholischen Klosters war der frühere Prior von Clus Andreas Witten. Er muß vor dem 22. Febr. 1566 in Clus ausgeschieden sein und erscheint urkundlich am 25. Juli 1569 als Propst von Brunshausen, wo er das Erbregister der Klostergüter zusammenstellte (19 Alt 30).

2) Priorin (Domina)

Die Priorin *(priorissa, priorinne)* war die Vorsteherin des Konvents, wurde in der Regel wohl von diesem gewählt, der Äbtissin des Reichsstifts präsentiert und von dieser bestätigt. In dieser Frage kam es nach dem Anschluß an die Bursfelder Kongregation zu Schwierigkeiten, als 1495 und 1524 die Äbte von Clus zusammen mit einem zweiten, vom Generalkapitel der Union bestellten Abtvisitator versuchten, ohne Beteiligung der Patronatsherrin *van des ordens wegen* Priorinnen in Brunshausen einzusetzen (s. oben § 8 u. s. unten § 17).

Die Priorin war für die Erfüllung der Aufgaben der Klostergemeinschaft und die Disziplin aller Klosterangehörigen verantwortlich und vertrat das Kloster auch nach außen, sofern dies nicht Sache des Propstes war. Sie verwahrte das Klostersiegel und das Klosterarchiv. Ein eigenes Priorinnensiegel ist erst seit 1569 belegt. Als Urkundenausstellerin erscheint die Priorin zuerst 1267 (UBGosl. 2, 130 S. 191), zunächst mit dem Propst, später auch ohne diesen bzw. (nach dem Anschluß an die Bursfelder Kongregation) vor diesem.

Die Bezeichnung „Domina“ für die Priorin wurde zuerst 1495 gebraucht und seit der Mitte des 16. Jhs. vorherrschend.

3) Unterpriorin

Die Unterpriorin *(subpriorissa, suppriorissa, vicepriorissa, underpriorinne)* ist erst nach der Reform bezeugt und erscheint 1512 zum ersten Male. Dieses Klosteramt entsprach den Statuten der Bursfelder Reform. Ob es außer der Stellvertretung der Priorin noch besondere Aufgaben umfaßte, ist nicht bekannt.

4) Küsterin

Das Amt der Küsterin *(custrix, custerinne)* wird zuerst in den Jahren 1414—1441 genannt, verschwand dann mit der ersten Reform und tauchte 1549 vorübergehend wieder auf.

5) Cantrix

Eine Cantrix als Leiterin des liturgischen Gesanges (über dieses Amt vgl. die Bursfelder Caeremoniae sanctimonialium dist. II c. 6, Linneborn, Reform d. westfäl. Ben. Kl., StudMittGBened 21. 1900 S. 60) wurde nur einmal 1549 zusammen mit der Küsterin genannt.

6) Cameraria (Procuratrix, Schäfferin)

Eine *kemerinne* ist vor der Reform in den Jahren 1414—1441 belegt, also in jenem Zeitraum, in dem das Kloster offenbar eines Propstes entbehrte, so daß die Cameraria außer der Verwaltung der Kleiderkammer und der Konventsverpflegung wohl auch einen Teil der Verwaltungsausgaben des Propstes zu versehen hatte.

Nach der Reform erscheint eine *cameraria (procuratrix, schefferin)* 1518—1549, wobei die Procuratrix Elisabeth Berners während der Schmalkaldischen Besetzung offenbar zeitweise an Stelle der Domina die Klosterleitung innehatte (1547, 11 Alt Brunsh. 1). Überhaupt scheint das Amt im 16. Jh. eine wechselnde Bedeutung gehabt zu haben, wie das Beispiel der Nonne Gese Slikers zeigt. Sie war 1532 Schäfferin, 1538 Subpriorin, stand 1547 ohne Amtsbezeichnung an dritter Stelle im Konvent, wurde 1549 Cantrix genannt und nahm in den Urkunden 1558 und 1568 wieder die dritte Stelle nach der Domina und der Subpriorin ein, zwar ohne nähere Bezeichnung, aber in praxi doch wohl als Schäfferin, da das Amt auch in evangelischer Zeit erhalten blieb.

§ 12. Nonnenkonvent

Außer den vorgenannten sind in Brunshausen keine weiteren Klosterämter bezeugt. So fehlen Belege für eine Scholastica, eine Novizenmeisterin, eine Infirmaria oder eine Pförtnerin. Über die Stärke des Konvents *(conventus, samninge, vorsamlinge der geistlichen Jungfrauen,* Klosterjungfrauen, Chorjungfrauen) fehlen für die frühere Zeit jegliche Nachrichten. Die Zahlen aus der Zeit der Schmalkaldischen Besetzung (6 Chorjungfrauen, 8 *Leinonnen,* StadtA. Braunschw. B III 5 Schmalkald. Bund Bd. 27 Bl. 615 r), der Aufstellung von 1558 (außer der Domina 9 Chorjungfern und 5 Konversen, 2 Alt 8640) und der Visitation von

1568 (8 Nonnen, 4 Laienschwestern, vgl. Spanuth, Vis. Prot. S. 125) geben sicherlich einen bereits stark reduzierten Bestand wieder. Die späteren Inventare für den abgebrochenen Ostflügel der Klostergebäude verzeichnen 25 Einzelzellen (s. oben § 3, 6).

Zu einer Aufhebung der Vita communis und zur Aufteilung des Konventsgutes in eine bestimmte Anzahl von Präbenden, wie es in Clus geschah, ist es in Brunshausen, soweit wir erkennen können, nicht gekommen. Dagegen wurde 1495 und 1531, also noch nach der Reform, über Lockerungen der strengen Klausur geklagt (s. oben § 8). Privateigentum einzelner Nonnen ist im 14. und 15. Jh. verhältnismäßig häufig belegt. Fast nur in den entsprechenden Urkunden über Rentenkäufe usw. sind überhaupt Namen von Brunshäuser Nonnen überliefert. Auch nach der ersten Reform von 1448 ist noch Güter- und Rentenbesitz einzelner Nonnen bezeugt (VII D Hs 52 Bl. 25 v). Von einem Einkauf in das Kloster hören wir 1416, als der Gandersheimer Bürger Clawes Medderen beim Eintritt seiner Tochter Metteke einen Meierhof mit drei Hufen zu Dannhausen an das Kloster schenkte (VII B Hs 1 S. 68).

Über die Regeln beim Eintritt, die Dauer des Noviziats und die Profeßablegung fehlen für Brunshausen alle Nachrichten. Die erst für die Zeit der Reformation vorliegenden Altersangaben lassen erkennen, daß die meisten Konventualinnen bereits als Kinder ins Kloster gegeben worden waren.

Die dürftige Überlieferung sagt auch über die Tätigkeit der Nonnen außerhalb der Chordienstverpflichtungen nichts aus. Doch weisen die bei den Ausgrabungen zahlreich gefundenen Stick-, Häkel- und Stricknadeln auf Textilarbeiten, die bronzenen Schreibgriffel auf schulische oder gar literarische Betätigung hin (vgl. H. Seemann, Die Bronzegriffel von Brunshausen, Neue Ausgrabungen und Forschungen in Niedersachsen 6, 1970 S. 240—247). Die Angaben des Chronisten Johannes Letzner (StUBibl. Göttingen, Hs. Hist. 248/49: Brschw. Lbg. Gött. Chron. Buch III c. 19 zu 1382) über die „berühmte Schreiberin“, die angebliche Brunshäuser Nonne Maria Hilkemans aus Einbeck, sind allerdings Phantastereien.

§ 13. Konversen, Donaten, Novizen

Eine Urkunde von c. 1220 (UBHHild. 1, 753 S. 705) nennt als Zeugen zwei, eine Urkunde von c. 1223 (VII B Hs 101 Bl. 62 r) drei Konversen und darüber hinaus noch einen Claviger. Diese Konversen waren offenbar im Wirtschaftsbetrieb des Klosters tätig. Sie werden später nicht mehr in der Mehrzahl erwähnt. Der einzige männliche Konverse im späteren Mittelalter dürfte der Hofmeister als Leiter des Wirtschaftshofes gewesen sein, so der Hofmeister Hermannus, *conversus monasterii*, der 1408 im Streit um das Brunshäusische Holz den Abt von Clus verwundete, oder 1473 der Hofmeister *broder* Hinrik Grote. Ob die im 16. Jh. genannten Hofmeister noch Konversen im eigentlichen Sinne waren oder — wie in St. Marien — auf Dienstvertrag angestellte, z. T. verheiratete Verwalter, ist nicht zu entscheiden.

Weibliche Konversen oder Laienschwestern sind zwar vor dem 15. Jh. nicht bezeugt, da sie im Rechtsleben des Klosters keine Rolle spielten, doch ist ihr Vorhandensein nicht zu bezweifeln. Bei der Schmalkaldischen Visitation von 1542 wurden 8 *Leinonnen* festgestellt, deren Zahl bis 1558 auf 5 und bis 1568 auf 4 herabgesunken war. Als dienende Kräfte waren sie innerhalb der Klausur oder auch im Betrieb der Klosterwirtschaft tätig, doch werden daneben auch gewöhnliche Dienstmägde erwähnt (2 Alt 3533).

D o n a t e n (über das Donateninstitut vgl. die Ceremonia nigrorum monachorum O. S. B. de observantia Bursfeldensi [1474], dist. IV c. 6—11) hat es in Brunshausen offenbar nur in der zweiten Hälfte des 15. Jhs. gegeben (vgl. unten die Personallisten S. 74).

Über das Novizenwesen fehlen aus dem Mittelalter alle Nachrichten. Die erst 1568 erwähnten „Lehrkinder" (2 Alt 3533) waren offenbar im Kindesalter zur Erziehung ins Kloster gegebene Mädchen, da ihre Eltern wegen eines weiteren Verbleibens im Kloster befragt werden mußten. Der Weg derartiger Lehrkinder dürfte in den meisten Fällen zum Noviziat und zur Profeß geführt haben.

§ 14. Klostergeistlichkeit

Zur Wahrnehmung der gottesdienstlichen Funktionen im Kloster waren außer dem Propst schon um 1220 zwei *sacerdotes* und ein *subdiaconus* vorhanden (UBHHild. 1, 753 S. 750 und VII B Hs 101 Bl. 62 r). Sie trugen in der folgenden Zeit die Bezeichnung *capellani* (der Chronist Henricus Bodo nennt sie CC. Bl. 231 auch *sacellani sororum)*.

Die Zahl der festen Präbenden betrug bis 1416 zwei, da in diesem Jahre der Kapellan Detmar Kopman einen Meierhof mit drei Hufen in Dannhausen zu einer weiteren Präbende schenkte: *to dem dridden brodeden capellane to den twen, de se rede hebbet* (VII B Hs 1 S. 68). Der 1473 als Vertreter des Propstes erwähnte Kapellan Jan Copman ist neun Jahre später selbst als Propst bezeugt. Die dritte Präbende scheint jedoch wieder verloren gegangen zu sein, da die Klosterrechnung von

1569 neben dem Propst nur zwei Kapelläne aufführt (2 Alt 3533). Ihnen oblag neben dem Gottesdienst im Kloster auch die Seelsorge in den Patronatskirchen Altgandersheim mit Gremsheim, Wolperode mit Ackenhausen und Gehrenrode mit Helmscherode. Beichtvater der Nonnen sollte nach den Statuten der Bursfelder Kongregation nach Möglichkeit ein Mönch sein. Clus erklärte sich 1531 zur Entsendung eines solchen *auf freundliche Anforderung* bereit, nachdem das gegenseitige gespannte Verhältnis wegen Holzungs- und Hudestreitigkeiten offenbar einen derartigen Dienst verhindert hatte (10/11 Urk 115a).

§ 15. Die Verfassung und die Ämter des evangelischen Klosters

Die endgültige Durchführung der lutherischen Reformation in Brunshausen hatte zunächst nur geringe Änderungen der Klosterverfassung als solcher zur Folge. Der tägliche Chordienst wurde nunmehr nach der evangelischen Kirchenordnung gehalten. Die Zahl der Konventualinnen schmolz allerdings weiter zusammen, und damit entfielen auch eine Anzahl bisheriger Klosterämter.

1) Propst bzw. Verwalter

Die seit 1571 von der Landesherrschaft (und zeitweise auch von der Äbtissin des Reichsstifts) in Brunshausen eingesetzten Klosterverwalter waren, obwohl sie sich ebenfalls „Propst" nannten, weltliche Verwaltungsbeamte. Domina und Konvent protestierten schon gegen die Einsetzung des ehemaligen herzoglichen Amtmannes zu Seesen Barwart Mente *für einen Propst und geistlichen* (!) *Übersteher* mit der Begründung, die Verwaltung durch einen Propst sei überhaupt unnötig (2 Alt 3478). Aber auch der von der der Stiftsäbtissin in den Jahren 1572—1576 bestellte Propst Henning Rheme war Laie und zuvor Gutsverwalter der von Oldershausen auf Förste gewesen (s. o. § 8). Der nach dessen Flucht am 17. Januar 1577 vom Herzog schließlich gewaltsam eingesetzte Marx von Elpen, der auch Clus verwaltete und sich bis zu seiner Abdankung 1589 als Propst von Brunshausen bezeichnete, war herzoglicher Kammerbeamter. Ebenso waren seine Nachfolger meist herzogliche Küchenschreiber oder Amtsschreiber gewesen (s. die Personallisten).

Die vorläufige Neuordnung der Verhältnisse nach den Wirren des Dreißigjährigen Krieges durch Herzog August d. J. vom 16. Juli 1639 führte zur Entlassung des letzten Verwalters dieser Art, Cosmus Mumme. Ein *praepositus ordinarius* wurde zunächst nicht bestellt und das Klostergut auf Zeit an den Landkommissar Johann Starcke verpachtet (2 Alt

3589), *der sich aber Propst und Verwalter nennt* (2 Alt 3544). Die Klosterordnung Herzog Augusts d. J. vom 12. März 1655 schließlich bestimmte, daß der Titel eines geistlichen Propstes mit einer Besoldung von 30 Rth. jährlich von nun ab dem jeweiligen Superintendenten zu Greene (deren Liste s. Kronenberg, Clus u. Brunsh. S. 130) zustehen solle, während der Klostergutsverwalter in Brunshausen selbst nur die Bezeichnung *Verwalter* zu führen habe. Nach dem Heimfall von Brunshausen an das Reichsstift Gandersheim im Jahre 1695 und während der folgenden Verpachtung des Klosterguts verschwand das Amt eines besonderen Klosterverwalters. Wenige Jahre vor der Säkularisation, am 14. Juli 1800, erhielt noch einmal der Gandersheimer Abteihofrat F. K. von Strombeck ehrenhalber den Titel eines Propstes von Brunshausen (11 Alt Gand. Fb. 2 nr. 207).

2) Domina

Die Vorsteherin des nunmehr evangelischen Konvents trug nur anfangs noch die Bezeichnung Priorin, wurde aber bald ausschließlich Domina genannt. Nach der Mitte des 17. Jhs. ging dann der Titel „Priorin" auf die Stellvertreterin der Domina über.

Die zwischen Herzog und Stiftsäbtissin sogleich strittige Bestätigung der Domina in Brunshausen wurde in dem Großen Vertrag vom 20. August 1593 nicht ganz klar dahin geregelt, daß die Domina unbeschadet der landesherrlichen Obrigkeit sich der Äbtissin des Reichsstifts *eidlich verwandt* machen sollte (6 Urk 964). Diese Bestimmung führte schon sehr bald zu Streitigkeiten. Bei der nächsten Dominawahl im Jahre 1617 konnte die Gandersheimer Äbtissin nur unter Protest gegen eine von den herzoglichen Räten kurzerhand versuchte Einsetzung ihr Mitbestätigungsrecht wahren. Nach dem Tode der Domina Anna Kinen im Jahre 1620 verhinderten die beiderseitigen Ansprüche auf Besetzung der Stelle auf Jahre hinaus überhaupt eine Wiederbesetzung (s. o. § 8; Kronenberg Clus u. Brunsh. S. 124 f.).

Nach langer Vakanz berief der Herzog schließlich seit 1653 ohne weiteres von sich aus die Domina vorwiegend aus anderen Klöstern des Landes (Marienberg, Steterburg). Nach der Retradition von 1695 war die Einsetzung der Domina ausschließlich Sache der Gandersheimer Fürstäbtissin, die allerdings in der Regel sich der Zustimmung des herzoglichen Konsistoriums versicherte.

Die Domina war zwar offiziell die Leiterin des Klosters nach außen und innen, doch trat ihre Bedeutung allmählich zurück. Selbständig ausgeführte Rechtshandlungen sind nur bis etwa 1620 überliefert. Alle wichtigeren Entscheidungen wurden von den herzoglichen Klosterräten, seit

1695 von der Abtei Gandersheim getroffen. Solange vorhanden, erledigte der Klosterverwalter das übrige. Von ihrer besseren Bepfründung und Disziplinarrechten über die wenigen Konventualinnen abgesehen, hatte die Domina schließlich nicht wesentlich mehr als die Stelle einer ersten Konventualin inne.

3) Stellvertretende Domina (Schäfferin, Priorin, Vizedomina)

Das Amt der Subpriorin war mit der Einführung der Reformation fortgefallen. Stellvertreterin der Domina war zunächst die Schäfferin, die auch 1587 und 1617 nach dem Tode der Domina jeweils in deren Stelle aufrückte. Während der Vakanz von 1620 bis zur Vertreibung des Konvents im Jahre 1629 hatte die Schäfferin allein die Klosterleitung inne. Nach der Wiedererrichtung eines evangelischen Konvents (1653/55) erhielt nach den Bestimmungen der Braunschweigischen Klosterordnung die 2. Konventualin als Stellvertreterin der Domina die Bezeichnung Priorin. Sie wurde seit 1741 auch Vizedomina genannt, doch wurde die Bezeichnung Priorin auch noch 1801 angewendet.

4) Konvent (Nonnen, Konversen, Lehrkinder)

Nach der Einführung der Reformation betrug die Stärke des Konvents (ohne Domina) 1577 noch fünf, 1587 sieben *Chorjungfern* (2 Alt 3507). 1593 waren es noch sechs (2 Alt 3503), 1597—1604 wieder acht (2 Alt 3532), während 1607 die Zahl schon auf vier zurückgegangen war (2 Alt 3551). Im Jahre 1624 — die Dominastelle war seit 1620 unbesetzt — berichtete der Klosterverwalter Caspar Uhrlandt, daß nur drei alte Klosterjungfern von 60 und 70 Jahren in Brunshausen seien, so daß der Chordienst nur unvollkommen versehen werden könne (2 Alt 3503). Im Jahre 1628 aber waren trotz der vorangegangenen Niederbrennung der meisten Wirtschaftsgebäude einschließlich der Schäfferin, die die Leitung innehatte, wieder fünf Konventualinnen im Kloster (2 Alt 3573), die im folgenden Jahre bei der Einnahme von Brunshausen durch die Katholiken vertrieben wurden und z. T. in anderen evangelisch gebliebenen Klöstern des Landes Unterkunft fanden.

Nachdem 1653 nur noch eine einzige alte Konventualin in Brunshausen angetroffen wurde (s. o. § 9), schuf schließlich die Klosterordnung Herzog Augusts d. J. vom 12. März 1655 außer der Dominastelle drei feste Stellen für Konventualinnen, eine Zahl, die auch nach der Retradition an das Reichsstift Gandersheim nicht mehr überschritten wurde.

Die Aufnahme in den Konvent wurde schon gleich nach Einführung der Landesreformation von der Genehmigung des Herzogs abhängig gemacht, an den entsprechende Anträge zu richten waren (vgl. Kronenberg, Clus u. Brunsh. S. 123 f.). Auch Exspektanzen auf Stellen im Kloster wurden vom Herzog vergeben. Ein Austritt war jederzeit möglich.

Nach der Rückgabe von Brunshausen an das Reichsstift Gandersheim vergab die Fürstäbtissin die Stellen für Konventualinnen. Sie wurden zu einem erheblichen Teil zur Versorgung von weiblichen Bediensteten der Abteihofhaltung und Angehörigen der Stiftsbeamtenschaft verwendet. Dazu wurden allein zwischen 1779 und 1791 nicht weniger als 68 Exspektanzen auf Klosterstellen in Brunshausen erteilt, von denen nur 5 zur Ausführung kamen (11 Alt Gand. Fb. 2 nr. 197).

Bis zum Ende des 18. Jhs. versah der Konvent täglich den Chordienst und hielt *morgens 9 Uhr die gewöhnliche hora* auf dem Jungfrauenchor. Die Profanierung der Klosterkirche im Jahre 1793 führte schließlich zur Aufhebung der Residenzpflicht für die Konventualinnen (s. o. § 9). Den Klosterstellen entsprechende Dotierungen mit dem Titel einer Konventualin zu Brunshausen wurden vom Braunschweigischen Kloster- und Studienfonds noch bis in die zwanziger Jahre des 20. Jhs. vergeben (Kronenberg, Clus u. Brunsh., S. 143).

Weibliche Konversen sind in Brunshausen auch in den ersten Jahrzehnten nach Einführung der Landesreformation nachzuweisen. 1569 waren es vier (außer vier Mägden), 1577 waren es drei, 1594—1599 vier, 1604 noch zwei, 1612—1634 nur noch eine Laienschwester. Der letzten (Magdalena Bohlen) gelang noch 1628, ein Jahr vor der Vertreibung, die Aufnahme in den Konvent als Chorjungfrau (2 Alt 3571). Später finden sich keine Laienschwestern mehr in Brunshausen.

Die Aufnahme von „Lehrkindern“ zur Erziehung im Kloster wurde von seiten des Herzogs anfangs stark gefördert. Die Personalaufstellungen der Klosterrechnungen vermerken ausdrücklich *Lehrkinder auf Fürstlichen Befehl* (2 Alt 3532). Im Jahre 1593 befanden sich vier Lehrkinder im Alter von 13 bis 15 Jahren im Kloster, darunter drei Pastorentöchter, die alle den Wunsch äußerten, Chorjungfern zu werden (2 Alt 3503). Die Zahl der Lehrkinder ging jedoch in den folgenden Jahren zurück. Die letzte Nachricht von 1613/14 vermerkt zwei Lehrkinder, davon eines von Adel (Sibylle von Reden). Die Ereignisse des Dreißigjährigen Krieges hatten das Eingehen dieser Institution zur Folge. Seit 1655 schließlich ließ der Versorgungscharakter des Konvents die Erfüllung von Erziehungsaufgaben nicht mehr zu.

5) Klostergeistlichkeit

Die Klosterrechnung für 1569 verzeichnete, wie zuvor, noch zwei Kapelläne (2 Alt 3533). Zwei lutherische Prediger, Wolfgang Lippert und Johann Blankenburg, die der Herzog im August 1570 nach Brunshausen entsandte, hatten sich nicht halten können und waren schon am 13. September 1570 abgezogen. Die Domina bat, *uns unsere alten Diener bey dem Predigtamt zu lassen* (Kronenberg, Clus u. Brunsh. S. 135 nach Akten des LKA. Braunschw. Nr. 6). Von diesen starb der eine, *her Ernst* (Walten?), bereits vor dem 22. April 1572.

Von 1572/73—1585 gab es nur einen Klosterpastor, Matheus (Mathias) Maß alias von Aken, da zwei nacheinander vom Konsistorium nach Brunshausen entsandte Prediger nicht blieben. Erst seit 1585 waren wieder zwei Klostergeistliche vorhanden, die den Gottesdienst in Brunshausen und in seinen Patronatspfarren versahen. Sie hatten im Propsteigebäude eine Stube und wurden bis 1616 auch auf dem Kloster verpflegt, mußten aber ihre Familien anderweitig unterbringen. Diese Unzuträglichkeit führte schließlich zum Auszug der Klosterpastoren nach Gremsheim, wo ein Pfarrhaus eingerichtet wurde und von wo Altgandersheim und Wolperode mit Ackenhausen versorgt wurden, und nach Gehrenrode (mit Helmscherode), wo man ebenfalls ein Pfarrhaus erbaute. Der Gottesdienst im Kloster wurde wechselweise von den Pfarrherren dieser Dörfer abgehalten, deren Gemeinden überdies an allen hohen Festtagen zur Klosterkirche nach Brunshausen kommen mußten. Über die wechselnden Pfarrverhältnisse vgl. VII B Hs 55 Bd. 15 S. 557 ff., 11 Alt Gand. Fb. 2 vorl. nr. 164 und Kronenberg, Clus u. Brunsh. S. 136 f. Die Einsetzung der Klosterpastoren erfolgte bis 1695 ausschließlich durch das herzogliche Konsistorium, danach mit dessen Zustimmung durch die Fürstäbtissin von Gandersheim.

§ 16. Standesverhältnisse

Über die ständische Zusammensetzung des Brunshäuser Konvents liegen für die frühere Zeit keinerlei Nachrichten vor. Die wenigen für des 14. und 15. Jh. überlieferten Namen lassen erkennen, daß in dieser Zeit das bürgerliche Element bereits weit überwog. Mit der Nonne Geseke Rucheplaten ist 1424 eine Angehörige dieser im 15. Jh. im Reichsstift sehr einflußreichen Adelsfamilie bezeugt (VII B Hs 12 Bl. 91v). Sicher war auch die 1461 zur Äbtissin von Hadmersleben berufene Nonne Sancta von Meyngodessem adliger Herkunft, ebenso die vor Febr. 1477 verstorbene Alheidis Spaden aus der bekannten Truchsessenfamilie des Reichsstifts Gandersheim. Der Hildesheimer niedere Adel ist im 15. Jh. mit Namen wie von Berel, von Gilten und von Nette vertreten. Die Aufstellung der Schmalkaldener Visitatoren von 1546 vermerkte unter den Brunshäuser Nonnen nur noch eine von Adel (StadtA.

Braunschw. B III 5 Schmalkald. Bund Bd. 27 Bl. 558v). Im übrigen setzte sich der Konvent einschließlich der Priorinnen aus Töchtern bürgerlicher Geschlechter der umliegenden Städte zusammen, vor allem natürlich aus Gandersheim, von wo u. a. Angehörige der Ratsfamilien Rothgers, Medderen, Overdembeke, Gremeßen, Rike, Rimmerod, Stein, Helwiges, Menneken in Brunshausen eintraten, aber auch aus Einbeck, Alfeld und anderen Orten.

Der Konvent der nachreformatorischen Zeit stammte, zumal die Dominae seit der Mitte des 17. Jhs. aus anderen Klöstern des Landes berufen wurden, z. T. auch aus dem Bürgertum des weiteren Fürstentums Braunschweig-Wolfenbüttel. Häufig vergab der Herzog die Konventualinnenstellen an Witwen und Töchter von Offizieren und Beamten. Nach der Rückkehr unter die Herrschaft des Reichsstifts Gandersheim kamen die Dominae vorwiegend aus der adligen bzw. gelehrten Stiftsbeamtenschaft, und auch die meisten Konventualinnen rekrutierten sich aus diesen Kreisen, gehörten aber auch z. T. dem Stande der unteren Hofbediensteten an.

§ 17. Stellung im Orden

Für die älteste Zeit ist die Zugehörigkeit von Brunshausen zum Benediktinerorden durch das Verhältnis zum Mutterkloster Fulda bestimmt, und auch nach dem Übergang an das Reichsstift Gandersheim wird die Benediktinerregel zunächst maßgebend gewesen sein, wenn auch eine Entwicklung in Richtung auf ein Kanonikerstift nicht ausgeschlossen werden kann. Die 1134 von den Reformern beklagte Lockerung der Klosterzucht wurde durch Unterstellung des Mönchskonvents unter den Reformabt von Clus behoben. Auch das zwischen 1192 und 1206 eingerichtete Nonnenkloster lebte von vornherein nach der Benediktinerregel, wenn auch die Ordenszugehörigkeit erst 1267 urkundlich belegt ist.

Über die beiden Reformen nach den Grundsätzen der Bursfelder Kongregation von 1448 und 1495 vgl. oben § 8. Die Versuche, in der Folgezeit den Einfluß der Äbtissin des Reichsstifts bei den Priorinnenwahlen auszuschalten, indem das Kloster ausdrücklich betonte, die Mitwirkung von Bursfelder Visitatoren bei Wahl und Einführung sei auf seine Aufforderung und *van des ordens wegen geschehen* (s. o. § 8), lassen erkennen, daß Brunshausen sich selbst als ein nach Bursfelder Observanz lebendes Frauenkloster betrachtete und den Grundsätzen der Kongregation folgte. Danach hatten die auf dem Generalkapitel bestellten Visitatoren oder bei deren Verhinderung zwei Äbte der Nachbarschaft den Vorsitz bei der Wahl einer Priorin zu führen und ihre Introduktion vorzunehmen. Es ist zu vermuten, daß darüber hinaus dem benachbarten Abt von Clus seitens des Generalkapitels eine ständige Aufsicht über Brunshausen aufgetragen worden war. Inwieweit freilich bei dem infolge von Grenzstreitigkeiten zeitweise gespannten Verhältnis dieses Kommissariat tatsächlich ausgeübt werden konnte, ist fraglich. Es muß ferner dahingestellt bleiben, ob im übrigen die Bestimmungen der „Caerimoniae sanctimonialium ordinis sancti Benedicti sub observantia Bursfeldensi" (Linneborn, Ref. d. westf. Ben. Kl., StudMittGBened 21.1900 S. 53 ff.) in Brunshausen beachtet wurden. Ein der Bursfelder Kongregation förmlich angeschlossenes Kloster ist Brunshausen wohl nicht gewesen, da es in den entsprechenden älteren Listen nicht genannt wird. Erst das Verzeichnis von 1631, also aus der Zeit der Rekatholisierung, führte Brunshausen auf (Philipp Hofmeister, Liste, StudMittGBened 53.1935 S. 80, mit sonst fast durchwegs irrigen Angaben über Gründung, Patrozinium usw.), nachdem zuvor die Ereignisse der Reformationszeit die früheren Beziehungen zur Bursfelder Union hatten gänzlich abreißen lassen.

§ 18. Verhältnis zum Reichsstift Gandersheim und zum Diözesanbischof

Nachdem die Fuldaer Bonifatius-Cella in Brunshausen im 10. Jh. in den Besitz des Reichsstifts Gandersheim übergegangen war, galt es als dessen Eigenkloster in gleichem Maße wie das vom Stift unmittelbar gegründete Kloster St. Marien. Der Umstand, daß die Ausstattung von Brunshausen wesentlich von dem Gandersheimer Stiftergeschlecht der Liudolfinger getragen worden war, dürfte das Bewußtsein eines klaren Eigentumsverhältnisses noch gefördert haben. So konnte die Supplik des Gandersheimer Kapitels von 1107/10 (s. o. S. 26) auch Brunshausen als drittes Kloster neben dem Reichsstift und St. Marien in die Klage vor dem Papst einbeziehen.

Über das Verhältnis zum Diözesanbischof von Hildesheim fehlen bis zum 12. Jh. alle Nachrichten. Der Zehnte zu Brunshausen war, wie die Zehntbestätigung von 1007 (s. o. S. 19) zeigt, bischöfliches Lehen des Reichsstifts.

Die Unterstellung des *monasterium* Brunshausen unter den Abt von Clus im Zuge der Reform von 1134 (s. S. 26 f.) beweist, daß das Reichsstift beliebig in die Verfassungsverhältnisse seines Eigenklosters einzugreifen vermochte. DLIII.59 bemerkt ausdrücklich, daß der der Stiftsäbtissin als nicht mehr tragbar erscheinende Verfall *subiectarum sibi hactenus ecclesiarum Brunsteshus. et Clusę* den Anlaß zu den Reformmaßnahmen gab. Daß der Diözesanbischof die Gelegenheit benutzte, auch seinen Einfluß zu größerer Geltung zu bringen, ist von W. Heinemann (s. u. Clus § 7) betont worden.

Die Umwandlung in ein Benediktinerinnenkloster gegen Ende des 12. Jhs. erfolgte wohl sicher auf Initiative des Reichsstifts und mit der erforderlichen Genehmigung des Ordinarius. Die wenig später von Gandersheim errungene Exemtion von der Jurisdiktion des Hildesheimer Diözesanbischofs galt auch für Brunshausen. Allerdings hat dessen Propst ebenso wie der Abt von Clus die Beziehungen zu Hildesheim zunächst weiter gepflegt, wie sein Besuch der Diözesansynode von 1210 und seine Zeugenschaften in Hildesheimer Bischofsurkunden der ersten Jahrzehnte des 13. Jhs. beweisen (UBHHild. 1, 640 S. 612, 698 S. 665). Inwieweit hier ein Gegensatz zur Eigenherrin zum Ausdruck kam, kann nur vermutet werden. Die weitere Entwicklung läßt erkennen, daß Brunshausen, welches auch später mit Gandersheim und seinen Klöstern zu den exemten Anstalten der Diözese gerechnet wurde (vgl. UBHHild. 4, 192 S. 93), bei Gelegenheit die Vorteile der Exemtion nur erwünscht sein konnten. So schloß die Gandersheimer Appellation an die Kurie vom 20. März 1467 wegen unberechtigter Forderung des Subsidium caritativum durch Bischof Ernst von Hildesheim auch das Kloster Brunshausen unter ausdrücklichem Hinweis auf dessen Teilhabe an der Exemtion des Reichsstifts ein (6 Urk 534). Abgesehen von derartigen Fällen aber bot die Notwendigkeit, sich mit den territorialen Gewalten und insbesondere mit dem Hildesheimer Bischof zu arrangieren, dem Kloster Brunshausen kaum Gelegenheit, seine kirchenrechtliche Unabhängigkeit von sich aus zu betonen. In den wenigen erhaltenen Urkunden findet sich denn auch kein Hinweis darauf. Vielmehr ist z. B. bezeichnend, daß Brunshausen in seinem Streit mit Clus um das „Brunshäusische Holz“ am 1. November 1410 Klage vor dem Archidiakon in Alfeld erhob (6 Urk 289). Im Hildesheimer Archidiakonatsverzeichnis des späten 15. Jhs. wurde übrigens Brunshausen als Pfarrkirche (über die Seelsorgeverpflichtungen der Klostergeistlichkeit s. oben S. 46) im Bann Detfurth ohne Erwähnung des Patronats der Stiftsäbtissin mit einer Abgabe von einer halben Mark aufgeführt (Kleinau, ADVerz. Hild. S. 94).

An der Unterstellung unter das Reichsstift änderte sich aber grundsätzlich nichts. Bestätigungen von Gütererwerbungen des Klosters seitens der Gandersheimer Stiftsäbtissin etwa von 1432, 1433 oder 1435 (VII B Hs 12 Bl. 5v, 9v, 17r) bezeichneten Brunshausen ausdrücklich als „Unser Kloster“. Wie bei Clus führte jedoch der Anschluß an die Bursfelder Kongregation, der im Falle Brunshausen allerdings nur ein lockerer war, allmählich zu einer Änderung des Verhältnisses zur Patronatsherrin. Insbesondere das von dieser praktizierte Recht der Bestätigung der Priorin wurde als den Grundsätzen der Reform zuwiderlaufend empfunden. Inwieweit das Kloster für die Versuche, der Stiftsäbtissin dieses Recht streitig zu machen (s. o. § 8), verantwortlich zu machen ist oder ob die Initiative nicht vielmehr von dem Abt von Clus als dem Visitator der Bursfelder Union ausging, läßt sich nicht entscheiden. Die bald darauf eintretenden Ereignisse der Reformationszeit führten Brunshausen zwangsläufig dazu, wieder den Schutz der Patronatsherrin zu suchen, soweit dies noch möglich und diese auf Grund ihrer Reichsunmittelbarkeit dazu in der Lage war. Über den Entzug des Klosters und seine Retradition vgl. oben §§ 8 und 9.

§ 19. Verhältnis zum Landesherrn

Die Vögte des Reichsstifts besaßen die Vogtei auch über die ihm unterstehenden Eigenklöster. Zu Beginn des 13. Jhs. sind so auch die Grafen von Wohldenberg zugleich als Vögte von Brunshausen bezeugt (25 Urk 1003). Nach dem Übergang der Stiftsvogtei auf die Herzöge zu Braunschweig und Lüneburg entwickelte sich diese im Laufe des 14. Jhs., während das Reichsstift selbst durch seine reichsunmittelbare Stellung auf die Dauer ausgenommen blieb, aus der Schutzvogtei allmählich zu einem landesherrlichen Klosterregiment über Brunshausen. Die Initiative zu den Klosterreformen seit der Mitte des 15. Jhs. ging zu einem wesentlichen Teil auch vom Landesherrn aus, der sich von ihnen eine Stärkung der Wirtschaftskraft des Klosters erhoffte. Für den Schutz, den das Reichsstift seinen abhängigen Klöstern in diesem Umfang nicht gewähren konnte, gelang es den Herzögen als den Trägern der öffentlichen Gewalt, diese Anstalten auch zu den Steuern und Lasten des Landes heranzuziehen. Das Schatzregister des Fürstentums Braunschweig-Göttingen von 1448 (StadtA. Göttingen, Allg. Steuern und Schatzsachen 2 Bl. 20 u. 28) verzeichnete Brunshausen unter den Klöstern des Landes mit einer Steuer von 30 Gulden (Clus nur 10, St. Marien 20 Gulden!). 1488 und 1489 wurde Brunshausen mit je 10 Gulden zum Schatz herangezogen. Während Clus eine Ablösung der Steuern und Dienste an das herzogliche Amt Gandersheim gelang, hat Brunshausen Ähnliches offenbar nicht erreichen können.

In welchem Umfange der Landesherr unter Mißachtung der Rechte des Reichsstifts über dessen Klöster verfügen zu können glaubte, zeigt der von der Kurie 1496 genehmigte, aber dann doch nicht ausgeführte Plan Herzog Heinrichs d. Ä., den Konvent des Marienklosters nach Brunshausen zu transferieren (s. u. St. Marien § 10). Trotz der schweren Schäden, die der Klosterbesitz in der Hildesheimer Stiftsfehde erlitt, ist

Brunshausen — offenbar mehr als das Nachbarkloster Clus — von Herzog Heinrich d. J. zu Sonderleistungen herangezogen worden. Am 13. Januar 1531, wenige Jahre nach dem verheerenden Klosterbrand, mußte Brunshausen dem Herzog 1500 Gulden leihen (Regest in 2 Alt 3488). Vermutlich geht auch die Verschreibung eines Salzzinses zu Salzliebenhall, die Herzog Heinrich d. J. am 1. Juli 1548 erneuerte, da die Urkunde darüber durch Brand verloren gegangen war (2 Alt 3471), auf eine derartige außerordentliche „Besteuerung" des Klosters durch den Landesherrn zurück. Wie stark sich das Übergewicht der Landesherrschaft im beginnenden Absolutismus gegenüber den Klöstern auswirkte, zeigt die Tatsache, daß der Hudestreit zwischen Clus und Brunshausen am 25. August 1531 von einem Schiedsgericht von drei herzoglichen Räten entschieden wurde, das auch die Wiederbeachtung der Klausurbestimmungen in Brunshausen anordnen konnte (10/11 Urk 115a). Im Jahre 1532 mußten die Klostergüter vor Angerstein für 250 Goldgulden versetzt werden, um den rückständigen Landschatz an den Herzog zahlen zu können (10/11 Urk 117).

So war es auch verständlich, daß die Schmalkaldische Regierung von 1542—1547 Brunshausen genauso wie die übrigen landsässigen Klöster des Fürstentums Wolfenbüttel behandelte. Da sich auch nach der Restitution Herzog Heinrichs d. J. an diesem Zustand nichts änderte, war die Einziehung des Klosters nach der Reformation durch Herzog Julius zum Klosterfiskus nur eine natürliche Folge der bisherigen Entwicklung. Entgegen den nunmehr energisch erhobenen Beschwerden der Äbtissin des Reichsstifts, Brunshausen sei von jeher ihrer Jurisdiktion untergeben gewesen, betonte die herzogliche Instruktion für die Kommissare, die am 17. Januar 1577 den herzoglichen Verwalter Marx von Elpen mit Gewalt einsetzten, *das gemelt Unser Closter Brunßhausen in Unserm Fürstenthumb immediate oder ohne mittel gelegen und das Wir des Closters Landesfurst nicht weiniger als Unsere hoichlobliche Voreltern . . . allemal gewesen, auch noch wehren.* Die Pröpste des Klosters seien von jeher *zu Landtagen erfurdert, auch erschienen* und hätten *die burden helffen tragen* (2 Alt 3493). So konnte auch Herzog Julius auf das von der Stiftsäbtissin Margarethe erwirkte kaiserliche Mandat vom 9. Dez. 1579, zusammen mit Clus auch Brunshausen unverzüglich an diese herauszugeben, mit einer Appellation an das Reichskammergericht antworten und die Okkupation der Klöster überhaupt bestreiten, da die Äbtissin über sie *in temporalibus keine Administration gehabt* habe (6 Urk 939).

Der Große Vertrag zwischen Herzog Heinrich Julius und dem Reichsstift Gandersheim vom 24. August 1593 (6 Urk 964) bedeutete insofern ein Kompromiß, als Domina, Propst und Schreiber zu Brunshausen unbeschadet der landesfürstlichen Obrigkeit der Stiftsäbtissin einen Eid leisten und die Klosterrechnungen sowohl dem Herzog wie der Äbtissin vorlegen sollten. Doch änderte das an der Tatsache nichts, daß Brunshausen ein Kloster wie die übrigen Landesklöster auch war und insbesondere die Bestellung des Klosterverwalters und die Aufsicht über die Klosterwirtschaft durch den Herzog bzw. die herzoglichen Klosterräte erfolgte.

Der vom Reichsstift mit Herzog August d. Ä. getroffene Retraditionsrezess von 1634 blieb von dem seit 1635 regierenden Landesherrn Herzog August d. J. nicht nur unbeachtet, sondern auch der Vertrag von 1593 wurde nicht mehr eingehalten. Im Jahre 1639 ordnete der Herzog die Verpachtung der Klosterwirtschaft an. Eine selbständige Klosterwirtschaft wurde zwar 1653 wieder hergestellt, doch erfolgte die Neuerrichtung des Klosters im Rahmen der Braunschweigischen Klosterordnung vom 12. März 1655 ohne Berücksichtigung der Rechte des Reichsstifts.

Erst mit dem Transakt vom 4. Dezember 1695 zwischen dem Hause Braunschweig-Lüneburg und dem Reichsstift Gandersheim wurde auch Brunshausen an dieses retradiert (6 Urk 1175, 11 Alt Gand. Fb. 2 nr. 143). Um die weitere Heranziehung des Klosters zu den Steuern und Abgaben des Fürstentums im 18. Jh. aber gab es noch zahlreiche Auseinandersetzungen, welche viele Aktenbände füllten und erst mit der Aufhebung des Reichsstifts und seiner Klöster beendet wurden.

§ 20. Siegel

Der Verlust des Klosterarchivs und die im ganzen sehr geringe originale Urkundenüberlieferung hat sich auf die Erhaltung der Brunshäuser Siegel besonders nachteilig ausgewirkt.

I. Klostersiegel

1) Das einzige an einer Urkunde von c. 1220 (UBHHild. 1, 753 S. 705) erhaltene Exemplar des älteren Klostersiegels von Brunshausen ist mit dem Bestand des Hildesheimer Godehardiklosters 1943 im HStA. Hannover verbrannt. Abbildungen sind leider nicht bekannt.

2) Klostersiegel des 15. Jhs. (auf einer Papierurkunde des Propstes Jan Copman vom 16. Mai 1482, 10/11 Urk 133).

Rund, ∅ 36 mm.

Bild: das Siegel ist nahezu völlig zerstört. Der Abklatsch auf der gegenüberliegenden Seite zeigt eine stehende Bischofsfigur mit Stab in der linken Hand.

Umschrift zerstört bis auf einen Rest: ... *en* ...

Bei der notariellen Aufnahme des Inhalts der Kisten, die von der 1586 verstorbenen Domina Ursula Kircks angeblich verborgen waren, wurde das Fehlen des Klostersiegels festgestellt (2. Februar 1587, 2 Alt 3507). Nach Aussage der Konventualinnen war es der Stiftsäbtissin Margarethe von Chlum übergeben worden.

Über das von 1512—1617 auch als Klostersiegel benutzte Priorinnensiegel s. unter III.

3) Klostersiegel (kurz vor 1629 angefertigt und nur in zwei Tektursiegeln an Urkunden vom 19. und 29. März 1629 erhalten, 2 Alt 3573).

Rund, ∅ 23 mm.

Bild: Hl. Bonifatius in Ganzfigur, stehend mit Bischofsstab in der rechten und Evangelienbuch in der linken Hand.

Umschrift in Kapitalbuchstaben:

SIGILLVM * KLOST * BRVNSHVSEN.

Während der Besetzung Brunshausens durch die Katholiken ist ein besonderes Siegel offenbar nicht angefertigt worden.

Das bisher gebrauchte Klostersiegel war laut Bericht des Klosterverwalters vom 18. April 1642 von dem katholischen Abt Nicolaus Seling entführt worden (2 Alt 3544).

4) Klostersiegel, angefertigt nach 1653. Der Originalstempel, der bis zum Ende des Klosters gebraucht wurde, befindet sich im Nds. StA. Wolfenbüttel, 2 Slg C 30. Es handelt sich möglicherweise um den mißverstandenen Nachschnitt eines älteren Siegelabdrucks.

Oval, 37 × 29 mm.

Bild: hl. Bonifatius stehend in Mitra und Talar (!), in der rechten Hand Bischofsstab mit übergroßer Krümme, in der linken Hand vor dem Leib ein geschlossenes Buch haltend.

Umschrift: + S(IGILLVM) CONV(EN)T(VS) ECCL(ES)IE S(ANCTI?) BONOFATIVS (!) BRAVNHVS(EN).

II. Propstsiegel

Nicht erhalten. Adolf Overham beschreibt in VII B Hs 100 Bd. 3 Bl. 80v das noch 1674 an einer Konfraternitätsurkunde vom 7. September 1314 im Archiv von St. Peter in Erfurt vorhandene Siegel des Propstes von Brunshausen: *In sigillo ex cera alba episcopus mitratus, dextra duobus digitis elevata, sinistra pedum sustinens.* [Umschrift:] *S(igillum) praepositi Brunesteshusen.* Auch Leuckfeld, Ant. S. 24 sah noch nach 1700 *einige übrig-gebliebene Siegel von denen Pröbsten zu Brunßhausen, in welchem ein Prälat mit dem Ober-Leibe in seinem Pontificalischen Habit, in der lincken Hand einen Bischoffs-Stab und auf dem Haupt einen Abtshut habend, mit der rechten aber den Segen ertheilend, zu sehen ist mit dieser Umschrift: + S. PREPOSITI IN BRONTESHUS.*

III. Priorinnensiegel

Ältere Priorinnensiegel sind nicht erhalten. Das im Zeitraum von 1512—1617 auch als Klostersiegel verwendete Priorinnensiegel entstammt dem 15. Jh. und ist beschädigt zuerst an einer Urkunde vom 13. April 1512 (10/11 Urk 104) überliefert, in besseren Abdrücken als Tektursiegel in der Zeit von 1569—1617 (2 Alt 3476, 3503 u. 3551) erhalten.

Rund, ∅ 23 mm.

Bild: Brustbild des hl. Bonifatius mit nach (heraldisch) links geneigtem Haupt und links geneigtem Bischofsstab.
Umschrift in gotischen Minuskeln: *S(igillum). prioriss(e). in Brvns(husen).*

5. RELIGIÖSES UND GEISTIGES LEBEN

Über besondere liturgische Gewohnheiten in Brunshausen liegen keine Quellen vor. Ebenfalls fehlen für wissenschaftliche Ausbildung und literarische Tätigkeit der Klosterangehörigen im ganzen jegliche Nachrichten. Vgl. im übrigen § 5. Bibliothek und Kap. 4. Verfassung, besonders S. 44.

6. BESITZ

§ 21. Klostergüter und Besitzverzeichnisse

Besitzverzeichnisse und Urbare aus dem Mittelalter fehlen. Entsprechende Quellen sind erst — abgesehen von summarischen Aufstellungen von 1544 in der Landesbeschreibung des von den Schmalkaldenern okkupierten Fürstentums Wolfenbüttel (StadtA. Braunschweig,

B III 5 Bd. 27) und von c. 1550 (41 Alt Fb. 1 nr. 1) — aus der Reformationszeit überliefert. Es sind

1) das Erbregister vom 25. Juli 1569, aufgestellt von dem letzten katholischen Propst Andreas Witten (19 Alt 30, in drei Abschriften vom Ende des 16. Jhs., von 1616 und c. 1620 vorliegend).

2) Die Besitzbeschreibung von 1572, zusammengestellt im Auftrag der herzoglichen Kammer (11 Alt Brunsh. nr. 4).

Danach betrug die in Eigenbewirtschaftung stehende Länderei in unmittelbarer Nähe von Brunshausen 513 Morgen Acker, 66 Morgen Wiese, 190 Morgen Holzung sowie Gärten und Teiche. Der Getreideertrag wurde mit 692 Malter angegeben.

An Meierländereien besaß das Kloster in den umliegenden Gerichten rd. 70 Hufen (vereinfachte Durchschnittsangaben aus den oben genannten Quellen), und zwar

im Amt Gandersheim:	
in Altgandersheim	5 Hufen (4 Meier)
Gremsheim	10 Hufen (3 Meier)
Gehrenrode	8 Hufen (13 Meier)
Ackenhausen	4 Hufen (2 Meier)
Dannhausen	5 Hufen (2 Meier)
Wolperode	24 Morgen
Orxhausen	2 Hufen
Hilprechtshausen	45 Morgen
im Amt Seesen:	
in Klein-Rhüden	5 Hufen
im Amt Staufenburg:	
in Ildehausen	4 Hufen
im Amt Winzenburg:	
in Westfeld	6 Hufen (9 Meier)
Sehlem	4 Hufen (9 Meier)
Wetteborn	2 Hufen
im Amt Greene:	
in Ippensen	1 Kothof
im Amt Wohldenstein:	
in Mechtshausen	5 Hufen, die aber seit längerer Zeit entfremdet waren.

An weiter entferntem Außenbesitz hatte Brunshausen in Avendshausen Lkr. Einbeck 12 Hufen mit 11 Meiern, in Angerstein und Parensen Lkr. Göttingen zusammen 61 Morgen.

Zur Grundausstattung des Klosters durch die Liudolfinger ist vermutlich der größte Teil des Besitzes in der alten Mark Gandersheim (Altgandersheim, Gremsheim, Gehrenrode, Ackenhausen, Wolperode, Dannhausen), in der alten Mark Rhüden (Klein Rhüden, vielleicht auch Mechtshausen) und wohl auch der Besitz von 2 Hufen in Nauen Amt Lutter zu rechnen, den Brunshausen schon 1267 an Kloster Frankenberg bei Goslar verkaufte (s. o. § 8). Inwiefern das Reichsstift Gandersheim seinerseits später zur weiteren Ausstattung von Brunshausen beigetragen hat, ist nur zu vermuten, da es in den obengenannten Orten ebenfalls begütert war. Bemerkenswert sind Anteile an ehemaligem Reichsgut, nämlich im Norden (Lkr. Alfeld) in Westfeld und Sehlem, zum ursprünglichen Fiskalbezirk um Wrisbergholzen gehörig, und im Süden in Ildehausen, *Immedeshusen und *Walmedehusen, zum Fiskalbezirk um Kirchberg gehörig, wo Brunshausen 1223/25 2 Hufen gegen weitere $1^1/_2$ Hufen in Ildehausen eintauschte (25 Urk 1003). Möglicherweise hat Brunshausen diese Erwerbungen erst gemacht, als die genannten Reichsgutkomplexe großenteils zu Beginn des 11. Jhs. an Gandersheim übergingen.

Zum älteren Besitz aus Fuldaer Ausstattung gehörte wohl auch das ganze Dorf Avendshausen Lkr. Einbeck, zu dem nach Zerstörung im Jahre 1315 Herzog Heinrich der Wunderliche seine Vogteirechte verlieh *(wenne des dorpes egendum unde rechte were to deme clostere van aldere heft togehord* ..., VII B Hs 11 Bd. 2 ad 1315) und das nach unrechtmäßiger Verpfändung durch die Herzöge in den Jahren 1442 und 1461 schließlich von den Pfandinhabern im Jahre 1490 zurückgekauft werden mußte.

An anderweitigem Außenbesitz wurde 1220 Ackerland in *Gronstedt bei Gustedt (UBHHild. 1, 753 S. 705) und 1251 eine Hufe in Reddeber am Ostharz, wohl eine Schenkung des Reichsstifts vom Anfang des 11. Jhs., abgestoßen (UBDrübeck S. 232).

Die jüngeren Verzeichnisse des Klosterbesitzes sind:

3) *Inventarium und Corpus bonorum des Klosters Brunshausen*, aufgestellt vom Verwalter Cosmus Mumme 1637 (19 Alt 31).

4) *Inventarium, auch Corpus aller zum Kloster Brunshausen vor Gandersheim gehöriger Güter*, zwei Ausfertigungen vom 12. Mai 1668 und vom 30. Mai 1669 (19 Alt 32).

5) *Corpus bonorum aller zum Kloster Brunshausen gehörigen Güter*, zwei Ausfertigungen vom 18. und 30. Januar 1675 (19 Alt 33).

6) Inventare der Länderei des Klosters Brunshausen von 1674, 1684 und 1698 (4 Alt 2 Gr. 2 Clus/Brunshausen nr. 6).

7. PERSONALLISTEN

§ 22. Das Benediktinermönchskloster bis zum Ende des 12. Jahrhunderts

1. Klostervorsteher bzw. Äbte:

Liutward, *magister,* (zweite Hälfte des 9. Jhs.) (MGH. SS. 13 S. 218)

Äbte 1134 bis E. 12. Jh. s. Clus unten § 9,1.

2. Mönche:

Folcmar, *presb. et mon.*
Gozboto, *presb. et mon.*
Sigeman, *presb. et mon.*
Eigil, *presb. et mon.*
Heimerat, *presb. et mon.*
Albger, *presb. et mon.*
Sigiuuart, *presb. et mon.*
Folcger, *presb. et mon.*
Uualto, *presb. et mon.*
Siggo, *presb. et mon.*
Altrat, *presb. et mon.*
Ruodant, *presb. et mon.*
Erkenheri, *presb. et mon.*
Bernger, *diac. et mon.*
Gerbraht, *diac.*
Adalbraht, *diac. et mon.*
Dhegan, *diac. et mon.*
Amalfrid, *diac.*
Atto, *mon.*
Ratheri, *mon.*
Uualtger, *mon.*
Adalger, *mon.,*
(zweite Hälfte des 9. Jhs.) (MGH. SS. 13 S. 218)

? Wulfhardus, *presb.,* (vor 873) (Agius, V. Hath. S. 172)

? Walingus, *sac. et mon.* Nach Henr. Bodos CC. (Leibniz, SS. rer. Brunsw. 2 S. 346) nannte ein verlorenes sehr altes Kalendar von Clus als ersten Bewohner der dortigen ehemaligen Klause mit Kapelle einen Priestermönch Walingus, der vielleicht im 11. Jh. (?) von Brunshausen aus den dortigen Gottesdienst versah (vgl. unten S. 190).

3. Schüler:

Adalger
Nuoring
Albheri
Thancholf
Folcger
Adalbraht
Hunbraht
Thuringbraht
Siggo
Reginheri
Adalbrath
Neribing
Ruotbraht
Thioto
Garafrid
Ratheri,
(zweite Hälfte des 9. Jhs.) (MGH. SS. 13 S. 218)

§ 23. Das Benediktinernonnenkloster bzw. Frauenkloster bis zur Mitte des 17. Jhs.

1. Pröpste und Propsteiverwalter:

Werinbertus (Wer(e)nbertus), 11. August 1201 (UBHHild. 1, 564 S. 543) — [1223] (VII B Hs 101 Bl. 62, Reg. UBWalkenried 1, 130).

Petrus, 30. Juli 1240 (Or. Guelf. 4 Praef. S. 72).

N., 1245 o. T. (VII B Hs 365 S. 127).

Johannes, 17. Oktober 1256 (6 Urk 67).

Henricus, 1259 o. T. (UBGoslar 2, 65 S. 160, Reg. UBHHild. 2 S. 557 nr. 1121).

Johannes, 16. Juli 1262 (25 Urk 1022).

Robertus (Rupertus), 28. November 1265 (Schönstein, Hatzfeld-Wildenburgsches Archiv nr. 34) — 30. April 1267 (IV Hs 51 S. 149, UBGoslar 2, 130/131 S. 191 f.; Harenberg S. 783 fälschlich zu 1272).

Thetmarus, *quondam prepositus in Brunthusen,* 28. Mai/28. Juni 1277 Kanoniker im Augustinerchorherrenstift Riechenberg (UBGosl. 2, 233 S. 265).

N., 30. Juli 1285 (HStA. Hannover, Hild. Or. 2 Lamspringe nr. 50; fehlerhaft gedruckt Harenberg S. 787).

Johannes, 7. September 1314 (VII B Hs 100 Bd. 3 Bl. 79 v).

N., 17. März 1322 (6 Urk 122(2); die Angabe des Namens Arnold bei Kronenberg, Clus u. Brunsh. S. 111 beruht auf Verwechslung mit dem gleichzeitig genannten Pleban Arnold von St. Andreas in Hildesheim).

Bertoldus, 14. Jan. 1324 (HStA. München, Mainzer Urkk. nr. 568) — 30. Mai 1327 (UBHHild. 4 S. 512 nr. 943).

Henrik Hartwiges (Hartwich), nach 1400 Kanoniker zu St. Marien vor Gandersheim (VII B Hs 276 S. 54). In Brunshausen *prepositus seu provisor* vom 5. Mai 1408 (VII B Hs 279 S. 123) — 1. November 1410 (6 Urk 289, 11 Alt Gand. Fb. 1, III, 1).

N., 5. Oktober 1473 (10/11 Urk 70a).

Johan (Jan) Kopman, 5. Oktober 1473 Kapellan und Vertreter des Propstes. Propst vom 26. Mai 1482 (10/11 Urk 133) — 17. Mai 1489 (6 Urk 648). Seine Mutter Alheyd, sein Bruder her Hinrik Kopman (1489, ebda.).

Tilemannus (Tile) Schaper (Scaper), 13. April 1512 (10/11 Urk 104) — 9. Mai/18. Juni 1520, wo er als Pleban in Brunshausen und Altgandersheim vom Hildesheimer Bischof exkommuniziert wird (VII B Hs 11 Bd. 1 Bl. 102, 11 Alt. Brunsh. nr. 1). Noch 1528 und 1532 als Propst von Brunshausen erwähnt (Henr. Bodo, CC. Bl. 4 v u. 231 ff.). Gleichzeitig Vikar im Reichsstift und in St. Marien, seit 10. Juni 1531 Kanoniker im Reichsstift bis zu seinem Tode am 24. Januar 1543, s. GS NF 7 § 46.

Joist, ein Kurzregest über einen Schuldbrief Hzg. Heinrichs d. J. für den Propst zu Brunshausen *hern Joist* vom 9. März 1528 (!) in 2 Alt 3488.

Johannes Fricke, seit 1512 Vikar zu St. Marien, s. dort § 25. Als Propst in Brunshausen am 25. Juli 1541 (10/11 Urk 119).

Johannes Schnor (Snor), seit 28. Februar 1552 Kanoniker des Reichsstifts, s. GS NF 7 § 46. Als Propst zu Brunshausen am 8. Oktober 1558, wo nach Streitigkeiten mit der Domina Hilleborg Helwiges und Klage vor dem Herzog seine Absetzung erwogen wurde (2 Alt 3473). Später (21. Dez. 1566) Propst von St. Marien (s. dort § 32).

Andreas Witten, sicher identisch mit dem Prior von Clus (22. Februar 1562, s. dort § 21, 2). Als Propst in Brunshausen stellte er am 25. Juli 1569 das dortige Erbregister zusammen (19 Alt 30).

Propsteiverwalter:

Barward Mente, vormaliger herzoglicher Amtmann zu Seesen, als herzoglicher Klosterverwalter gegen den Willen von Domina und

Konvent eingesetzt. 9. Oktober 1571—April 1572 (2 Alt 3478, 11 Alt Brunsh. 3 u. 18), dann nochmals am 10. Juli 1576 durch herzogliche Kommissare als Mitverwalter eingesetzt (2 Alt 3478 u. 3495) und wegen Erkrankung vor Oktober 1576 ausgeschieden (2 Alt 3493). Verstorben am 17. Februar 1578 im Alter von 59 Jahren, Grabstein an der Klosterkirche Clus (BuK. 5 S. 61).

Hans Bardenwerper, Klosterverwalter zu Heiningen, gegen den Protest der Stiftsäbtissin vor April 1572 als Nachfolger von Barward Mente vorgesehen (2 Alt 3478) und mindestens bis Juni 1572 tätig (VII B Hs 50 S. 409), dann hzgl. Amtmann zu Gandersheim.

Henning Rheme (Rheime, Reme), 1572 von der Stiftsäbtissin als Klosterverwalter eingesetzt (vorher im Dienst Bartholds von Oldershausen in Förste), vor dem 17. Januar 1577 aus Brunshausen geflohen (2 Alt 3478, Inventar seiner Hinterlassenschaft 2 Alt 3493). Er ging zu seinem früheren Dienstherrn zurück und wohnte 1582 in Ronnenberg/Hannover, von wo aus er über Herzog Erich II. wegen rückständiger Besoldung klagte (2 Alt 3478), s. oben § 8.

Marcus (Marx) von Elpen, aus Lübeck, herzoglicher Kammerbeamter, s. Samse, Zentralverwaltung S. 201. Am 12. Oktober 1576 gegen den Widerstand von Domina und Konvent in Brunshausen eingesetzt, wo er sich nicht halten konnte (2 Alt 3493). Nach Flucht seines Vorgängers nochmals am 17. Januar 1577 gewaltsame Einsetzung als Propst (ebda). Abdankung am 26. Mai 1589 (2 Alt 3508), Weggang zwischen 4. November und 7. Dezember 1589 (2 Alt 3512). S. auch unten S. 230.

Philipp Bein, am 28. Juli 1593 wegen Nachlässigkeit als Verwalter abgesetzt (2 Alt 3478).

Georg Timmermann (Zimmermann), vorher herzogl. Küchenschreiber zu Wolfenbüttel, dann Amtsschreiber zu Gandersheim. Propsteiverwalter in Brunshausen vom 28. Juli 1593 bis zu seinem Tode am 15. Dezember 1602 (2 Alt 3478).

Christoph Wichmann, als Gandersheimer Bürger am 18. Dezember 1602 vom Herzog mit Zustimmung der Stiftsäbtissin zum Verwalter ernannt und am 15. Oktober 1608 wegen Differenzen mit dem Konvent abgesetzt (2 Alt 3478).

Adam Becker, vorher herzogl. Küchenschreiber zu Wolfenbüttel. Am 15. Oktober 1608 als Propsteiverwalter eingesetzt (2 Alt 3478) und bis 1613 nachweisbar (2 Alt 3571). Gestorben als Amtsschreiber am 9. August 1618 und zu Altgandersheim begraben (KB Gremsheim).

Johann Rittierodt, am 9. November 1613 mit Zustimmung der Stiftsäbtissin als Verwalter bzw. Propst eingeführt (2 Alt 3571 und 3478). Er verblieb in dieser Stellung auch nach seiner Bestallung zum Abt von Clus (s. dort § 21, 1) bis vor 16. Juni 1623 (VII B Hs 36 Bd. 5 Bl. 69 v).

Caspar Uhrlandt, vormals Amtsschreiber zu Katlenburg. Am 16. Juni 1623 zum Propsteiverwalter in Brunshausen ernannt und am 18. Juni eingeführt (2 Alt 3478 u. VII B Hs 36 Bd. 5 Bl. 69 v). Am 18. Januar 1629 wegen schlechter Rechnungsführung entlassen (2 Alt 3478). S. auch oben S. 17.

Cosmus Mumme, vormals Verwalter zu Kirchberg. Am 16. April 1629 zum Verwalter in Brunshausen bestellt (2 Alt 3478) und alsbald durch die katholische Restitution vertrieben. Danach am 25. November 1635 wieder in Brunshausen (2 Alt 3503) und am 16. Juli 1639 auf Grund der Neuordnung durch Hzg. August d. J. entlassen. Verpachtung der Klosterwirtschaft an den Landkommissar Johann Starcke, der sich noch am 18. April 1642 Propst und Verwalter nannte, obwohl ein ordentlicher Propst nicht mehr bestellt worden war (2 Alt 3544 u. 3589).

2. Priorinnen bzw. Dominae:

Helenburgis, 30. April 1267 (IV Hs 51 S. 149, UBGoslar 2, 130 u. 131 S. 191 f.).

Bertradis, 15. Juli 1297 (10/11 Urk 18).

Berhedis (Verschreibung? Identisch mit der Vorigen?), 7. September 1314 (VII B Hs 100 Bd. 3 Bl. 79 v).

Alheid, 17. Mai 1414 (VII B Hs 1 S. 129) — 28. Januar 1427 (2 Alt 3488).

N., 23. März 1432 (VII B Hs 12 Bl. 16 v) — 23. April 1441 (ebda. Bl. 40 v).

Mechildis, 5. Juni 1461 (StA. Magdeburg, Rep. 8 a, Hadmersleben nr. 66).

N., Domina, Neuwahl vor 18. November 1495 auf Veranlassung des Abts Wedego von Clus gegen den Widerspruch der Äbtissin des Reichsstifts (10/11 Urk 95 a, s. oben S. 31).

Katherina, 13. April 1512 (10/11 Urk 104) — 21. September 1518 (11 Alt Brunsh. nr. 1).

Gertrud Augustini, wurde als bisherige Subpriorin am 22. Januar 1525 im Beisein der von der Bursfelder Union beauftragten Äbte von Clus und Northeim ohne Wissen der Patronatsherrin zur Priorin gewählt (VII B Hs 12 Bl. 51 v). Die Angelegenheit führte zum Ausschluß des Abtes von Clus von seinen gottesdienstlichen Funktionen im Reichsstift. Bei einer schiedsgerichtlichen Verhandlung vor Herzog Heinrich d. J. i. J. 1529 wurde dem Abt vorgeworfen, daß er eine Nonne von Brunshausen, die von einem Priester außerhalb des Klosters ein Kind geboren hatte und angeblich vom Herzog in Haft genommen war, zur Buße angenommen und diese *meretrix* absolviert und über die anderen Nonnen gesetzt habe. Der Abt verteidigte sich damit, daß er sie nur auf mehrfaches dringendes Bitten der Schwestern und angeblich im Einverständnis mit Stiftsäbtissin und Stiftsdekanin zur Buße (3 Wochen Haft) angenommen habe (Henr. Bodo, CC. Bl. 197—199). Vermutlich handelte es sich bei der genannten Nonne um die spätere Priorin Gertrud Augustini.

Hilleborg Helweghes (Helwiges, Hellewiges, Helwisches), 21. Mai 1532 (10/11 Urk 117) — 22. April 1538 (11 Alt Brunsh. nr. 1). Während der Schmalkaldischen Besetzung scheint sie zeitweilig das Kloster verlassen zu haben, da 1546 und 1547 nicht sie, sondern die Schäfferin als Ausstellerin der Klosterurkunden fungierte. Am 23. Juni 1549 erscheint sie wieder als Domina (11 Alt Brunsh. nr. 1), zuletzt am 8. Oktober 1558 (2 Alt 3473).

Anna Stein(s). Sie stammte aus Gandersheim und war die Tochter des Bürgers Berthold und der Margarete Steins und die Schwester des Stiftsseniors Bartold Stein (vgl. VII B Hs 28 Bl. 11). Als Konventualin ist sie in Brunshausen zuerst am 11. November 1546 (11 Alt Brunsh. nr. 1), als Küsterin daselbst am 23. Juni 1549 (ebda.) erwähnt. Als Domina erscheint sie erst am 31. Oktober 1568 gelegentlich der reformatorischen Visitation (Spanuth, Vis. Prot. S. 125), dürfte dieses Amt aber schon in dem vorangehenden Jahrzehnt übernommen haben (die Angabe in 2 Alt 8640 zu 1558 muß jedoch auf einer Verwechslung mit 1568 beruhen). Sie blieb, da sie sich den Reformatoren offenbar nicht widersetzte, auch in den folgenden Jahren in ihrem Amt (11 Alt Gand. Fb. 1, III, 161) und starb, nachdem sie das Abendmahl in beiderlei Gestalt genommen hatte, am 9. Mai 1572 (2 Alt 3487).

Ursula Kircks (Kirkes). Bei der reformatorischen Visitation vom 31. Oktober 1568 an dritter Stelle der Konventualinnen genannt (Spanuth, Vis. Prot. S. 125), erklärte sie sich am 7. Juni 1570 als einzige der Nonnen bereit, der Aufforderung der geistlichen Visitatoren zu folgen und das Kloster gegen eine Pension von 20 Th. zu verlassen (VII B Hs 35 a Bl. 32). Dazu kam es jedoch nicht. Vielmehr wurde sie von den Reformatoren als Subpriorin in Brunshausen belassen und nach dem Tode der Anna Stein auf Veranlassung des herzoglichen Beauftragten Dr. Selnecker zur Priorin gewählt (2 Alt 3493). Die Stiftsäbtissin Magdalena protestierte förmlich am 5. Juni 1572 gegen diese Wahl (6 Urk 923), gab aber schließlich auf Grund des Vertrages vom 11. Juni 1572 mit Herzog Julius (6 Urk 924) nachträglich ihre Bestätigung (2 Alt 3493). Bereits am 27. Juni 1572 fungierte sie als Domina (11 Alt Gand. Fb. 2 nr. 162) und blieb in dieser Stellung auch während der schweren Auseinandersetzungen des Reichsstifts mit dem Herzog bis zu ihrem Tode am 29. Dezember 1586 (2 Alt 3507).

Elisabeth (Ilsabe) Heuekers (Hevers, Hoiers). Bei der reformatorischen Visitation vom 31. Oktober 1568 an sechster Stelle unter den Konventualinnen genannt (Spanuth, Vis. Prot. S. 125), übernahm sie nach dem 10. Juli 1576 (2 Alt 3495) das Amt der Schäfferin und wurde als solche nach dem Tode der Ursula Kircks am 25. Januar 1587 zur neuen Domina vorgeschlagen. Sie war zu diesem Zeitpunkt 40 Jahre alt, 31 Jahre bereits im Kloster und stammte aus Gandersheim (2 Alt 3507). Doch war sie noch am 12. Juli 1587 Schäfferin (2 Alt 3508). Am 15. August 1587 urkundete sie erstmalig als Domina (2 Alt 3471) und blieb in dieser Stellung ununterbrochen bis zu ihrem Tode am 4. August 1617 (2 Alt 3551).

Anna Kinen, bei der reformatorischen Visitation vom 31. Oktober 1568 an siebenter Stelle unter den Konventualinnen genannt (Spanuth, Vis. Prot. S. 125). Sie stammte aus Lamspringe, wohin sie am 27. April 1588 um Urlaub nachsuchte (2 Alt 3503). Vom 4. November 1589 (2 Alt 3512) bis zum 20. Mai 1617 bekleidete sie das Amt der Schäfferin. Eine vereinzelte Bezeichnung als *priorissa* am 1. November 1593 (VII B Hs 36 Bd. 4 Bl. 244) beruht wohl auf einem Irrtum. Am 26. August 1617 wurde sie von den herzoglichen Räten nach Wahl durch den Konvent als Domina eingesetzt (2 Alt 3551). Auf den Protest der Stiftsäbtissin vom 12. Dezember 1617 wegen Verletzung des Vertrages von 1593 entschied der Herzog, daß ihre Betätigungsrechte gewahrt werden sollten (11 Alt Gand. Fb. 2 nr. 133). Anna Kinen starb am 9. April 1620 (VII B Hs 36 Bd. 5 Bl. 23 v). Das Amt der Domina blieb danach unbesetzt und wurde von der Schäfferin Barbara Vadtschildt verwaltet.

3. Subpriorinnen

Elysabeth, 13. April 1512 (10/11 Urk 104) — 21. September 1518 (11 Alt Brunsh. nr. 1).

Gertrud Augustini, s. Priorinnen.

Katrine Gotthen, 21. Mai 1532 (10/11 Urk 117).

Gese Slikers, erscheint am 21. Mai 1532 als Schäfferin (10/11 Urk 117) und tritt am 22. April 1538 als Subpriorin auf (11 Alt Brunsh. nr. 1), scheint aber dieses Amt nach der Schmalkaldischen Besetzung verloren zu haben. Am 11. November 1547 ohne nähere Bezeichnung an dritter Stelle der Konventualinnen genannt (11 Alt Brunsh. nr. 1), trägt sie am 23. Juni 1549 den ganz vereinzelten Titel Cantrix (ebda.) und erscheint nochmals ohne Bezeichnung bei der reformatorischen Visitation vom 31. Oktober 1568 an dritter Stelle hinter der Domina und der Subpriorin (Spanuth, Vis. Prot. S. 125).

Margareta Lutkebole, am 11. November 1546 als Konventualin genannt (11 Alt Brunsh. nr. 1). Am 23. Juni 1549 erscheint sie zuerst als Subpriorin (ebda.) und in dieser Eigenschaft zuletzt bei der reformatorischen Visitation am 31. Oktober 1568, bei der sie sich bereit erklärte, sich unterweisen zu lassen (Spanuth, Vis. Prot. S. 125).

4. Küsterinnen

Ghese (Geßke), 17. Mai 1414 (VII B Hs 1 S. 129) — 25. Januar 1416 (2 Alt 3551).

Metke, 28. Januar 1427 (2 Alt 3488).

N., 23. März 1432 (VII B Hs 12 Bl. 16 v) — 23. April 1441 (ebda. Bl. 40 v).

Anna Stein(s) s. Priorinnen.

5. Kämmerinnen

Mechild (Mettele), 17. Mai 1414 (VII B Hs 1 S. 129) — 25. Januar 1416 (2 Alt 3551).

Catharine, Konventualin am 25. Januar 1416 (2 Alt 3551), Kämmerin am 28. Januar 1427 (2 Alt 3488).

N., 23. März 1432 (VII B Hs 12 Bl. 16 v) — 23. April 1441 (ebda. Bl. 40 v).

Elisabeth, 21. September 1518 (11 Alt Brunsh. nr. 1).

6. Prokuratorinnen, Schäfferinnen

Gese Slikers, s. Subpriorinnen.

Elisabeth Berners, 22. April 1538 (11 Alt Brunsh. nr. 1) — 11. November 1547, Urkundenausstellerin anstatt der Priorin (ebda.).

Alheyt Krumhoves, 23. Juni 1549 (11 Alt Brunsh. nr. 1).

Elisabeth Heuekers, s. Priorinnen.

Anna Kinen, s. Priorinnen.

Barbara Vadtschildt (Fadtschilt), stammte aus Einbeck und war eine Schwestertochter des Abts (wohl Johann Lovensen) von St. Michael in Hildesheim. Sie erscheint am 25. Januar 1587 zuerst in Brunshausen (2 Alt 3507) und wurde noch am 30. Juli 1588 als jüngst eingekleidet bezeichnet (2 Alt 3508). Bei der Wahl der Domina Anna Kinen am 26. August 1617 hatte sie die zweite Stelle unter den Konventualinnen inne (2 Alt 3551) und erscheint am 9. April 1620 als Schäfferin (VII B Hs 36 Bd. 5 Bl. 23 v). Als solche leitete sie, da die Dominastelle nicht mehr besetzt wurde, den Konvent bis zu dessen Vertreibung aus Brunshausen und supplizierte am 3. August 1629 bei der herzoglichen Regierung um Aufnahme in ein anderes Kloster (2 Alt 3577).

7. Konventualinnen

Bertha Rotghers, vermutlich aus Gandersheimer Bürgergeschlecht. 1378 o. T. (StadtA. Braunschw., Degedingsbuch Sack Bd. 2 S. 154).

Catharine, s. Kämmerinnen.

Metteke Medderen, Tochter des Gandersheimer Bürgers Clawes Medderen. 25. Januar 1416 (VII B Hs 1 S. 68). Identisch mit der vor dem 8. Febr. 1477 verstorbenen Mechildis Medderen?

Soffele (Seffele) von Berel (Berle, Berne), 1420 o. T. (VII B Hs 12 Bl. 90 v) — 27. September 1435 (VII B Hs 1 S. 179).

Gheseke Ruscheplaten, Schwester des Gandersheimer adligen Lehnsmannes Herman Ruscheplaten. 11. Juni 1424 (VII B Hs 12 Bl. 91 v).

Sweneke Olve(n), 27. September 1435 (VII B Hs 1 S. 179) — 1459 o. T. (11 Alt Gand. Fb. 1, VII, 31).

Katherine over dem Becke, wohl aus Gandersheimer Bürgerfamilie. 27. September 1435 (VII B Hs 1 S. 179). Verstorben vor dem 8. Febr. 1477 (Admonter Totenroteln S. 97).

Alheid Beseken, 23. September 1436 (11 Alt Mar. Gand., Rechn. 1) — 25. Januar 1442 (ebda. Rechn. 3). Verstorben vor dem 8. Febr. 1477 (Admonter Totenroteln S. 97).

Sancta (= Alexandra) (von) Meyngoddessem (= Maygadessen Lkr. Höxter), wurde am 5. Juni 1461 in Anwesenheit der Äbte Johann von St. Michael in Hildesheim und Wedego von Clus sowie des Priors Dietrich von Huysburg, der als Initiator der Berufung zu gelten hat, zur Äbtissin von Hadmersleben gewählt (StA. Magdeburg, Rep. 8 a Hadmersleben nr. 66). Sie war wohl die gleiche Äbtissin von Hadmersleben, die schon im August und Dezember

1462 zusammen mit dem genannten Prior das Kloster Ebstorf im Sinne der Bursfelder Observanz reformierte, vgl. Carl Borchling, Literarisches und geistiges Leben im Kloster Ebstorf am Ausgang des MA, ZHistVNdSachs 1905 S. 370 f. und 389 f.

Grete Benneken, 28. September 1469 (VII D Hs 52 Bl. 25 v).

Bertheydis von Berel (van Berle), verstorben vor dem 8. Febr. 1477 (Admonter Totenroteln S. 97).

Ilse Grendeß, verstorben vor dem 7. Febr. 1477 (ebda.).

Metele Retmeygers, verstorben vor dem 7. Febr. 1477 (ebda.).

Gese Riken (aus der Gandersheimer Bürgerfamilie Rike?), verstorben vor dem 7. Febr. 1477 (ebda.).

Ilse Benneken (Schwester der Grete Benneken?), verstorben vor dem 7. Febr. 1477 (ebda.).

Ilse Rimmerod (Rimirodes) (aus der Gandersheimer Bürgerfamilie Rimmerod?), verstorben vor dem 7. Febr. 1477 (ebda.).

Lucke von Gilten (de Gyltenn), verstorben vor dem 7. Febr. 1477 (ebda.).

Mechthild Medderen (Melchidis Medderen), identisch mit der zu 1416 genannten Metteke Medderen? Verstorben vor dem 7. Febr. 1477 (ebda.).

Alheydis Růdack, verstorben vor dem 7. Febr. 1477 (ebda.).

N. van Nette, verstorben vor dem 7. Febr. 1477 (ebda.).

N. van Wenteren (!), verstorben vor dem 7. Febr. 1477 (ebda.).

Alheydis Spaden (aus der Familie der Gandersheimer Stiftstruchsessen), verstorben vor dem 7. Febr. 1477 (ebda.).

N. von Kaierde (Keygerde), verstorben vor dem 7. Febr. 1477 (ebda.).

Selmeke (?), verstorben vor dem 7. Febr. 1477 (ebda.).

Jutta Holdeshusen, Tochter des Bürgers Heinrich H. und seiner Frau Ilse in Einbeck. 16. August 1477 (Feise, Urkundenausz. Einb. nr. 1649).

de Gremesche, Tochter des verstorbenen Bürgers Herman oder Henning Gremeßen zu Gandersheim. 29./31. Januar 1478 (VII B Hs 11 Bd. 2 ad a. und ebda. Bd. 1 Bl. 46 v).

Gertrudis Clamers, verstorben vor dem 17. Mai 1495 (Admonter Totenroteln S. 208).

Anna Stein (s), s. Priorinnen.

Margareta Lutkebole, s. Subpriorinnen.

Ursula Kircks, s. Priorinnen.

Margareta Hensen (Hentzen), 31. Oktober 1568 an vierter Stelle der Konventualinnen (Spanuth, Vis. Prot. S. 125).

Elisabeth Menneken, aus Gandersheim gebürtig und wohl mit dem Stiftskanoniker Johannes Menneken und dem gleichnamigen und gleichzeitigen Cluser Mönch verwandt. Zuerst am 31. Oktober 1568 (Spanuth, Vis. Prot. S. 125) als Konventualin an fünfter Stelle. Am 25. Januar 1587 war sie 30 Jahre im Kloster und 44 Jahre alt (2 Alt 3507). Bei der Wahl der Domina Anna Kinen war sie am 26. August 1617 älteste Klosterjungfrau (2 Alt 3551, hier fälschlich als Ilsabeth Wernecken bezeichnet). Zuletzt am 9. April 1620 beim Tod der Domina ebenfalls nach der Schäfferin erste Konventualin (VII B Hs 36 Bd. 5 Bl. 23 v).

Elisabeth Heuekers, s. Priorinnen.

Maria Lovensen, aus Alfeld gebürtig und Schwester des Abts zu St. Michael in Hildesheim Johannes Lovensen (2 Alt 3508). Zuerst am 31. Oktober 1568 (Spanuth, Vis. Prot. S. 125) an vierter Stelle der Konventualinnen. Sie war am 25. Januar 1587 28 Jahre im Kloster und 45 Jahre alt (2 Alt 3507) und erscheint zuletzt am 30. Juli 1588 (2 Alt 3508).

Anna Kinen, s. Priorinnen.

Anna Rohen(?), wird nur in der irrtümlich auf 1558 datierten Konventsliste von 1568 (2 Alt 8640) als neunte und letzte Konventualin erwähnt.

Margareta Rosenbom (Rosen), geboren in Klein-Rhüden als Tochter des herzoglichen Holzförsters über dem Heber Simon R., Schwestertochter der Domina Ursula Kircks. Gesuche der Domina vom 1. Januar 1582 und 14. März 1583 beim Herzog um ihre Aufnahme wurden genehmigt. Sie war damals 16 Jahre alt und hatte 9 bzw. 10 Jahre im Kloster gelebt (2 Alt 3503). Zuletzt erwähnt am 25. Januar 1587 (2 Alt 3507).

Anna Dannemans. Ihre Einkleidung war am 25. Januar 1582 vorgesehen, nachdem sie 12 Jahre um Kostgeld im Kloster gewesen war (2 Alt 3503). In der Liste vom 25. Januar 1587 (2 Alt 3507) nicht mehr genannt.

Ilsebeth (Elsebe) Twele (Dwelen), aus Gandersheim gebürtig, gewesene Klosterjungfrau zu St. Marien (s. St. Marien § 30). Vom 25. Januar 1587—30. Juli 1588 als Kostgängerin in Brunshausen (2 Alt 3507 u. 3508).

Barbara Vathschildt, s. Schäfferinnen.

Margarete Probst, Tochter des Henning Probst zu Gremsheim, war am 5. Dezember 1593 als Novizin 2 Jahre im Kloster und 14 Jahre alt (2 Alt 3503). Am 19. Mai 1597 als Klosterjungfrau eingekleidet (2 Alt 3503 u. VII B Hs 36 Bd. 4 Bl. 288 v, 289).

Magdalena Buten (Büthen), am 19. Mai 1597 als Klosterjungfrau eingekleidet (2 Alt 3503 u. VII B Hs 36 Bd. 4 Bl. 288 v, 289).

Metteke Gabriels, Schwestertochter des gewesenen Propstes Georg Timmermann. Am 24. August 1603 als Klosterjungfrau aufgenommen (2 Alt 3503).

Maria Hasecken (Harcken), am 1. April 1613 als Waisenkind 10 Jahre im Kloster und 20 Jahre alt, ihre Einkleidung als Chorjungfrau vom Herzog genehmigt (2 Alt 3503). Zuletzt am 26. August 1617 an vierter Stelle der Konventualinnen (2 Alt 3551).

Hedwig (Heidewig) Hencken, am 1. April 1613 als Waisenkind 11 Jahre im Kloster und 20 Jahre alt, ihre Einkleidung als Chorjungfrau vom Herzog genehmigt (2 Alt 3503). Zuletzt am 26. August 1617 an dritter Stelle der Konventualinnen (2 Alt 3551).

Catharina Rupius, jüngste Tochter des verstorbenen Generalsuperintendenten Michael Rupius und seiner Frau Dorothee geb. Kramers. Aufnahme im Alter von 19 Jahren am 3. Januar 1624 (2 Alt 3503).

Catharina Suden, Tochter des Gandersheimer Bürgers Hans Suden. Aufnahmegesuch vom 12. Januar 1624 (2 Alt 3503).

Barbara Noly, Schwester des Coadjutors zu Braunschweig Mag. Fabian Noly. Am 11. Juli 1627 als Klosterjungfrau aufgenommen (2 Alt 3503), 1628/29 an dritter Stelle der Konventualinnen (2 Alt 3573).

Anastasia Behmen (Bheme, Behemen), 1628/29 an vierter Stelle der Konventualinnen (2 Alt 3573), supplizierte am 3. August 1629 nach Vertreibung aus Brunshausen um Aufnahme in ein anderes Kloster (2 Alt 3577).

Magdalena Bohlen (Bolen), 1613/14 Konversin (2 Alt 3571). 1628/29 an fünfter Stelle der Konventualinnen (2 Alt 3573), supplizierte am 3. August 1629 nach Vertreibung aus Brunshausen um Aufnahme in ein anderes Kloster (2 Alt 3577).

Anna Blocks. Ihr Lebenslauf nach dem Entwurf eines (verfrühten) Nachrufes von ca. 1669 (11 Alt Brunsh. 30): danach 1599, richtiger (s. u.) 1589 als Tochter des mit 50 Jahren verstorbenen Zimmermanns Andreas Block und seiner Frau Gese geb. Imkers in Bornum Lkr. Wolfenbüttel geboren. Kam mit 6 Jahren ins Kloster Dorstadt, wo sie vier Jahre blieb, war dann vier Jahre bei den Eltern und kam schließlich für 8 Jahre ins Kloster Lamspringe. Als angeblich keine Jungfrauen in Brunshausen gewesen seien, hätte sie Herzog Friedrich Ulrich (nach 1621?) dorthin verschrieben. In Brunshausen erscheint sie 1628/29 als zweite Chorjungfrau nach der Schäfferin (2 Alt 3573), supplizierte nach ihrer Vertreibung am 3. August 1629 um Aufnahme in ein anderes Kloster (2 Alt 3577), wohnte aber noch am 25. November 1635 als *vertriebene alte Klosterjungfrau* in Gandersheim (2 Alt 3503). Am 23. Juli 1639 war sie in Lamspringe und beschwerte sich, daß der Verwalter Cosmus Mumme ihr die Wiederaufnahme in Brunshausen verweigere (2 Alt 3503). Am 11. Februar 1653 war sie, damals angeblich 62 Jahre alt, als letzte der ehemaligen Konventualinnen allein in Brunshausen. Dort ist sie in den jährlichen Klosterrechnungen nachweisbar bis zu ihrem Tode am 18. März 1682 (2 Alt 3503). Nach dem Kirchenbuch von Gremsheim wurde sie am 26. März 1682 begraben und war zu diesem Zeitpunkt 95 Jahre alt.

Von dem katholischen Nonnenkonvent, der nach der Okkupation Brunshausens durch die Kommissare der Bursfelder Union am 15. Juli 1629 eingeführt wurde, ist nur der Name der Schwester

Elisabet Bodenfelt aus einem Brief ihres Vetters Konrad Bodenfelt in Paderborn in einer Testamentsangelegenheit vom 21. August 1631 bekannt (11 Alt Clus 28).

8. Novizen (Lehrkinder)

Ilsabeth Maß, Tochter des verstorbenen Pfarrers zu Brunshausen Matthias Maß. Am 5. Dezember 1593 13 Jahre alt und seit vier Jahren im Kloster (2 Alt 3503).

Magdalena Hoeken, geboren zu Gandersheim, Tochter des Pfarrers zu Brunshausen Peter Hoeken. Am 5. Dezember 1593 14 Jahre alt und seit zwei Jahren im Kloster (2 Alt 3503): am 13. Februar 1596 ihre Einkleidung beantragt (ebda.).

Margareta Probst, s. Konventualinnen.

Agate Mohr, Tochter des verstorbenen Pastors zu Weißenwasser Michael Mohr. Am 5. Dezember 1593 15 Jahre alt und seit anderthalb Jahren im Kloster (2 Alt 3503).

Sibylle von Reden, 1613/14 (2 Alt 3571).

9. Konversen und Donaten

a) männliche Konversen:

Lambertus, c. 1220 (UBHHild. 1, 753 S. 705) — 1223 (VII B Hs 101 Bl. 62).

Waltherus, c. 1220 (UBHHild. 1, 753 S. 705) — 1223 (VII B Hs 101 Bl. 62).

Teodericus, [1223] (VII B Hs 101 Bl. 62).

Hermannus, *Claviger*, [1223] (VII B Hs 101 Bl. 62).

Wastmodus, [1223] (VII B Hs 101 Bl. 62).

Boto, Bruder Boto von Brunteshusen, 2. Mai 1393 (StadtA. Einbeck, Rentenbuch Bl. 1).

Hermann, *Conversus* und Hofmeister, 1408 o. T. (VII B Hs 321) — Okt. 1410 (11 Alt Gand. Fb. 1, III, 1).

Hinrik Grote, Hofmeister, 5. Oktober 1473 (10/11 Urk 70 a).

Hans Slanß, Hofmeister, 13. April 1512 (10/11 Urk 104).

Curdt Hensen, Hofmeister, 21. September 1518 (11 Alt Brunsh. nr. 1).

b) weibliche Konversen:

Wobbeke, *conversa*, verstorben vor dem 8. Febr. 1477 (Admonter Totenroteln S. 97).

Alheydis Meynerding, *conversa*, verstorben vor dem 8. Febr. 1477 (ebda.).

Anna Wi(e)sen, 31. Oktober 1568 (Spanuth, Vis. Prot. S. 125 u. 2 Alt 8640).

Anna Willen, 1568 o. T. (2 Alt 8640).

Anna Schwarzkopff (Swartekopf), 31. Oktober 1568 (Spanuth, Vis. Prot. S. 125 u. 2 Alt 8640).

Anna Stratten (Strotten?), 1568 o. T. (2 Alt 8640).

Dorothea Suplingk, 1568 o. T. (2 Alt 8640).

Anna Grove, 31. Oktober 1568 (Spanuth, Vis. Prot. S. 125).

Ilsabe Werneken, 31. Oktober 1568 (Spanuth, Vis. Prot. S. 125).

Magdalena Bohlen, s. Konventualinnen.

c) Donaten:

Hennig up dem Berge, *frater*, verstorben vor dem 8. Febr. 1477 (Admonter Totenroteln S. 97).

Henneke Groten, verstorben vor dem 8. Febr. 1477 (ebda.).

Henricus N., *frater*, verstorben vor dem 8. Febr. 1477 (ebda.).

10. Sonstige Klostergeistlichkeit (Kapläne, Pastoren):

Heinricus, *sacerdos*
Hermannus, *sacerdos*
Heinricus, *subdiaconus*
[c. 1220] (UBHHild. 1, 753 S. 706) — [1223] (VII B Hs 101 Bl. 62).

Detmar Kopman, Kapellan, 25. Januar 1416 (VII B Hs 1 S. 68).

Johannes Wychenant, Pfarrer, 25. November 1452 (6 Urk 462 R).

Jan Kopman, s. Pröpste.

Martin Eg(g)elster, s. GS NF 7 § 47 und St. Marien § 32. Kapellan in Brunshausen c. 1547? (VII B Hs 50 S. 536).

Ernst Walten, s. GS NF 7 § 47. Vor 22. April 1572 in Brunshausen? (Kronenberg, Clus u. Brunsh. S. 135).

Wolfgang Lippert und Johannes Blankenburg, lutherische Prädikanten, August — 13. September 1570 (Kronenberg, Clus u. Brunsh. S. 135, vgl. aber Seebaß-Freist, Pastoren S. 67).

Heinrich Hermann, 22. April 1572 nach Brunshausen entsandt, 1577 Pastor in Heckenbeck (Kronenberg, Clus u. Brunsh. S. 135 f., VII B Hs 55 Bd. 15).

Matheus (Mathias) Maß (en) alias von Aken, (1569?) 1572 o. T. (11 Alt Gand. Fb. 2 nr. 187) — 11. November 1573 (11 Alt Gand. Fb. 2 nr. 164), dann in Altgandersheim ansässig (Kronenberg, Wanderungen S. 65), schon 1586 tot (Kronenberg, Clus u. Brunsh. S. 136).

Johann Gieseler, 24. November 1578 in Helmstedt *ad officium ecclesiasticum in coenobio Brunshusen* ordiniert (Matr. Helmst. S. 21), dort bis 1582 (Seebaß-Freist, Pastoren S. 67).

Ludolf Volcrusius (Vulcruse), aus Soßmar Lkr. Peine gebürtig, studierte in Helmstedt (dort aber nicht in der Matrikel!) und wurde am 28. Mai 1585 als Pastor nach Brunshausen berufen (2 Alt 3510 mit Examensprotokoll und Probepredigt). Verrichtete auch den Gottesdienst in Wolperode, verstorben 1620 oder 1621 (11 Alt Gand. Fb. 2 nr. 187, nach Kronenberg, Clus u. Brunsh. S. 136 schon 1618).

Petrus Hoeken (Hokenius), nach Kronenberg, Clus u. Brunsh. S. 136 schon 1586 nach Tod des Math. Maß berufen. Am 15. Juli 1590 bemühte sich das Reichsstift vergeblich, ihn als Kaplan an die Stiftskirche zu bekommen (VII B Hs 36 Bd. 4 Bl. 144). Nach Kronenberg, Clus u. Brunsh. S. 136 starb er 1609. Seine Erwähnung zu 1610/11 (11 Alt Gand. Fb. 2 nr. 187) ist fraglich.

Heinrich Dorguth, aus Helmstedt. 1616—1622 Pastor in Brunshausen (11 Alt Gand. Fb. 2 nr. 164). Heiratete nach 1618 die Witwe des Klosterverwalters Adam Becker, Anna Reimers, und wohnte auf dem Klostermeierhof in Gremsheim (VII B Hs 55 Bd. 15 S. 558 f.). Nach Kronenberg, Wanderungen S. 68, starb er dort 1626 an der Pest.

Sebastian Damköhler (Dannenköhler); nach Kronenberg, Clus u. Brunsh. S. 136 wurde er 1609 Nachfolger des Petrus Hoeken und ging 1615 nach Gehrenrode. Nachweisbar bis 1627 (?) (11 Alt Gand. Fb. 2 nr. 187).

Esaias Domeyer, der letzte Klosterpastor, zog 1626 nach Gremsheim und versah von dort neben Altgandersheim, Ackenhausen und Wolperode auch Brunshausen. Er nannte sich noch 1666 Pastor von Brunshausen (Kronenberg, Wanderungen S. 68).

§ 24. Das evangelische Frauenkloster von der Mitte des 17. Jhs. bis zum Beginn des 19. Jhs.

1. Dominae:

Maria Dammers (Dam(s), Dammans), vorher Klosterjungfrau in Marienberg vor Helmstedt. Durch herzogliches Dekret vom 11. Februar 1653 zur Domina in Brunshausen ernannt (2 Alt 3596). Am 27. März 1653 Befehl Herzog Augusts d. J. an den Verwalter Conrad Niebecker zu Brunshausen, sie aus Marienberg abholen zu lassen (2 Alt 8640). Als Domina daselbst erst am 10. Februar 1660 erwähnt (2 Alt 3544). Nach dem Kirchenbuch von Gremsheim am 17. Februar 1667 im Alter von 64 Jahren begraben.

Dorothea Katharina Bielefeldt, Tochter des Bürgermeisters zu Holzminden Albert Bielefeldt, vorher Klosterjungfrau in Marienberg vor Helmstedt, Steterburg und Frankenberg bei Goslar. Von da wegen Streitigkeiten mit den Schwestern nach Brunshausen transferiert und dort von 1661—1666 als Priorin nachweisbar (22 B Alt vorl. nr. 509 u. 513). Am 16. Februar 1668 auf Vorschlag des Oberinspektors Gerhard Niebecker vom Herzog zur Domina ernannt (2 Alt 3609) und am 26. April 1668 eingeführt (11 Alt Brunsh. 28). Starb am 17. Januar 1673 (2 Alt 3610) und wurde am 5. Februar 1673 begraben (KB Gremsheim u. 11 Alt Brunsh. 36, dort Nachlaßverzeichnis vom 11. Mai).

Catharina Armgard Leonhardt(s), vorher Klosterjungfrau in Steterburg. Am 29. September 1675 als Domina eingeführt (2 Alt 3611). Sie starb am 29. Mai 1694 im 86. Lebensjahr (11 Alt Gand. Fb. 2 nr. 188). Ihr Privatsiegel auf einem Schreiben vom 16. Dezember 1680 (2 Alt 3503).

Ilse Juliane Schuwicht, Tochter des verstorbenen Rektors zu Petershagen Melchior Schuwicht. Am 22. Juni 1694 vom Herzog zur Domina ernannt und am 4. Juli 1694 eingeführt (2 Alt Gand. Fb. 2 nr. 184). Sie starb am 21. Januar 1734 (11 Alt Gand. Fb. 2 nr. 181).

Christiana Rosina Ballenstedt, Witwe des Gandersheimer Abteihofpredigers Arnold Gottfried Ballenstedt, geb. Tröger. Vormals Kammerjungfer der Fürstäbtissin Elisabeth Ernestine Antonie. Am 23. Juni 1735 von dieser zur Domina verordnet, gibt ihr Haus in Gandersheim auf und zieht nach Brunshausen (VII B Hs 39 Bd. 2 S. 298), Einführung als Domina am 18. November 1735 (11 Alt Gand. Fb. 2 nr. 188). Ihr Todesdatum wegen des Verlustes der älteren Gandersheimer Totenbücher nicht festzustellen.

Sophia Amalia (verw.) von Hedemann, geb. von Preising. Einführung als Domina am 30. Mai 1741 (11 Alt Gand. Fb. 2 nr. 188), zuletzt am 25. Dezember 1741 nachweisbar (11 Alt Gand. Fb. 2 nr. 188). Ihr Todesdatum wegen des Verlustes der älteren Gandersheimer Totenbücher nicht festzustellen.

Henriette Christine Schrader, Tochter des Abteirats und Stiftsseniors Hermann Curd Schrader. Erhielt am 27. Mai 1729 eine Expektanz auf eine Konventualinnenstelle (11 Alt Gand. Fb. 2 nr. 181). Erste Kammerjungfer der Fürstäbtissin Elisabeth Ernestine Antonie. Am 30. Mai 1741 zur Vizedomina und am 18. Juli 1742 zur Domina ernannt, wurde jedoch, da noch in Gandersheim, von der ältesten Konventualin vertreten (11 Alt Gand. Fb. 2 nr. 188). Im Alter von 50 Jahren am 2. Februar 1758 verstorben (ebda. u. KB Gandersheim).

Dorothea Christiane (verw.) Schrader, geb. Behrensbach. Nach Grabstein an der Klosterkirche am 19. Oktober 1717 geboren. Einführung als Domina am 17. Januar 1759 (11 Alt Gand. Fb. 2 nr. 188, darin ihr Ringsiegel). Sie starb am 1. September 1792 (KB Gandersheim).

Henriette Wilhelmine Justine Schrader, Tochter der Vorigen, der sie bei ihrer Einführung am 17. Januar 1759 bereits als Koadjutorin und Vizedomina beigegeben wurde (11 Alt Gand. Fb. 2 nr. 188). Sie wurde nach dem Tode ihrer Mutter am 22. September 1792 kurzerhand zur Domina ernannt (ebda.) und starb am 8. Mai 1801 im Alter von 64 Jahren (KB Gremsheim).

Philippine Henriette Caroline von Heldrit, Tochter des verstorbenen Geh.Rats und Obersten von Heldrit, Hofdame der Stiftsdechantin Caroline Ulrike Amalie von Sachsen-Coburg-Saalfeld. Am 21. Juni 1801 zur Domina ernannt und am 1. Juli eingeführt, aber von der Residenzpflicht entbunden und von der Priorin Heindorff vertreten (11 Alt Gand. Fb. 2 nr. 188 u. 197, Ringsiegel). Zuletzt erwähnt am 26. Februar 1808 (11 Alt Gand. Fb. 2 nr. 209).

2. Vizedominae bzw. Priorinnen:

Dorothea Bielefeldt, s. Dominae.

Margarete Elisabeth Meyer, Tochter des verst. Superintendenten Heinrich Meyer zu Seesen. Aufnahme als Konventualin am 14. Februar 1693 (2 Alt 3503, 11 Alt Gand. Fb. 2 nr. 184). Nach Tod der Domina Schuwicht am 21. Januar 1734 als kommissarische Leiterin (11 Alt Gand. Fb. 2 nr. 181) und am 28. April 1735 als Priorin noch während der Vakanz eingesetzt (11 Alt Gand. Fb. 2 nr. 188). Bereits 1735 verstorben (11 At Gand. Fb. 2 nr. 190).

Henriette Christine Schrader, s. Dominae.

Henriette Wilhelmine Justine Schrader, s. Dominae.

Margarete Wilhelmine Christiane Heindorff, Tochter des Kantors zu Arnstadt in Thüringen Ernst Dietrich Heindorff und seiner Frau Johanne geb. Branden. In Gandersheim Kammerjungfer des Fräulein von Wallmoden. Einführung als Konventualin am 18. März 1779 (11 Alt Gand. Fb. 2 nr. 181, Ringsiegel). Am 21. Juni 1801 als älteste Konventualin zur Priorin und Vertreterin der nichtresidierenden Domina von Heldrit ernannt (11 Alt Gand. Fb. 2 nr. 188). Sie starb im Alter von 79 Jahren am 29. Juni 1807 und wurde am 5. Juli begraben (KB Gremsheim).

3. Konventualinnen:

Anna Blocks, s. oben § 23, 7.

Margareta Spinty (Spinti, Spietig), zuerst erwähnt 1661/62 (22 B Alt vorl. nr. 509). Starb im Alter von 60 Jahren am 20. Mai 1675 (2 Alt 3503; KB Gremsheim).

Ursula Dorothea Kern (Kehren), 1672/73 (22 B Alt vorl. nr. 507) — 1673/74, damals wohl die vakante Dominastelle vertretend (ebda. vorl. nr. 508 u. 517). Fehlt KB Gremsheim.

Christiane Elisabeth Büttner, Tochter des vormaligen Stiftsseniors zu Gandersheim Michael Büttner. Aufnahme als Konventualin April 1675 (2 Alt 3503). Fehlt KB Gremsheim.

Margarete Selner(s) (Sellner), vorher Klosterjungfrau in Steterburg. Einführung 29. September 1675 zusammen mit der Domina Leonhardt (2 Alt 3611). Starb am 13. April 1676 (2 Alt 3503) im Alter von 47 Jahren und 6 Wochen (KB Gremsheim).

Margarete Löber, Schwester des Majors Levin Löber zu Polkeim/Ostpr. Einführung als Konventualin nach dem 4. Oktober 1675 (2 Alt 3503). Starb am 8. Februar 1695 (2 Alt 3503) im Alter von 72 Jahren (KB Gremsheim).

Anna Kohlrausch, gebürtig aus Salzderhelden, Waise. Aufnahme als Konventualin Mai 1676 (2 Alt 3503). Begr. am 22. Januar 1690 im Alter von 50 Jahren (KB Gremsheim).

Anna Catharina Leonhardt, Base der Domina Catharina Armgard Leonhardt, Waise. Expektanz 16. Dezember 1680, Einkleidung 1683 (2 Alt 3503). Ausgeschieden 20. Januar 1693 infolge Verheiratung mit dem Apothekergesellen zu Gandersheim Hermann Christian Pfeiffer aus Hagenburg (2 Alt 3503).

Ilse Catharina Wegen, Tochter des Barbiers Hans Wegen zu Seesen; 1685 beim Brand von Seesen durch Rückenverletzung beschädigt. Einführung 7. Febr. 1690 (2 Alt 3503, 11 Alt Gand. Fb. 2 nr. 184). Bewarb sich am 29. Mai 1694 vergeblich um die Dominastelle und starb 1734 (11 Alt Gand. Fb. 2 nr. 190).

Margarete Elisabeth Meyer, s. Vizedominae.

Ilse Meyers (Meysen), zuvor Waschmädchen bei der Stiftsäbtissin (2 Alt 3503). Aufnahme als Konventualin 12. Februar 1695 (11 Alt Gand. Fb. 2 nr. 184). Tod vor 10. Januar 1736 (ebda.).

Anna Margarete Seliger, vor 29. September 1706 als überzählige Konventualin aufgenommen (11 Alt Gand. Fb. 2 nr. 142 u. 184). Vertrat 18. Juli 1742 als älteste Klosterjungfrau die Domina (11 Alt Gand. Fb. 2 nr. 188). In dem nach einer Lücke von 1706—1750 wieder einsetzenden KB Gremsheim nicht mehr enthalten.

Maria Elisabeth Hagemeyer, geb. 26. Oktober 1711 zu Schachtenbeck als Tochter des Oberverwalters Georg Anton Hagemeyer und seiner Frau Elisabeth Eleonore geb. Bethmann. Einführung als Konventualin 15. November 1736 (11 Alt Gand. Fb. 2 nr. 185). Starb am 14. Januar 1778 (11 Alt Gand. Fb. 2 nr. 186, KB Gremsheim, Grabstein an der südlichen Außenwand der Klosterkirche).

Sophia Elisabeth Wesemann(s), wohl Tochter des verst. Pastors prim. zu Gandersheim Brandan Christoph Wesemann. Einführung als Konventualin 30. Oktober 1738 (11 Alt Gand. Fb. 2 nr. 185). Tod infolge Fehlens der Kirchenbücher nicht zu belegen.

Anna Magdalena Louisa Jany, wohl Tochter des Abteihofpredigers Jany. Einführung als Konventualin 13. November 1743 (11 Alt Gand. Fb. 2 nr. 185). Tod vor 17. Oktober 1780 (11 Alt Gand. Fb. 2 nr. 181). Fehlt in den Kirchenbüchern von Gremsheim und Gandersheim.

Elisabeth Christina Juliana Wetberg (Wettbergen), Exspektanz vom 7. Februar 1732. Einführung als Konventualin am

21. Juni 1747 (11 Alt Gand. Fb. 2 nr. 185). Starb am 4. Juni 1761 im Alter von 49 Jahren (KB Gremsheim).

Eleonore Charlotte von Wallmoden, geb. 17. März 1723 zu Alt Wallmoden als Tochter des Heinrich von W. und der Anna Lucia geb. von Gadenstedt. Kammerfräulein der Stiftsäbtissin Elisabeth Ernestine Antonie. 1764—1768 überzählige Konventualin (11 Alt Gand. Fb. 2 nr. 193). Starb am 17. November 1785 (KB Gremsheim), ihr Testament in 11 Alt Gand. Fb. 2 nr. 196.

Magdalene Esther Koehler, geb. zu Altdorf bei Nürnberg Febr. 1725, Tochter des nachmaligen Professors und Historikers zu Göttingen Johann David Koehler u. s. Fr. Sophie Christiane geb. Leonhardt. Einführung als Konventualin 13. Oktober 1762 (11 Alt Gand. Fb. 2 nr. 181 u. 185). Starb am 1. April 1792 (KB Gremsheim).

Margarete Wilhelmine Christiane Heindorff, s. Vizedominae.

Catharina Henriette Warneke, Einführung als Konventualin 17. Oktober 1780 (11 Alt Gand. Fb. 2 nr. 181). Starb am 6. Mai 1801 im Alter von 76 Jahren u. 4 Tagen (KB Gremsheim).

Eva Orth, Exspektanz 29. März 1779 (11 Alt Gand. Fb. 2 nr. 197), Einführung als Konventualin 14. Juli 1800 (11 Alt Gand. Fb. 2 nr. 207).

Christiane Agnese Peters(en), Tochter der Justine Petersen geb. Behrensbach, Nichte der Domina Dorothea Christiane Schrader. Exspektanz 12. August 1780 (11 Alt Gand. Fb. 2 nr. 197), Einführung als Konventualin 9. September 1801 (11 Alt Gand. Fb. 2 nr. 207). Zuletzt erwähnt 26. Februar 1808 (11 Alt Gand. Fb. 2 nr. 209).

Sophia Karolina Köhler, Tochter des verst. Pastors K. Köhler zu Lenglern Lkr. Göttingen. Einführung als Konventualin am 20. April 1805 (11 Alt Gand. Fb. 2 nr. 185). Zuletzt erwähnt am 26. Febr. 1808 (11 Alt Gand. Fb. 2 nr. 209).

Charlotte Conradine Günther, Exspektanz 6. Nov. 1782, Einführung als Konventualin 1805 (11 Alt Gand. Fb. 2 nr. 197). Zuletzt erwähnt 26. Febr. 1808 (11 Alt Gand. Fb. 2 nr. 209).

Clara Henriette Dorothee Breymann, Tochter des Pastors Julius Wilhelm Br. zu Bruchmachtersen und Schwester des Gandersheimer Pastors prim. Johann Heinrich Christian Br. Nach Tod der Konventualin Hagemeyer wurde ihr am 21. Januar 1778 deren Stelle offengehalten, bis ihre Gesundheit ihre Einführung gestattete (11 Alt Gand. Fb. 2 nr. 186). Starb am 13. Dezember 1803 im Alter von 75 Jahren weniger zwei Monaten (KB Gandersheim II).

4. Verwalter:

Johann Rücke, aus Seesen. 16. Okt. 1653—Anfang September 1654 (2 Alt 3478).

Christoph Dyrichs (Diederichs), 12. September 1654—Juni 1658, Tod (2 Alt 3478).

Andreas Wigandt, geb. 1613. Einsetzung 25. September 1658, Tod 17. Febr. 1677 (2 Alt 3478, Grabstein an der Klosterkirche Brunshausen).

Gerd Deichmann, Sohn des Pastors Antonius Deichmann zu Kissenbrück. Zuvor Amtsschreiber zu Gandersheim. Verwalter zu Brunshausen 7. März 1677 (2 Alt 3478). Wohl bei Verpachtung der Klosterwirtschaft an den Pächter Conrad Peter Reinecke am 28. Mai 1700 ausgeschieden (11 Alt Gand. Fb. 2 nr. 173).

BENEDIKTINERINNENKLOSTER ST. MARIEN VOR GANDERSHEIM

1. QUELLEN, LITERATUR UND DENKMÄLER

§ 1. Quellen

1. Ungedruckte Quellen

StA. Wb. = Wolfenbüttel, Niedersächsisches Staatsarchiv.[1])

Hauptabteilung Urkunden (Urk):

6 Urk:	Reichsunmittelbares Kanonissenstift Gandersheim.
10/11 Urk:	Benediktinerkloster Clus (mit Brunshausen).
14 Urk:	Benediktinerinnenkloster St. Marien vor Gandersheim (249 Originalurkunden, 973—1633).
41 Urk:	Stadt Gandersheim.
60—110 Urk:	Grafen, Edelherren und adlige Familien.
139 Urk:	Varia Brunsvicensia.

Hauptabteilung Handschriften (Hs):

Abteilungen I—IV Hs 51 (Polycarp Leyser, Apparatus historicus I [Urkundenabschr. 927—1431])

VI Hs Gr. 2—10, 14—16.

VII A Hs:	Kopial- und Lehnbücher, Urkundensammlungen usw. betr. Adelsgeschlechter.
VII B Hs:	Kopialbücher, Urkundensammlungen, Güterverzeichnisse betr. die Braunschweigischen Stifter und Klöster, insbesondere: VII B Hs 1—67 (Stift Gandersheim).

Ferner insbesondere:

VII B Hs 276:	Kopialbuch und Zinsregister des Marienklosters 1257—1526, angelegt 1429 als *Registrum literarum* der Äbtissin Elisabeth von Ruscheplaten. Pap. 4°. 112 S.
VII B Hs 276a:	Nachzeichnungen und Abschriften der 18 ältesten Urkunden des Marienklosters (974—1274) 18. Jh., Pap. Großfol. 29 Bll. in Mappe.

---

[1]) Alle Signaturen im Text ohne vorangehende Nennnung eines Archivs oder einer Bibliothek beziehen sich auf Archivalien des Niedersächsischen Staatsarchivs Wolfenbüttel.

VII B Hs 277: Kopialbuch des Marienklosters 1483—1561. Pap. Fol. 127 S.

VII B Hs 278: *Liber s. Marie 1563*, Güterregister und Urkundenabschriften 1387—1599 (Nachtrag). Pap. Fol. 344 Bll. Mit Ortsregister.

VII B Hs 279: Urkundenabschriften 973—1570. 17./18. Jh. Pap. 4°. 422 S.

VII B Hs 280: Einzelabschriften von Urkunden, Meierverzeichnisse, Leibzuchtsverschreibungen, Schuldverzeichnisse (974—1568).

VII D Hs 52: Kopialbuch des Kalands St. Michael zu Gandersheim c. 1460—1544.

Hauptabteilung Ältere Landesakten (Alt):

1 Alt: „Fürstliches Hauptarchiv“ Gr. 8—12, 13, 19, 22—24.

2 Alt: Kanzlei, Geh. Ratsstube.

4 Alt: Kammer, insbesondere: 4 Alt 2 Gr. 2 Clus und Brunshausen und 4 Alt 18 Fb. 14.

8 Alt: Ämter.

11 Alt: Stifter und Klöster, insbesondere:
11 Alt Brunshausen.
11 Alt Gandersheim Fb. 1, Fb. 2, insbesondere: Angelegenheiten der Klöster Brunshausen und Clus, Fb. 3.
11 Alt St. Marien vor Gandersheim (15./16.—19. Jh.).

14 Alt: Fürstl. Konsistorium.

16 Alt: Handelsbücher der Fürstl. Kanzlei.

19 Alt 30—33 (Erbregister und Corpora bonorum).

37 Alt: Universität Helmstedt.

41 Alt: Fürstl. Klosterratsstube.

Hauptabteilung Kgr. Westphalen (W).

Hauptabteilung Landschaftliche und Ständische Akten (Ldsch).

Hauptabteilung Kirchenbücher und Personenstandsregister (Kb).

Hauptabteilung Nichtstaatliche Archivalien (N), insbesondere:

17 N Stadt Gandersheim.

Hauptabteilung Karten, Risse und Pläne (K).

Hauptabteilung Sammlungen (Slg), insbesondere:

1 Slg: Siegelabgüsse.
2 Slg C: Siegelstempel.
5 Slg: v. Praunsches Siegelkabinett.
12 Slg: Pergamentbruchstücke.
32 Slg: Regestensammlung H. Dürre.
34 Slg: Hettlings Regesten.
37 Slg nr. 28: Fb. der Akten der Stiftkirchenbibliothek Gandersheim.

HABibl. Wb. = Wolfenbüttel, Herzog-August-Bibliothek, insbesondere: Cod. Guelf. 19. 13. Aug. 4°: Henricus Bodo von

Clus, Chronica cenobii Clusini (abgekürzt CC.) und Syntagma ecclesie Gandesiane.
Außerdem: Cod. Guelf. 83. 30. Aug. 2° (Nekrolog des Hildesheimer Domstifts) und
Karten-Abt. 8, 489 (Aufnahme der Grundstücke des Marienklosters vor Gandersheim, vermessen 1729 von Johann Martin Anhalt).

HStA. Hann. = Hannover, Niedersächsisches Hauptstaatsarchiv, Urkunden: insbesondere Hild. Or. 2: Kloster Lamspringe.

StadtA. Brschw. = Braunschweig, Stadtarchiv und Stadtbibliothek, insbesondere: B III 5 Bd. 27. Schmalkaldischer Bund 1542—1548, mit Statistik der Braunschweigischen Klöster.

LKA. Brschw. = Braunschweig, Archiv der Ev. luth. Braunschw. Landeskirche (früher Wolfenbüttel).

Stiftsk. Bibl. Gand. = Gandersheim, Stiftskirchenbibliothek.

BistA. Hild. = Hildesheim, Bistumsarchiv.

Bisch. Bibl. Hild. = Hildesheim, Bischöfliche (Beverinische, Dom-) Bibliothek.

2. Gedruckte Quellen[2])

Ann. Hild. = Annales Hildesheimenses (ed. Georg Waitz, MGH. SSrerGerm. 1878, Neudr. 1947).

Ann. Quedl. = Annales Quedlinburgenses (ed. Georg Heinrich Pertz, MGH. SS. 3) S. 19—90.

Ann. Saxo= Annalista Saxo (ed. Georg Waitz, MGH. SS. 6) S. 542—777.

Bodo, Syntagma = Bodo Henricus, Syntagma ecclesie Gandesiane (Teildrucke: H. Meibom, Rer. Germ. S. 477—510 und G. W. Leibniz, SSrerBrunsv. 3 S. 701—726 und 2 S. 337—345).

Caeremoniae = Linneborn J., Die Reformation der westfälischen Benedictinerklöster durch die Bursfelder Congregation. B. Die Reformation der Frauenklöster (StudMittGBened 21. 1900 S. 53—67, Teildruck der ungedr. „Caeremoniae sanctimonialium ord. s. Ben. sub observantia Bursfeldensi ... famulantium").

Cod. dipl. Anh. = Codex diplomaticus Anhaltinus. Hg. von Otto von Heinemann. 1—6. 1867—1883.

Chron. Hild. = Chronicon episcoporum Hildesheimensium (ed. Georg Heinrich Pertz, MGH. SS. 7) S. 845—873.

Dobenecker = Dobenecker Otto, Regesta diplomatica necnon epistolaria historiae Thuringiae. 1—4. 1896—1939.

Eberhard = Die Gandersheimer Reimchronik des Priesters Eberhard. Hg. von Ludwig Wolff (Altdeutsche Textbibliothek 25) 1927. Dazu die ältere Ausgabe: Eberhard von Gandersheim, Reimchronik von Gandersheim (ed. Ludwig Weiland, MGH. Dt. Chron. 2) 1877 S. 397—429.

Erath, Cod. dipl. Quedl. = Erath Anton Ulrich von, Codex diplomaticus Quedlinburgensis. Frankfurt/M. 1764.

---

[2]) Im allgemeinen werden nur mehrfach zitierte Werke aufgeführt. Die Abkürzungen von Reihen und Zeitschriften richten sich nach Dahlmann/Waitz, Quellenkunde der deutschen Geschichte. Bd. 1. [10]1969 S. 37 ff.

Feise, Ausz. = Feise Wilhelm, Urkundenauszüge zur Geschichte der Stadt Einbeck bis zum Jahre 1500 [nebst] Orts- und Personenregister von Heinrich Plümer. 1959—1961.

Harenberg = Harenberg Johann Christoph, Historia ecclesiae Gandershemensis cathedralis ac collegiatae diplomatica. Hannover 1734 (mit handschriftl. Ergänzungen im Handexemplar des Verf. im Nds. StA. Wolfenbüttel).

Hildesh. Denkschrift = Cod. Dresd. J 206 der Sächs. Landesbibl. Dresden, als Hs. 2 in den Anmerkungen zur Edition der V. Bernw. (s. unten) berücksichtigt.

J. L. = Regesta pontificum Romanorum. Hg. von Philipp Jaffé, 2. Aufl. bearb. von S. Loewenfeld, F. Kaltenbrunner und P. Ewald, 1. 2. 1885—1888.

Kayser, Ref. KirchVis. = Kayser Karl, Die reformatorischen Kirchenvisitationen in den welfsichen Landen 1542—1544. Instructionen, Protokolle, Abschiede und Berichte der Reformatoren. 1897.

Klosterordnung 1655 = Augusti Herzogens zu Brunswyk und Lunaeburg Verordnung, wy es mit Besez- und Verfassung der Clöster ... zu halten. Wolfenbüttel 1655.

Leuckfeld = Leuckfeld Johann Georg, Antiquitates Gandersheimenses. Wolfenbüttel 1709.

Mainzer UB = Mainzer Urkundenbuch. 1. Bearb. von Manfred Stimming (ArbbHistKommHessen 4) 1932. 2, 1. Bearb. von Peter Acht (ArbbHessHistKommDarmstadt) 1968.

Mooyer, Nekr. Hild. = Mooyer E. F., Auszüge aus dem Todtenbuche des Hildesheimer Hochstiftes (VaterlArchHistVNdSachs 1840 S. 49—116).

Mooyer, Nekr. Mich. = Mooyer, E. F., Des Nekrologium des Hildesheimischen Michaelsklosters in Auszügen (VaterlArchHistVNdSachs 1842 S. 361—469; 1843 S. 1—83).

Orr. Guelf. = Origines Guelficae. Hg. nach den Vorarbeiten von Leibniz, Eckhart und Gruber von Christian Ludwig Scheidt. 1—5. Hannover 1750—1780.

Philippi, Abh. 2 = Philippi Friedrich, Der Liber vitae des Klosters Corvey (Abhandlungen über Corveyer Geschichtsschreibung 2, VeröffHistKommWestf 10) 1916 S. 43—169.

Potth. = Regesta pontificum Romanorum unde ab an. 1198 usque ad an. 1304. Hg. von August Potthast. 1. 2. 1874—1875.

Reg. Imp. (mit nachfolgendem abgekürztem Herrschernamen oder Abteilungsnummer) = Regesta Imperii. Neubearbeitung der von Johann Friedrich Böhmer herausgegebenen Regesten:

II. Die Regesten des Kaiserreichs unter den Herrschern aus dem Sächsischen Hause. 919—1024:

2. Abt.: Otto II. 955 (973)—983. Bearb. von Hanns Leo Mikoletzky. 1950.

RegEbbKöln = Die Regesten der Erzbischöfe von Köln im Mittelalter. 1. 2. Bearb. von Wilhelm Oediger und Richard Knipping (PubllGesRheinGkde 21) 1954/1961. 1901.

Rep.Germ. = Repertorium Germanicum. Verzeichnis der in den päpstlichen Registern und Kameralakten vorkommenden Personen, Kirchen und Orte des deutschen Reiches, seiner Diözesen und Territorien vom Beginn des Schismas bis zur Reformation. 1—4. Bearb. von Emil Göller, Gerd Tellenbach, Ulrich Kühne und Karl August Fink. 1916—1961. Band 6 (Nikolaus V., 1447—

1455), bearb. von Jos. Friedr. Abert und Walter Deeters, konnte im Ms. im Deutschen Historischen Institut in Rom eingesehen werden.

Schmidt, Päbstl. Urkk. = Schmidt Gustav, Päbstliche Urkunden und Regesten, die Gebiete der heutigen Provinz Sachsen und deren Umlande betreffend. 1 (1295—1352). 2 (1353—1378). (GQProvSachs 21 u. 22) 1886—1889.

Sudendorf, Registr. = Sudendorf Hans, Registrum oder Merkwürdige Urkunden für die deutsche Geschichte. 1849—1854.

UB Eichsf. = Urkundenbuch des Eichsfeldes. Bearb. von Alois Schmidt. 1. (GQProvSachsAnhalt 13) 1933.

UB Gosl. = Urkundenbuch der Stadt Goslar und der in und bei Goslar belegenen geistlichen Stiftungen. Bearb. von Georg Bode und Uvo Hölscher. 1—5. (GQProvSachs 29—32. 45) 1893—1922.

UBHHalb. = Urkundenbuch des Hochstifts Halberstadt und seiner Bischöfe. Bearb. von Gustav Schmidt, 1—4. (PubllPreußStaatsArch 17. 21. 27. 40) 1883—1889.

UBHHild. = Urkundenbuch des Hochstifts Hildesheim und seiner Bischöfe. Hg. von Karl Janicke und Hermann Hoogeweg. 1. (PubllPreußStaatsArch 65) 1896. 2—6. (QDarstGNdSachs 6. 11. 22. 24. 28) 1901—1911.

UB Walkenried = Die Urkunden des Stiftes Walkenried. Bearb. von Adolf Hettling und Wilhelm Ehlers. 1. 2. (UB des HistVNdSachs 2. 3.) 1852—1855.

V. Bernw. = Vita Bernwardi episcopi Hildesheimensis auctore Thangmaro (ed. Georg Heinrich Pertz, MGH. SS. 4) S. 754—782.

V. Godeh. = Vita Godehardi episcopi Hildesheimensis auctore Wolfherio prior et posterior (ed. Georg Heinrich Pertz, MGH. SS. 11) S. 167—218.

§ 2. Literatur[3])

Bertram Adolf, Geschichte des Bisthums Hildesheim 1. 1899.

Breßlau, Jbb. K II = Breßlau Harry, Jahrbücher des Deutschen Reiches unter Konrad II. 1. 2. 1879. 1884 (Neudruck 1967).

BuK. 5 = Die Bau- und Kunstdenkmäler des Herzogtums Braunschweig. 5. Die Bau- und Kunstdenkmäler des Kreises Gandersheim, bearb. von Karl Steinacker. 1910.

Goetting, Brunshausen = Goetting Hans, Das Fuldaer Missionskloster Brunshausen und seine Lage (ZHarzV 5/6. 1953/54 S. 9—27).

Goetting, Fortsetzung = Goetting Hans, Eine unbekannte Fortsetzung der Chronik des Henricus Bodo von Clus (BraunschwJb 49. 1968 S. 1—32).

Goetting, Gandersheim und Rom = Goetting Hans, Gandersheim und Rom. Die Entwicklung der kirchenrechtlichen Stellung des Reichsstifts Gandersheim und der große Exemtionsprozeß 1203—1208 (JbGesNdSächsKG 51. 1953 S. 36—71).

Goetting, Or. Suppl. = Goetting Hans, Die Gandersheimer Originalsupplik an Papst Paschalis II. als Quelle für eine unbekannte Legation Hildebrands nach Sachsen (NdSächsJbLG 21. 1949 S. 93—122).

[3]) Im allgemeinen werden nur mehrfach zitierte Werke aufgeführt. Die Abkürzungen von Reihen und Zeitschriften richten sich nach Dahlmann/Waitz, Quellenkunde der deutschen Geschichte. Bd. 1. [10]1969 S. 37 ff.

Harland, Einbeck = Harland, H. L., Geschichte der Stadt Einbeck nebst geschichtlichen Nachrichten über die Stadt und ehemalige Grafschaft Dassel. 1. 2. 1854—1859.

Herbst, Bibl. = Herbst Hermann, Eine Bibliotheksgründung beim St. Marienkloster vor Gandersheim im Jahre 1477 (BraunschwJb 30. 1949 S. 48—64).

Kleinau, BestÜbersStAWb. = Kleinau Hermann, Übersicht über die Bestände des Niedersächsischen Staatsarchivs in Wolfenbüttel 1 (VeröffNArchivverwaltung 17) 1963.

Kleinau, GOV = Kleinau Hermann, Geschichtliches Ortsverzeichnis des Landes Braunschweig. 1. 2. Namen- und Sachverzeichnis (Geschichtliches Ortsverzeichnis von Niedersachsen 2. VeröffHistKommNdSachs 30) 1967—1968.

Kronenberg, Clus u. Brunsh. = Kronenberg Kurt, Clus und Brunshausen. Verlassene Klöster. ²1966.

Kronenberg, Gestalt = Kronenberg Kurt, Die Gestalt der Stadt Gandersheim. Zu ihrer topographischen Entwicklung (BraunschwJb 43. 1962 S. 77—101).

Kronenberg, Merian = Kronenberg Kurt, Mit Merian durch Gandersheim (Aus Gandersheim großer Vergangenheit 5. 1968).

Kronenberg, Ref. = Kronenberg Kurt, Die Reformation des Reichsstiftes Gandersheim durch Herzog Julius von Braunschweig (JbGesNdSächsKG 66, 1968 S. 81—106).

Krumwiede, Patroz. = Hennecke Edgar und Krumwiede Hans Walter, Die mittelalterlichen Kirchen- und Altarpatrozinien Niedersachsens (StudKirchengeschNdSachs 11) 1960.

Lüntzel, Gesch. Hild. = Lüntzel H. A., Geschichte der Diöcese und Stadt Hildesheim 1. 2. 1858.

Max, Grubenhg. = Max Georg, Geschichte des Fürstenthums Grubenhagen. 1. 2. 1862—1863.

Mühe, Stadtgeschichte = Mühe Adolf, Geschichte der Stadt Bad Gandersheim. ²1950.

Olorino [Nolte] Constantius, Chronologisches Verzeichnis der Äbtissinnen des ehemaligen St. Marienklosters vor Gandersheim (Braunschw. Anzeigen 1749, 70. Stück Sp. 1408—1417).

Perst, Göß = Perst Otto, Gandersheim und Göß (BraunschwJb 39. 1958 S. 45—54).

Schäfer, Paedagogium I = Schäfer Dieter, Gründung und Einweihung des Paedagogium illustre in Gandersheim 1569—1571 (JbGesNdSächsKG 64. 1966 S. 97—128).

Schäfer, Paedagogium II = Schäfer Dieter, Das Paedagogium illustre in Gandersheim bis zu seiner Verlegung nach Helmstedt 1571—1575 (JbGesNdSächsKG 66. 1968 S. 107—164).

Schäfer, Kan. Stifter = Schäfer Karl Heinrich, Die Kanonissenstifter im deutschen Mittelalter (KirchenrechtlAbhh 43/44) Stuttgart 1907.

Seebaß-Freist, Pastoren = Seebaß Georg und Freist Friedrich Wilhelm, Die Pastoren der ev. luth. Landeskirche Braunschweig. 1. 1969.

Spanuth, Quellen = Spanuth Friedrich, Quellen zur Durchführung der Reformation im Brschwg.-Wolfenbüttelschen Lande 1551—1568 (JbGesNdSächsKG 42. 1937 S. 241—288).

Spanuth, Vis. Prot. = Spanuth Friedrich, Protokolle der Visitationen der Frauenklöster des Brschwg.-Wolfenbüttelschen Landes im Jahre 1568 (JbGesNdSächsKG 51. 1953 S. 118—127).
Steinacker, Stift Gandersheim = Steinacker Karl, Stift Gandersheim (BraunschwJb 8. 1909 S. 1—47).
Steindorff, Jbb. HIII. = Steindorff Ernst, Jahrbücher des Deutschen Reiches unter Heinrich III. 1. 2. 1874—1881 (Neudr. 1969).
Weiland, Chronologie = Weiland Ludwig, Chronologie der älteren Äbtissinnen von Quedlinburg und Gandersheim (ZsHarzVer 8. 1875 S. 475—488).

§ 3. Denkmäler

1. Topographie des Klosters und Baugeschichte der Klosterkirche

Da das Marienkloster heute vollständig vom Erdboden verschwunden ist und archäologische Untersuchungen noch nicht stattgefunden haben, ist es schwierig, ein zutreffendes Bild von seinem Aussehen zu gewinnen.

Der Gebäudekomplex lag unmittelbar südostwärts des Marientores (südlich der heutigen Bismarckstraße), und zwar, wie es in den Diplomen Ottos II. von 973 (DO II. 35a u. b) heißt, *in superiore plaga civitatis*, also auf der Anhöhe südostwärts des engeren Immunitätsbezirks des Reichsstifts.

Von dem ottonischen Kirchenbau des 10. Jhs. ist bisher lediglich das BuK. 5 S. 201 und Abb. 118 beschriebene Würfelkapitell aufgefunden worden. Diese erste Kirche dürfte nach 1274 einem gotischen Neubau gewichen sein, da in diesem Jahre ein Ablaß zur *reaedificatio* der *ecclesia . . . nimia vetustate consumta* ausgeschrieben wurde (VII B Hs 279 S. 27). Weitere, örtlich nicht bestimmbare Reparaturen an dem Kirchengebäude, der *basilica*, sind nur im 15. Jh. bezeugt (14 Urk 84).

Die von K. Kronenberg (Gestalt S. 89 Abb. 3) wiedergegebene Handzeichnung der Stadt Gandersheim von 1580 ist für St. Marien ohne Wert. Sie gibt dessen Lage nur durch eine allgemeine Kirchensignatur (Turm mit Kreuz) wieder. Da auch die unten ausführlich erörterte Planskizze von 1571 die Kirche nur durch ein Rechteck bezeichnet, ist die Wiedergabe auf dem Merianstich von 1652 nach der Zeichnung von Conrad Buno (BuK. 5 Taf. II, vgl. auch Kronenberg, Merian S. 15) die einzige vorhandene Abbildung der verfallenden Klosterkirche. Sie zeigt einen turmlosen Hallenbau mit kleinem, eingezogenem Ostchor. Der sicher von Anfang an vorhandene, wenn auch erst 1435 erwähnte Westbau oder Westturm (14 Urk 83. Über sein vermutliches Aussehen und seine innere Aufteilung s. u. § 3, 2) war also bereits verschwunden. Nach K. Steinackers Vermutung (BuK. 5 S. 201) war durch die Erweiterung der Stadtbefestigung um 1520 nicht nur ein Teil des Klosterhofes, sondern auch der Westteil der Kirche betroffen worden. Leuckfeld (Ant. Gand. S. 158) sah i. J. 1709 von dem ganzen Kloster *nichts mehr als die wüst-liegende und meist eingefallene Marien-Capelle in ihrem Steinhauffen.* Aber auch schon zu Bunos Zeiten waren nur noch Reste der Klosterkirche vorhanden; denn nach einer Aufstellung der Einwohner der Klosterfreiheit von 1624 wohnte Jasper Senen in einem Hause, *dar vorhin der Cor geweßen* (37 Alt Nachtr. vorl. nr. 39).

2. Baubeschreibung der Kirche. Altäre und sonstige Ausstattung

Das Innere der Klosterkirche enthielt im Osten den zuerst 1429 genannten *chorus dominorum* oder Herrenchor (14 Urk 79) mit den Plätzen der Kanoniker bzw. Präbendaten und dem Hochaltar oder *homissen-altar,* 1278 zuerst als *maius altare* genannt (14 Urk 20). Er war der hl. Jungfrau Maria geweiht und trug den 1521 datierten, später i. J. 1582 an die Stiftskirche geschenkten und noch jetzt in dieser vorhandenen Altarschrein (Beschreibung der *herlichen taffel* von 1582 in VII B Hs 35 III Bl. 78, etwas verändert in BuK. 5 S. 132 ff.). Eine *neue Tür zum Herrenchor* sowie neue Fenster wurden 1501/04 eingebaut (11 Alt Mar. Gand. Rechn. 6). Eisenwerk und Schlüssel für die *Schranken vor dem Chore* erscheinen 1505 in den Rechnungen (ebda. 10).

Vor dem Herrenchor, *in medio monasterio,* stand der dem hl. Pantaleon geweihte Pfarraltar, zuerst 1320 (14 Urk 37) und dann öfter erwähnt.

Im Westen der Kirche lag der Jungfrauen- bzw. Frauenchor, zuerst 1274 als *chorus dominarum* genannt (14 Urk 17), also die Nonnenempore, die über eine steinerne Treppe von der *Großen Kirchtür* aus erreicht wurde (14 Urk 123). Auf diesem Jungfrauenchor befand sich ein ebenfalls der hl. Jungfrau Maria geweihter Altar (14 Urk 107), an dem häufig erwähnte Folgemessen (*missae subsequentes,* dreimal wöchentlich, 14 Urk 91, 92) gelesen wurden und an dem 1445 eine Kommissie der hll. Cosmas und Damian gestiftet wurde (VII B Hs 276 S. 74).

Ein dritter Marienaltar, *de nye altar,* wurde 1359 unter dem Jungfrauenchor errichtet (14 Urk 49). Die Nonnenempore nahm, sofern sie nicht noch ins Langhaus hineinragte, mindestens den mittleren Teil des ersten Obergeschosses des Westbaues ein; denn 1435 wird eine *capella subtus turrim seu chorum dominarum* genannt, in der die Urkundenkiste, also das Archiv des Klosters, verwahrt wurde (14 Urk 85). Diese

Kapelle war identisch mit (oder lag neben) einem ebenerdigen Gewölbe zwischen der Großen Kirchentür und der auf den Jungfrauenchor führenden steinernen Treppe, welches 1477 zur Aufnahme der neuen, von dem Vikar Werner Raphon gestifteten *Liberey* bestimmt wurde (Herbst, Bibl. S. 51 ff.).

Der Westbau dürfte, wie etwa in Brunshausen, die Breite des Langhauses gehabt haben; denn im Obergeschoß lag neben dem eigentlichen *chorus dominarum,* wie wir den Wahlprotokollen von 1509 (VII B Hs 277 S. 1 ff.) entnehmen können, der *locus capitularis,* die Kapitelstube. Möglicherweise wäre auch hier entsprechend der Anordnung im Münster des Reichsstifts eine Dreiraumgruppe im Obergeschoß des Westbaues vorauszusetzen.

An weiteren Altären der Klosterkirche wird 1444 der Altar der St. Thomaskapelle genannt, an der eine Kommissie zu zwei wöchentlichen Messen zu Ehren der hll. Drei Könige und des hl. Erasmus gestiftet wurde (14 Urk 93). Der Thomasaltar wird auch noch 1466 und 1483 erwähnt (14 Urk 113 und 134).

Ein St. Annenaltar in der Klosterkirche findet erst i. J. 1500 gelegentlich einer Seelenmessenstiftung seine erste urkundliche Erwähnung (14 Urk 156 u. 157). Er lag in der St. Annenkapelle, für die 1501/04 ein Fenster eingebaut wurde (11 Alt Mar. Gand. Rechn. 6), im Süden des Ostchors *in unser kerken unde der hern kore to der forderen hant, so me dere ingat in dat suden* (VII B Hs 277 S. 11). An ihm stiftete der Vikar Johannes Schneehagen 1518 eine Kommissie zu Ehren der Conceptio BMV und des Apostels Matthias (ebda.). Ein *niger altar,* für den ein *Cristoffer* für 25 s beschafft wurde, wird in den Rechnungen 1501/04 genannt, desgleichen der *fromissenaltar* (11 Alt Mar. Gand. Rechn. 6). Ungewiß bleibt die Lage eines in den Rechnungen von 1505/08 erwähnten Altares der von Minnigerode (11 Alt Mar. Gand. Rechn. 10), vielleicht einer Stiftung der Priorin dieses Namens. Weitere Altäre sind nicht überliefert.

Eine Krypta wird nirgends erwähnt. Die Sakristei, das *Gerhus,* erscheint 1518 als Verwahrungsort liturgischer Geräte (VII B Hs 277 S. 11).

Eine neue Orgel wurde zwischen 1504 und 1510 von dem Gandersheimer Vikar Hennig Pawes gebaut und von dem bekannten Maler Hans Raphon ausgeschmückt (11 Alt Mar. Gand. Rechn. 6 u. 10).

3. Grabdenkmäler

Grabdenkmäler aus der ehemaligen Klosterkirche sind bisher nicht aufgefunden worden.

4. Kirchenschatz, Paramente, Glocken

Soweit die Gegenstände des Kirchenschatzes nicht in der Sakristei, dem *gerhus*, zum täglichen Gebrauch im Gottesdienst bereitgehalten wurden (VII B Hs 277 S. 11), wurden sie zusammen mit den Privilegien in der *lade, dar wy unsses stichtes privilegia unde kleynode bewaren* (14 Urk 123) verschlossen verwahrt. Das Fragment eines Kleinodienverzeichnisses aus der Mitte des 15. Jhs. (11 Alt Mar. Gand. Rechn. nr. 10) nennt neben fünf Leuchtern und verschiedenen Paramenten (Altardecken, Kelchtücher, Fastentuch) *eyn sulvern dinck, dar de hilge licham ynne steyt in der monstracien*, das Haupt des hl. Symeon *in eyner bussen*, den Arm des hl. Pankratius und noch vier Reliquienschreine ohne nähere Bezeichnung. In einer Rechnung von 1513 werden noch *sinte Julianen unde sinte Tonnis* [Antonius] *hilgedome* erwähnt, wobei jedoch nicht sicher ist, ob es sich nicht um Reliquien des Reichsstifts handelt (11 Alt Mar. Gand. Rechn. nr. 9).

Ein ebenfalls undatiertes kleines Verzeichnis des Kirchenschatzes aus der ersten Hälfte des 16. Jhs. (37 Alt 1078 Bl. 81f.) nennt außer nicht näher beschriebenen Kaseln, Kreuzen und Kelchen ein vergoldetes Marienbild, ein silbernes Kreuz, ein silbernes Marienbild und ein vergoldetes Agnus dei mit vier goldenen Ringen.

Das 1570 aufgenommene *Vorzeichnus der klenodien und kirchengeschmeide des closters St. Marien vor Gandersheim* hebt neben wenigen Kelchen, Monstranzen und liturgischen Gewändern nur ein großes silbernes Marienbild mit einer Krone und einem Szepter hervor und nennt außerdem als Kircheninventar einen großen Messingleuchter, einen *groß Messings Vogel* (Lesepult) und eine *olde zerbrochene Orgel* (37 Alt 1078 Bl. 83 ff.). Am 8. November 1571 erging an den Klosterverwalter Zacharias Koch ein Reskript der Wolfenbütteler Kirchenräte, die Kleinodien des Marienklosters abzuliefern (37 Alt 1078 Bl. 142). Ihr weiteres Schicksal ist unbekannt.

Von den Glocken der Klosterkirche waren während der Schmalkaldischen Besetzung 1542—1547 zwei große Glocken im Werte von 360 Gulden und eine weitere Glocke im Werte von 100 Gulden weggenommen worden (41 Alt Fb. 1 nr. 2). Im Jahre 1570 waren nur noch zwei kleine Glocken vorhanden (37 Alt 1078 Bl. 83 f.).

5. Außenkapellen und Friedhöfe

Der Platz der unmittelbar nördlich an das Gast- und Kornhaus angrenzenden, im Osten des Kreuzhofes gelegenen Kapelle war noch im 18. Jh. als Stätte der ehemaligen „Röringischen" Kapelle bekannt, auf der später ein Wohnhaus errichtet wurde (37 Alt 772 Bl. 16). Diese Kapelle wird also von der Äbtissin Agnes von Roringen (1509—1540) entweder neu erbaut oder aber ausgebaut oder neu ausgestattet worden sein. In diesem Falle wäre sie vielleicht identisch mit dem 1434 genannten „Oratorium auf dem Kirchhof, in dem das Bild u. l. Fr. ist" und für dessen Reparatur eine Rentenstiftung diente (14 Urk 84). Andernfalls müßte dieses Oratorium auf dem Laienfriedhof, dem größeren Kirchhof südwestlich der Kirche, gesucht werden.

Daß es außer dem Kreuzhof, der auf der Planskizze von 1571 als *Kirchhoff* bezeichnet ist, noch diesen weiteren Friedhof gegeben hat, geht schon aus einer Ablaßurkunde vom 1. August 1315 (14 Urk 65) hervor, in der ausdrücklich von einer Prozession um die *cimiteria ecclesie s. Marie* die Rede ist. Die Verhältnisse werden — in kleinerem Maßstab — ähnlich wie beim Reichsstift gelegen haben, wo der *grote kerkhof* südlich des Münsters als Laienfriedhof bezeugt ist. Der St. Marien-Friedhof war ummauert (1429 *acies muri cimiterii s. Marie,* VII B Hs 276 S. 21). 1387 hatte der Knappe Cord von Gandersheim *uppe sunte Marien kerkhove*(!) einen Speicher (14 Urk 59). Ein weiteres Haus auf dem (Laien-)Kirchhof wurde 1529 von dem Vikar Olrik Oleman bewohnt (VII B Hs 277 S. 79). Eine besondere Weihe des *cimiterium* durch den Weihbischof Johann von Missina mit Ablaßerteilung für den Prozessionsumgang ist für den 20. Juli 1456 bezeugt (14 Urk 106).

6. Die übrigen Klostergebäude. Der Wirtschaftshof

Über die Lage der Klostergebäude unterrichtet uns nur die in einer Nachzeichnung des 18. Jhs. vorliegende, stark schematisierte Planskizze des Klosterverwalters Zacharias Koch vom J. 1571 (37 Alt 4040, s. die Abb.). Sie gibt uns den Zustand nach den Umbauten des frühen 16. Jhs. wieder. Für die ältere Zeit ist daraus zu entnehmen, daß auch im Marienkloster — wie beim Reichsstift, in Brunshausen und in Clus — Kreuzhof und Klostergebäude sich nördlich an die Kirche anschlossen. Der Wirtschaftshof des Klosters mit den Stallgebäuden grenzte unmittelbar östlich an die Klosterbauten an.

Von diesen wird zuerst, schon 1278, die Äbtissinnenkurie als *aula abbatialis* besonders genannt (14 Urk 20). Diese *olde kemenade* wurde in den Jahren 1436/37 abgebrochen, nachdem sie seit 1433 durch einen neuen Kemenatenbau mit gewölbtem Untergeschoß, steinerner Treppe und einem Fachwerk-Obergeschoß von 11 Spann und 62 Fach rundum sowie zwei Erkern und Schieferdach ersetzt worden war. Die *nige dornse* der Äbtissin hatte fünf Fenster. Darüber lag die Schlafkammer der Äbtissin und eine Mägdekammer. Über eine Treppe war die *bone* erreichbar, auf der Korn gelagert wurde. Die Baurechnungen nennen ferner die *Große Tür zur Kemenate*, die *Tür unter der Kemenate in dem* (Kreuz-)*Gange*, die *Tür an der steinernen Treppe* und die *Tür unter dem Gewölbe*. Ein gemauertes *necessarium* wurde damals ebenfalls neu

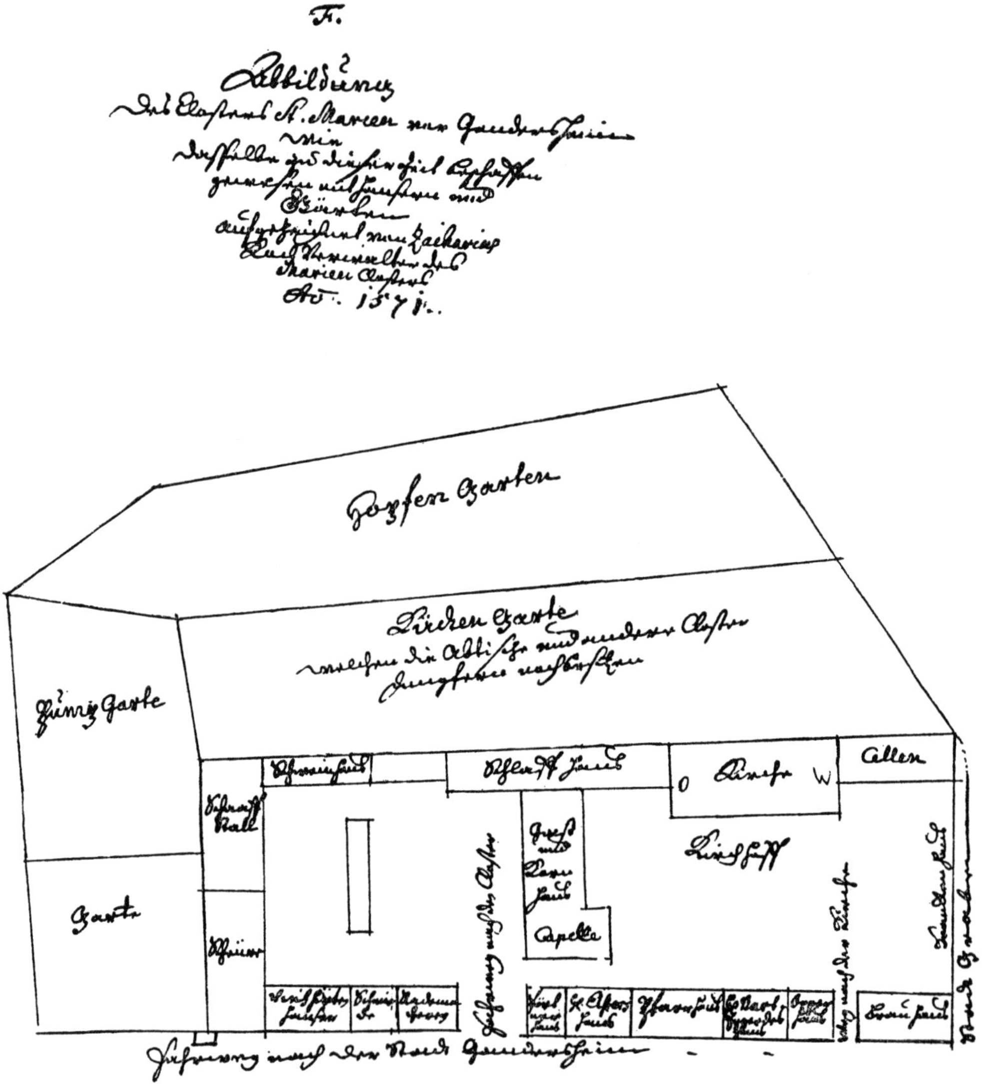

Schematisierte Lageskizze der Gebäude des ehemaligen Marienklosters aus dem Jahre 1571 von dem Klosterverwalter Zacharias Koch (Nachzeichnung des 18. Jhs. in 37 Alt 4040, verkleinert).

aufgeführt (11 Alt Mar. Gand. Rechn. 1). Die Lage der neuen Äbtissinnenkurie ist ungewiß; nach dem vorigen und nach der Angabe *de muren under der loven unde in dem gange,* dürfte sie jedenfalls am Kreuzgang gelegen haben, an dem zur gleichen Zeit Maurerarbeiten vorgenommen wurden (ebda.). Vielleicht befand sie sich in der Nordwestecke des Kreuzhofs an der Stelle des Brauhauses der Kochschen Skizze, da 1433 die Äbtissinnenkurie als beim Opfermannshaus gelegen bezeichnet wird (14 Urk 83). Dafür spräche auch die mehrfache Erwähnung eines dabei liegenden Toreingangs, früher die *duster porte* genannt, durch den vielleicht der *Weg nach der Kirche* auf der Skizze von 1571 führte (11 Alt Mar. Gand. Rechn. 1). Auch die abgebrochene alte Äbtissinnenkurie muß im Westen gelegen haben, da die Äbtissin des Reichsstifts 1278 dem ehemaligen Hofmeister der Marienäbtissin einen unmittelbar mit deren Kurie verbundenen Hofplatz *versus campum* schenkte (14 Urk 20).

Das Refektorium *(rempter, reventer)* wurde nach dem Bau der Äbtissinnenkurie im Jahre 1438/39 neu gedeckt (11 Alt Mar. Gand. Rechn. 1). Vor 1506 mußte auch ein neuer Remter gebaut werden (14 Urk 168 und VII B Hs 277 S. 92). In den folgenden Jahren erhielt dieser *nige reventer* mehrere Fenster, darunter eines, das 1509 die Mutter Herzog Heinrichs d. Ä., Elisabeth von Stolberg, stiftete (11 Alt Mar. Gand. Rechn. 7 u. 10). Noch das Inventar von 1570 (37 Alt 1078 Bl. 87) nennt den *Rempter* und den *andern Rempter.* Die Lage dieser beiden Refektorien ist nicht angegeben. Möglicherweise bildeten sie das Untergeschoß des großen massiven *Gast- und Kornhauses,* das den Ostflügel des Kreuzhofes einnahm. An dem zum Dormitorium hin gelegenen Giebel des *gasthuses,* dessen Dachgeschoß *de olde bone* bildete, wurden 1501/04 Maurerarbeiten vorgenommen (11 Alt Mar. Gand. Rechn. 6).

Zum Dormitorium, dem *slaphus,* waren schon vor dem Neubau der Äbtissinnenkurie (1429) 23 Mark verbaut worden (VII B Hs 276 S. 1). Es scheint, daß dieses alte Dormitorium im Westen der Klosterkirche lag, dort wo die Planskizze von 1571 die *Cellen* verzeichnet; denn 1484 wird ein Haus *hinter unserm Kloster zwischen dem Stadtgraben und dem ‚slaphuse‘* erwähnt (VII B Hs 276 S. 109). Von dem alten Dormitorium konnte der Frauenchor unmittelbar betreten werden.

Auch hierfür wurde infolge der Vermehrung des Konvents nach der Reform ein Neubau notwendig. Dieses *nige* oder *grote slaphus* ostwärts der Kirche war 1502 im Bau, wurde 1508 fertig und ragte mit seinem Ostflügel weit in den Wirtschaftshof hinein. Über dem Westflügel erhob sich der Chor der Klosterkirche: ein großes Glasfenster über dem *slaphus* wird in den Rechnungen 1501/04 erwähnt (11 Alt Mar. Gand. Rechn. 6).

Die Westseite des Kreuzhofes mit dem Krankenhaus zeigt auf der Planskizze von 1571 keinesfalls mehr das ältere Bild. Außer dem dort verzeichneten Krankenhaus müssen auf dieser Seite noch einzelne Wohnkurien gelegen haben, da 1475 ein Haus *in* (!) *unses stichtes cruczegange* zwischen der Abtei und Ludolf Bodensteins Hause an den Vikar Herman Winkelman auf Leibzucht verkauft wurde (VII B Hs 276 S. 107). Es muß unsicher bleiben, ob das sonst nicht erwähnte Klosterhospital gemeint gewesen ist, als Erzbischof Ranuccio von Cagliari mit zwei weiteren Erzbischöfen und sieben Bischöfen am 6. Nov. 1300 für den Besuch von *ecclesia seu hospitale s. Marie in Gandersem* ein großes Ablaßprivileg ausstellte, das am 23. April 1311 von Bischof Heinrich II. von Hildesheim bestätigt wurde (6 Urk 97; Leuckfeld S. 114 Anm. d, Harenberg S. 1640, vgl. GS NF 7 S. 245 f.).

Dieser Teil des Marienklosters scheint der Erweiterung der Stadtbefestigung in den Jahren 1520/22 zum Opfer gefallen zu sein, nachdem schon 1433 ein Teil des zum Pfarrhof des Klosters gehörenden Geländes (wohl am Marientor) zur Anlage des Stadtgrabens hatte abgetreten werden müssen (14 Urk 82, VII B Hs 276 S. 5). Während das Marienkloster selbst 1522 von Schaden am Kirchhofe und anderem Raum hinter dem Kloster sprach, der *zu Wall und Graben der Stadt Gandersheim* gekommen sei (VII B Hs 277 S. 31), heißt es in der Entschädigungsurkunde Herzog Heinrichs d. J. vom 27. Nov. 1520, daß *eyn deyl van orer kerken unde closters hove* zur Befestigung der Stadt Gandersheim genommen worden sei (14 Urk 191).

Die Nordseite wurde von dem Pförtnerhaus, wo der Personeneingang durch ein Drehkreuz (*unse rullen* 1520, 14 Urk 188) versperrt war, von zwei Präbendatenkurien, dem dazwischenliegenden Pfarrhaus und dem Opfermannshaus eingenommen. Dieser Nordflügel grenzte unmittelbar an die Straße, die die Stadt Gandersheim durch das Marientor in östlicher Richtung verließ.

Der seit dem 14. Jh. mehrfach genannte, sicher seit Gründung des Klosters vorhandene Kreuzgang ist auf der Planskizze von 1571 nicht mehr eingezeichnet oder war in die Gebäude einbezogen.

Der Wirtschaftshof schloß sich unmittelbar ostwärts an die Klostergebäude an. An Einzelbauten werden in den Rechnungen von 1433—1438 ein massiver Schweinestall, ein Pferdestall und ein Hühnerhaus genannt. Weitere Wirtschaftsgebäude zeigt die Planskizze von 1571. Wie ebenfalls aus dieser ersichtlich, erstreckte sich im Süden des Klosters der große Küchengarten und der Hopfengarten, im Osten zwei kleinere Gärten, an die sich dann die Klostersiedlung, das *Neue Dorf*, anschloß.

Der Platz des Marienklosters ist nach der Aufhebung von 1570 sehr bald umgestaltet worden. Schon 1574/75 wurden durch den Verwalter Zacharias Koch Teile des Wirtschaftshofes *(da das Vorwerk gestanden, da das Schweinhaus gestanden)* als Gartenland an Gandersheimer Bürger verpachtet (VII B Hs 278 Bl. 193—195). Die Klostergebäude wurden, wie Leuckfeld S. 158 berichtet, abgebrochen und das Material zum Aufbau des Vorwerks Schachtenbeck verwendet. Die restlichen Bauten verfielen rasch. Die Universität Helmstedt als neue Eigentümerin vergab das Gelände zu Erbenzins an Einwohner des Neuen Dorfes für Wohnplätze und Gärten. Mehrere Brände, die z. T. das ganze Neue Dorf in Asche legten, bewirkten weitere Veränderungen. Aus dem 18. Jh. liegen vier verschiedene Pläne der „Marienfreiheit" aufgrund mehr oder weniger genauer Vermessung vor (HABibl. Wb., Kartenabt. 8, 489, StAWb. 37 Alt 4040 und 4044, K 10513 u. 10514). Sie geben für das 18. und wohl auch schon für das 17. Jh. folgendes Bild: Von dem Viereck der eigentlichen Klostergebäude war der ehemalige an der Straße nach Seesen gelegene Nordflügel mit neun Wohnhäusern bebaut. Auch der frühere *Gang nach der Kirche* auf der Planskizze von 1571 war zugebaut, sollte jedoch ggf. wieder geöffnet werden können. Auf dem Platze des ehemaligen Pförtnerhauses an der Einfahrt wohnte der Schafmeister der Stiftsäbtissin, die im 17. Jh. ohne Genehmigung der Universität Helmstedt auf der Südseite des ehemaligen Wirtschaftshofes einen mächtigen Abtei-Schafstall hatte errichten lassen. Auf der Ostseite des ehemaligen Kreuzhofes war das frühere, im Untergeschoß massive Kornhaus abgebrannt. Auf seinem Platze waren vier Wohnhäuser mit Gärten errichtet, ein weiteres auf der ehemaligen Kapellenstätte (s. o. Abschn. 5). Die Stellen der früheren Westseite am Stadtgraben und der Südseite, wo Kirche und Dormitorien gestanden hatten, waren nicht mehr bebaut worden und wurden als Gärten genutzt. In der Mitte des 18. Jhs. standen also von allen diesen Gebäuden nicht einmal mehr Ruinen. Der Raum des vormaligen Wirtschaftshofes im Osten des Klosters wurde — abgesehen von dem erwähnten Abtei-Schafstall und zwei Wohnhäusern an der Straße — ebenfalls als Gartenland gebraucht.

7. Baumeister und Künstler

Die Namen von Baumeistern und Künstlern, die für St. Marien gearbeitet haben, sind nicht bekannt. Über den Maler Hans Raphon vgl. S. 91.

2. ARCHIV UND BIBLIOTHEK

§ 4. Archiv

Das Klosterarchiv wurde im Westbau der Kirche in einer Kapelle unter dem Jungfrauenchor verwahrt (1435 *in capella subtus turrim seu chorum dominarum*, 14 Urk 85, s. o. § 3, 1). *Unser privilegien kisten* oder die *lade, dar wy unsses stichtes privilegia unde kleynode bewaren* (14 Urk 123, Herbst, Bibl. S. 55), diente außerdem der vorübergehenden Aufbewahrung von Kapitalien bis zu deren Neuanlegung auf Rente (VII B Hs 277 S. 11). Sieben kleine und vier große Schlüssel *to den privilegien* sicherten die Archivlade (Fragment des Schatzverzeichnisses aus der Mitte des 15. Jhs., 11 Alt Mar. Gand. Rechn. 10).

Mittelalterliche Archivverzeichnisse sind nicht überliefert. Eine Reihe älterer Pergamentregister (Besitz-, Zins- und Einkünfteregister) werden um 1425 genannt, als damals Auszüge aus diesen in das Kopialbuch VII B Hs 276 eingetragen wurden, und zwar ein *registrum in pergameno antiquum* (ebda. S. 23), ein *valde antiquum registrum pergameni* (S. 25), je ein *parvum registrum pergameni antiquum, ut apparet* (S. 47 u. 49), zwei *registra in pergameno oblongo* mit besonderen Archivzeichen (S. 24) und vier neuere Pergamentregister (S. 47 ff., 50). Von diesen Registerbänden hat sich keiner erhalten.

Die Urkunden, Kopialbücher und einige wenige Akten (Rechnungen) wurden nach Aufhebung des Klosters dem Rektor des neugegründeten Paedagogium illustre ausgeliefert und 1574 nach Helmstedt überführt, wo sie im Universitätsarchiv verwahrt wurden. Für das nunmehrige Konviktorialgut St. Marien vor Gandersheim wurden in der Registratur der Universität neue Akten angelegt (Kleinau, BestÜbersStAWb. S. 78).

Als im Jahre 1835 die Archiv- und Registraturbestände der 1810 aufgehobenen Universität Helmstedt an das Braunschweigische Landeshauptarchiv abgegeben wurden, kam mit diesen auch das alte Archiv des Marienklosters nach Wolfenbüttel. Auf Veranlassung des Ministers G. S. von Praun hatte der Wolfenbütteler Archivkanzlist J. P. Wöhner bereits 1750 die Urkunden in Helmstedt repertorisiert, während einige wenige schon vorher nach Wolfenbüttel gelangte Stücke von dem Archivregistrator J. H. Meyne verzeichnet wurden. Ein neues Findbuch der erhaltenen 249 Urkunden wurde 1954/55 angelegt (Urk Abt. 14, vgl. Kleinau, BestÜbersStAWb. S. 17).

§ 5. Bibliothek

Über die ältere Bibliothek des Marienklosters fehlen jegliche Nachrichten. Möglicherweise ist sie in der Zeit des Niederganges in der zweiten Hälfte des 14. Jhs., in der wir vielleicht eine Plünderung oder Zerstörung des ungeschützten Klosters in den Fehden Herzog Ottos des Quaden anzunehmen haben, oder in der Mitte des 15. Jhs. im „Papenkrieg" untergegangen.

Erst 1477 kam das Kloster durch eine großzügige Stiftung seines Vikars Werner Raphon in den Besitz einer neuen Bibliothek (H. Herbst, Bibl. S. 51 ff. mit Abdruck der Stiftungsurkunde 14 Urk 123). Die *librie* wurde im Westbau der Klosterkirche in einem ebenerdigen Gewölbe zwischen der Großen Kirchtür und der auf den Jungfrauenchor führenden steinernen Treppe untergebracht und mit Bänken und Bücherpulten, die mit eisernen Führungsstangen, Ketten und je zwei verschiedenen Schlössern zum Anschließen der Bücher versehen waren, ausgestattet. Die beiden Schlüssel zu jedem der angeketteten Bücher verwahrten der Klosterpfarrer und der älteste ständige Vikar. Einen Eingangsschlüssel zur Bibliothek besaßen auch die anwesenden Kanoniker bzw. Präbendaten. Er war im Todesfall von den Testamentarien wieder einzufordern. Monatliche Bestandskontrolle war vorgesehen, eine Ausleihe gegen Sicherheit möglich. Bemerkenswert war, daß nicht nur die Klosterpersonen von St. Marien, sondern auch andere bekannte Kleriker, Schulmeister und deren Gehilfen, *de studeren unde schriven willen,* zur Benutzung zugelassen werden sollten (14 Urk 123). Das Testament des Stifters bestimmte schließlich, daß die *volumina unde boke* in Kriegszeiten aus dem ungeschützten Marienkloster an einen sicheren Platz auf der Stiftsfreiheit gebracht werden sollten, und legte den Kalandsherren von St. Michael die Fürsorge für die Bücherei besonders ans Herz (14 Urk 127).

Die in der Stiftungsurkunde kurz und z. T. ungenau aufgeführten 45 Titel der eigentlichen *liberei* hat Hans Butzmann (Erläuterungen zum Bücherverzeichnis bei Herbst, Bibl. S. 63 f.) identifizieren können. Sie bestanden fast durchweg in Handbüchern des höheren Unterrichts, Wörterbüchern und Kommentaren, waren also eine „Sammlung von Literatur zweiten Grades". Die Bücher waren sämtlich gebunden. Beschreibstoffe und Formate sind in dem Verzeichnis nur ausnahmsweise angegeben. Ein Teil der Bücher dürften bereits Drucke gewesen sein.

Außer dieser Studienbibliothek stiftete der Vikar Werner Raphon noch eine Anzahl liturgischer Bücher, so für den Hochaltar ein *herlikes* handschriftliches Missale, für den Herrenchor ein Bücherpult mit zwei daran angeschlossenen kleineren Missalien, einem Psalter und einem

Brevier sowie einem Register nach der Hildesheimer Gebetsordnung, für den Jungfrauenchor zum Gebrauch der Äbtissin einen kleinen Pergamentpsalter (Herbst, Bibl. S. 54 und 62).

Der Bestand des Klosters an liturgischen Büchern wurde noch zu Anfang des 16. Jhs. vermehrt. 1501/04 wurden für ein Graduale 50 Pfd., für ein Lektionar 30 Pfd., für ein zweiteiliges Antiphonar 50 Pfd. ausgegeben (11 Alt Mar. Gand. Rechn. 6). Zur neuen Kommissie des St. Annen-Altars wurde 1518 ein Pacificale (Paxtafel) mit einem neuen Hildesheimer Missale gestiftet, das im *gerhus* aufbewahrt werden sollte (VII B Hs 277 S. 11). Aber auch andere Bücher, wohl für die klösterliche Tischlesung, wurden beschafft: 1509 (?) wurden 6 Pfd. *vor sunte Annen levent twye to scryvende* und 3 Pfd. 5 s. für 2 gedruckte Bücher aufgewendet (11 Alt Mar. Gand. Rechn. 10). Eine Papierhandschrift von 178 Bll., ein *Liber precum,* 1452 von Hennig Wolpeken (in Gandersheim?) geschrieben und später in den persönlichen Besitz der Äbtissin Margarete Rucheplaten gelangt, hat sich in der Herzog-August-Bibliothek Wolfenbüttel erhalten (O. v. Heinemann, Katalog d. Hss. 1 Nr. 1409).

Über das weitere Schicksal der Bücherbestände des Marienklosters ist so gut wie nichts bekannt. Nach der Aufhebung im Jahre 1570 dürfte sie in den Besitz des Gandersheimer Pädagogiums übergegangen sein, ohne daß anscheinend ein besonderes Übergabeinventar aufgestellt wurde. Lediglich das damals angefertigte Kleinodienverzeichnis (s. o. § 3, 4) führt vier Pergamentbücher als zum Kircheninventar gehörig auf. Ob die noch vorhandenen Bücherbestände mit dem Pädagogium 1574 nach Helmstedt gekommen oder — wie die Bibliothek des Franziskanerklosters (s. u. Franziskaner § 5) — in Gandersheim verblieben sind, ist nicht zu sagen.

Der einzige Codex, der mit Sicherheit in Verbindung zum Marienkloster gebracht werden kann, ist ein heute in der Dombibliothek in Trier (Nr. 548 [alte Nr. 174 F]) verwahrtes Psalterium Benedictinum (4°, 185 Bll., Or. Einband), 1503 im Hildesheimer Sültekloster *pro utilitate honestarum virginum ad sanctam Mariam in Gandersem* von Wessel Kottinck geschrieben (Explicitvermerk Bl. 185). Nach Trier kam die Handschrift mit anderen Hildesheimer Codices der Sammlung des Paderborner Dekans Christoph Graf von Kesselstatt (1802), so daß unsicher bleibt, ob es tatsächlich in den Besitz des Gandersheimer Marienklosters gelangt ist. Eigentliche Besitzvermerke des Klosters konnten bisher nicht festgestellt werden, so daß weitere Zuweisungen von Handschriften nicht möglich sind.

Aus einem *alten Breviario* erhielt der Chronist Johann Letzner 1573 von dem Pastor Johann Eicken (gest. 1593 in Ellierode, VII B Hs 36 Bd. 4 Bl. 234 v) vier Nachrichten abgeschrieben: Vierlingsgeburt 1359, Hagel 1368, Feuer 1394, *Jgfr. Anna Bultheimb, die unrichtig worden und nach 40 Tagen ohne Schlaf und Nahrung verstorben* 1403. Letzner fügte diese vier Nachrichten seinen sonstigen Phantastereien über *viel gelehrte Jungfrauen auß alten adelichen und ehrlichen Geschlechtern* im Marienkloster bei (StUBibl. Göttingen, Hs. Hist. 248/9: Brschw. Lünebg-Göttingische Chronika Buch 3 Cap. 83). Doch ist ganz ungewiß, ob die genannte Quelle aus St. Marien stammte.

3. HISTORISCHE ÜBERSICHT

§ 6. Name, Patrozinium und Lage

Schon bei der ersten Gründung (s. u. § 7) war das Kloster von Bischof Thiethard von Hildesheim *in honore sanctae Mariae* geweiht worden. Der damals noch starke Einfluß des Ordinarius dürfte die Wahl des Patroziniums der Schutzheiligen der Hildesheimer Diözese erklären. Die Gottesmutter blieb denn auch ohne Nebenpatrone bis zum Ende des Marienklosters dessen alleinige Patronin und Namengeberin: *monasterium* bzw. *ecclesia s. Mariae* ist die durch die Jahrhunderte gebräuchlichste Bezeichnung, zu deutsch *stichte* bzw. *closter to sunte Marien (Mergen)*. Nur ganz vereinzelt findet sich 1331 *Unser Vrowen closter* (14 Urk 41). Die Äbtissin wurde vielfach kurz als *abbatissa s. Marie* oder später deutsch als *ebdische to sunte Marien* bezeichnet.

Der Tag der Kirchweihe *(dedicatio ecclesie nostre)* war jedoch nicht eines der Marienfeste, sondern der 28. Juli, das Fest des hl. Pantaleon, dem der Pfarraltar *in medio monasterio* geweiht war, bzw. der darauffolgende Sonntag (1291, 14 Urk 27). Das im Gandersheimer Bereich sonst nicht vorkommende, auch im übrigen Niedersachsen seltene Patrozinium dürfte bereits aus früher Zeit stammen und entweder auf die Kaiserin Theophanu, die zu St. Pantaleon in Köln ihre letzte Ruhestätte fand, oder auf die Äbtissin Ida, Schwester des Erzbischofs Hermann II. von Köln, zurückzuführen sein. Zum Range eines Nebenpatrons des Klosters ist jedoch der hl. Pantaleon nicht aufgestiegen.

Das Kloster lag südostwärts der Stiftsfreiheit, des engeren Immunitätsbezirks des Reichsstifts, auf einer kleinen Anhöhe vor dem späteren Marientor an der Straße nach Seesen (vgl. oben § 3, 1). Diese Lage *in superiore plaga civitatis* wird schon 973 gelegentlich der Neuerrichtung (s. u. § 7) in DO II. 35 erwähnt. Das im 12. Jh. gefälschte DO III. 427 von angeblich 7. Juni 990 spricht ebenfalls von dem *monasterio in supe-*

riori parte Ganderesheimensis monasterii consito. Eine ähnliche Kennzeichnung taucht in späterer Zeit nur noch um 1300 auf, wenn etwa die Marienäbtissin Sophia 1293 sich *abbatissa superioris claustri in Gandersem* nannte (14 Urk 28). Eine Hildesheimer Bischofsurkunde von 1313 (UBHHild. 4, 192, S. 93) unterschied die *s. Marie superior ecclesia,* das Marienkloster, von der *s. Marie inferior ecclesia,* dem hier offenbar irrtümlich, jedenfalls sonst nirgends so bezeichneten Reichsstift. Ganz vereinzelt blieb eine Bezeichnung des Marienklosters als *secundaria ecclesia Gandersheim* (1261, UB Eichsfeld 1, 421 S. 252).

Die Lokalisierung *in Gandersem* bzw. *to Gandersem* wich, nachdem die im zweiten Drittel des 14. Jhs. vollendete Stadtbefestigung mit Mauer und Graben das Marienkloster außerhalb dieser belassen hatte, der genaueren Kennzeichnung *prope et extra muros oppidi Gandersemenis* (14 Urk 51 u. oft) bzw. *buten der (stat-)muren to Gandersem* (14 Urk 49, 68) oder allgemein und am häufigsten *vor Gandersem* (14 Urk 50, 64 u. oft), seltener *vor der stat to Gandersem* (14 Urk 76) oder *bi Gandersem* (14 Urk 58).

§ 7. Gründung, erste Ausstattung und ältere Geschichte

Das Chronicon Hildeshemense, das im allgemeinen auf zuverlässige ältere Bischofslisten zurückgeht, berichtet zum Jahre 939, daß Bischof Thiethard von Hildesheim (928—954) *in Gandesheim novam ecclesiam ad monachas ... in honore sanctae Mariae* geweiht habe (Chron. Hild. S. 852, 10; Ann. Quedl. z. J. 940, S. 56). Ebenso heißt es in der Hildesheimer Denkschrift zum Gandersheimer Streit (cap. 12 der V. Bernw. S. 763) bei der Aufzählung der Fälle, in denen die Hildesheimer Bischöfe ihre Diözesangewalt in Gandersheim zweifelsfrei ausgeübt hatten: *Hic* (sc. Thiethardus) *consecravit novam aecclesiam, ubi monachae nunc Christo militant, et omnia episcopalia in praefato loco rite procuravit.* Ähnlich äußert sich auch Wolfhere in seiner Vita Godehardi ep. prior (V. Godeh. S. 180, 51).

Die ersten Anfänge des Marienklosters würden demnach noch in die Zeit der Stiftsäbtissin Wendelgard (933—949) hinabreichen (vgl. auch Eberhards Reimchronik [ed. L. Wolff] v. 1560 ff.: *an de capellen ... unser vrouwen genant, de nigens ... ebdische Windelgart gebuwet hadde* und nochmals v. 1829 s. u.). Es kann nicht zweifelhaft sein, daß im Zusammenwirken mit dem Diözesanbischof, der damals noch eigenkirchliche Rechte in Gandersheim wahrzunehmen vermochte, das Reichsstift

Träger der Neugründung war. Bevor Wendelgards Nachfolgerin Gerberga II. diese dann vor 973 in ein reguliertes Benediktinerinnenkloster umwandelte, würde für den Anfang ein der Stiftsäbtissin unterstehender loserer Sanktimonialenkonvent bei der neuen Marienkirche anzunehmen sein. Dies geht aus dem Bestätigungsdiplom Ottos II. vom (7.) Juni 973 (DO II. 35) hervor, wonach die endgültige Einrichtung eines Klosters für 30 Nonnen nach der Regel Benedikts durch Gerberga II. *voluntate sanctimonialium suarum ibidem prius manentium* erfolgt sei. Insofern bilden die Worte des kaiserlichen Diploms, welche Gerberga II. die Errichtung des eigentlichen Klosters *poenitus a fundamento* zuschreiben, keinen Widerspruch zu den eingangs erwähnten Nachrichten. Vgl. auch Eberhards Reimchronik [ed. L. Wolff] v. 1826 ff., die sich hier auf die verlorene Gandersheimer Denkschrift von nach 1007 beruft:

Unde ok hebbe ek an dem boke rechte bekannt,
dat an der sülven stede, dar er ein capelle were,
mit vlite gebuwet an unser Vrouwen ere
von der goden ebdischen vrouwen Windelgarde,
över der werk sek de ebdische Gerborch karde,
do se buwede vil herliker und mere
an alle der werlde vrouwen sünte Marien ere.

Der Gedanke liegt nahe, die Neuerrichtung des Marienklosters durch Gerberga im Zusammenhang mit dem für 973 bezeugten großen Brand des Stiftsmünsters bzw. als dessen Folge zu sehen. Die (erste?) Weihe der Klosterkirche nahm anläßlich der vorläufigen Beilegung des Gandersheimer Streits durch König Heinrich II. im Januar 1007 Bischof Brun von Augsburg vor. Dieser sagte im September 1027 vor der Frankfurter Synode, die sich mit der Wiederaufnahme des Streites zu befassen hatte, aus, er habe damals (Jan. 1007) auf Bitten Bischofs Bernwards von Hildesheim den Kreuzaltar im Münster des Reichsstifts geweiht, und fährt fort: ... *et in crastinum monasterium monacharum illic dedicavi* (V. Godeh. S. 192).

Eine parallele Stiftung fand im Bereich des Reichsstifts Quedlinburg wenig später (986) mit der Gründung des Benediktinerinnenklosters St. Marien auf dem Münzenberge zu Quedlinburg durch Äbtissin Mathilde statt.

Die Ausstattung des Marienklosters erfolgte nach dem Wortlaut des obigen Diploms aus dem privaten Eigengut der Äbtissin am Main (Sonderhofen und Baldersheim Lkr. Ochsenfurt), das ihr aus einer Schenkung Kaiser Ottos I. an ihre Mutter Judith von Bayern zugekommen war (DO I. 220). Dazu traten Schenkungen der *consorores* des Reichsstifts und anderer sächsischer Getreuer in den heutigen Landkreisen Osterode (Echte, *Äbtissinrode in der Mark Harriehausen) und Göttingen (Mackenrode). Der Kaiser selbst fügte die Schenkung von offenbar altem Reichsgut im Ambergau nördlich Seesen mit dem Mittelpunkt Bornhausen hinzu[2]). Eine wenig jüngere Neuausfertigung des Diploms vom Juni 973, wahrscheinlich von 979 (DO II. 35 b), nennt ausführlicher hierzu gehörige Länderei von 20 Hufen und Familien in Seesen und den später zur Seesener Feldmark gezogenen Wüstungen *Wrochthausen, *Pedel und *Hammingerode. Über weitere Besitzausstattung in der Gründungszeit unterrichtet das im 12. Jh. auf den Namen König Ottos III. zum 7. Juni 990 gefälschte Diplom DO III. 427. Die in dessen Besitzliste aufgeführten Orte, aus dem Lkr. Osterode *Mitlingerode westlich Osterode, Förste mit *Bunishusen, Wulften, *Heligeshusen und *Thiedilfingerode, aus dem Lkr. Göttingen das bereits in DO II. 35 genannte Mackenrode und Gelliehausen sowie westlich der Leine die Wüstung *Oldendorf bei Einbeck finden sich auch später im Eigentum des Marienklosters und gehörten sehr wahrscheinlich zu dessen frühestem Besitz, für den man im 12. Jh. einen schriftlichen Rechtstitel nachzufälschen genötigt war.

Der von der Äbtissin Gerberga II. geschenkte mainfränkische Besitz ging bei der großen Transaktion zwischen König Heinrich II. und Gandersheim im Interesse der Ausstattung des Bistums Bamberg an dieses über. Aus dem Reichsgut am Ostharz, das dem Reichsstift Gandersheim dabei zufiel, erhielt das Marienkloster von diesem, wie aus dem Diplom Heinrichs II. vom 17. Sept. 1014 (DH II. 323) hervorgeht, für den abgetrennten Besitz Güter in Derenburg Lkr. Wernigerode, in *Utzleben bei Derenburg und *Böhnshausen Lkr. Halberstadt, die sich später auch auf die Wüstungen *Wichhausen und *Godenhausen ausdehnten.

Neben dem vom Marienkloster in seiner unmittelbaren Nähe bewirtschafteten Besitz — ostwärts des Klosters bildete sich allmählich die Siedlung der *Nova Villa*, das spätere „Neue Dorf" — bestand demnach die Gründungsausstattung im wesentlichen aus drei größeren Güterkomplexen:

erstens im Süden aus den Besitzungen im Lkr. Osterode mit den Schwerpunkten Echte/Sebexen und bei Osterode, westlich in das Becken von Einbeck und südlich in den Lkr. Göttingen ausgreifend,

zweitens im Norden aus den Besitzungen um Bornhausen/Seesen, besonders wichtig durch die dort befindlichen Eisenhütten,

und drittens im Osten aus den Besitzungen am Ostrande des Harzes um Derenburg.

---

[2]) Reg. Imp. II, 2 S. 279 nr. 613 identifiziert Bornhausen irrtümlich mit Brunshausen.

Ehemaliges Reichsgut scheint bei allen drei Güterkomplexen die Grundlage gebildet zu haben.

So ichteswelke unses stifftes vorfarn seliger dechnisse ebdischen dat stichte to sunte Marien vor Gandersheim fundert mit guderen, tynßen unde renthen ..., heißt es in einer Urkunde der Stiftsäbtissin noch 1452 (14 Urk 102). Das Marienkloster ist also von vornherein Eigenkloster des Reichsstifts gewesen und in der Folgezeit auch geblieben. Nach dem Diplom Ottos II. vom Juni 973 wurde zudem das Reichsstift als *vetus monasterium quod primitiva est aecclesia*, also als Mutterkirche verpflichtet, die Neugründung im Bedarfsfalle zu unterstützen *(si aliquid ipsae noviter constitutae in consiliis egeant vel forte in rebus defitiant, a veteri monasterio habeant)*. Die vom Kaiser für das Marienkloster gewährte freie Äbtissinnenwahl wurde folgerichtig beschränkt durch die erforderliche Zustimmung der Äbtissin des Reichsstifts. Es scheint, daß auch schon früh die Marienäbtissinnen aus dem Kapitel des Reichsstifts genommen wurden. Im Range stand die Marienäbtissin — das gilt jedenfalls für das 13. Jh. — hinter der Stiftsdekanin. Auch die Vogtei ist mit Sicherheit vom Vogt des Reichsstifts wahrgenommen worden.

Die eigenklösterliche Stellung und die nicht allzu große Besitzausstattung hatte zur Folge, daß das Marienkloster zu allen Zeiten im Schatten des mächtigen Reichsstifts stand und niemals selbständig hervorzutreten vermochte. So ist auch seine Bezeichnung als *pauper monasterium* in dem Diplom Heinrichs II. von 1014 (DH II. 323) zu verstehen, die entsprechend der mittelalterlichen Bedeutung von *pauper* eher die Unterordnung und Schutzbefohlenheit als tatsächliche Armut zum Ausdruck bringt.

§ 8. Die Entwicklung vom Kloster zum Stift

Die unmittelbare Abhängigkeit vom Reichsstift blieb auch auf die Verfassung des Marienklosters nicht ohne Einfluß. Nach dem ausdrücklichen Hinweis auf die Regel des hl. Benedikt in DO II. 35 ist St. Marien von der Stiftsäbtissin Gerberga II. als reguliertes Benediktiner-Nonnenkloster geplant und eingerichtet worden. Auch DH II. 323 sagt ausdrücklich, daß dort *sanctimoniales sub regula s. Benedicti deo iugiter deserviunt*. Dementsprechend vermerken die Hildesheimer Geschichtsschreiber der 1. Hälfte des 11. Jhs. in ihren Berichten von der Gründung des Marienklosters zu dessen Verfassungszustand in ihrer Zeit: *ubi monachae nunc Christo militant* (V. Bernw. S. 763) bzw. *in qua usque hodie germanitas monacharum Christo servit* (V. Godeh. S. 180).

Die zuletzt genannte Quelle gibt uns noch einen weiteren Hinweis in der in ihren Hintergründen undurchsichtigen Geschichte von den fünf jungen Mädchen, die sich aus dem Reichsstift Gandersheim, wo sie zur Ausbildung untergebracht waren, hatten beurlauben lassen und ohne dessen Erlaubnis in Mainz in ein Kloster eingetreten waren (V. Godeh. S. 188 f., vgl. Perst, Göß S. 45 ff.). Als Erzbischof Aribo sie im Herbst 1027 nach längeren Verhandlungen herausgab, brachte Bischof Godehard von Hildesheim *illas difficulter requisitas nonnas Gandesheim in coenobio monachicae professionis* unter, von wo sie dann allerdings sehr bald bei Nacht und Nebel entführt wurden (V. Godeh. S. 192). Mit diesem Coenobium kann nicht das Reichsstift, sondern nur das Marienkloster gemeint sein.[3]) Hier wurde dann *(in coenobio monacharum,* ebda. S. 194) einige Jahre später (vor 1038) eine der Entflohenen, die Ezzotochter Ida, selbst Äbtissin (s. Personallisten § 20).

Kann somit kein Zweifel daran bestehen, daß St. Marien auch noch im 11. Jh. ein reguliertes Benediktiner-Nonnenkloster war, so scheint es doch im weiteren Verlauf nicht ausgeblieben zu sein, daß das Vorbild des freieren Reichsstifts nach der Mitte des 11. Jhs. auf das Marienkloster im Sinne einer Lockerung der strengen Ordensregel einzuwirken begann.

Darauf deutet die Tatsache, daß die *ancilla dei Adelheid* vor 1076 aus Unzufriedenheit mit der nachlassenden Klosterzucht *(vehementer dolens in monasterio sui* [sc. s. Mariae virginis in Gandesheim] *tepuisse fervorem divinae dilectionis ac cecidisse studium sanctae religionis* ..., Chronicon Hujesburgense, ed. O. Menzel, StudMittGBened. 52. 1934 S. 139 f.) das Marienkloster verließ, um sich an der Gründung des Reformklosters Huysburg zu beteiligen und dort nach dem Beispiel der Nonne Bia aus dem Quedlinburger Marienkloster als Incluse zu leben (s. u. Personallisten § 22).

Der Sieg der Reform in Gandersheim in den ersten Jahrzehnten des 12. Jhs. mag den alten Zustand wieder hergestellt haben. Die Urkunde Erzbischof Heinrichs I. von Mainz vom 4. Juli 1145 spricht von der *abbatissa sanctimonialium de claustro s. Marie in G.* (14 Urk 4, Mainzer UB 2, 78 S. 154 ff.). Daß zum mindesten inzwischen ein zahlenmäßiger Rückgang gegenüber der Anfangszeit eingetreten war, wird dadurch deutlich, daß im Text der Abschrift von DO II. 35 aus der ersten Hälfte des 12. Jhs. die Worte *triginta sanctimoniales* ausradiert und im

---

[3]) Diese Godehard-Stelle ist Otto Perst, Göß (S. 47) entgangen. Er kam daher zu dem irrtümlichen Schluß, das von Aribos Schwester geleitete Kloster in Mainz sei ein Kanonissenstift gewesen und die Mädchen als Kanonissen dort eingetreten.

weiteren Text die Zahl *XXX* in *XX* korrigiert worden ist (14 Urk zu 1). An der durch Gerberga II. festgesetzten Konventsstärke von 30 Nonnen konnte also damals schon nicht mehr festgehalten werden.

Nachdem noch das große Bestätigungsprivileg Papst Innozenz' III. für das Reichsstift vom 22. Juni 1206 (Potth. 2823) von der *ecclesia s. Marie, in qua m o n i a l i u m est conventus* gesprochen hatte, dürfte sich ein allmählicher Übergang zu den Verfassungsformen eines weltlichen Stifts dann im Laufe des 13. Jhs. vollzogen haben. Eine Urkunde der Marienäbtissin Gisela von 1229 nennt bereits *domini et dominae* ihres Konvents (14 Urk 6), eine Urkunde ihrer Nachfolgerin Adelheid von 1257 den *totus conventus dominarum* als Mitaussteller (HStA. Hann., Dipl. St. Jacobi-Osterode nr. 41 u. 71 b). Zum ersten Mal heißt es dann aber in der am 30. April 1274 für den Kirchenbau zu St. Marien ausgestellten Ablaßurkunde: *secularis ecclesia s. Marie,* dazu ferner *abbatissa et capitulum* (VII B Hs 279 S. 27). Eine derart deutliche Kennzeichnung von seiten eines auswärtigen Weihbischofs blieb jedoch noch vereinzelt und wiederholte sich erst 80 Jahre später.

In den Urkunden des Reichsstifts bezog man sich wenigstens noch auf die klösterliche Herkunft, wenn etwa im gleichen Jahre 1274 von zwei Schwestern *in religione et consortio claustralium dominarum ecclesie s. Marie* gesprochen wurde (14 Urk 17). Auch die Marienäbtissin selbst nannte noch in einer Urkunde vom 23. April 1320, allerdings nur ein einziges Mal, als Mitaussteller ihren *conventus claustralium ecclesie s. Marie* (14 Urk 37). Das ist um so auffallender, als schon 1305 Bischof Siegfried von Hildesheim den Äbtissinnen und Kapiteln *secularium ecclesiarum* in Gandersheim über gezahlte päpstliche Zehnten für das hl. Land quittierte (6 Urk 103) und im gleichen Jahre von dem *capitulum* des Marienklosters mit vier genannten „Kanonikern" sprach (14 Urk 38). Im Jahre 1333 urkundete das *capitulum* von St. Marien selbst (14 Urk 43—45), und 1354 hieß es — wenige Jahre, nachdem sich auch das Reichsstift erstmalig als weltliches Stift bezeichnet hatte — endlich *abbatissa et collegium ecclesie secularis s. Marie* (Max, Grubenhagen 2. UB nr. 61) und 1377 auch *abbatissa secularis b. M. v.* (14 Urk 51).

Seitdem findet sich die Bezeichnung *secularis ecclesia* oder *wer(t)likes stichte* nahezu ununterbrochen bis zur endgültigen Reform von 1482. Wenn sich auch zwischendurch und gleichzeitig der Ausdruck *closter s. Marie* findet (z. B. 1410 *jungfruwen gemeynliken dusses closters,* VII B Hs 1 S. 120), so ist doch unzweifelhaft, daß angesichts des weit überwiegenden Ausdrucks *secularis ecclesia* (so auch in der Überschrift des Copialbuches der Äbtissin Elisabeth Ruscheplaten 1429 ff., VII B Hs 276) St. Marien spätestens seit dem 14. Jh. als regelrechtes

Kanonissenstift angesehen werden muß, nachdem eine allmähliche Entwicklung zu dieser Verfassungsform möglicherweise schon seit dem 12. Jh., sicher seit dem frühen 13. Jh. eingesetzt hatte. Einer Äbtissin mit eigenem Abteivermögen standen ein Kanonissenkapitel mit festen Präbenden und ein Kanonikerkapitel gegenüber, welches sich aus drei Präbendaten zusammensetzte. Über die Verfassung im einzelnen s. u. Kap. 4.

§ 9. Der Reformversuch von 1452

Daß die „Entartung" des ehemaligen Benediktinerinnenklosters zum Kanonissenstift den Vertretern der Klosterreform in der ersten Hälfte des 15. Jhs. ein Dorn im Auge war, ist um so begreiflicher, als durch das Wirken des Windesheimer Reformers Johannes Busch seit den dreißiger Jahren bereits eine ganze Reihe benachbarter Frauenklöster zu strengerer Observanz zurückgeführt worden waren, vor allem aber das Kloster Clus im Zuge der sog. Bursfelder Reform eine grundlegende Erneuerung erfahren hatte. Kennzeichnend ist die Bemerkung des späteren Cluser Chronisten Henricus Bodo über das Marienkloster z. J. 1452 (Syntagma, SS. rer. Brunsv. 2 S. 341): *Ipsum enim monasterium* [b. Virginis] *vera Gandeshemensis coenobii filia, . . . facta est illi similis et pessundata coenobiali vita secularibus vanitatibus sese prostituit et, ut illius quoque impudentiam dicam, secularis ecclesiae nomen meretrix assumsit potestatemque secum habere sacerdotes fecit in hodiernum usque diem.* Abt Gottfried I. von Clus war bereits 1448 mit Hilfe der Äbte von Bursfelde und Reinhausen als Reformator des Benediktinerinnenklosters Brunshausen tätig geworden (s. Clus § 8 und 21, 1) und scheint auch die treibende Kraft für eine Reformierung von St. Marien gewesen zu sein, ohne daß er sich jedoch zunächst durchsetzen konnte. Erst ein entsprechender Auftrag des im Juli 1451 in Hildesheim reformierenden Kardinallegaten Nikolaus von Cues an den Hildesheimer Dompropst Eghard (II.) von Hanensee und die damit zu befürchtende Beeinträchtigung der Exemtions- und Eigentumsrechte des Reichsstifts veranlaßte dieses schließlich, einer Reform des Marienklosters zuzustimmen. Zwar versuchte dessen Äbtissin Elisabeth von Ruscheplaten Widerstand zu leisten, indem sie sich noch am 6. Februar 1452 von der Stiftsäbtissin Elisabeth einen Schutzbrief ausstellen ließ, in dem das Eigentum des Reichsstifts an St. Marien auf Grund der Fundation und dessen Teilhabe an Reichsunmittelbarkeit und kirchlicher Exemtion festgestellt wurde und die Äbtissin versprach, St. Marien zu *beschutten unde beschermen unde vorder dar nemande neyne macht over geven to regerende in jenni-*

gen stucken geistliken effte werliken ..., aber diese Urkunde (14 Urk 102) blieb bezeichnenderweise unvollzogen.

Noch vor dem 20. März 1452 erteilte die Äbtissin des Reichsstifts unter ausdrücklicher Berufung auf die Exemtion und deren Gültigkeit auch für die ihr unterstellten Anstalten St. Marien, Clus und Brunshausen einer Kommission, bestehend aus Abt Gottfried von Clus, dem Hildesheimer Domherrn Borchard Tetze und drei Kanonikern des Reichsstifts die Genehmigung, St. Marien nach der Benediktinerregel zu reformieren. Die Marienäbtissin Elisabeth von Ruscheplaten stellte ihre Würde zur Verfügung und erhielt als Leibgedinge die Klostergüter zu Bornhausen samt Korn- und Fleischzehnten und die Hälfte des Getreideaufkommens vom Meierhof in Billerbeck. Sie durfte ferner ihre eingebrachten Mobilien, Kleinodien usw. mitnehmen (VII B Hs 11 Bd. 2). Inzwischen hatte sich auch der welfische Landesherr als Schutzvogt eingeschaltet, um von sich aus die Reform in dem Eigenkloster des Reichsstifts zu fördern und seinen Einfluß zur Geltung zu bringen. In einem Schreiben an den Abt von Clus vom 20. März 1452 teilte er mit, er habe erfahren, daß die Jungfrauen des *closters to sunte Marien dar to Gandersem von dar getogen* seien, forderte ihn auf, darauf bedacht zu sein, *dat me dar frome juncfrauwen van den r e f o r m a t e n wedder mochte inkrigen, de dar godde denden,* und bot seine Hilfe dazu an (VII B Hs 11 Bd. 2).

Indessen ist die Reform in St. Marien — entgegen der späteren Darstellung des Henricus Bodo von Clus in seinem Syntagma ecclesie Gandesiane (SS. rer. Brunsv. 2 S. 341) — tatsächlich nicht durchgeführt worden. Nachdem die welfische Äbtissin des Reichsstifts, Elisabeth, schon am 4. Oktober 1452 verstorben war, scheinen die anschließende Doppelwahl und die sich daraus entwickelnden jahrelangen Parteikämpfe im Reichsstift die geplante Rückführung des Marienklosters zur Benediktinerregel verhindert zu haben. Zwar hatten Küsterin und Kanonissen, wie aus dem oben zitierten herzoglichen Schreiben zu entnehmen, St. Marien verlassen — ihre Namen verschwinden damit aus den Quellen —, aber die Kanoniker, von diesen sicher der bewährte gleichzeitige Kanoniker des Reichsstifts Dietrich Schaper, waren diesem Beispiel nicht gefolgt. Geblieben war auch vor allem — entgegen ihrer Verzichtsurkunde — die Äbtissin Elisabeth von Ruscheplaten, die bereits am 26. November 1452 wieder urkundete und einen neuen Anstellungsvertrag mit ihrem Abteihofmeister Henning Deneken schloß (VII B Hs 276 S. 86 f.). In der Urkunde gaben auch die *Frauen und Herren* ihres Kapitels ihre Zustimmung zu dem Vertrag, obwohl Namen erst einige Jahre später genannt werden. Auf jeden Fall ist sicher, daß auch unter der folgenden Äbtissin, der seit 1463 nachweisbaren Adelheid von Bothmer, die Verfassung von St. Marien als „freies weltliches Stift“, wie es weiterhin hieß, unverändert blieb. Es bestand auch in den folgenden Jahren aus der Äbtissin, der Küsterin, ein bis zwei Kanonissen, drei bepfründeten Kanonikern und einigen Vikaren.

Gleichwohl wollte die Forderung nach Durchführung der Reform nicht verstummen und wurde offenbar sowohl von dem in der Bursfelder Union führenden Kloster Clus wie auch von der welfischen Landesherrschaft wachgehalten. Schon die Urkunde über die große Bibliotheksstiftung des Vikars Werner Raphon vom 5. Januar 1477 deutete die Möglichkeit einer Umwandlung des Marienstifts *in eynen anderen godliken stad* an (14 Urk 123), und das Testament desselben Vikars vom 28. September 1481 übertrug seine Memorienstiftungen auf den Gandersheimer Kaland für den Fall, daß die Kanoniker von St. Marien ihren entsprechenden Verpflichtungen nicht nachkommen könnten (14 Urk 127). Offenbar stand damals schon die endgültige Reform unmittelbar vor der Tür. Für deren Durchführung wollte man wohl nur den Tod der letzten stiftischen Äbtissin Adelheid von Bothmer abwarten, wodurch sich deren Abfindung erübrigte. Initiator der Reform war wiederum der welfische Landesherr.

§ 10. Die Reform von 1482 und ihre Folgen

Am 14. Mai 1482 beurkundete Herzog Wilhelm der Jüngere, daß seine Verwandte, die Äbtissin des Reichsstifts Sophia IV., mit Zustimmung seines Vaters Wilhelms des Älteren das Stift zu St. Marien, Benediktinerordens, einer Reformation unterzogen, diejenigen Stiftspersonen, die nicht mehr darin bleiben wollten, abgefunden, andere Personen und „Kinder“ (Novizen, Lehrkinder) aus dem Benediktinerinnenkonvent Lamspringe dort eingeführt und ihnen alle bisherigen Besitzungen, Privilegien und Freiheiten von St. Marien übertragen habe. Der Herzog versprach, die so reformierte Anstalt zu schützen, und befreite sie gegen Abtretung einer Wiese von den Diensten an die Burg Gandersheim. Auffallend ist die Schlußbestimmung, daß die Aufnahme „ausländischer Kinder“ nur mit Zustimmung der Landesherrschaft erfolgen solle (14 Urk 129).

Der Abfindungsvertrag mit den noch vorhandenen Kanonissen wurde am folgenden Tag geschlossen. Es handelte sich, da die bisherige Äbtissin Adelheid von Bothmer offenbar verstorben war, nur noch um die Küsterin Adelheid (von) Haverbeer und die einzige Stiftsjungfrau Lucke von Mandelsloh. Ihnen wurde das Klostergut in Echte als Leibgedinge überlassen. Lucke sollte darauf verzichten, falls man für sie eine Präbende in den Kanonissenstiftern Neuenheerse oder Wunstorf finden könne (14 Urk 130). Die Küsterin Adelheid erhielt 1484 ein Haus hinter dem Kloster angewiesen und lebte nach Ausweis der Rechnungen dort noch 1513 (11 Alt Mar. Gand. Rechn. 5 und 9). Vertragsgegnerinnen bei der Abfindung vom 15. Mai 1482 waren bereits die neue Äbtissin Margarete von Ruscheplaten mit ungenannten Konventualinnen, vertreten durch die Bursfelder Unionsäbte Bernhard von Northeim und Wedego von Clus. In diesem vor allem werden wir den eigentlichen Reformer zu sehen haben. Er hatte damit erreicht, was seinem Vorgänger dreißig Jahre zuvor nicht gelungen war.

Der neue Konvent kam, wie aus der herzoglichen Bestätigungsurkunde hervorgeht, aus dem Benediktinerinnenkloster Lamspringe. Doch wurde die dortige von der Augustinerregel beeinflußte Verfassung (Leitung durch Propst und Priorin), die man seinerzeit auch in Brunshausen eingeführt hatte, für St. Marien nicht übernommen. Vielmehr wurde hier die Äbtissinnenwürde beibehalten. Vor allem aber blieb das Kapitel der drei Kanoniker unverändert bestehen. Diese wurden auch weiterhin Kanoniker und Kapitelsherren genannt, und erst nach etwa zwei Jahrzehnten überwog die Bezeichnung „Priester und Präbendaten“. Auch vom Konsolationsfonds des Kapitels war zunächst noch die Rede (14 Urk 143, 147, 148). An ihm, den die drei Kanoniker allein für sich in Anspruch nehmen wollten, erzwang der Klosterpfarrer einen persönlichen Anteil (14 Urk 137, 158). Aber noch 1505 hören wir von einem gemeinsamen Konsolationsfonds der „Jungfrauen und Herren“ (14 Urk 161, 162). Man geht wohl nicht fehl in der Annahme, daß hier die Personalunion zwischen Kanonikern des Reichsstifts und des Marienklosters eine gründliche Änderung der Verhältnisse im Zuge der Reform von 1482 verhindert hatte.

So erstreckte sich die Rückkehr zur Benediktinerregel im wesentlichen auf Äbtissin und Nonnenkonvent. Das Gefühl einer unvollständigen Reformierung läßt sich vielleicht noch aus dem überlieferten Amtseid der Äbtissin Agnes von Roringen vom 24. November 1509 (s. u. § 12, 1) herauslesen, in dem sie versprach, *reformacioni introducte v e l i n t r o d u c e n d e* stets Förderung zu gewähren. Eine entsprechende Kritik fand auch in der oben S. 108 erwähnten Stelle des Syntagma ecclesie Gandesiane des Henricus Bodo einen Niederschlag, der noch für seine eigene Zeit, die zwanziger Jahre des 16. Jhs., des Marienklosters *potestatem, secum habere sacerdotes,* tadeln zu müssen glaubte.

Eine gewisse Unsicherheit scheint auch in den neuen Benennungen von St. Marien zum Ausdruck zu kommen. Sprachen etwa die Marienäbtissinnen 1483 und 1487 von der *samninge des geistliken closters tho sunte Marien vor G. ordinis s. Benedicti* (VII B Hs 278 Bl. 52 und 14 Urk 144), so die Stiftsäbtissin Agnes von Anhalt 1486 von dem *totum capitulum monasterii et ecclesie s. Marie extra muros opidi G.* (14 Urk 141 und VII B Hs 17 Bl. 9) oder noch 1501 von *unsem stifft s. Marien* mit dem Kapitel der Jungfrauen und Herren (14 Urk 158). Auch der Ausdruck *fryes stichte* für St. Marien kam gelegentlich vor (1498: 14 Urk 155 a). Doch kann kein Zweifel daran bestehen, daß Äbtissin und Jungfrauenkonvent der Benediktinerregel gemäß lebten als *professe virgines monasterii ecclesie* (!) *b. Marie virg. ordinis s. Benedicti observancie regularis,* wie es aus Anlaß der Einführung der Äbtissin Agnes von Roringen am 24. November 1509 auch von seiten des Reichsstifts hieß (VII B Hs 277 S. 1 f.).

Für beträchtliche Anfangsschwierigkeiten spricht der rasche Wechsel von vier Äbtissinnen innerhalb von vier Jahren nach der Reform. Auf Margarete von Ruscheplaten folgte schon 1484 (nach April 18) die bisher unbekannt gebliebene Gertrud von Bortfeld, dieser bereits im nächsten Jahre Elisabeth Leynemans, die erste bürgerliche Äbtissin von St. Marien, nach deren Tode seit Juni 1486 die ebenfalls bürgerliche Margareta Dernedden, deren nahezu zwanzigjährige Regierungszeit dann allerdings dem Aufbau des neuen Konvents zweifellos förderlich gewesen ist.

Die größten Schwierigkeiten der ersten Jahrzehnte nach der Reform scheinen räumlicher Art gewesen zu sein. Ein zahlenmäßig erheblich stärkerer Nonnenkonvent mußte untergebracht werden. Das erforderte in kurzer Frist die Errichtung neuer notwendiger Klostergebäude, eines neuen Refektoriums, eines neuen Dormitoriums usw. (s. oben § 3, 6). Diese Bautätigkeit innerhalb weniger Jahrzehnte belastete den Klosterhaushalt bei relativ bescheidenem Grundbesitz aufs schwerste und führte zu einer Schuldenlast, die schließlich das Ende des Klosters beschleunigte.

Allerdings schien der Untergang von St. Marien infolge seiner wirtschaftlichen Schwäche und des übermächtigen Einflusses der welfischen Landesherrschaft, die ja der eigentliche Träger der Reform gewesen war, noch vor der Wende des 15. Jhs. nahe zu sein. Im Zusammenhang mit der Absicht der Herzoginmutter Elisabeth von Stolberg, zur Stärkung der welfischen Position in der Stadt Gandersheim daselbst ein neues Kloster der Franziskaner der sächsischen Observanz zu gründen, hatte Herzog Heinrich d. Ä. unter Mißachtung der Rechte des Reichsstifts den Plan gefaßt, von sich aus das Marienkloster aufzuheben, den Konvent mit dem zu Brunshausen zu vereinigen und die Klostergebäude zu St. Marien den einzuführenden Franziskaner-Observanten zur Verfügung zu stellen. Mit dem Hinweis, daß der Güterbesitz beider Benediktinerinnenklöster für einen hinreichenden Unterhalt der Konvente nicht ausreiche, und mit der Zusage, 500 rh. Gulden für die Translocierung der Nonnen von St. Marien zur Verfügung zu stellen, erreichte er die Genehmigung Papst Alexanders VI. für seinen Plan und ein Mandat an die Äbte von Bursfelde und Northeim vom 18. Februar 1496, die Aufhebung des Marienklosters und die Vereinigung seines Konvents mit dem zu Brunshausen in die Wege zu leiten (gedr. L. Wadding, Annales Minorum Bd. 15 [Neudr. 1933], Reg. Pont. nr. XXXV S. 537). Dieses Projekt konnte freilich nicht verwirklicht werden, da das Reichsstift eine derartige schwere Verletzung seiner alten Rechte offenbar nicht hinnahm. Vier Jahre später erbat und erhielt jedenfalls der Herzog vom Papst die Erlaubnis, nunmehr innerhalb der Stadt ein neues Franziskanerkloster erbauen zu dürfen (das päpstliche Mandat vom 13. Dezember 1500 gedr. ebda. nr. LXVI S. 581 f.; vergl. unten Franziskaner § 6).

War somit die Gefahr einer Zusammenlegung mit Brunshausen zunächst gebannt, so bildete doch die mit den Jahren zunehmende wirtschaftliche Schwäche des Marienklosters eine ständige Bedrohung seiner Existenz. Außer durch die oben erwähnten Neubauten wurde die Verschuldung noch durch die verschärfte Heranziehung der Klostervermögen zu den Lasten des Landes vermehrt, die vor allem die ersten Jahrzehnte der Regierungszeit Herzog Heinrichs d. J. kennzeichnete. Diese Schuldenlast vermochte auch weder die gewerbliche Produktion weiblicher Handarbeiten (11 Alt Mar. Gand. Rechn. 6) noch der Zufluß teilweise beträchtlicher Kapitalien und Renten als Mitgiften für Novizen und Lehrkinder (vergl. ebda.) abzubauen. Ein undatiertes Schuldverzeichnis von etwa 1530 stellte einem noch vorhandenen Grundbesitz von 35½ Hufen die jährlichen Sachlieferungen, 1080 Gulden „auf die Hand“ geborgtes Geld und weitere Zahlungen und Aufwendungen „für die Herrschaft“ gegenüber und faßte die Situation mit folgenden Worten zusammen: *Item dat wy so synt yn dusse swaren schult komen, dat ys de orsake, dat wy heffen dut ghanse closter nyge buwet yn kortter tyd, alse yn XL yare, dar uns de grote nod tho brachte, unde dat moste wy alle borghen up tyns, von des closters goderen konde wy dat nycht don, der enhadde wy nycht, unde so syn wy nu von der tynse weghen all hogher unde hogher beswert worden, so dat alle unse godere vorpendet syn twevelt unde drevelt, dat wy dar moten mer affgheven, wen wy dar aff kryghen* ... (VII B Hs 280, 3).

Wie sehr die stiftische Vergangenheit auch nach der Reform noch wirksam blieb, zeigen die abschriftlich erhaltenen drei Notariatsinstrumente über die Wahl der Äbtissin Agnes von Roringen vom 22. bis 24. November 1509, die zugleich einen guten Einblick in die Verfassung von St. Marien gewähren (VII B Hs 277 S. 1—6). Schon die Rangordnung innerhalb des *in loco capitulari* zur Wahl zusammengetretenen „Kapitels" war bemerkenswert: auf die Priorin Margareta von Minnigerode als Vertreterin der verstorbenen Äbtissin Margareta Dernedden folgten zunächst die drei *presbiteri et prebendati*, erst dann die Küsterin Anna Spaden und die übrigen elf *sanctimoniales et professe virgines*. Nach Einigung über den Wahlmodus wurde der Wahltag auf den 24. November festgesetzt und hierzu durch Anschlag an den Türen des Stiftsmünsters und der Klosterkirche alle etwa Wahlberechtigten zitiert. Am Wahltage selbst schritt man nach Hochamt und Kommunion zur Wahl, und zwar per scrutinium. Als *compromissarii et scrutatores* wurden zunächst in der Kapitelstube der Präbendat (und gleichzeitige Kanoniker des Reichsstifts) Hermann Dasselmann und die Konventualinnen Jutta Ude und Anna Klokereme gewählt und vereidigt, während die übrigen Wähler vor dem Notar beschworen, die Feststellung der Gewählten durch die Skrutatoren anzuerkennen. Die einzeln schriftlich abgegebenen Vota wurden sodann von diesen auf dem danebengelegenen Jungfrauenchor geprüft und als Erwählte die Konventualin Agnes von Roringen ermittelt. Der Sprecher der Skrutatoren, der Präbendat Hermann Dasselmann, verkündete dieses Ergebnis den auf der Kapitelstube versammelten „Kapitularen". Nachdem diese der Wahl zugestimmt hatten, stieg man *prenimio gaudio* zum Herrenchor hinab, wo ein feierliches Tedeum gesungen wurde. Im Auftrage der Präbendaten machte dort Abt Conrad von Clus Klerus und Volk mit dem Wahlergebnis bekannt und proklamierte die Electa Agnes von Roringen zur Äbtissin, nachdem diese auf die Frage, ob sie die Wahl annehme, mit der üblichen humilitas ihr Einverständnis erklärt hatte. Danach wurde die ebenfalls anwesende Äbtissin des Reichsstifts, Gertrud von Regenstein, um Konfirmation der Erwählten gebeten, *uti confirmacio ipsa ad eam pleno jure dinoscitur pertinere*. Sie setzte zunächst eine Frist bis zum Abend des gleichen Tages, bis zu welchem Termin Einsprüche gegen die Wahl vorzubringen seien. Nach Ablauf der Frist erschienen die Wähler unter Führung der Priorin mit der Erwählten in der Abtei des Reichsstifts, wo Äbtissin Gertrud das Treue- und Gehorsamsgelübde der Erwählten entgegennahm und sie *per tradicionem anuli* bestätigte. Sodann erteilte die Stiftsäbtissin dem Abte Conrad von Clus und dem ersten Präbendaten Hermann Dasselmann den Auftrag, die nunmehr konfirmierte Äbtissin Agnes von Roringen den Konventualinnen und Kapitularen von St. Marien zu präsentieren und sie in den Besitz der Abtei zu setzen.

Diese Publikation der Bestätigung erfolgte in der Kapitelstube, worauf die neue Äbtissin vor der Versammlung folgenden Eid leistete: *Ego soror Agnes in abbatissam monasterii b. M., ... ordinis s. Benedicti, Hild. dioc., canonice electa et confirmata bona fide promitto, quod reformacioni introducte vel introducende dicti monasterii fideliter manutenendo atque propagando operam dabo simul et consuetudines presentes monasterii approbatas fideliter tenebo, sic me deus adiuvet.*

Sodann führten die beiden Beauftragten die neue Äbtissin auf den Jungfrauenchor, setzten sie *in stallo abbaciali* ein, wiesen ihr den obersten Platz im Kapitel an und überreichten ihr die Klosterschlüssel. Danach leisteten ihr alle Konventualinnen und Laienschwestern (jedoch nicht die Präbendaten!) das Gehorsamsversprechen, während die *officiati* des Klosters ihr nacheinander die Schlüssel zu ihren *officia* übergaben und diese sogleich bis auf weiteres zurückempfingen.

Bereits bei der Wahl waren die Äbtissin des Reichsstifts, der Abt von Clus und die Priorin des Klosters Lamspringe persönlich zugegen gewesen. Es ist bezeichnend, daß die Wähler ihren Vorbehalt gegen ein mögliches Präjudiz bei künftigen Wahlen ausdrücklich notariell festhalten ließen (VII B Hs 277 S. 6).

§ 11. Von der Schmalkaldischen Reformation bis zur Aufhebung des Klosters i. J. 1570

Die Besetzung des Fürstentums Wolfenbüttel durch die Schmalkaldischen Verbündeten in den Jahren 1542—1547 hatte auch für das Marienkloster fühlbare Folgen. Zwar waren die Kriegsschäden in Grenzen geblieben. Beim Feldlager der Sachsen und Hessen vor Gandersheim war das gesamte Sommergetreide im Werte von 851 fl verloren gegangen, und zwei große Glocken und eine weitere Glocke waren aus der Kirche geraubt worden. Brandschäden aber hatte es nicht gegeben (41 Alt Fb. 1 nr. 2).

Einschneidender war die alsbaldige Einführung des lutherischen Bekenntnisses. Am 22. Oktober 1542 erschien die Visitationskommission auch im Marienkloster und traf folgende Anordnungen: Abschaffung der Messen und des katholischen Gottesdienstes, Abhaltung der *Ceremonien und Gesenge* nach der zu erlassenden Schmalkaldischen Kirchenordnung, insbesondere Empfang des Sakraments in beiderlei Gestalt, sofortige Ablegung der „Kronen“, innerhalb weiterer sechs Wochen auch der „Kappen“ und Anlegen „ziemlicher“ Kleidung, Verbot der Aufnahme weiterer Klosterpersonen und Austritt aus dem Benediktinerorden. Den

Konventualinnen wurde freigestellt, das Kloster zu verlassen. In diesem Falle sollten sie ausgesteuert werden, um ein ehrliches Leben führen bzw. heiraten zu können. Die Verbleibenden sollten weiterhin der Domina (Äbtissin) gehorsam sein (gedr. Kayser, Ref. KirchVis. S. 38—40).

Die Äbtissin, Dorothea Wolderssen, wurde belassen, da sie und ihr Konvent sich zur Einhaltung dieser Forderungen verpflichteten. Neben ihr erschienen die Priorin und die Küsterin nur noch einmal, am 25. Dezember 1542, als Mitausstellerinnen, dann verschwanden diese für die weiteren Jahre der Schmalkaldischen Besetzung. Eine ältere Konventualin, Ilsebe Groteian, trat unter der Bezeichnung „Gastmeisterin“ 1543 neben die Äbtissin. Eine größere Austrittsbewegung hat, wie auch bei den übrigen Gandersheimer Klöstern, offensichtlich nicht stattgefunden. Auch in St. Marien hat, wie es scheint, passiver Widerstand eine grundlegende Änderung der alten Verhältnisse verhindert. Die zweite Visitation von 1544 stellte fest: *Diese junckfrawen klagen irer armut sehr, sein in schwartzen rocken mit iren scapularen und weißen schleigern befunden; sullen sunst gerne zur predigt gehen* . . . Zur Unterhaltung der lutherischen Prädikanten aber könnten sie nichts beitragen, zumal selbst Herzog Heinrich d. J. sie armutshalber mit Schatzungen verschont habe (Kayser, Ref. KirchVis. S. 40 Anm. 57).

Den zahlenmäßigen Bestand gab 1544 der Schmalkaldische Kammermeister Andreas Bessel mit elf Jungfrauen und sieben *Leinonnen* an; 1546 werden die gleichen Zahlen genannt. Unter den elf Chorjungfrauen waren drei von Adel (StadtA. Braunschw. B III 5 Schmalkald. Bund Bd. 27 Bl. 615 v u. 561).

Der Visitationsbericht vom 22. Oktober 1542 hatte Domina und Propst (!) als *itzige bevelhaber* des Klosters bezeichnet, die den Statthaltern und Räten genaue Rechnung legen sollten. Mit dem Propst war offensichtlich der älteste Präbendat Martin Eggelster gemeint, der sich den neuen Herren von vornherein zur Verfügung gestellt hatte und in deren Auftrag auch die Abtei des Reichsstifts verwaltete. Der zweite Präbendat Bartold Eggerdes verpflichtete sich noch am 29. September 1546 durch eigenhändigen Revers, gemäß der Ordinanz der Schmalkaldischen Visitatoren die Hälfte seiner Präbende an die Kastenherren für den Armenkasten abzuliefern (41 Urk 146). Der dritte Präbendat Johann Ruleman (?) war, wie es scheint, nach Einbeck ausgewichen. An Vikaren wurden nur Johann Fricke und Heinrich Eggerdes erwähnt. Der alte Klosterpfarrer Heinrich Uden, der seit über vierzig Jahren die Pfarrei innehatte, sollte nach dem Visitationsprotokoll von 1542 bleiben, sofern er seine Konkubine verlasse oder eheliche und Gottes Wort lauter und rein predige. Nach seinem Tode sollten seine Einkünfte den drei lutherischen Prädikanten der Stadt zufallen. Er unterzeichnete noch 1545 die Ordinanz der Schmalkaldener über die Zuweisung der Hälfte seiner Einkünfte an die Kastenherren des Rates (41 Urk 145).

Die Niederlage der Schmalkaldener Verbündeten und die Rückkehr Herzog Heinrichs d. J. stellten die alten Verhältnisse wieder her, ohne daß grundlegende personelle Veränderungen im Marienkloster stattfanden. Priorin und Küsterin erschienen wieder wie zuvor als Mitausstellerinnen in den Urkunden, die Gastmeisterin Ilsebe Groteians trat in die Reihe der Konventualinnen zurück.

Nach dem Tode der Äbtissin Dorothea Woldersen und der langjährigen Priorin Anna Rudemans, die beide 1556 starben, aber fanden auffallende Veränderungen in der Besetzung der Klosterämter statt. Die Stelle der Priorin wurde erst zehn Jahre später wieder besetzt, und die Küsterei ging danach auf die (zeitweise doppelt besetzte) Schäfferei über. Von den drei Präbendaten waren am 23. August 1561 nur noch zwei vorhanden, seit dem 7. März 1563 nur noch einer, der Kanoniker und Kapitelssekretär des Reichsstifts Johann Schnor. Er führte die Bezeichnung „Propst", womit eine Angleichung an die Verfassung der benachbarten Benediktinerinnenklöster erfolgt war. Er nahm auch die Funktionen des Klosterpfarrers wahr.

Diese zunehmende Reduzierung der Präbenden läßt auf den raschen wirtschaftlichen Verfall von St. Marien schließen, der bald darauf zum „Verkauf" des Klosters, zur Abtretung an den Landesherrn führte. Nach der Einführung der Reformation im Fürstentum Wolfenbüttel mit der Thronbesteigung des Herzogs Julius konnte das Kloster in seiner Notlage dem landesherrlichen Druck um so weniger widerstehen, als der Herzog den Klosterbesitz zur Unterhaltung des von ihm gegründeten Paedagogium illustre unbedingt benötigte, nachdem Ansprüche an das Reichsstift selbst und das Kloster Clus in dieser Richtung nicht zum Ziel geführt hatten.

Schon bei der ersten landesherrlichen Visitation am 31. Oktober 1568 hatten sich Äbtissin, Priorin und Jungfrauen von St. Marien einhellig bereit erklärt, die fürstliche Ordnung gutwillig anzunehmen und *sich derselben gehorsamlich zu verhalten.* Sie durften dafür dreißig Malter Korn behalten, die bisher an die drei Vikarien zu liefern waren (Spanuth, Vis. Prot. S. 125). Am 5. Juni 1570 schließlich kündigten die geistlichen Visitatoren D. Jacobus Andreae, D. Nicolaus Selnecker und Erasmus Ebener den Konventualinnen an, daß sie das Kloster verlassen sollten. Sie könnten wählen zwischen einer Jahresrente von 20 Th. ad vitam oder freier Verpflegung. Die Domina Margareta Vischers sollte ihr eingebrachtes Gut zurückerhalten und wieder nach Lamspringe ziehen

(VII B Hs 35 a Bl. 31 v). Der entsprechende Vertrag wurde am 9. Oktober 1570 zwischen dem Kloster und dem Herzog geschlossen. Die von allen Konventualinnen und den Laienschwestern unterschriebene Resignationsurkunde des Klosters, deren Diktat sicher auf die herzoglichen Beamten zurückgeht, betonte, daß die Überschuldung des Klosters, die Verpfändung seiner Güter und die Rückstände an zu zahlenden Landessteuern es nicht mehr länger zuließen, das Kloster in esse zu erhalten. Zur Vermeidung des Umstandes, daß die verpfändeten Klostergüter gänzlich in weltliche Hände gerieten, und angesichts der Tatsache, daß sonst niemand, auch nicht Äbtissin und Stift Gandersheim, dem Kloster zu Hilfe komme, bleibe nichts anderes übrig, als es mit allem Zubehör dem Herzog aufzutragen, der sich als gnädiger Landesherr bereiterklärt habe, die Entschuldung des Klosters durchzuführen und seine Einkünfte auf ewige Zeiten für einen geistlichen Zweck, nämlich für das von ihm gestiftete Paedagogium, zu verwenden. Die Domina solle ein für allemal die von ihr eingebrachten 150 fl zurückerhalten, die Konventualinnen jeweils auf Lebenszeit mit 20 Th., die Laienschwestern mit 12 Th. Jahresrente, zahlbar vom Verwalter des Pädagogiums, abgefunden werden (14 Urk 231).

Die Gegenurkunde Herzog Julius' vom gleichen Tage bestätigte diese Abmachung und betonte, daß Domina und Konvent diese Resignation freiwillig und mit Vorwissen der Äbtissin des Reichsstifts Magdalena von Chlum vorgenommen habe (14 Urk 232). Davon konnte selbstverständlich keine Rede sein. Ein förmlicher Protest der Stiftsäbtissin vom 12. Oktober 1570 ist zwar nicht erhalten, wird aber von Harenberg (S. 990 und 1003 Anm.) erwähnt. Auf jeden Fall hatten Äbtissin und Kapitel des Reichsstifts, auch wenn die Äbtissin vielleicht zunächst eine weichere Haltung als ihr Kapitel eingenommen zu haben scheint, bislang alle Forderungen des Herzogs auch in bezug auf die Hergabe des Marienklosters zum Pädagogium abgelehnt (11 Alt Gand. Fb. 1, V, 1), und es ist keine Frage, daß die Auflösung und Abtretung des Marienklosters und seiner Besitzungen eine, wenn auch sicherlich unter Druck erfolgte, schwere Eigenmächtigkeit der Marienäbtissin Margarete Vischers, ja eine Felonie dem Reichsstift gegenüber gewesen ist. Ob dieses überhaupt von ihr um Hilfe angegangen worden ist, ist zweifelhaft, da sich entsprechende Vorgänge nirgends erhalten haben. Ob eine wirksame Hilfe hätte gewährt werden können, ist eine andere Frage, da das Reichsstift selbst in schwerem Kampf um seine eigene Unabhängigkeit stand. An dem gleichen 9. Oktober 1570, an dem die Nonnen von St. Marien den Vertrag über die Auflösung des Klosters und ihre Abfindung unterschrieben, überbrachte der herzogliche Kanzler Lic. Franz Mutzeltin dem

Kapitel des Reichsstifts fünf Forderungen des Herzogs, deren zweite in der Überlassung von St. Marien für das Pädagogium bestand (VII B Hs 50 S. 237 ff.). Am 23. Oktober berichtete das Kapitel der in Neuenheerse weilenden Dekanin Margarete über die Ablehnung der herzoglichen Forderungen und stellte fest, daß das Marienkloster dem Herzog — entgegen dessen Darstellung — ohne Zustimmung der Stiftsäbtissin überlassen worden sei (11 Alt Gand. Fb. 1, V, 2 Bd. 1). Gleichwohl ließ Herzog Julius auf eine weitere Beschwerde des Kapitels bei den fürstlichen Kirchenräten am 2. Juni 1571 erwidern, die Aufhebung des Marienklosters sei mit Wissen der Stiftsäbtissin geschehen (11 Alt Gand. Fb. 1, V, 1).

Von einem Verzicht des Reichsstifts konnte jedoch keinesfalls die Rede sein, und so erstreckte sich auch der von Kaiser Maximilian II. erwirkte Schutzbrief für das Reichsstift ausdrücklich auf das „inkorporierte“ Marienkloster (6 Urk 912, 913). Indessen war mit der Auflösung des Konvents eine vollendete Tatsache geschaffen worden. In dem (2.) Vertrag des Herzogs mit dem Reichsstift vom 15. August 1571, der von diesem nur unter dem Vorbehalt der kaiserlichen Zustimmung abgeschlossen wurde, wurde schließlich dessen vorläufiges Einverständnis erreicht, daß das Marienkloster in ein Pädagogium umgewandelt werde (so!), dessen Rektor jedoch der Stiftsäbtissin huldigen solle. Auch wurde in einem Nebenrezeß bestimmt, daß im Falle des Eingehens des Pädagogiums die eingelösten Güter des Marienklosters dem Reichsstift für geistliche und milde Zwecke zur Verfügung stehen sollten (6 Urk 915). Der (3.) Vertrag des Herzogs mit dem Stift vom 11. Juni 1572 änderte daran nichts. Auf eine erneute Supplik des Reichsstifts wandte sich am 21. September 1575 Kaiser Maximilian II. in einem scharfen Mandat an Herzog Julius zwar nochmals gegen den aufgedrungenen Vertrag und das Bestreben des Herzogs, die zum Stift gehörigen Klöster Clus, Brunshausen und St. Marien *in seine Regierung zu ziehen* (11 Alt Gand. Fb. 1, VI, 1 Bd. 1), doch hatte dieser Schritt für das nicht mehr bestehende Marienkloster keinerlei Folgen. Nachdem das Pädagogium inzwischen (1574) nach Helmstedt verlegt und in eine Universität umgewandelt worden war, verfügte Herzog Julius am 15. Oktober 1576 mit Zustimmung der Landstände, daß die Einkünfte der Klöster St. Marien vor Gandersheim und St. Ägidien zu Braunschweig für die Verpflegung armer Studenten der neugegründeten Universität Helmstedt dienen sollten. Die Abfindung der ehemaligen Klosterangehörigen war inzwischen erfolgt. 1571 verzeichnete der herzogliche Verwalter des Pädagogiums, Zacharias Koch, eine Ausgabe von 237 Th. 20 Gr. *zu ablegung der Nunnen* und von 83 Th. 19 Gr. *zu ablegung des alten clostergesindes,* ferner als Deputat für fünf Nonnen eine Ausgabe von 97 Th. 20 Gr. (37 Alt 1078 Bl. 147). Zu Michaelis 1573 wurden für 6 ehemalige Nonnen je 36 fl und für fünf Konversen je 21 fl 12 g ausgeworfen (ebda. Bl. 281). Daß der Herzog am 26. Mai 1582 aus der rasch verfallenden Klosterkirche von St. Marien das Altarretabel des Hochaltars an das Stiftsmünster schenkte (11 Alt Gand. Fb. 1, III, 8 und oben S. 90), unterstrich nur die Unwiderruflichkeit des Verlustes des ganzen Klosters für das Reichsstift.

Nach dem Tode des Herzogs Julius begannen die Verhandlungen des nunmehr evangelisch gewordenen Reichsstifts mit dessen Nachfolger über die lange Liste der Gravamina, insbesondere auch über die Administration der drei ehemaligen Eigenklöster (VII B Hs 36 Bd. 4 Bl. 120 ff.). Das Ergebnis war der Große Vertrag Herzog Heinrich Julius' mit dem Stift vom 20. August 1593 (6 Urk 964), dessen erster Punkt das Marienkloster betraf. Für dieses sollte es, da eine Wiedererrichtung ohnehin nicht in Betracht kam, bei den Verträgen vom 15. August 1571 und vom 11. Juni 1572 bleiben. Doch sollte anstatt des Rektors des inzwischen umgewandelten Pädagogiums der Quaestor der Helmstedter Universität der Stiftsäbtissin Huldigung leisten. Dazu solle dieser das Recht zustehen, dem Vizerektor braunschweigische Landeskinder als Stipendiaten vorzuschlagen. Der zweite Pfarrer der Stiftskirche, der den ehemaligen Pfarrbezirk von St. Marien, also im wesentlichen das Neue Dorf, mitversorgen mußte, sollte dafür 10 Malter Korn aus dem Klosterbesitz in Opperhausen erhalten. Damit war das Marienkloster für das Stift endgültig verloren. Sein Besitz blieb Konviktorialgut der Universität Helmstedt. Einlösungsversuche der Äbtissin des Reichsstifts Elisabeth Ernestine Antonie in den ersten Jahrzehnten des 18. Jhs. blieben ohne Erfolg (11 Alt Gand. Fb. 2, nr. 63 u. 72).

4. VERFASSUNG

Statuten und Ordnungen sind für St. Marien nicht überliefert. Auch für die Kenntnis des inneren Aufbaus sind wir also auf die gelegentlichen Erwähnungen in den urkundlichen Quellen angewiesen. Über die Verfassungsentwicklung des Marienklosters im allgemeinen s. o. § 8.

§ 12. Von den Anfängen bis 1482

a) Äbtissin

Nach dem Wortlaut von DO II. 35 besaß das Marienkloster das Recht der freien Äbtissinnenwahl, jedoch *cum assensu veteris monasterii abbatissae*. Die Marienäbtissin wurde also von Anfang an vom Konvent bzw. später vom Gesamtkapitel der „Frauen und Herren“ gewählt und mußte von der Eigenherrin, der Äbtissin des Reichsstifts, konfirmiert werden, falls diese nicht überhaupt schon auf die Nominierung der Kandidatinnen Einfluß nahm. Ob Kanonissen des Reichsstifts die Äbtissinnenwürde von St. Marien übernehmen konnten, ist nicht zu belegen. Die Ezzotochter Ida, die zwischen 1031 und 1038 Marienäbtissin wurde, ist möglicherweise vorher nur zur Erziehung im Reichsstift gewesen und dann in ein Mainzer Benediktinerinnenkloster eingetreten. Auch die Identität der urkundlich 1227/29 genannten Marienäbtissin Gisla mit der vorher im Reichsstift vorkommenden Kanonisse dieses Namens ist nicht zu beweisen.

Wohl sicher waren die Äbtissinnen der früheren Zeit edelfreier Herkunft, zum mindesten bis zum Ende des 13. Jhs. Einwandfrei zu belegen ist dies für die einzige mit ihrem Familiennamen zwischen 1263 und 1278 häufig genannte Äbtissin Mechthild von Hohenbüchen. Sie rangierte in der Zeugenreihe einer Urkunde des Reichsstifts vom 28. Mai 1274 hinter der Stiftspröpstin und der Stiftsdekanin, aber noch vor der Stiftsküsterin (HStA. Hannover, Hild. Or. 2 Lamspringe nr. 35, Reg. UBHHild. 3, S. 173 nr. 374).

Im Zuge der allgemeinen Entwicklung sind seit der zweiten Hälfte des 14. Jhs. mit Bertradis von der Söse, Gese von Grone, Elisabeth von Ruscheplaten und Adelheid von Bothmer Angehörige des einflußreichsten Adels ministerialischer Herkunft als Äbtissinnen anzutreffen.

Nach der Bestätigung durch die Äbtissin des Reichsstifts wurde die Weihe wohl im Regelfall durch den Diözesanbischof vorgenommen. So wurde die Äbtissin Ida nach 1031 von Bischof Godehard von Hildesheim geweiht (V. Godeh. c. 36, S. 194). Nachdem das Reichsstift seit 1206 die Exemtion errungen hatte, die auch für sein Eigenkloster St. Marien galt, konnte die Weihe von einem beliebigen Bischof erbeten werden. Doch liegen hierüber keine Nachrichten vor.

An Wahlkapitulationen ist die der bisherigen Coadjutrix Elisabeth Ruscheplaten bei ihrer Wahl zur Äbtissin vom 7. März 1428 erhalten (VII B Hs 276 S. 7). Die Wahlurkunde selbst war von der Stiftsäbtissin, der neugewählten Marienäbtissin und dem Gesamtkapitel untersiegelt worden. In der Wahlkapitulation versprach die Erwählte, nach ihrer Bestätigung die „Frauen und Herren“ ihres Kapitels in ihren nachweisbaren Gerechtigkeiten und alten Gewohnheiten zu erhalten und ihnen diese durch eine besondere Urkunde zu verbriefen. Über den von den Kanonissen der Äbtissin zu leistenden Eid s. u. S. 124.

Die Äbtissin bewohnte eine eigene Kurie (1278 *curia abbatialis*, 1434 *aula abbatialis*, s. o. § 3, 6). Die Abtrennung eines besonderen Abteivermögens ist wohl schon für die Frühzeit anzunehmen. Seine Verwaltung versah einer der Präbendaten oder ein besonderer *scriptor abbatisse* (11 Alt Mar. Gand., Rechn. 1, 2). Dieses *Officium procurationis* wurde im 15. Jh. jährlich vergeben (1438, ebda. 2). Die Bezeichnung *capellanus abbatisse* war, wie es scheint, ein Ehrentitel, welcher einzelnen Präbendaten und dem Stiftspfarrer (1437 VII B Hs 276 S. 13), aber auch dem Abteischreiber verliehen wurde. Ein *scolaris* der Marienäbtissin erscheint nur einmal 1283 (14 Urk 23).

Die Wirtschaftsverwaltung des Abteigutes erfolgte durch einen eigenen Abteihofmeister. Dieser war zunächst wohl Konverse (1265 *Johannes dispensator abbatisse*, 14 Urk 12; 1274—1278 *Johannes officialis domine abbatisse*, 14 Urk 17—20; noch 1438 *broder Henrik Grote*, VII B Hs 276 S. 57), schließlich aber ein auf Dienstvertrag angestellter Hofverwalter (1447 Annahme des verheirateten Henemann Deneke als *vorstender in unser ebdige hoff* gegen Kautionsstellung von 60 fl, VII B Hs 276 S. 81).

b) Küsterin

Die einzige Dignität im Marienkloster war bis zur Reform von 1482 die der Küsterin, die anfangs — wie auch im Reichsstift — die Bezeichnung *capellana* trägt (1229, 14 Urk 6). Dann scheint das Amt seine Bedeutung eingebüßt zu haben; denn es verschwindet aus den Urkunden und erscheint erst wieder zu Beginn des 15. Jhs. mit der Küsterin Mechthild von Hattorf, die zuerst 1403 allein mit dem Gesamtkapitel urkundet und sich als Verwalterin des Konsolationsfonds zu erkennen gibt (14 Urk 67). Als Mitausstellerin nach der — bis dahin allein urkundenden — Äbtissin tritt sie zuerst 1405 auf (14 Urk 69).

Die Amtsbezeichnung wechselt zwischen *custos, custodissa* und *custrix*. In den dreißiger Jahren des 15. Jhs. tritt auch mehrfach die Bezeichnung *thesauraria* entgegen. Rücktritt vom Amt ist bezeugt. Am 8. September 1432 quittierte die Äbtissin für die Küsterei, *de nu to der tyd to unser hand steyt* (VII B Hs 276 S. 4). Die damals zurückgetretene Küsterin Jutta von Gandersheim wurde aber in den Rechnungen bis 1442 noch als „alte Küsterin" neben der neuen Küsterin Adelheid von Sehlde geführt. In ähnlicher Weise erschien diese noch einmal am 29. November 1451, nachdem Margarete von Wolde vom 1. Januar 1444 bis zum 16. Mai 1451 als Küsterin aufgetreten war.

Inwieweit der Reformversuch von 1452 eine Änderung bewirkte, ist ungewiß. Die Küsterei scheint zunächst nicht besetzt gewesen zu sein, da

1455 die Stiftsjungfrau Beate von Nienkerken die Vertreterin der „Frauen und Herren" und 1461 Mitausstellerin nach der Äbtissin war. Eine Küsterin (Adelheid (von) Haverbeer) tauchte in den Urkunden erst 1470 wieder auf und blieb als solche bis zur endgültigen Reform von 1482.

Neben der Sorge für die gottesdienstliche Ausstattung hatte die Küsterin auch die Aufsicht über die Kirchenbausachen (1434 Zahlung an die Thesauraria zur Reparatur der Basilika (!) und des Oratoriums auf dem Kirchhof, 14 Urk 84). Die Küsterei bildete ein Sondervermögen (VII B Hs 276 S. 4). Ein eigenes Küstereisiegel ist jedoch nicht belegt.

c) Nonnenkonvent bzw. Kanonissenkapitel

Nach dem Wortlaut von DOII. 35 war die Neuerrichtung von St. Marien für 30 Benediktinernonnen bestimmt. Diese Konventsstärke wurde bereits Mitte des 12. Jhs. nicht mehr erreicht, wie die Korrektur der Zahl XXX in XX in der Abschrift von DO II. 35 (14 Urk zu 1) beweist. Die Zahl der Nonnen bzw. Kanonissen ging im 13. Jh. weiter zurück. Es mag besondere Gründe haben, daß das Corveyer Verbrüderungsbuch von ca. 1207 nur zwei Namen aus St. Marien enthält, zumal die Überschrift des Eintrags irrtümlich von *Nomina fratrum* (!) *nostrorum Ganderesheim* spricht (F. Philippi, Abh. 2 S. 177). Die einzige Urkunde, in deren Zeugenreihe mehrere *dominae* von St. Marien auftreten, ist eine Urkunde des Reichsstifts vom 31. Mai 1274 (14 Urk 17). Sie nennt acht Namen *cum ceteris dominabus ibidem*, was wohl auf etwa ein Dutzend *dominae* im ganzen schließen läßt. Dem entspricht, daß die im Gandersheimer Einkünfteregister aus der ersten Hälfte des 13. Jhs. verzeichnete Gebäcklieferung aus dem Zehnten von Altgandersheim 12 *pladhelappen* von 24 Eiern und zu Gründonnerstag 10 *hodeken* für die *moniales de sancta Maria* vorsah (Erath, Cod. dipl. Quedl. S. 196). In einer Urkunde von 1312 treten noch einmal fünf *dominae* von St. Marien gleichzeitig als Zeuginnen auf (Sudendorf, Registrum 3, nr. 43 S. 67). Dann verwehrt für den Rest des 14. Jhs. die dürftige Quellenüberlieferung und das Aufhören geschlossener Zeugenreihen weitere Einblicke. Erst vom ersten Drittel des 15. Jhs. an ist aus den wenigen erhaltenen Rechnungen zu ersehen, daß — wie im Reichsstift — auch in St. Marien ein starker Präbendenschwund eingesetzt hatte. Außer der Äbtissin und der Küsterin waren nur noch drei bzw. zwei Stiftsjungfrauen, zeitweise nur noch eine vorhanden.

Die ständige Abnahme geht mit der allmählichen Entwicklung vom Benediktinerinnenkloster zum reinen Kanonissenstift parallel. Die Bezeichnung der Konventualinnen wechselte ebenfalls mit der langsamen

Auflösung des regulierten Klosterlebens. Aus den *sanctimoniales, moniales* und *monachae* wurden (zuerst 1229) *dominae* oder *Frauen,* aus dem *conventus* das *capitulum.* Eine Zwischenbezeichnung war *claustrales dominae* (1274). Vgl. im übrigen oben § 8.

Eigenes Vermögen bzw. eigene Einkünfte einzelner sind schon im 13. Jh. bezeugt. Die Schwestern Adelheid und Wiltrud von Rosdorf kauften persönlich aus privaten Mitteln zwei Hufen in Opperhausen, die nach ihrem Tode an das Stift fallen sollten (14 Urk 17 vom 31. Mai 1274).

Eine Auflösung der Vita communis während der Entwicklung zum Stift ist anzunehmen, aber im einzelnen nicht belegt. Nachrichten über gesonderte Wohnkurien für Konventualinnen liegen nicht vor, außer daß 1436 eine Wohnung der vormaligen Küsterin Jutta von Gandersheim *in ambitu* erwähnt wird. Am Dormitorium, dem *slaphus,* wurde in den zwanziger und dreißiger Jahren des 15. Jhs. in größerem Umfange gebaut (s. o. § 3, 6).

Bemerkenswert ist der im Kopialbuch VII B Hs 276 S. 27 ohne Jahresangabe überlieferte Kanonisseneid wohl aus der Zeit nach 1400. *Nota: forma subsequens voti obediencie faciende a dominabus ecclesie s. M. in manus abbatisse ibidem hec est: „O quam benigna tam pia atque generosa, rutilans ut luna, clarior sole necnon speciosa est domina mea abbatissa que dicitur de Grone. Ipsa est nobilis, est misericors, est strenua et in precaminibus devota, libenter orat, super omnia elemosinam dat.*

Promitto me omnipotenti deo et beate Marie perpetue virgini et omnibus sanctis dei et vobis obedienciam meam firmiter tenere, sic iuvat me deus, inquantum valeo et potero."

„In hiis omnibus conservet, custodiat et confirmet te omnipotens deus, in nomine patris et filii et spiritus sancti, amen!"

Prescripta forma fuit solita fieri et erat scripta quondam in uno librorum.

Was die ständische Zusammensetzung anbelangt, so ist der Konvent bzw. das Kapitel von St. Marien rein adlig gewesen. Hier fanden die Töchter vornehmlich des Gandersheimer ministerialen Adels Aufnahme, die zum Kapitel des hochadligen Reichsstifts keinen Zugang hatten. So gehörten die 1274 genannten acht Konventualinnen nahezu ausschließlich den Familien der Gandersheimer adligen Lehnsmannen an (de Curia, von Gandersheim, von Gladebeck, von Hardenberg u. a.). Dies gilt auch noch für das 15. Jh. Die einzige Ausnahme war vielleicht die nach dem Reformversuch von 1452 nur einmal (1456) genannte Margarete Heigers, die wohl bürgerlicher Herkunft war. Die von Johann Letzner (StUBibl. Göttingen, Hs. Hist. 248/49, Brschw. Lbg. Gött. Chronica, Buch III cap. 82 u. 83, auch Abschr. VII B Hs 61, 61 a) zu bestimmten Jahren angeführten Namen von angeblichen Nonnen zu St. Marien sind sämtlich der Phantasie des Chronisten entsprungen.

Für den ständischen Rang von St. Marien ist immerhin aufschlußreich, daß nach der Reform von 1482 für die einzige Kanonisse Lucke von Mandelsloh eine Präbende in den adligen Kanonissenstiftern Neuenheerse oder Wunstorf vorgesehen wurde (14 Urk 130).

d) Klostergeistlichkeit. Kanoniker (Präbendaten), Pfarrer, Vikare

Wieviel Geistliche im Marienkloster während der ersten beiden Jahrhunderte seines Bestehens die gottesdienstlichen Funktionen ausübten, ist nicht bezeugt. Mit den *clerici in tribus monasteriis*, die nach dem Wortlaut der Originalsupplik der Kanonissen des Reichsstifts von 1107/10 (Goetting, Or. Suppl. S. 122) Mangel litten, sind zweifellos auch die im Marienkloster tätigen Priester gemeint gewesen. Die ersten Namen bietet 1229 die Zeugenschaft der Priester Henricus und Johannes in der gleichen Urkunde der Marienäbtissin Gisla, in der diese ausdrücklich den *dominae* ihres Konvents *domini* gegenüberstellte. Der oben geschilderten Umwandlung von St. Marien zum Kanonissenstift entsprechend wurden die Klosterpriester zu fest bepfründeten Kanonikern, die als „Herren" gemeinsam mit den „Frauen" das Gesamtkapitel des nunmehrigen Marienstifts bildeten. Der Entwicklungsprozeß dürfte in den ersten Jahrzehnten des 14. Jhs. im wesentlichen abgeschlossen gewesen sein. Im Verlauf des 13. Jahrhunderts traten in den Zeugenreihen von Urkunden des Marienklosters vorzugsweise die Pfarrer der Kirchen, über welche die Marienäbtissin das Patronat besaß, auf (Düderode, *Mitlingerode, Sebexen, Lewe). Ein 1265 als *plebanus sancte Marie* bezeichneter Albertus war vielleicht mit dem 1266 genannten Pleban der Patronatskirche in *Utzleben personengleich. Möglicherweise ist daraus zu schließen, daß die Priester zu St. Marien mindestens zum Teil mit den Pfarrstellen der Patronatskirchen dotiert waren. Daneben finden sich zunehmend Kanoniker des Reichsstifts als Zeugen in Urkunden des Marienklosters. Schon die *sacerdotes* Henricus und Johannes von 1229 waren vielleicht mit gleichzeitigen und gleichnamigen Reichsstiftskanonikern identisch. 1328 wurde ein bekannter Kanoniker des Reichsstifts, Gerhard von Bilderlahe, ausdrücklich als Kapellan der Marienäbtissin Adelheid bezeichnet. Ein zweiter, Johann von Dannhausen, trug die gleiche Bezeichnung, ist allerdings — falls es sich um die gleiche Person handelt — erst 1356 bis 1368 als Kanoniker des Reichsstifts bezeugt.

Danach muß angenommen werden, daß vielleicht schon im 13. und zu Beginn des 14. Jhs. — seit dem Beginn des 15. Jhs. ist es mehrfach ganz sicher bezeugt — einzelne Priester gleichzeitig oder nacheinander Kanonikerpräbenden im Reichsstift und in St. Marien innehatten, was die Entwicklung des Marienklosters zum Stift sicherlich beschleunigt haben wird. Der erste einwandfrei belegte Kanoniker von St. Marien ist 1329 Hermannus de Angulo, welcher in der Zeugenreihe einer Urkunde der Marienäbtissin hinter mehreren Reichsstiftskanonikern als *nostre ecclesie canonicus* folgt (14 Urk 40). Er war Angehöriger der Gandersheimer Bürgerfamilie vom Winkel und ein Bruder des Reichsstiftskanonikers Bertoldus de Angulo. Hermann wurde noch 1335 und 1350 in Urkunden des Reichsstifts genannt, wo er vielleicht eine Vikarie besaß.

Ganz sicher läßt sich eine Personalunion zwischen Kanonikern des Reichsstifts und von St. Marien im 15. Jh. nachweisen. Von den drei kurz nach 1400 gleichzeitig genannten Marienkanonikern Henrik Hartwich, Johann Ghiler und Henrik Rike ist der letztere 1407—1419 als Kanoniker des Reichsstifts bezeugt; der erstgenannte war 1408—1410 Propst des Klosters Brunshausen. Von den weiteren bis 1482 genannten Kanonikern war die überwiegende Zahl gleichzeitig oder mindestens zeitweise zugleich im Besitz eines Kanonikats im Reichsstift: Gerhard Stengel, Dietrich Schaper, Degenhard Borchardi, Albert Woldenberges, Hermann von dem Rode, Bertold Helwici, Johannes Hannemann. Andere Marienkanoniker hatten Vikarien im Reichsstift inne.

Wie sich aus den wenigen erhaltenen Divisionsregistern und Konsolationsrechnungen der dreißiger und vierziger Jahre des 15. Jhs. ergibt, bestanden damals drei Kanonikerpräbenden, eine Zahl, die auch der der früheren Klosterpriester entsprochen haben wird. Die Kanoniker oder Präbendaten hatten ihren Sitz im sog. *chorus dominorum* oder Herrenchor, der zwar erst 1429 belegt, aber schon für die frühere Zeit aus dem 1274 genannten *chorus dominarum* zu erschließen ist. Der Herrenchor war der Ostchor mit dem Hochaltar. Eigene Kurien der Kanoniker sind bezeugt, so 1433 das zur Präbende des Dietrich Schaper gehörige Haus neben der Äbtissinnenkurie (14 Urk 83).

In den Sondereinkünften den Kanonikern gleichgestellt, sonst aber ihnen nicht zugerechnet war der Stifts p f a r r e r , der Inhaber des Pfarraltars St. Pantaleonis im Marienmünster. Er wird niemals als Kanoniker, sondern stets als *plebanus, rector altaris parochialis, curatus* oder *perner* bezeichnet. Auch er führte, wie die Kanoniker, zeitweise zusätzlich den Titel eines *capellanus abbatisse*. Der erste nachweisbare Pfarrer war der 1265 genannte *Albertus, plebanus s. Marie*. Der Stiftspfarrer hatte eine besondere Präbende und bewohnte einen eigenen Pfarrhof mit Pfarrgarten. Mehrere *domus dotis parochie s. Marie* werden, zwischen dem Marientor der Stadt und St. Marien gelegen, 1429 genannt (VII B Hs

276 S. 21). Ein zum *parhove* gehöriger Bleek wurde 1433 zur Stadtbefestigung und Anlage eines Grabens in Anspruch genommen (ebda. S. 5).

Verhältnismäßig selten sind Vikare bei St. Marien als solche bezeugt. Doch ist bei den meisten Namen von Klerikern, die in den Quellen auftauchen, anzunehmen, daß sie entweder Geistliche der Patronatskirchen oder Vikare des Marienmünsters oder beides zugleich gewesen sind. Bei der relativ geringen Anzahl der bekannten Altäre (s. o. § 3, 2) wird die Zahl der Vikariate nicht hoch gewesen sein und zu gleicher Zeit kaum mehr als fünf bis sieben betragen haben. Gelegentlich der von dem Vikar Werner Raphon errichteten Bibliotheksstiftung wurde 1477 bestimmt, daß der Stiftspfarrer und der älteste *perpetuus vicarius* je einen Schlüssel zur Bibliothek und zur Lade der Rentenbriefe haben sollten. Außerdem sollten *alle vicarii unsirer kerken* an den Präsenzgeldern der Memorienfeier des Stifters partizipieren (Herbst, Bibl. S. 53—55). Daß einzelne dieser Vikare besondere Häuser im Bereich von St. Marien bewohnten, wird durch entsprechende Kauf- und Mietverträge belegt.

e) Konversen, Opfermänner *(Custodes)*, Organisten und Schüler

Die Zahl der Konversen scheint immer gering gewesen zu sein. Aus der älteren Zeit ist allein 1229 ein *Retherus conversus* genannt, von dem vermutet werden kann, daß er der Gandersheimer Stiftsministerialenfamilie von Calefeld angehörte (1256 Retherus von Calefeld, 14 Urk 8). Daß der Abteihofmeister der zweiten Hälfte des 13. Jhs. — als *dispensator* oder *officialis curie* bezeichnet — Konverse war, ist wohl anzunehmen. Der 1438 genannte *broder* Henrik Grote, Hofmeister der Äbtissin, kann sicher den Konversen zugerechnet werden, während später die auf Zeit angenommenen Hofmeister Laien und z. T. verheiratet waren. Weibliche Konversen sind bis zur Reform nicht belegt.

Opfermänner *(custodes, campanatores, opperlude)* erscheinen erst im 15. Jh. in den Quellen. In den dreißiger und vierziger Jahren besaß St. Marien gleichzeitig zwei *Custodes* (11 Alt Mar. Gand. Rechn. 2), von denen mindestens einer (Henricus Hellekop) Kleriker und *opperscoler* war. Er war immerhin in der Lage, eine Singvesper zum Fest des hl. Anastasius am 27. April im Münster des Reichsstifts zu stiften (VII B Hs 46 S. 13). Zeitweise war er auch als Organist tätig *(cantans in organis*, 11 Alt Mar. Gand. Rechn. 2), während sonst andere Kleriker, wohl Vikare, den Organistendienst ausübten. Die Bibliotheksstiftungsurkunde vom 5. Januar 1477 nennt außer einem Organisten nur einen Custos (14 Urk 123). Er bewohnte ein eigenes *opperhus* neben der Äbtissinnenkurie (erstmalig 1433 genannt, 14 Urk 83).

Eine Schule bestand bei St. Marien nicht. In einer Urkunde der Marienäbtissin vom 12. April 1283 (14 Ukr 23) tritt vereinzelt ein *Guntherus scolaris noster* auf. Im August 1436 wird ein Tylemannus, Schüler des Kanonikers Dietrich Schaper, genannt (11 Alt Mar. Gand. Rechn. 1).

§ 13. Von der Reform i. J. 1482 bis zur Aufhebung des Klosters i. J. 1570

1. Äbtissin

Wie oben (§ 10) dargelegt, führte die Reform von 1482 nicht zur Übernahme der von der Augustinerregel beeinflußten Verfassungsformen des Benediktinerinnenklosters Lamspringe, von dem aus die neue Besetzung von St. Marien erfolgt war. Vielmehr blieb die Äbtissinnenwürde ebenso wie das Kanonikerkapitel erhalten, was wohl wesentlich durch die bestehende Vermögenstrennung begründet war, die man nicht ändern konnte oder wollte.

Von den vier rasch aufeinander folgenden Äbtissinnen der Anfangszeit waren die beiden ersten, Margarete von Ruscheplaten und Gertrud von Bortfeld, adlig, die beiden folgenden schon bürgerlich. Auf Margarete Dernedden, welche die Äbtissinnenwürde zwanzig Jahre lang innehatte, folgte dann wieder für mehr als drei Jahrzehnte eine adlige Äbtissin, Agnes von Roringen, mit der ihr Geschlecht ausstarb. Von den letzten vier Äbtissinnen war nur noch Barbara von Berckefeld (1562 bis 1566) von Adel.

Der Modus der Wahl und Bestätigung der Äbtissin änderte sich nicht wesentlich. Es wählte im Juni 1486 die *gancze sampninge, virgines, prebendati et professe.* Dann wurde die Elekta der Reichsstiftsäbtissin zur Bestätigung präsentiert, die sie nach Ableistung des Treueides *in corporalem et realem possessionem abbatie* einwies (VII B Hs 17 Bl. 9). Die entsprechenden Vorgänge bei der Wahl, Bestätigung und Einsetzung der Äbtissin Agnes von Roringen wurden im Rahmen der historischen Übersicht (s. o. § 10) ausführlich geschildert und der von ihr geleistete Eid im Wortlaut wiedergegeben.

In Analogie zu den benachbarten Nonnenklöstern kam auch für die Marienäbtissin seit dem dritten Jahrzehnt des 16. Jhs. die Bezeichnung Domina auf, die schließlich den Äbtissinnentitel verdrängte.

2. Priorin

An zweiter Stelle nach der Äbtissin urkundete am 18. April 1484 die ebenfalls aus Lamspringe gekommene *kemerynne* Mette Wolpken (VII

B Hs 276 S. 109). Sie führte schon im September desselben Jahres die Bezeichnung *priorinne* (ebda. S. 109). Das Amt der Priorin als der Stellvertreterin der Äbtissin mit Aufgaben der inneren Konventsführung erhielt sich unverändert bis zur Aufhebung des Klosters.

3. Küsterin

An dritter Stelle rangierte in der gleichen Urkunde vom 18. April 1484 (VII B Hs 276 S. 109) und weiterhin die Küsterin, die vor der Reform die einzige Dignität in St. Marien dargestellt hatte. Ein Sondervermögen der Küsterei ist, wie zuvor, noch 1487 bezeugt (14 Urk 143), läßt sich aber später nicht mehr nachweisen. Das Küsterinnenamt umfaßte offenbar zugleich auch die Obliegenheiten der Procuratrix oder Schäfferin (s. unter 4), also die Vermögensverwaltung. Zu Beginn der vierziger Jahre des 16. Jhs. wurde es zweifach besetzt: im Februar 1542 erscheint eine erste und eine zweite Küsterin (14 Urk 204).

4. Procuratrix oder Schäfferin

Die zweite Küsterin der vorgenannten Urkunde, Anna Pölden, wurde fünf Jahre später, am 9. April 1547, einmal Procuratrix genannt (VII B Hs 280, o. S.). Die Bezeichnung verschwand wieder und tauchte erst im August 1561 wieder auf (14 Urk 214). Noch im selben Monat erschienen zwei Schäfferinnen zugleich (VII B Hs 278 Bl. 213 v), die nun in den folgenden Jahren promiscue als erste bzw. zweite Küsterin, Procuratrix oder Mitschäfferin bezeichnet wurden. Küsterinnen- und Schäfferinnenamt waren also bei doppelter Besetzung und unter wechselnder Benennung der Inhaberinnen bis zum Ende des Klosters vereinigt.

5. Cantrix

Eine den Bursfelder Caeremoniae sanctimonialium entsprechende Cantrix, die über den Chorgesang und die Bücher für Chordienst, Lesung und Studium zu wachen hatte, erschien nur 1515/16, und zwar hinter der Priorin, aber vor der Küsterin (14 Urk 179), und noch einmal am 9. April 1537 (VII B Hs 280, o. S.). Mit der Wahl der Amtsinhaberin Anna Rudemans zur Priorin erlosch das Amt.

6. Gastmeisterin

Nur vorübergehend während der Schmalkaldischen Besatzungszeit wurde das Amt einer Gastmeisterin eingerichtet (25. Oktober 1543, VII B Hs 277 S. 124, 278 Bl. 70). Es verdankte seine Entstehung wohl den besonderen Zeitumständen und sollte die Ämter der beiden Küsterinnen bzw. Schäfferinnen ersetzen, da die Gastmeisterin allein nach der Äbtissin als Ausstellerin urkundete. Die Inhaberin des Amtes, Ilsabe Groteians, wurde nach Wiederherstellung der alten Zustände 1549 wieder nur als *begeven junckfrau* bezeichnet (14 Urk 205).

7. Nonnenkonvent

Wieviel Nonnen Lamspringe im J. 1482 an das reformierte Marienkloster abgegeben hat, ist nicht überliefert. Doch war der Nonnenkonvent nach der Reform wesentlich stärker als das bisherige Kanonissenkapitel. Die Konventualinnen wurden allgemein als *(professe) moniales, virgines* oder *junffern* bezeichnet, im Registrum chori des Reichsstifts von c. 1538 aus Anlaß der gemeinsamen Fronleichnamsprozession einmal auch als *virgines vestales seu moniales* (VII B Hs 48 Bl. 26 v). Namen von Nonnen sind uns erst aus dem Beginn des 16. Jhs. bekannt. Nach den Handarbeitslisten der Rechnungen von 1501—1504 gab es einschließlich der Priorin und Küsterin 16 Konventualinnen und dazu 3 Laienschwestern. Die Berichte für die Schmalkaldener Besatzungsmacht von 1544 und 1546 zählten 13 bzw. 11 *Chorjungfern* auf (StadtA. Braunschw. B III 5 Bd. 27 Bl. 561 u. 615 v). Bei der Auflösung des Klosters am 9. Okt. 1570 waren es einschließlich der Priorin und der beiden Küsterinnen bzw. Schäfferinnen noch 7 Nonnen, die den Vertrag über ihre Abfindung eigenhändig unterschrieben (14 Urk 231, 232, s. o. § 11).

Der ständischen Zusammensetzung nach war die Mehrheit des Konvents bürgerlich. Zu Beginn des 16. Jhs. waren drei Nonnen, 1544/46 ebenfalls drei „vom Adel". Bei der Auflösung i. J. 1570 gab es keine adligen Konventualinnen mehr.

Die Einkaufsgelder waren, soweit dies die wenigen erhaltenen Rechnungen erkennen lassen, verschieden und schwankten zwischen 4 und 70 Pfund, wobei allerdings auch mit ratenweiser Entrichtung gerechnet werden muß. Beim Eintritt der Margarete Dannenberges 1511/12 zahlte ihr Vater sogar 100 Pfund und 100 fl ein (11 Alt Mar. Gand. Rechn. 8 S. 17 f.). Sondervermögen einzelner Konventualinnen sind bezeugt, besonders auffallend z. B. bei der Einbecker Bürgerstochter Ilsabe Groteian (c. 1502— nach 1549), deren Eltern für bedeutende Summen mehrere Leibzuchtsverschreibungen kauften. Die Zinsen sollten nach der Eltern Tode ihrer Tochter zukommen, u. a. ausdrücklich zur Beschaffung von *kleydern und ander notbedarff* oder *to schoen, pantufelen unde to klederen* (VII B Hs 277 S. 30—33). Ähnliches wurde 1528 für die Schwesterkinder des Northeimer Bürgermeisters Albrecht Welgen, die Konventualinnen Jutta Uden und Jutta Mullers, festgelegt (ebda. S. 47 f.).

Daß die Vermehrung des Konvents das Kloster mit der Errichtung notwendiger Bauten vor ernste wirtschaftliche Probleme stellte, war bereits oben (§ 11) gesagt worden. Eine gewisse Einnahme wurde aus den Handarbeiten der Konventualinnen erzielt, wie einige wenige Abrechnungslisten aus dem Anfang des 16. Jhs. ausweisen. Als Handarbeitszweige werden Stricken, Wirken, Weben und Sticken genannt.

8. Novizen (Lehrkinder)

Schon bei der Neubesetzung aus Anlaß der Reform von 1482 sollten aus Lamspringe auch „Kinder" nach St. Marien abgegeben werden. Ferner sollte die Aufnahme „ausländischer Kinder" nur mit Zustimmung der Landesherrschaft erfolgen (14 Urk 129). Eine eigene Novizenmeisterin ist zwar nicht belegt, doch bestand für die Novizen ein Sondervermögen. Nach der Stiftungsurkunde für eine Kommissie durch den Vikar Johannes Schneehagen *(Fundatio Snehagen tor Confesserie)* sollte der jeweilige Kommissar *unseren kynderen ad mensam* jährlich 4 Stübchen Wein und 2 Pfund Wachs zu Festen und Memorien geben (VII B Hs 280, — [6]). Die Klosterrechnung von 1508 (?) (11 Alt Mar. Gand. Rechn. 10) verzeichnete einen Betrag für *unse kyndere, alse professeren deden.*

Aber auch als Internatsschülerinnen wurden junge Mädchen zur Erziehung ins Kloster gegeben. So verzeichnete die Klosterrechnung von 1501 die Aufnahme von je einer Tochter Luleffs von Salder und Cords von Mandelsloh zur Ausbildung. Der Letztgenannte zahlte für ein Jahr Kost zusammen 16 Pfund (11 Alt Mar. Gand. Rechn. 6).

9. Laienschwestern

Während weibliche Konversen vor der Reform urkundlich nicht belegt sind, treten nach der Reform jeweils mehrere Laienschwestern auf. Zwei von ihnen wurden 1504 für Wirkarbeiten besonders entlohnt (11 Alt Mar. Gand. Rechn. 6). Die Berichte für die Schmalkaldener gaben für 1544 und 1546 jeweils 7 *Leynonnen* an (StadtA. Braunschw., B III 5 Bd. 27 Bl. 561 u. 615 v). Bei der Aufhebung von St. Marien i. J. 1570 waren 6 Laienschwestern im Kloster, die die Urkunde unterschrieben (14 Urk 231). Im J. 1573 erhielten noch 5 Laienschwestern eine Rente von je 21 fl 12 g (37 Alt 1078 Bl. 281).

10. Die Klostergeistlichkeit (Präbendaten, Pfarrer, Vikare)

Bereits oben (§ 10) war dargelegt worden, daß die Reformierung von St. Marien und die Rückkehr zur Benediktinerregel für die Priesterschaft des Klosters weder personell noch institutionell eine grundlegende Änderung herbeiführte. Die drei Kanonikerpräbenden blieben nach wie vor bestehen. Jeweils eine oder zwei hatten weiterhin Kanoniker des Reichsstifts inne (s. die Personallisten). Die Klostergeistlichen nannten sich unverändert Kanoniker oder Kapitelsherren und bildeten das *capitulum* neben dem *conventus* der Nonnen, soweit nicht von einem Gesamtkapitel oder der *ganczen sampninge* des Klosters die Rede war. Noch in den ersten Jahrzehnten des 16. Jhs. gingen die Kanoniker den Konventualinnen rangmäßig voran, wie die Vorgänge bei der Äbtissinnenwahl von 1509 erkennen lassen (s. o. § 10). In einer Urkunde vom 7. April 1515 rangierte der „Senior" der Kanoniker hinter der Äbtissin und Priorin, aber vor den übrigen Amtsträgerinnen (VII D Hs 52 Bl. 38 v), und in einer Urkunde des Klosters von 1518 heißt es geradezu: *dat ganze capittel, heren unde juncfruwen* (VII B Hs 277 S. 11).

Den Ordensleuten der Bursfelder Kongregation war freilich die anomale Verfassung von St. Marien ein Dorn im Auge, wie aus der Kritik des Chronisten Henricus Bodo von Clus (s. o. § 10) hervorgeht. So verschwand allmählich die Bezeichnung „Kanoniker" zu Gunsten des Titels *presbiter et prebendatus*. Die Verhältnisse während der Schmalkaldischen Besetzung verminderten die Bedeutung des Präbendatenkapitels nachhaltig, und die zunehmend schlechter werdenden wirtschaftlichen Verhältnisse führten schließlich zu einer Reduzierung der Präbenden. 1561 gab es nur noch zwei, seit dem 17. März 1563 nur noch einen Präbendaten, den Reichsstiftskanoniker Johann Schnor, der sich in Angleichung an die Verhältnisse der Nachbarklöster als „Propst" bezeichnete (14 Urk 217; VII B Hs 278 Bl. 66 v). Im Jahre 1567 schied er vermutlich wegen einer Affäre mit der inzwischen ausgetretenen Nonne Dorothea Heilwigs aus (11 Alt Gand. Fb. 1, III, 139, 1). So trat bei der Aufhebung des Klosters i. J. 1570 überhaupt kein mitspracheberechtigter Präbendat mehr in Erscheinung.

Auch an der Stellung des Kloster p f a r r e r s änderte die Reform von 1482 nichts. Er hatte als Inhaber des Pfarraltars St. Pantaleonis eine besondere Pfründe und gehörte dem Kapitel der drei Kanoniker und Präbendaten nicht an. Der Pfarrer Wicbold Lurentute, der das Amt von 1458—1501 bekleidete, erreichte nach der Reform für seine Person eine Teilhaberschaft an den Konsolationseinnahmen der Präbendaten und deren Verwaltung (14 Urk 137). Sein Nachfolger Heinrich Uden war noch länger, mehr als fünfzig Jahre, im Amt und überdauerte auch die Zeit der Schmalkaldischen Besetzung, deren Forderungen er sich vorübergehend unterwerfen mußte (s. o. § 11). Nach seinem Tode (vor 1559?) wurde die Pfarrei nur noch kurzzeitig besetzt. Sie fiel dem Präbendenschwund der letzten Jahre zum Opfer und wurde seit 1563 von dem einzigen Präbendaten und „Propst" wahrgenommen. Nach dessen Ausscheiden behalf man sich offenbar mit dem Vikar des Reichsstifts Ernst Walten (11 Alt Mar. Gand. Rechn. 14).

Die Zahl der Vikare scheint schon seit dem ersten Viertel des 16. Jhs. erheblich zurückgegangen zu sein. Vikare, die ausschließlich dem Marienkloster dienten, sind urkundlich nicht belegt. Soweit erkennbar, waren sie sämtlich gleichzeitig mit Kanonikaten oder Vikariaten im Reichsstift versehen oder waren Inhaber von Patronatspfarren. 1518 wurden neben den drei Präbendaten und dem Pfarrer vier Commissarii als ständig anwesend genannt (VII B Hs 277 S. 12), was der Anzahl der uns bekannten Nebenaltäre entspricht. Schon bei der ersten lutherischen Visitation vom 31. Oktober 1568 waren die Kornpräbenden der noch vorhandenen drei Vikarien dem Konvent überlassen worden. Die Vikarien waren also wohl ebenfalls schon nicht mehr besetzt gewesen.

11. Opfermänner und Hofmeister

Trotz der Konventsvermehrung hatte St. Marien auch nach der Reform nur einen *opperman* (1518, VII B Hs 277 S. 12).

Die Hofmeister waren wohl durchwegs keine Konversen mehr, sondern dienstvertraglich angestellte Laien. Bemerkenswert ist, daß 1518 *unse homester* nach dem Tode des Stifters der Kommissie BMV. Conc. et Mathie ap. am St. Annenaltar, des Vikars Johann Schneehagen, das Präsentationsrecht für die jeweiligen Kommissare ausüben sollte (VII B Hs 277 S. 12).

§ 14. Verhältnis zum Reichsstift Gandersheim und zum Diözesanbischof

Die Eigentumszugehörigkeit zum Reichsstift Gandersheim wurde in St. Marien schon deshalb stärker als bei dessen übrigen Eigenklöstern empfunden, weil das Bewußtsein, unmittelbar von einer Äbtissin des Reichsstifts gegründet zu sein, stets lebendig blieb. Deutlichen Ausdruck fand dieses Bewußtsein in dem — angesichts der weiteren Ereignisse nicht vollzogenen — Schutzbrief, den sich die Marienäbtissin Elisabeth von Rusheplaten am 6. Februar 1452 von der Stiftsäbtissin Elisabeth erbat: *so ichteswelke unses stifftes vorfarn seliger dechnisse ebdischen dat stichte to sunte Marien vor G. fundert mit gudern, tynßen unde renthen, do id von keisern unde konnigen begavet is, . . . an uns gekomen is na inholde ittesliker privilegien van paveßen unde keyseren unses unde ores stichtes tho frygheid dar over gegeven* ... (14 Urk 102). Wenig später gab die Stiftsäbtissin unter Berufung auf die Gandersheimer Exemtion *als eyn överste unde vorstennerynne des gen. stichtes to sunte Marien* dann von sich aus die Anweisung zur ersten, schließlich nicht durchgeführten Reform. Sie betonte dabei ausdrücklich das von ihren Vorgängerinnen und ihr selbst auf Grund päpstlicher Privilegierung ausgeübte Recht, die Vorsteher ihrer Eigenklöster zu bestätigen (VII B Hs 11 Bd. 2 ad 1452).

Bei freier Wahl durch den Konvent bzw. das Gesamtkapitel, die schon durch DOII. 35 verbrieft worden war, wurde dieses Bestätigungsrecht auch nach der Reform von 1482 unverändert ausgeübt. Die Gewählte wurde der Stiftsäbtissin präsentiert, leistete ihr den Treueid und wurde von ihr *per anuli traditionem* investiert (s. o. § 13, 1). Eine Einflußnahme der Stiftsäbtissin vor der Wahl oder auf die Wahl selbst kann mindestens für die ältere Zeit angenommen werden. Doch auch beim Wahlakt vom 22. November 1509 war die Patronatsherrin persönlich anwesend, was die Wähler veranlaßte, ihren Vorbehalt im Hinblick auf ein mögliches Präjudiz daraus anzumelden (VII B Hs 277 S. 6; vgl. oben § 10). Besonders enge Beziehungen zum Reichsstift bestanden dadurch, daß die Klostergeistlichkeit bzw. das Kanoniker- und Präbendatenkapitel wohl schon in früher Zeit, sicher nachweisbar aber vom 14. Jh. bis zur Aufhebung des Klosters zu einem beträchtlichen Teil von Kanonikern und Vikaren des Reichsstifts gestellt wurde. Auch die örtliche Nähe trug selbstverständlich zu solchen Verbindungen bei. So war das Marienkloster in den Prozessionsgottesdienst des Reichsstifts einbezogen, das u. a. zur Ostervesper eine Prozession nach St. Marien veranstaltete (vgl. das Registrum chori VII B Hs 48). Ebenso nahmen die Gandersheimer Stiftskanoniker an der Kirchweihprozession von St. Marien teil (11 Alt Mar. Gand. Rechn. 1).

Aus der alten Gandersheimer Villikation Wanzleben erhielt St. Marien zu Purif. Mariae 25 Schillinge *corpenninge,* ferner 12 Schillinge *ad oves.* Gebäcklieferungen aus dem Zehnten von Altgandersheim werden ebenfalls im Gandersheimer Einkünfteverzeichnis des 13. Jhs. erwähnt (VII B Hs 42, Erath, Cod. dipl. Quedl. S. 195 f.).

Angesichts des ununterbrochenen Eigentums- bzw. Patronatsverhältnisses mußte die rasche Unterwerfung unter die Forderungen des Herzogs Julius und die widerstandslose Aufgabe des Klosters seitens der Marienäbtissin Margarete Vischers und des Konvents am 9. Oktober 1570 dem Reichsstift mit Recht als Felonie erscheinen. Allerdings muß zugegeben werden, daß es auch nichts Wirksames getan hatte, um dem

Marienkloster aus seinen unerträglichen wirtschaftlichen Schwierigkeiten herauszuhelfen, in denen es sich mindestens seit dem Ende des 15. Jhs. befand.

Das Verhältnis zum Diözesanbischof entsprach dem des Reichsstifts. Die ersten Anfänge von St. Marien gingen auf den Hildesheimer Bischof Thiethard zurück, so daß möglicherweise eigenkirchliche Ansprüche Hildesheims hätten geltend gemacht werden können. Diese scheinen jedoch mit der Neugründung durch die Stiftsäbtissin Gerberga II. ausgeschaltet worden zu sein, da DOII. 35 keinerlei bischöfliche Beteiligung erwähnt. Ihre jurisdiktionellen Rechte aber haben die Hildesheimer Bischöfe ohne Einschränkung zur Geltung bringen können, wie insbesondere aus der Vita Godehardi ep. (s. o. § 7) deutlich hervorgeht. Auch die Weihe der Klosterkirche durch Bischof Brun von Augsburg im Januar 1007 erfolgte in ausdrücklichem Einvernehmen mit Bischof Bernward von Hildesheim.

Mit der Erringung der Exemtion durch das Reichsstift im Jahre 1206 galt diese auch für dessen Eigenkloster St. Marien. Bischöfliche Weihehandlungen werden zunächst, wie im Reichsstift, von päpstlichen Legaten oder auswärtigen Bischöfen erbeten worden sein, doch fehlen für St. Marien entsprechende Nachrichten hierüber. Soweit die Exemtionsrechte, die, soweit erkennbar, von Hildesheim grundsätzlich anerkannt wurden, diesem gegenüber gewahrt werden mußten, wurden sie vom Reichsstift selbst für seine Eigenklöster vertreten, so etwa 1467 mit einer Appellation an die Kurie, als Bischof Ernst von Hildesheim das Subsidium caritativum von ihnen zu erheben versuchte (6 Urk 534). Andererseits betonte, als 1452 der Bischof auf die Reformierung von St. Marien Einfluß zu nehmen drohte, die Äbtissin des Reichsstifts ausdrücklich ihre Zuständigkeit hinsichtlich einer Reform auf Grund der Exemtion: *so wy und unse stiffte . . . dem stole to Rome ane middel mit anderen unsen kerken und stifften, benemptliken dem stichte to sunte Marien, Clus und Brunteshusen sin behorich und underdan . . .* (VII B Hs 11 Bd. 2 ad 1452). Eine Weihe des Friedhofs mit Ablaßerteilung für den Prozessionsumgang durch den Weihbischof Johannes von Missina am 20. Juli 1456 erfolgte denn auch in *e x e m p t o monasterio gloriose virginis Marie prope et extra muros Gandersemenses* (14 Urk 106). Die zweite, wirklich durchgeführte Reform von 1482 aber erfolgte dann doch im Sinne der Bursfelder Gepflogenheiten mit Beteiligung des Bischofs, der ohnehin seine Zustimmung für die Besetzung von St. Marien mit Nonnen aus Lamspringe geben mußte. Gleichwohl sind unmittelbare Rechtshandlungen des Ordinarius im Marienkloster bis zu dessen Aufhebung nicht überliefert.

§ 15. Verhältnis zum Landesherrn

Der Vogt des Reichsstifts besaß von Anfang an auch die Vogtei über dessen Eigenklöster. Dies war auch der Fall, als die Herzöge zu Braunschweig und Lüneburg im 13. Jh. die Stiftsvogtei erlangt hatten. Die Schwäche des Reichsstifts konnte in der folgenden Zeit nicht verhindern, daß sich die herzogliche Schutzvogtei über die ihm untergebenen Klöster zu einem landesherrlichen Klosterregiment ausweitete. Auch St. Marien bildete keine Ausnahme und wurde, wie die übrigen klösterlichen Anstalten des Landes, zu den Steuern und Lasten des Fürstentums herangezogen. Das Schatzregister von 1448 (StadtA. Göttingen, Allg. Steuer- u. Schatzsachen 2 Bl. 28) verzeichnete für *Sunte Marigen* eine Zahlung von 20 Gulden (Clus 10, Brunshausen 30 Gulden). 1476 wurden *to Ganderssem de clostere* mit 15 Gulden, 1488 zum Brautschatz anläßlich der Heirat der Tochter Herzog Wilhelms d. J. mit dem Landgrafen Wilhelm d. Ä. von Hessen *beide stiffte to Gandreßem* mit 45 Gulden besteuert (ebda. Bl. 53 u. 76). Erst gelegentlich der Reform von 1482 konnte St. Marien gegen Abtretung einer Wiese wenigstens die Befreiung von Diensten an die herzogliche Burg in Gandersheim erreichen (14 Urk 129).

Gerade die beiden Reformen des 15. Jhs. machten den starken Einfluß der Herzöge und ihr Bestreben sichtbar, auf Grund ihrer Schutzherrschaft auch über die Verfassung der Klöster zu bestimmen. Wie in Clus und Brunshausen waren sie auch im Falle des Marienklosters die maßgebenden Förderer der Reform, und zwar schon 1452. Mit den Worten des unvollzogenen Schutzbriefs der Stiftsäbtissin Elisabeth für St. Marien (14 Urk 102), sie wolle *vorder dar nemande neyne macht over geven to regerende in jennigen stucken geistliken effte werliken,* waren offenbar sowohl der Bischof von Hildesheim wie auch Herzog Wilhelm d. Ä. gemeint. Dieser trug in der Tat kurz darauf dem Abt von Clus auf, für eine Neubesetzung von St. Marien mit Reformnonnen Sorge zu tragen, wobei er behilflich sein wolle (20. März 1452, VII B Hs 11 Bd. 2).

Gelang gleichwohl dieser erste Reformversuch nicht, so war die Gelegenheit drei Jahrzehnte später wesentlich günstiger. Die Bestätigungsurkunde Herzog Wilhelms d. J. vom 14. Mai 1487 besagte zwar, daß die eigentliche Reform von seiner Verwandten, der Stiftsäbtissin Sophia IV., durchgeführt worden sei, betonte aber die Zustimmung seines Vaters, Herzog Wilhelms d. Ä., hierzu und versprach der nunmehr reformierten Anstalt ausdrücklich seinen Schutz (14 Urk 129). Es kann kein Zweifel daran bestehen, daß nicht das Reichsstift, sondern der Landesherr im Zusammenwirken mit dem Abt von Clus als Vertreter der Bursfelder Kongregation der eigentliche Initiator der Reform gewesen ist. Das gleichzeitig ausgesprochene Verbot, „ausländische Kinder“ ohne Zustimmung des Herzogs aufzunehmen, beleuchtet den Verfügungsanspruch des landesherrlichen Klosterregiments auch über die inneren Verhältnisse von St. Marien.

Schon anderthalb Jahrzehnte später kam es zu dem Versuch des Herzogs, das Marienkloster überhaupt aufzulösen und den Konvent nach Brunshausen zu transferieren, da seine wirtschaftliche Entwicklung nach der Reform den herzoglichen Erwartungen offenbar nicht entsprach und ein Franziskanerobservantenkloster eine geeignetere Vertretung der Interessen des Landesherrn in Gandersheim zu sein schien (s. o. § 10). Die wohl von seiten der Bursfelder Union unterstützte Aktion kam trotz päpstlicher Bestätigung schließlich nicht zur Ausführung, zeigt aber deutlich, in wie rücksichtsloser Weise die Landesherrschaft in die bestehenden Rechtsverhältnisse des Marienklosters einzugreifen versuchte.

Im 16. Jh. nahm die rigorose Regierungsweise Herzog Heinrichs d. J. die Wirtschaftskraft der kirchlichen Anstalten des Landes bis zum äußersten in Anspruch. Die von dem herzoglichen Amtmann Hans von Scharfenstein seit 1520 durchgeführte Neubefestigung der Stadt Gandersheim führte sogar zur Wegnahme eines Teiles des engeren Klosterbezirks von St. Marien (14 Urk 191, s. o. § 10). So war der wirtschaftliche Niedergang des Marienklosters nicht zuletzt auch durch immer mehr gesteigerte Belastungen seitens der „Herrschaft“ bedingt (VII B Hs 280, — [3]). Die Schmalkaldische Besatzung behandelte St. Marien ohne Rücksicht auf die Rechte des Reichsstifts wie die übrigen Klöster des Fürstentums Wolfenbüttel. So konnte Herzog Julius im Herbst 1570 das wirtschaftlich nahezu ruinierte Kloster, dessen Äbtissin und Konvent keinen Widerstand leisteten, sozusagen im ersten Anlauf auflösen und als Stiftungsgut für das neugegründete Gandersheimer Pädagogium und dessen Nachfolgerin, die Universität Helmstedt, übernehmen.

§ 16. Patronatskirchen

Die Äbtissin von St. Marien besaß an folgenden Kirchen die Patronatsrechte:

*Mitlingerode (Modelingerode), Kr. Osterode (1260 Pleban, 14 Urk 10; 1437 Präsentationsrecht, VII B Hs 276 S. 11);

Düderode (Dudingerode), Kr. Osterode (1260 Pleban, 14 Urk 10; Präsentationsrecht 1438 und 1443, VII B Hs 276 S. 55 u. 10);

Sebexen, Kr. Osterode (1145 Beteiligung der Marienäbtissin an der Errichtung der Kapelle, die von der Kirche in *Weißenwasser abgetrennt wurde, 14 Urk 4, P. Acht, Mainzer UB 2, 1, 78 S. 154; 1352 volles Kirchenpatronat der Äbtissin nach Verzicht der Knappen von Sebexen auf ihre Ansprüche, 14 Urk 48).

*Lewe (Levede), Kr. Goslar (1260 Pleban, 14 Urk 10) wird am 2. April 1305 in einer Tauschaktion mit Bischof Siegfried von Hildesheim gegen das Kirchenpatronat in

Wetteborn, Kr. Alfeld, vertauscht (14 Urk 34 u. 38, Reg. UBHHild. 3 S. 728 nr. 1532). Zur Pfarrkirche Wetteborn gehörten später die Kapellen zu Ohlenrode, Eyershausen und Dankelsheim.

*Söse (Zuza bzw. to der Sose), Kr. Osterode (Patronatsrecht der St. Mauritius-Kapelle 1375/77 über die Äbtissin Bertradis von der Söse an das Marienkloster, 14 Urk 50 u. 51, Patronatsausübung noch 1516, 14 Urk 182—184).

Derenburg, Kr. Wernigerode (Schenkung der Kirche mit Zubehör durch die Stiftsäbtissin Sophia I. von Gandersheim von K. Heinrich II. bestätigt, DHII. 323; „die Kirche mit Zubehör" noch 1487 in VII B Hs 278 Bl. 1 ff. aufgeführt, aber längst verloren).

§ 17. Siegel

I. Klostersiegel

1) Großes Konventssiegel, Mitte (?) 12. Jh.
Format: rundoval, 75 × 65 mm. Bild: Hl. Jungfrau mit großem Nimbus (ohne Kind) sitzend auf säulengetragener Thronbank ohne Rückenlehne, in der erhobenen linken Hand kurzes Lilienzepter, in der erhobenen rechten Hand kleine Weltkugel mit großem Kreuz. Umschrift: · SANCTA MARI†A · VIRGO · IN GANDERSHEIM ·

Bild, Umschrift und deren Anordnung (von links unten, Kreuz über dem Haupt der Gottesmutter) sprechen für verhältnismäßig frühe Entstehung des Siegels. Es ist zuerst an einer Urkunde der Äbtissin Gisla von c. 1227 (StA. Magdeburg Rep. U 9 [Quedlinburg] C 1 Kloster St. Wiperti nr. 10; Abb. bei Erath, Cod. dipl. Quedl., Tab. XXII, 2) und an einer Urkunde von 1229 (14 Urk 6) erhalten. Mehr oder weniger beschädigt mit meist verlorener Umschrift findet es sich an den weiteren Urkunden 14 Urk 13, 23, 35^{I}, 35^{II}, 45, 79, 88, 92,

93, 118, 120, ein besser erhaltener Abdruck an der Urkunde 41 Urk 34 von 1433. Zuletzt erscheint es 1512 (14 Urk 169). Harenberg bietet Tab. XIII, Fig. XIX einen Stich des Siegels mit falsch gelesener Umschrift, entsprechend auch das v. Praunsche Siegel-Cabinett 5 Slg. XI, 42.

2) Kleines Konventssiegel, 16. Jh.
Format: rund, ⌀ 24 mm. Bild: In elliptischem Rahmen gekrönte hl. Maria stehend mit Kind auf dem linken Arm. Umschrift: „S(igillum) eccl(esie) s(ancte) Mar(ie) in Ganders(em)."
Nur als Tektursiegel 1559—1570 erhalten, am besten auf 14 Urk 217 und 220. Erwähnt als *unses klosters lutkes ingesegel* schon 1531 und 1533 (VII B Hs 277 S. 57 u. 40), später als „kleines Siegel" oder auch als *unsers stifftes ingesiegel* bezeichnet.

II. Äbtissinnensiegel

1) Die persönlichen Äbtissinnensiegel sind in den Personallisten (unten S. 144 ff.) beschrieben.

2) Allgemeines Äbtissinnensiegel, 1482 ff.
Format: rund, ⌀ 32 mm. Bild: Hl. Jungfrau im Schleier mit linksgeneigtem Kopf stehend, das Kind auf dem rechten Arm tragend, in der gesenkten linken Hand den Anfang des gewundenen Bandes mit der Umschrift haltend. Umschrift: „S(igillum) * abb(attiss)e * eccl(esi)e * s(anct)a [!] * Maria [!] *".
Erhalten von 1487—1570, überwiegend schlecht ausgeprägt, besser erhalten nur als Tektursiegel 14 Urk 221 und 227. Zugleich als „Großes Klostersiegel" verwendet (1509: *unser ebbedi effte stiffts ingesegel* VII B Hs 277 S. 108 v; 1524: *unser ebbedige unde klosters ingesegel* VII B Hs 277 S. 32), später auch als „Stiftssignet" bezeichnet (14 Urk 198, 199).

5. RELIGIÖSES UND GEISTIGES LEBEN

§ 18. Stellung im Orden. Geistige Tätigkeit im Kloster

Über die ursprüngliche Zugehörigkeit des Marienklosters zum Benediktinerorden und seine allmähliche Entwicklung zum Kanonissenstift vgl. oben § 8. Nach der Rückführung zur Benediktinerregel im Jahre 1482 war über den Abt von Clus eine nähere Beziehung zur Bursfelder

Kongregation gegeben, ohne daß jedoch St. Marien jemals zu den förmlich angeschlossenen Frauenklöstern gehört hätte. Möglicherweise war der Cluser Abt vom Generalkapitel der Union mit einer Art Aufsicht über das Kloster betraut worden. Die Anwesenheit des Abtes Konrad V. von Clus bei der Äbtissinnenwahl von 1509 und das Vorkommen einer Cantrix läßt eine wenigstens teilweise Befolgung der Bursfelder Caeremoniae sanctimonialium (J. Linneborn, Caeremoniae S. 53 ff.) vermuten. Von irgendwelchen Disziplinarmaßnahmen des Cluser Abts gegenüber St. Marien ist nichts bekannt, doch sind dort auch Klausurschwierigkeiten — wie in Brunshausen — nicht überliefert.

Über das geistige Leben im Marienkloster geben die Quellen keine Auskunft. Festkalender und Nekrologien fehlen. Von gemeinsamen Prozessionen mit dem Reichsstift berichtet dessen Registrum chori (VII B Hs 48 Bl. 25 v und 26 v, vgl. GS NF 7 S. 244 und oben S. 134). Nach der Urkunde über die im Jahre 1477 erfolgte Bibliotheksstiftung des Vikars Werner Raphon (zum Inhalt s. oben § 5) wurde die Benutzung der Bibliothek durch die Klosterangehörigen immerhin vorausgesetzt. Daß in St. Marien selbst Bücher geschrieben wurden, ließ sich bislang nicht feststellen. Nach den erhaltenen Rechnungen aus dem Anfang des 16. Jhs. scheint damals die Anfertigung weiblicher Handarbeiten im Vordergrund gestanden zu haben.

6. BESITZ

§ 19. Übersicht über die Klostergüter. Besitzverzeichnisse

Ein Überblick über die Besitzkomplexe, die zur ersten Ausstattung des Marienklosters zu rechnen sind, wurde oben § 7 gegeben.

Das älteste Kopialbuch, 1429 unter der Äbtissin Elisabeth von Ruscheplaten von dem Kanoniker Dietrich Schaper angelegt (VII B Hs 276), enthält Auszüge verschiedener Zins- und Besitzlisten aus nicht weniger als neun älteren Registern, die bis auf ein undatiertes Pergamentblatt von c. 1300 mit Besitzerlisten der Güter zu Echte und Sebexen, das sich in VII B Hs 280 erhalten hat, heute verloren sind (s. oben § 4). Von diesen Auszügen in VII B Hs 276 sind besonders hervorzuheben ein undatiertes Besitzverzeichnis mit Angaben über die Zugehörigkeit zum Abtei- oder Stiftsgut (S. 48) und ein ebenfalls undatiertes Register der Einkünfte und ihrer Verteilung auf Dominae und Domini (S. 47). Auszüge von Meier- und Zinsregistern liegen von folgenden Orten vor:

Osterode, d. h. 22 Hufen zu *Mitlingerode, die an Osteroder Bürger ausgetan waren, o. J. und 1440/48, S. 22, 23 f., 40, 79;
Sebexen, o. J. — 1440, S. 14, 30, 50;
Echte, o. J. — 1440, S. 29, 49;
Calefeld, 1440, S. 29;
Einbeck, o. J. — 1440, S. 25, 29, 41, 49, 50;
*Böhnshausen/*Utzleben, o. J., S. 26;
Derenburg, 1425/40, S. 23, 41.

Das älteste Gesamtverzeichnis des Klosterbesitzes stammt von dem Klosterpfarrer Wicbold Lurentute; es wurde wohl anläßlich der Reform von 1482 zusammengestellt und am 18. Januar 1487 von dem Notar Johannes Schneehagen beglaubigt. Es ist in Abschrift, unter teilweiser Nachahmung der Einleitungsschrift der Vorlage, dem Liber s. Mariae von 1563 vorangestellt (VII B Hs 278 Bl. 1—5; eine zweite jüngere Abschrift in 37 Alt 1078 Bl. 74—79). Dieses Verzeichnis dürfte weniger den Besitzstand von 1482 wiedergeben als vielmehr auch alle inzwischen verlorengegangenen Besitzungen, die von Lurentute in den vorhandenen Urkunden und Registern hatten ermittelt werden können. Eine Abschrift daraus von c. 1500 in 11 Alt Mar. Gand. Rechn. 7 S. 61—66, an die sich S. 67—69 die Abschrift eines möglicherweise etwas älteren Besitzverzeichnisses mit Angaben der Zugehörigkeit (Äbtissin, Jungfrauen, Kommunität, Konsolation und drei „Herrenpräbenden") anschließt, führt wesentlich weniger Güter auf.

Den tatsächlichen Besitzstand von etwa 1520/30 bringt ein Verzeichnis der Meierhöfe des Klosters und das wenig spätere Schuldenverzeichnis, das mit einer Besitzliste beginnt: *Dut nagescreven ys alle unses closters gud ...* (VII B Hs 280, beides um oder nach 1530). Ein letztes Verzeichnis des Klosterbesitzes, das aber nicht alle Orte enthält, bietet der Liber s. Mariae (VII B Hs 278 S. 6—31): *... vortekenis der meigerhove, so dat stifft S. Marien noch in gerusamer geweher und possession hefft bißher gehat und noch hefft anno 1563.*

Der Gesamtbesitz (ohne Zehnten und sonstige Zinse) belief sich nach dem Register des Wicbold Lurentute auf über 170 Hufen. Von diesen war, soweit die sehr ungleichmäßigen Quellen erkennen lassen, schon zu Beginn des 16. Jhs. nur noch etwa ein Drittel verfügbar. Im Jahre 1563 hatte das Marienkloster weniger als 30 Hufen Meierland in unangefochtenem Besitz.

7. PERSONALLISTEN

A. Von den Anfängen bis zur Reform von 1482

§ 20. Äbtissinnen

N., (7.) Juni 973 (DOII. 35).

Reinburga

Tod nach 1031 (V. Godeh. S. 194). Wohl identisch mit der im Totenbuch von St. Michael in Hildesheim unter dem 8. August verzeichneten *Reinberga abbatissa* (Nekr. Mich. S. 23).

Ida

Jüngere Tochter des rheinischen Pfalzgrafen Ezzo und der Mathilde, der Schwester Kaiser Ottos III. Dem Reichsstift Gandersheim unter der Leitung ihrer Tante, der Äbtissin Sophia I., zusammen mit ihrer Schwester Sophia zur Erziehung übergeben, gehörte Ida zu den fünf jungen Mädchen, die vermutlich Ende 1025 oder Anfang 1026 in Verbindung zu Erzbischof Aribo von Mainz traten, sich nach Mainz beurlauben ließen und sich weigerten, nach Gandersheim zurückzukehren. Gewährsmann dieser in ihren Hintergründen nicht mehr aufzuhellenden Begebenheiten am Rande des Gandersheimer Streites in seiner letzten Phase ist Wolfhere in seiner Vita St. Godehardi prior, c. 29, 34 und 36, S. 188 f. und 192 ff. Danach traten beide Schwestern in ein Mainzer Marienkloster, wohl Altenmünster, das von einer Schwester des Erzbischofs geleitet wurde, ein (nicht in das Aribonenstift Göß in der Steiermark, wie nach H. Breßlau, Jbb. Konrads II. Bd. 1 S. 194 noch in neuerer Zeit angenommen wurde, vgl. K. Bracher, Beiträge zur mittelalterlichen Geschichte des Stiftes Göß [ZsHistVerSteiermark Sonderb. 1. 1954 S. 50 u. 70]). Äbtissin Sophia I. von Gandersheim konnte zwar auf der Frankfurter Synode vom 24./25. September 1027 die Herausgabe der Mädchen durch Erzbischof Aribo erreichen (zuletzt ReggEbbKöln 1 nr. 728, dort auch die ältere Literatur), doch wurden die im Gandersheimer Marienkloster (s. oben § 7) Untergebrachten bereits nach wenigen Monaten nächtlicherweise von dort wieder entführt und blieben mit ausdrücklicher Zustimmung Aribos in Mainz. Erst nach dessen Tode (6. April 1031) schloß sein Nachfolger Erzbischof Bardo mit der Gandersheimer Äbtissin und Beauftragten Bischof Godehards von Hildesheim, der die Entflohenen exkommuniziert hatte, zu Nörten einen Vergleich, wonach zwei der Mädchen in Mainz blieben und zwei, darunter Ida — ihre ältere Schwester Sophia war inzwischen

in Mainz verstorben (V. Godeh. S. 194, ReggEbbKöln 1 nr. 770) — nach Gandersheim zurückkehrten (vgl. die Darstellung bei O. Perst, Göß S. 45—54, der allerdings hinsichtlich der Kanonisseneigenschaft der Mädchen zu unrichtigen Schlüssen kam, s. oben S. 106 Anm. 3). Nach der V. Godeh. S. 194 wurde Ida nach dem Tode der Äbtissin Reinburga Leiterin des Gandersheimer Marienklosters und wurde von Bischof Godehard von Hildesheim zur Äbtissin geweiht. Dieser Nachricht eines Zeitgenossen ist der Vorzug zu geben vor der bisher höher bewerteten, aber vermutlich auf einer Verwechslung beruhenden Angabe der um ein Jahrhundert jüngeren Fundatio monasterii Brunwilarensis (hrsg. von H. Pabst, ArchältdtGkde 12. 1874 S. 162), wonach Ida Äbtissin des Stifts St. Maria im Kapitol zu Köln, ihre Schwester Sophia aber Äbtissin von St. Maria in Mainz und in Gandersheim geworden sei (vgl. auch L. Weiland, Chronologie S. 485 Anm. 11 u. E. Steindorff, Jbb. Heinrichs III. Bd. 1 S. 129).
Wie lange Ida Äbtissin von St. Marien in Gandersheim gewesen ist, ist nicht bekannt. Sie erhielt später (zusätzlich?) auch die Äbtissinnenwürde von St. Maria im Kapitol zu Köln. Zusammen mit ihrem Bruder Erzbischof Hermann II. von Köln (1036—1056) ist sie auf dem Herimannkreuz des Kölner Diözesanmuseums dargestellt (J. Eschweiler, JbKölnGV 6/7. 1925 S. 46 ff. und A. Schnitzler, Rhein. Schatzkammer 1. 1957 Tafelband Nr. 27), welches möglicherweise vom Erzbischof aus Anlaß der Weihe des Kreuzaltars in St. Maria im Kapitol durch Papst Leo IX. am 29. Juni 1049 gestiftet wurde (ReggEbbKöln 1 nr. 818 u. 837). Damit hätte sie mindestens schon zu diesem Zeitpunkt ihre Kölner Äbtissinnenwürde innegehabt. Zur Angabe, daß Ida 1060 gestorben sei, vgl. Kunstdenkm. d. Rheinprov. VII, 1, 1911 S. 246.

Symodis

abbatissa in Gandershem, Todestag 21. Nov. (wohl 12. Jh.). Eintragung im Hildesheimer Domstiftsnekrolog (HABibl. Wb., Cod. Guelf. 83. 30 Aug. 2° Bl. 118 v).

Udalhild

4. Juli 1145 (Mainzer UB. 2, 1 nr. 78 S. 154 ff.; 14 Urk 4).

Gis(e)la

o. J. (1227?) (StAMagdeburg, Rep. U 9 Quedl. C 1 Kl. S. Wiperti nr. 10; Erath, Cod. dipl. Quedl. S. 147), bis 1229 (14 Urk 6).

Adelheid (I.)

Vielleicht identisch mit der im Corveyer Liber Vitae nach 1207 genannten Nonne A., s. unten § 22. c. 1236/42 (Harenberg S. 833;

14 Urk 33) bis 1257 o. T. (14 Urk 9 u. HStAHann., Cal. Or. 100 Osterode St. Jacobi nr. 23 u. 24).

M e c h t h i l d v o n H o h e n b ü c h e n (de Alta Fago)

Tochter des Edelherrn Konrad I. von Hohenbüchen und der Sophia geb. von Friedeburg und Mehringen; ihre Geschwister: Konrad II., Ulrich, Hoyer, Domscholaster in Hildesheim, Sophia, Pröpstin in Quedlinburg, Kunigunde, Kanonisse in Quedlinburg, Pröpstin in Wendhausen, Äbtissin in Mehringen, Oda, verh. Gräfin von Poppenburg (vgl. G. Bode, BraunschwJb. 7, 1908 S. 79).

1263 o. T. (Cod. dipl. Anh. 2 nr. 287 S. 211). Am 28. und 31. Mai 1274 in der Zeugenreihe des Reichsstifts Gandersheim hinter der Stiftspröpstin und Stiftsdekanin, aber vor der Stiftsküsterin rangierend. Zuletzt 15. Juni 1277 (14 Urk 19).

Siegel:

1. Stempel: rund, ⌀ 47 mm. Bild: Hl. Maria auf teppichbedecktem Thron mit Rückenlehne, das ihr zugewendete und die rechte Hand zum Kinn der Mutter erhebende Jesuskind auf dem linken Knie mit beiden Händen haltend. Umschrift: †S(IGILLVM) MECHTILD(IS) ABB(ATISS)E S(AN)C(T)E MA[RIE] IN GANDERSEM. (1266, 1 Slg. N 173 nach Abguß im StadtA. Hildesheim, UBStHild. 1, 303 S. 146; 1267, 14 Urk 15 schwer beschäd.).

2. Stempel: spitzoval, c. 40 × 31 mm. Bild: Hl. Maria auf Faldistorium sitzend, das Jesuskind auf dem linken Arm, in der erhobenen rechten Hand eine Lilie haltend, rechts und links Rankenwerk. Umschrift: †S(IGILLVM).MECHTILD(IS).ABBAT(ISSE). S(ANCTE). MARIE I(N) GAND(ERSEM). (so nach der Abbildung bei Erath, Cod. dipl. Quedl. Tafel XXV Fig. 12; das einzige Exemplar im StA. Wb. an 14 Urk 13 von 1266 sehr stark beschäd.).

B e r t a (I.) (von Hardenberg?)

Vielleicht identisch mit der am 31. Mai 1274 genannten Konventualin Berta von Hardenberg (14 Urk 17). Äbtissin 28. Januar 1280 (14 Urk 21) bis 2. Juni 1285 (14 Urk 25).

Siegel: rund, ⌀ 55 mm. Bild: Hl. Maria stehend mit stark nach rechts geneigtem Oberkörper, auf dem linken Arm das ihr zugewandte und die linke Hand entgegenstreckende Jesuskind. Rechts Engel mit Weihrauchfaß. Links unter ewiger Lampe kniende, anbetende Äbtissin. Umschrift: †S(IGILLVM) BERTE. ABB(ATISS)E. ECCL(ES)IE. S(AN)C(T)E. MARIE IN. GANDI[R]SHEM. (14 Urk 21 v. 1280 [Bruchst.]; 14 Urk 23 v. 1283).

Sophia
Identisch mit der am 28. Jan. 1280 genannten Konventualin Sophia de Holthusen (14 Urk 21)? Äbtissin 29. Juli/13. November 1291 (14 Urk 26, 27) bis 2. April 1305 (UBHHild. 3, 1522 S. 723; 14 Urk 38).
Siegel: spitzoval, 57 × 36 mm. Bild: Hl. Maria auf von einem Baum gebildeten Podest stehend, in der rechten Hand einen Apfel, auf dem linken Arm das ihr zugewendete Jesuskind haltend. Rechts kleiner Engel mit Weihrauchfaß, links kniende, anbetende Äbtissin. Umschrift: + SIGILL(VM) SOPHIE ABBATISSE S(AN)C(T)E MARIE IN GANDERSEM (14 Urk 27 u. 29; Abb. 5 Slg XI, 43).

Elisabeth (I.), 5. Juni 1308 (14 Urk 35) bis 2. Febr. 1312 (6 Urk 112).
Siegel: nur in einem einzigen stark beschäd. Exemplar erhalten (14 Urk 35 II v. 1308). Soweit erkennbar, ist das Siegelbild dem von ihrer Vorgängerin verwendeten völlig gleich. Umschrift: [+ SIGILL (VM)] EL[ISABETH] A[BBATISSE SANCTE] MARIE IN GANDERSEM.

Adelheid (II.), 29. Nov. 1312 (Sudendorf, Registrum 3, 1854, nr. 43 S. 67) bis 25. Nov. 1346 (Harenberg, S. 832; 10/11 Urk 31).
Siegel: rund, ⌀ 50 mm. Bild: Hl. Maria stehend mit Jesuskind auf dem rechten Arm, in der linken Hand Blütenstengel. Links davor kniend anbetende Äbtissin. Umschrift: + S(IGILLVM) ALHEDIS ABB(ATISS)E S(AN)C(T)E MARIE IN GANDERS(EM). (14 Urk 40, 41, 43, 44, 45; 10/11 Urk 31; Abb. Harenberg, Taf. XIII Fig. XIX).

Gertrud (I.), 23. April 1350 (VII B Hs 276 S. 21) bis 6. Jan. 1354 (Max, Grubenhag. 2, UB. 61 S. 32). Siegel nicht erhalten.

Berta (II.) (Bertradis) von der Söse (Zuza, Sose), Base des Knappen Engelhard von der Söse, 1. Nov. 1372 (VII B Hs 278 Bl. 51 v) bis 24. Aug. 1383 (14 Urk 52—55).
Siegel: rund, ⌀ 55 mm. Bild: Hl. Maria stehend mit Jesuskind auf dem linken Arm. Rechts Engel mit Weihrauchfaß. Links unter ewiger Lampe kniend anbetende Äbtissin. Umschrift: + S(IGILLVM) BERTE ABB(ATISS)E ECCL(ESI)E S(AN)C(T)E MARIE IN GAND[IR]SHEM. (14 Urk 52 u. 54 v. 1383). Soweit erkennbar, hat Berta II. einfach den Stempel ihrer Vorgängerin Berta I. wiederverwendet.

Gertrud (II.) (Gese, Geze) von Grone, 26. Juni 1400 (14 Urk 209 u. VII B Hs 276 S. 28) bis 6. März 1429 (VII B Hs 276 S. 54).
Siegel: rund, ⌀ 40 mm. Bild: Äbtissin (?) stehend in weitem geöff-

neten Mantel, ein Buch vor der Brust haltend. Umschrift: + S(IGILLVM) GHERTRVDIS ABB[ATISSE SANCTE M]ARIE [IN GANDERSHEIM]. (Nur in drei schlecht erhaltenen Ausprägungen 14 Urk 69, 76 und 78 erhalten.) Ein undatierter Brief an den Rat zu Göttingen (StadtA. Göttingen, Briefe 6) mit Unterschrift: *Gertrudis dei gracia abbatissa secularis ecclesie beate Marie prope muros Gandersemenses* kündigt ein (abgefallenes) Sekretsiegel an.

Elisabeth (II.) (Ilse) Ruscheplaten, Schwester der Knappen Ludolf und Hermann Ruscheplaten. Als Konventualin am 7. März 1428 zur Coadjutrix der Äbtissin Gese von Grone und zu deren präsumptiver Nachfolgerin gewählt (VII B Hs 276 S. 7). Als Coadjutrix *(medehulperinne)* noch am 6. März 1429 belegt (VII B Hs 276 S. 54). Als Äbtissin zuerst am 15. Mai 1429 (14 Urk 79, VII B Hs 276 S. 1). Noch 1429 ließ sie das Kopialbuch VII B Hs 276 anlegen, in dem zahlreiche von ihr ausgestellte Urkunden verzeichnet sind. Über ihre vorübergehende Resignation vor 20. März 1452 im Verlauf des ersten Reformversuchs s. oben § 9. Danach urkundete sie wieder als Äbtissin am 26. Nov. 1452 (VII B Hs 276 S. 86) u. weiter bis zum 9. März bzw. 5. u. 14. Okt. 1461 (VII B Hs 276 S. 96, 98 u. 100).
Siegel: rund, ⌀ 42 mm. Bild: Äbtissin mit kurzem Schleier, halb rechts gewendet, auf gotischer Thronbank sitzend, deren Rückenlehne von zwei lilientragenden Säulen eingefaßt ist, ein geöffnetes Buch auf den Knien. Zu ihren Füßen Wappenschild mit drei (2:1) Kleeblättern. Umschrift: *S(igillum) elisabet ruscheplaten abb(atiss)e ec(c)l(esi)e m(a)r(i)e prope Ga(n)d(er)s(em)* (besonders gute Ausprägungen an 41 Urk 34 von 1433 und an 14 Urk 93 von 1444).

Adelheid (III.) von Bothmer (Alheyd van Botmer), 10. April 1463 (VII B Hs 276 S. 101) bis 5. Januar 1477 (BraunschwJb 30. 1949 S. 51; 14 Urk 123). Siegelte noch 1474/75 (an 14 Urk 118 u. 120) mit dem großen Stiftssiegel. Ihr Äbtissinnensiegel an 14 Urk 123 erwähnt, jedoch nicht erhalten.

§ 21. Küsterinnen
(capellanae, thesaurariae, custodissae)

Lutgardis, *capellana* 1229 o. T. (14 Urk 6).

Mechtild von Hattorf (Hattorp), 2. Februar 1403 (14 Urk 67) bis 1. Febr. 1418 (14 Urk 73).

Jutta von Gandersheim, zuerst als Küsterin vom 6. März bis 24. Juni 1429 belegt (VII B Hs 276 S. 54 u. 1). Am 8. September

1432 heißt es, daß die Küsterei derzeit der Äbtissin zustehe (VII B Hs 276 S. 4). In den Stiftsrechnungen erscheint Jutta vom 5. Januar bis Dezember 1436 als *thesauraria*, am 28. Febr. 1437 als *thesauraria antiqua* (11 Alt Mar. Gand. Rechn. 2). Vom 14. Aug. 1438 (VII B Hs 276 S. 42 u. VII B Hs 1 S. 163) bis zum 23. Dez. 1441 nur Stiftsjungfrau genannt. Die Konsolationsrechnung vom 2. Sept. 1442 erwähnt sie noch als (ehemalige?) *custodissa* (11 Alt Mar. Gand. Rechn. 3). Die Rechnungen von 1436 nennen *de van Gandersem, habitans in ambitu* (11 Alt Mar. Gand. Rechn. 2).

Adelheid von Sehlde (Zelde, Selde), als vierte Stiftsjungfrau zuerst im Divisionsregister von 1435 genannt, im selben Rechnungsband am 28. Febr. 1437 als *thesauraria junior* (11 Alt Mar. Gand. Rechn. 2). Als custrix erscheint sie dann vielfach vom 24. April 1437 (VII B Hs 276 S. 12) bis zum 9. Sept. 1443 (VII B Hs 276 S. 74), dann noch einmal, wohl nach dem Tode ihrer Nachfolgerin, am 29. November 1451 (VII B Hs 276 S. 94).

Margareta van Wolde, 1. Jan. 1444 (14 Urk 93) bis 16. Mai 1451 (VII B Hs 276 S. 19).

Adelheid (von) Haverbeer (Haverbeyr, Havelber), 29. Juni 1470 (VII B Hs 276 S. 103) bis 5. Jan. 1477 (Brschw. Jb. 30, 1949 S. 51; 14 Urk 123). Am 15. Mai 1482 verzichtete sie auf ihre Präbende (14 Urk 130) und erhielt am 8. Sept. 1484 ein Haus hinter dem Kloster angewiesen (VII B Hs 276 S. 109), wo sie noch 1501 bis 1513 nachweisbar ist (11 Alt Mar. Gand. Rechn. 5, 9 u. 10).

§ 22. Konventualinnen
(Nonnen, Dominae, Stiftsjungfrauen)

Adelheid, vor 1076 *ancilla dei in monasterio s. Mariae Virginis* vor Gandersheim, ging sie aus Unzufriedenheit mit der dort angeblich nachlassenden Klosterzucht und auf Grund eines Traumgesichtes nach Huysburg im Huywald nördlich Halberstadt, wo sie im Einvernehmen mit dem Halberstädter Domkanoniker Ekkehard und Bischof Burchard II. von Halberstadt dem Beispiel der Nonne Bia aus dem Quedlinburger Marienkloster folgte und Inkluse wurde. Als solche war sie an der Gründung des Benediktiner-Reformklosters Huysburg maßgeblich beteiligt (Chronicon Hujesburgense ed. O. Menzel, StudMittGBened 52, 1934 S. 139 f., vgl. auch Wattenbach-Holtzmann 1, 3 S. 599 f.). Ihr Todestag war der 5. Juli (*b. m. Adelheidis monacha, mater nostra,* MGH. SS. 13 S. 346 u. E. Jacobs, Das Totenbuch des Klosters Huysburg, ZHarzV 5. 1872 S. 127 u. 267).

Die von Joh. Letzner in seiner handschriftl. Braunschw.-Lbg.-Gött. Chronik Bd. III c. 83 (StUBibl. Göttingen, Hs. Hist. 248/9, vgl. auch die Abschriften VII B Hs 61 u. 61 a c. 83) angeblich aus einem alten Kalender zu 1113 und 1123 mitgeteilten sieben Namen von Nonnen (Gräfinnen von Lutterberg, von Katlenburg usw.) sind reine Phantasieprodukte. Das gleiche gilt für die Namen der von ihm zu 1234, 1277, 1320 u. 1350 genannten Konventualinnen. Letzners Phantasien wurden von Harenberg S. 1627 wiederholt.

Elisabeth (Ilsebeth) und Adelheid (Athelheth), wohl nach 1207, erwähnt im Liber vitae der Reichsabtei Corvey (ed. F. Philippi, Abh. 2 [Münster 1916] S. 117. In der Überschrift heißt es irrig: *Nomina fratrum (!) nostrorum Ganderesheim*, doch ist nach der Vignette zweifelsfrei das Marienkloster gemeint).

Adelheid und Wiltrud von Rosdorf (Rorsthorpe), Töchter des verst. Heinricus dictus Hasso von Rorsthorp, eine ältere Schwester Bertradis Äbtissin (1268—1279) in Kaufungen (Dobenecker 3 nr. 2931, 4 nr. 153). 29. Sept. 1261 (UB. Eichsf. 1, 421 S. 251) bis 17. Mai 1274 (14 Urk 17).

Gertrud von Winzenburg, 31. Mai 1274 (14 Urk 17).

Gertrud von Gladebeck, 31. Mai 1274 (14 Urk 17) bis 28. Jan. 1280 (14 Urk 21).

Berta von Hardenberg, 31. Mai 1274 (14 Urk 17), identisch mit Äbtissin Berta I. (?), s. oben § 20.

Sophia de Curia, 31. Mai 1274 (14 Urk 17).

Rikeza von Gandersheim, 31. Mai 1274 (14 Urk 17) bis 28. Jan. 1280 (14 Urk 21). Wohl die im Gandersheimer Stiftskalendar unter dem 15. Dezember genannte *Rixe* (verschr. *Bickse!), virgo de claustro s. Mariae* (VII B Hs 46 S. 58).

Adelheid von Gandersheim, Schwester der vorigen, 31. Mai 1274 (14 Urk 17).

Sophia de Holthusen, 28. Jan. 1280 (14 Urk 21). Identisch mit der Äbtissin Sophia?, vgl. oben § 20.

Bertradis
Margareta
Mechthild
Elisabeth
Hampe
sämtlich 29. Nov. 1312 (Sudendorf, Registrum 3 nr. 43 S. 67).

Elisabeth Ruscheplaten, s. Äbtissinnen oben § 20.

Jutta von Gandersheim, s. Küsterinnen oben § 21.

Margarete von Minnigerode, Nov. 1433 — Dez. 1436 als erste Stiftsjungfrau nach der Küsterin erwähnt (11 Alt Mar. Gand. Rechn. 2). Am 28. Febr. 1437 nicht mehr genannt.

Hillegund (Hilleborg) von Woltorf (Woltorpe), erstmals 1434 als *iuvencula de Woltorpe* erwähnt (11 Alt Mar. Gand. Rechn. 2). Von Dez. 1436 bis 2. Sept. 1442 jeweils an dritter Stelle der Stiftsjungfrauen (11 Alt Mar. Gand. Rechn. 2 u. 3). Am 23. Dez. 1441 (14 Urk 90) und am 25. März 1442 (VII B Hs 276 S. 46) an zweiter bzw. erster Stelle.

Adelheid von Sehlde, s. Küsterinnen oben § 21.

Ilse von Hoym, 23. Dez. 1441 (14 Urk 90) bis 2. Sept. 1442 (11 Alt Mar. Gand. Rechn. 3).

Beate von Nyenkerken, 13. April 1455 (VII B Hs 276 S. 97) bis 9. März 1461 (ebda. S. 96, Ausstellerin nach der Äbtissin).

Margarete Heygers, 4. April 1456 (VII B Hs 276 S. 93).

Ilse von Reden, 29. Juni 1470 (VII B Hs 276 S. 103) bis 15. Juni 1474 (14 Urk 118).

Lucke von Mandelsloh, einzige Stiftsjungfrau nach der Küsterin. 5. Jan. 1477 (Herbst, Bibl. S. 51; 14 Urk 123) bis 15. Mai 1482. Bei der Reformierung verzichtete sie auf ihre Präbende und wurde abgefunden, bis sie eine neue Präbende in den Stiftern Neuenheerse oder Wunstorf erhalten könnte (14 Urk 130).

§ 23. Kanoniker (Präbendaten)

Henricus und
Johannes, *sacerdotes,* 1229 o. T. (14 Urk 6).

?Herenvicus, vorm. Pleban in *Mitlingerode, tot 1265 o. T. (14 Urk 12).

?Heinricus, Bruder des Vizeplebans Johannes in Gieboldehausen, vorm. Pleban in *Mitlingerode, 1265 o. T. (14 Urk 12).

Wernherus, Pleban in Lewe Kr. Goslar, 1265 o. T. (14 Urk 12).

Heinricus de Hospitale, *sacerdos,* 12. April 1283 (14 Urk 23).

Tidericus von Mitlingerode (de Motligerod), 12. April 1283 (14 Urk 23).

Henricus von Hohnstedt (dictus de Honstat), *sacerdos,* 15. Jan. 1296 (14 Urk 32) bis 2. April 1305 (UBHHild. 3, 1522 S. 723, 14 Urk 38, Harenberg S. 797). Wohl identisch mit dem am 12. Februar 1312 und am 16. Oktober 1316 genannten gleichnamigen Kanoniker des Stifts BMV vor Einbeck (H. L. Harland, Gesch. d.

Stadt Einbeck 1, 1854 S. 337 u. 342 [hier irrtümlich zu 1360], Feise, Urk. Ausz. Einb. 110 u. 126).

Henricus von Krebeck (dictus de Crebeke), *sacerdos,* 15. Jan. 1296 (14 Urk 32).

Fredericus, *canonicus,* wohl identisch mit dem Kanoniker des RSt. Gandersheim Mag. Fredericus de Warmstorpe, s. GS NF 7 § 46. 2. April 1305 (UBHHild. 3, 1522 S. 723; 14 Urk 38, Harenberg S. 797).

Henricus Bruningi, *canonicus,* gleichzeitig Kanoniker des RSt. Gandersheim, s. GS NF 7 § 46. 2. April 1305 (UBHHild. 3, 1522 S. 723; 14 Urk 38, Harenberg S. 797).

Daniel von Westerhof (de Westerhove), *canonicus,* gleichzeitig Kanoniker RSt. Gandersheim, s. GS NF 7 § 46. 2. April 1305 (UBHHild. 3, 1522 S. 273; 14 Urk 38, Harenberg S. 797).

Gerhard von Bilderlahe (van Bilderla), Kapellan der Äbtissin Adelheid, gleichzeitig Kanoniker RSt. Gandersheim, s. GS NF 7 § 46. 24. Juni 1328 (VII B Hs 276 S. 27).

Johannes von Dannhausen (Jan van Dandenhusen), Kapellan der Äbtissin Adelheid, aus Gandersheimer Bürgerfamilie. 24. Juni 1328 (VII B Hs 276 S. 27). Seine Identität mit dem erst 1356 bis 1368 belegten Kanoniker des RSt. Gandersheim (s. GS NF 7 § 46) ist fraglich.

Johannes, Pleban in *Mitlingerode, 25. Juni 1328 (14 Urk 39).

Hermannus de Angulo, aus Gandersheimer Bürgerfamilie, *nostre ecclesie canonicus.* 9. Okt. 1329 (14 Urk 40), 30. März 1335, Presbyter (6 Urk 141), 1350 o. T., *sacerdos* (6 Urk 158).

Henrik Hartwiges, Kanoniker, o. J. (nach 1400) (VII B Hs 276 S. 54). 1408—1410 Propst in Brunshausen, s. dort § 23, 1.

Johan Ghiler, Kanoniker, o. J. (nach 1400) (VII B Hs 276 S. 54). 1419 o. T., o. Bez. (11 Alt Gand., Fb. 1, IX 63); 17. Sept. 1423 Pleban Odagsen, ertauscht von Dietr. Bruwer Pfarrei Kl. Rhüden (VII B Hs 12 Bl. 39); 24. Dez. 1426 Pfarrer ebda. (VII D Hs 58 Bl. 13 v)). Resign. 31. Dez. 1438 Pfarrei Düderode (VII B Hs 276 S. 55). 1441 Propsteioffizial St. Alexandri Einbeck (6 Urk 385 b).

Henrik Rike, Kanoniker, o. J. (nach 1400) (VII B Hs 276 S. 54). 1407—1419 Kanoniker RSt. Gandersheim, s. GS NF 7 § 46.

Gerhard Stengel, aus Einbeck (11 Alt Mar. Gand. Rechn. 2). Auch Kanoniker RSt. Gandersheim s. GS NF 7 § 46. Präbendat St. Marien 27. Aug. 1426 (VII B Hs 12 Bl. 125 v.) und Pfarrer zu Sebexen (Resign. 2. Dez. 1434, VII B Hs 276 S. 9). Als Präbendat

u. Kanoniker St. Marien erwähnt bis Dez. 1436 (11 Alt Mar. Gand. Rechn. 2). Tot vor 25. Nov. 1440 (Folgejahr) (VII B Hs 276 S. 67).

Dietrich (Tydericus) Schaper (Opilionis), Sohn des Gandersheimer Bürgers Hermann Schaper (tot 1436). 14. Juni 1423 als Prokurator in Gandersheim (14 Urk 244), suppliziert an der Kurie 2. April 1424 wegen Pfarrei Heckenbeck und 17. Okt. 1426 wegen Vikarie Minden (Rep. Germ. 4 Sp. 3516 u. 3525). 14. Aug. 1430 Pfarrer St. Stephan im RStift Gandersheim (10/11 Urk 44) und wohl zugleich Kanoniker daselbst, s. GS NF 7 § 46. Kanoniker und Präbendat St. Marien wohl schon 15. Mai 1429 (14 Urk 79), sicher seit 3. April 1433 (11 Alt Mar. Gand. Rechn. 1), Kapellan und Rechnungsführer der Äbtissin (11 Alt Mar. Gand. Rechn. 1 u. 2, dort vielfach eigenhändige Eintragungen; VII B Hs 276 S. 13, 62, 83 f. u. ö.). 2. Okt. 1437 als Magister bezeichnet (VII B Hs 11 Bd. 3 ad a. 1537!). Tod 30. April 1462 (6 Urk 501).

Hermann Sachtleben (Sachtelevent), Priester und Präbendat 6. März 1429 (VII B Hs 276 S. 54) bis 1442 (11 Alt Mar. Gand. Rechn. 3). Mitglied der St. Urbani-Bruderschaft (VII D Hs 53 Bl. 6).

Degenhard Borchardi, zugleich Kanoniker RStift Gandersheim s. GS NF 7 § 46. Schon 1434 o. T. in den Rechnungen von St. Marien erwähnt (11 Alt Mar. Gand. Rechn. 2). Kanoniker und Präbendat vom 5. Januar 1436 (ebda.) bis 28. März 1438 (ebda.). Tod zwischen Jan. 1439 u. März 1441, s. GS NF 7 S. 416.

Dethmar Kopman, 25. Jan. 1416 Kapellan in Brunshausen, s. dort § 23, 10. Präbendat St. Marien 16. Okt. 1434 (14 Urk 84) bis 1436 o. T. (11 Alt Mar. Gand. Rechn. 2). Besitzer eines Abteihauses, tot (?) 24. April 1446 (VII B Hs 276 S. 16). Stiftete im Münster des RStifts die Feste Conv. s. Pauli (25. Jan.) und Vinc. s. Petri (11. August) (VII B Hs 46 S. 3 u. 28).

Albert Woldenberges (Woldemer), Propst von Lamspringe und Kanoniker RStift Gandersheim s. GS NF 7 § 46. Kanoniker St. Marien nur 5. Jan. 1444 (14 Urk 94). Tod vor 28. Sept. 1455, s. GS NF 7 S. 417 f.

Johann (Henning, Jan) Knokenhauer, Kanoniker St. Marien 5. Jan. 1444 (14 Urk 94) bis 23. Juni 1447 (14 Urk 95). Inh. der neuen Kommissie am Altar St. Cosmas u. Damian auf dem Frauenchor (VII B Hs 276 S. 74). Vgl. oben § 3, 2.

Hermann von dem Rode, Kanoniker RStift Gandersheim, s. GS NF 7 § 46. Kanoniker St. Marien nur 24. Juni 1457 (14 Urk 70). Tod vor August 1484 (6 Urk 616).

Hermann Puster, aus Gandersheimer Bürgerfamilie. Kanoniker St. Marien 24. Juni 1457 (14 Urk 70).

Bertold (Bartoldus) Helwici, Kanoniker RStift Gandersheim, s. GS NF 7 § 46. Kanoniker u. Präbendat St. Marien 29. Juni 1470 (VII B Hs 276 S. 103) bis 5. Januar 1477 (Herbst, Bibl. S. 51; 14 Urk 123).

Johann Puster, aus Gandersheimer Bürgerfamilie. Zugleich Kanoniker RStift Gandersheim, s. GS NF 7 § 46. Kanoniker und Präbendat St. Marien 29. Juni 1470 (VII B Hs 276 S. 103) bis 15. Mai 1485 (14 Urk 137).

Johann Hannemann, zugleich Kanoniker RStift Gandersheim s. GS NF 7 S. 419. Kanoniker u. Präbendat St. Marien 15. Juni 1474 (14 Urk 118) bis 10. Nov. 1482 (14 Urk 132).

Herbord Hoved (Hoveth), Kanoniker RStift Gandersheim s. GS NF 7 § 46. Kanoniker u. Präbendat St. Marien 3. Mai 1478 (14 Urk 125) bis 16. Dez. 1499 (VII B Hs 277 S. 15).

§ 24. Klosterpfarrer

Albertus, *plebanus s. Marie* 1265 o. T. (14 Urk 12). Identisch mit Albertus, Pleban in *Utzleben 1266 (14 Urk 13)?

Hermann, *rector altaris in medio monasterii,* 23. Apr. 1320 (14 Urk 37) bis 9. Okt. 1329 (14 Urk 40).

Bertold Scraghe, Rektor des Pfarraltars St. Pantaleonis, 26. November 1333 (14 Urk 45) bis 6. Jan. 1354, *Bertoldus plebanus noster* (Max, Grubenh. 2, UB. 61 S. 32).

Ludolf von Mitlingerode, 24. Jan. 1390 (14 Urk 64).

Johannes von Engelade, resigniert vor Aug. 1424 Pfarraltar St. Pantaleonis (Rep. Germ. IV Sp. 1135).

Heinrich Hagenholt, Sohn des Bürgers Tile Hagenholt und s. Fr. Gezeke zu Gandersheim (VII B Hs 12 B. 16). 11. Aug. u. Dez. 1424 Supplik an die Kurie wegen Bestätigung des Pfarraltars St. Pantaleonis (Rep. Germ. IV Sp. 1135). Erwähnt 26. März 1430 (14 Urk 81) bis 28. Jan. 1451 (VII B Hs 276 S. 84) als Pfarrer, Kurat und Kapellan der Äbtissin. Am 1. Febr. 1446 auch Kommendatar und Inhaber einer Kommissie im Münster (des Reichsstifts?) (VII B Hs 1 S. 180). Zuletzt noch einmal am 31. Juli 1464 ohne nähere Bezeichnung Zeuge in Clus (6 Urk 513, 10/11 Urk 65).

Wicbold Lurentute, ohne Bezeichnung 2. Febr. 1458 erwähnt (14 Urk 108), dann als Pfarrer bzw. Inhaber des Pfarraltars St.

Pantaleonis vom 5. Okt. 1461 (VII B Hs 276 S. 98) bis 18. Okt. 1493 (6 Urk 659). Am 10. April 1498 als ehemaliger Pfarrer bezeichnet; er hatte die Pfarrei in Rom an den Gandersheimer Stiftskanoniker Mag. Henning Osthusen (s. GS NF 7 § 46) verloren, war exkommuniziert und erhielt sie gegen Entschädigung des O. zurück (14 Urk 155 a). Am 11. Mai 1501 erwirkte er als Pfarrer Teilhabe an der Konsolation mit Übernahme aller Memorienmessen (14 Urk 158). Schon am 3. März 1491 und dann 2. Dez. 1501 war er Senior bzw. Dekan des Kalands St. Michael (VII D Hs 52 Bl. 3 u. 38). In den Klosterrechnungen erscheint er zuletzt 1506 (11 Alt Mar. Gand. Rechn. 7).

§ 25. Vikare

?Ecbertus, Pleban in *Mitlingerode, 6. Januar 1354 (Max, Grubenhagen 2, UB 61 S. 32).

?Johannes, Pleban in Düderode, 6. Jan. 1354 (Max, Grubenhagen 2, UB 61 S. 32).

Johannes Ketelhake (Ketelhoc), Kler. D. Minden, Kanoniker in St. Johann - Halberstadt, erhielt am 19. Mai 1396 Altarpfründe im RStift Gandersheim und St. Marien (Rep. Germ. 2 Sp. 587).

?Heinrich Rygeman, c. 1440, s. Magd Ilse und beider Tochter Grete (VII B Hs 276 S. 53).

Johannes Broder (Jan van Ruden), 23. Nov. 1433 Schreiber der Äbtissin (11 Alt Mar. Gand. Rechn. 1), 25. Juli 1434—19. März 1437 Kapellan der Äbtissin (11 Alt Mar. Gand. Rechn. 2 und VII B Hs 276 S. 62), 18. Febr. 1435 Kurat in Düderode (14 Urk 85), 1. Januar — nach 25. Juli 1444 Pfarrer in Kl. Rhüden (14 Urk 93 u. VII B Hs S. 71).

Siegel: rund, 20 mm ∅. Bild: zwei verschränkte Doppelkreuze (?). Umschrift: *[Sigillum] d(omi)ni Johannis Broder[i?]*

Arnold (Arnd) von Roringen, Kanoniker RStift Gandersheim s. GS NF 7 § 46. 28. März 1434 — 20. April 1435 Inh. des Altars unter dem Jungfrauenchor zu St. Marien (VII B Hs 12 Bl. 10 u. 18).

?Nikolaus von Düderode, 1434—1436 (11 Alt Mar. Gand. Rechn. 2).

?Johannes Margarete, 1434—1436 (11 Alt Mar. Gand. Rechn. 2).

? Albrecht Alborn(es). Vikar RStift Gandersheim s. GS NF 7 § 47, 1434—1442 (11 Alt Mar. Gand. Rechn. 2 u. 3), 24. Mai 1444 bis 24. Apr. 1446 Bes. des Abteihauses neben der Kemenate der Äbtissin (VII B Hs 276 S. 16 u. 76).

? Hermann Junge, Vikar RStift Gandersheim s. GS NF 7 § 47. 2. Dezember 1434 Pfarrer zu Sebexen als Nachfolger des Kan. Gerhard Stengel (VII B Hs 276 S. 9).

Johann Solleken (Solke, Zolleken, Zalken), 21. Apr. 1432 o. Bez. (6 Urk 372 a); 12. Juni 1433 (6 Urk 382) und 28. Juli 1434—1436 (11 Alt Mar. Gand. Rechn. 1 u. 2), Pleban zu *Odenhusen bei Mechtshausen, tot 8. April 1442 (14 Urk 92), Stiftung für die Folgemessen (14 Urk 132).

? Heinrich Bünen, 18. Februar 1435 Kurat in Ildehausen (14 Urk 85).

Ulrich Dedelen, Priester D. Hild., Vikar RStift Gandersheim s. GS NF 7 § 47. Nach 25. Juli 1434 — 13. April 1455 (11 Alt Mar. Gand. Rechn. 1, 14 Urk 85, VII B Hs 276 S. 97).

? Dietrich Lesenberges, 7. März 1437 resign. Pfarrei *Mitlingerode (VII B Hs 276 S. 11).

? Dietrich Berbom, 7. März 1437 präs. Pfarrer zu *Mitlingerode (VII B Hs 276 S. 11).

Albrecht Crack, Vikar (?) und Organist St. Marien 1437—1442 (11 Alt Mar. Gand. Rechn. 2 u. 3).

Conrad (Cord) Wiler (van Bornem), Matr. Erfurt Ostern 1401 *Cunradus Wiler* (GQProvSachs 8, 1 S. 61, 47). Pfarrer zu Bornum nach 25. Juli 1444 (VII B Hs 276 S. 71), Stifter und Inhaber einer Kommissie am Altar St. Cosmas u. Damian auf dem Frauenchor 18. Mai 1445 — 23. Juni 1447 (VII B Hs 276 S. 74, 14 Urk 95).

? Johannes Trendelborch (Trendelingborch), 31. Dez. 1438 bis 24. Okt. 1443 (resign.) Pfarrer zu Düderode (VII B Hs 276 S. 55 u. 10).

Ludolf Ribbrecht(es), 28. März/April 1438 Registerführer (11 Alt Mar. Gand. Rechn. 2), Wohnhaus am Abteihof 18. Jan. 1439 (VII B Hs 276 S. 58).

Conrad (Cord) Pawel (Pauli), Priester u. Rechnungsführer der Äbtissin 30. April 1441 — 31. März 1455 (VII B Hs 276 S. 43 u. 88).

Henning Schaper alias Odenhusen, Vikar St. Marien, Kapellan der Folgemessen auf dem Jungfrauenchor, Pfarrer zu *Odenhusen bei Mechtshausen 4. April 1444 (14 Urk 91) bis 3. Mai 1478 (14 Urk 125). Testamentsstiftung 15. Juni 1474 (14 Urk 118). Nach 1481 o. Bez. (11 Alt Mar. Gand. Rechn. 5).

? Werner Ekshusen, 24. Oktober 1443 präs. Pfarrer zu Düderode (VII B Hs 276 S. 4).

Werner Raphon, erwähnt (wohl als Kind) 14. Mai 1409 als Sohn des Gandersheimer Bürgers Bertold Raphon und seiner Frau Ilsebe (6 Urk 281), desgleichen 10. November 1423 (6 Urk 332, 333). Matr. Erfurt Mich. 1432 *Werner Raphon de Gandersheym* (GQProvSachs 8, 1 S. 157, 2). 11. März 1441 und 20. März 1442 Kleriker D. Hild. u. Kaiserl. Notar, Schreiber des Dekans St. Alex. Einbeck Johann v. d. Rode bzw. des Propsteioffizials Johann Ghiler (6 Urk 385 a u. b). St. Marien 1. Mai 1450 (VII B Hs 276 S. 89), 17. April 1457 — 11. April 1472 Inhaber des Altars U. l. Fr. auf dem Jungfrauenchor (14 Urk 107 u. 117). Stiftet 5. Januar 1477 als Vikar (zugl. Sekretär d. Stifts St. Alex. Einbeck) neue Bibliothek für St. Marien (Herbst, Bibl. S. 52; 14 Urk 122 u. 123), 28. Sept. 1481 Testament (14 Urk 127).

Siegel: rund, ⌀ 35 mm. Bild: vor einem Lindenbaum ein natürliches Rebhuhn. Umschrift: *Sigillum Werneri Raphon p(res)b(yte)ri* (erhalten an 14 Urk 122).

? Heinrich Goßlar, 1464 in Lamspringe wohnhaft, Inh. einer Kommissie in St. Marien (?) (VII B Hs 11 Bd. 2 ad a.).

Johannes Mackensen, Vikar RStift Gandersheim, s. GS NF 7 § 47, ständiger Vikar St. Marien 1468 o. T. (VII B Hs S. 102) bis 8. September 1484 (ebda. S. 109). 1. August 1502 Pfarrer zu Kl. Rhüden, seine Söhne Hans u. Heinrich (VII B Hs 277 S. 85 u. VII B Hs 280 ad a.). Erhält noch 1505—1512 Zinse von St. Marien (11 Alt Mar. Gand. Rechn. 7—10).

Hermann Winkelman, Vikar RStift Gandersheim, s. GS NF 7 § 47, Priester, s. Magd Ilse und beider Sohn Albrecht, 17. März 1475 (VII B Hs 276 S. 107) bis Juni 1486 (Harenberg S. 941, 14 Urk 141). 3. März 1491 Kalandsherr (VII D Hs 52 Bl. 3), 6. Mai 1491 Priester (14 Urk 148).

Arnd von Roringen, Sohn des Stiftskanonikers Arnold von Roringen, Vikar des RStifts Gandersheim, s. GS NF 7 § 47. Dekan und Senior des Kalands, 28. Sept. 1481 (14 Urk 128), 1483 o. T. Kommissar des Altars unter dem Jungfrauenchor St. Marien (14 Urk 135).

§ 26. Konversen und Opfermänner

Retherus, *Conversus* 1229 (14 Urk 6), aus dem Ministerialengeschlecht von Calefeld?

Heinrich Hellecop, Kleriker D. Hild., *opperscoler, custos* und Organist 17. März 1418 (VII B Hs 1 S. 122) bis 1442 o. T. (11 Alt Mar. Gand. Rechn. 3). Stifter der Singvesper zum Fest des hl. Anastasius (Apr. 27) im RStift (VII B Hs 46 S. 13).

Heinrich Gronau, 2. Kustos 1434/1435 (11 Alt Mar. Gand. Rechn. 2).

Heinrich Grote, *broder,* Hofmeister der Äbtissin 2. März 1438 (VII B Hs 276 S. 57).

Johannes (Hense), Opfermann 1439/1440 (VII B Hs 276 S. 33 u. 32).

Dietrich, *campanator* 1448 o. T. (11 Alt Gand. Fb. 1, IX, 61).

B. Von der Reform von 1482 bis zur Aufhebung des Klosters im Jahre 1570

§ 27. Äbtissinnen

Margarete (von) Ruscheplaten, erste Reformäbtissin, vorher in Lamspringe. 15. Mai 1482 (14 Urk 130) bis 18. April 1484 (VII B Hs 276 S. 109).

Gertrud von Bortfeld, 8. September 1484 (VII B Hs 276 S. 109).

Elisabeth Leyneman(s), 21. Oktober 1485 bis 17. April 1486 (VII B Hs 276 S. 109 u. 110). Verstorben vor Juni 1486 (14 Urk 141).

Margarete Dernedden (Darneden, der Ned(d)en, der Nidden), 16. Febr. 1476 Klosterjungfrau Lamspringe (6 Urk 583). Juni 1486 Professa ebendort und „Kapitularin" zum hl. Geist, einstimmig zur Äbtissin von St. Marien gewählt und von der Äbtissin des RStifts Gandersheim bestätigt (14 Urk 141). Zuletzt 28. Sept. 1509 (VII B Hs 277 S. 106, VII B Hs 278 Bl. 160 v). Begraben 13. Nov. 1509 (VII B Hs 277 S. 1).

Agnes von Roringen, Schwester des Knappen Bertold von Roringen († vor 16. Jan. 1520) und letzte Vertreterin ihres Geschlechts. 22. Nov. 1509 als zweitälteste der Klosterjungfrauen (als solche 1501/04 nachweisbar, 11 Alt Mar. Gand. Rechn. 6) zur Äbtissin erwählt und am 24. Nov. bestätigt (VII B Hs 277 S. 1 u. 5, über die Einzelheiten vgl. oben § 10). Zahlreiche urkundl. Erwähnungen vor allem in VII B Hs 277 S. 43 ff. 10. August 1538 Einigung mit dem RStift Gandersheim wegen der von Arnd von Roringen d. J. gestifteten Kommissie in der Roringenschen Kapelle im Münster (Urk. Abschrift im Handexemplar Harenbergs vor S. 982, irrt. zu 1544). Zuletzt 29. Sept. 1540 (VII B Hs 277 S. 84).

Dorothea Wolders (sen), Klosterjungfrau 1501/04 (11 Alt Mar. Gand. Rechn. 6) bis 22. Nov. 1509 (VII B Hs 277 S. 1); Küsterin 26. Oktober 1521 (VII B Hs 277 S. 79) bis 29. Sept. 1540 (ebda. S. 84); Äbtissin 12. Febr. 1542 (14 Urk 204) bis 15. März 1556 (VII B Hs 280 ad a.).

Anna Clokereme (Cloickereme, Klokereme), Tochter des Hans Clokereme, aus Northeim?, jüngere Verwandte des Dr. jur. utr. Johannes Clokereym? (über diesen H. Herbst, StudMittGBened 50, 1932 S. 363 f.). 1501 von ihrem Vater in St. Marien eingekauft (11 Alt Mar. Gand. Rechn. 6), Klosterjungfrau 1504 (?) (ebda. Rechn. 6) bis 22. Nov. 1509 (VII B Hs 277 S. 1). Äbtissin 25. Dez. 1558 (14 Urk 210) bis 6. Nov. 1561 (VII B Hs 278 Bl. 63).

Barbara von Berckefeld (Barckefeld, Brackefeld), Klosterjungfrau 2. Sept. 1535 (14 Urk 201) bis 5. Nov. 1559 (14 Urk 212). Äbtissin 31. März 1562 (VII B Hs 277 S. 126, dort irrt. zu 1561) bis 12. bzw. 24. Juni 1566 (14 Urk 221 u. VII B Hs 278 ad a.).

Margarete Vischers (Fischers), nach späterer Angabe (VII B Hs 62 Bl. 53 v) aus Braunschweig stammend, vorher im Kloster Lamspringe. Äbtissin 25. Nov. 1566 (14 Urk 222, 223) bis 9. Oktober 1570 (Abfindung bei Auflösung des Klosters, 14 Urk 231 u. 232).

§ 28. Priorinnen

Mechthild (Mette, Metteke) Wolpken (Wolpeken, Welpeken), Verwandte des Gandersheimer Bürgers Henning Wolpken (6 Urk 615, 651) ? 28. Sept. 1455 Klosterjungfrau Lamspringe (HStA-Hann., Hild. Or. 2 Lamspringe 169). 18. April 1484 Kämmerin St. Marien (VII B Hs 276 S. 109); Priorin 8. Sept. 1484 (VII B Hs 276 S. 109) bis 26. Dez. 1497 (VII B Hs 276 S. 111, wohl irrt. zu 1498).

Margarete von Minnigerode (Minnirode), Vater: Hans von Minnigerode, Burgmann auf Herzberg und Rat Hzg. Heinrichs zu Braunschweig-Grubenhagen, Mutter: Hedwig geb. von Kerstlingerode. 8. von 12 Kindern (Leist, Familiengeschichte der von Minningerode [1940/41] Taf. III). 17. Jan. 1473 bis 16. Okt. 1480 Klosterjungfrau in Mariengarten (Nds. Landesbibl. Hann., Cod. XXIII 765 a nr. 170 u. 198). Priorin St. Marien 10. April 1498 (14 Urk 155 a) bis 14. Dez. 1509 (VII B Hs 277 S. 71); dann Äbtissin zu Mariengarten seit 16. Juni 1510 (Nds. Landesbibl. Hann., Cod. XXIII 765 a nr. 66), dort verst. vor oder am 21. Nov. 1537 (Grotefend, ZHistVNdSachs, 1858 S. 148 u. 155).

Anna (von) Spaden, 10. April 1498 (14 Urk 155 a) bis 14. Dez. 1509 (VII B Hs 278 Bl. 59) Küsterin. Priorin 1. Okt. 1511 bis 29. Sept. 1540 (VII B Hs 277 S. 43 ff.; VII B Hs 278 Bl. 71 ff. u. VII B Hs 277 S. 84).

Anna Rudeman(s) (Rumans), Klosterjungfrau 1501/04 (11 Alt Mar. Gand. Rechn. 6) bis 22. Nov. 1509 (VII B Hs 277 S. 1); Cantrix 12. Nov. 1515 (14 Urk 154 R) bis 9. April 1537 (VII B Hs 280 ad a.); Priorin 12. Febr. 1542 (14 Urk 204) bis 7. März 1556 (VII B Hs 277 S. 90 ff.); 1556/57 *Annen Rumans Begräbnis* (11 Alt Mar. Gand. Rechn. 13).

Susanna von Dorstadt, Küsterin 12. Febr. 1542 (14 Urk 204) bis 12./24. Juni 1566 (14 Urk 221); Küsterin und Priorin 25. Nov. 1566 bis 24. Juni 1567 (VII B Hs 278 Bl. 65 v); letzte Priorin seit 29. Febr. 1568 (14 Urk 224), erklärte sich bei der Visitation vom 31. Okt. 1568 zur Annahme der fürstlichen Ordnung bereit (Spanuth, Vis. Prot. 51, 1953 S. 125) und wurde bei Auflösung des Klosters am 9. Okt. 1570 abgefunden (14 Urk 231).

§ 29. Küsterinnen, Prokuratorinnen, Schäfferinnen

Mechthild (Mette) Kokes, Küsterin 18. April 1484 bis 8. Sept. 1484 (VII B Hs 276 S. 109). Später 10. August 1493 und 1496 Priorin in Lamspringe (H. A. Lüntzel, Gesch. Hild. 2 S. 547; HSTA-Hann., Hild. Or. 2 Lamspringe nr. 197).

Margarete Uden, wohl identisch mit der 1484 genannten ältesten Tochter des Gandersheimer Bürgermeisters Herman Uden (17 N 1, Gandersh. Stadtbuch Bl. 158). Vielleicht Verwandte der Jutta Uden, die am 12. März 1514 als Klosterjungfrau in Lamspringe verstorben war (6 Urk 734)? Küsterin 21. Okt. 1485 (VII B Hs 276 S. 109) bis 26. Sept. 1497? (VII B Hs 276 S. 111 f., dort wohl irrt. zu 1498).

Anna (von) Spaden, s. oben unter Priorinnen.

Margareta Lauwen, Klosterjungfrau 1501 o. T. (11 Alt Mar. Gand. Rechn. 6) bis 22. Nov. 1509 (VII B Hs 277 S. 1); Küsterin

1. Okt. 1511 (VII B Hs 277 S. 43) bis 5. Jan. 1512 (14 Urk 169; VII B Hs 277 S. 53; VII B Hs 278 Bl. 159 v).

Margareta Nidtz (Nyth, Nydes, Nides), Klosterjungfrau 1501/04 (11 Alt Mar. Gand. Rechn. 6), bis 1512/13 (ebda. Rechn. 9), fährt 1509 nach Göttingen zur Primiz ihres Bruders (ebda. Rechn. 10); Küsterin 10. Febr. 1516 (14 Urk 179) bis 25. Apr. 1519 (VII B Hs 277 S. 30).

Dorothea Wolders (sen), s. oben unter Äbtissinnen.

Susanna von Dorstadt, s. oben unter Priorinnen.

Anna Poelden (Polden), Procuratrix 9. April 1537 (VII B Hs 280 ad a.); 2. Küsterin 12. Febr. 1542 (14 Urk 204).

Ilsabe (Ilse) (von) Offensen, Klosterjungfrau Febr. 1554 (11 Alt Mar. Gand. Rechn. 11) bis 5. Nov. 1559 (14 Urk 212); Schäfferin 23. August bis 6. Nov. 1561 (VII B Hs 278 Bl. 213 v u. 63).

Margareta Witten, Klosterjungfrau 27. April 1524 (VII B Hs 277 S. 22) bis 5. Nov. 1559 (14 Urk 212); Schäfferin 17. Aug. 1561 (14 Urk 214) bis Juni 12./24. 1566 (14 Urk 221 u. VII B Hs 278 passim).

Catherina Dethmers, abwechselnd (1.) Procuratrix und Küsterin 25. Nov. 1566 (14 Urk 222, 223) bis zu ihrer Abfindung bei Auflösung des Klosters 9. Okt. 1570 (14 Urk 231). Später im Kloster Wiebrechtshausen, klagte sie am 22. Jan. 1596, damals über 50 Jahre alt, vor dem Wolfenbütteler Konsistorium gegen den letzten Abt von Clus Heinrich Pumme wegen gebrochenen Heiratsversprechens (2 Alt 3520, vgl. auch Goetting, Fortsetzung S. 6 f.). Die „ehemalige Nonne“ C. D. starb am 25. Mai 1623 (37 Alt 1079).

Dorothea Bergmans (Berchmans, Barkmans, Barchman), abwechselnd (2.) Procuratrix u. Küsterin (zugleich mit der Vorigen) 25. Nov. 1566 (14 Urk 222 u. 223) bis zur Abfindung bei Auflösung des Klosters am 9. Okt. 1570 (14 Urk 231); erhielt noch Mich. 1573 die „Nonnenbesoldung“ von 36 fl. (37 Alt 1078 Bl. 281).

§ 30. Klosterjungfrauen (Nonnen)

Elisabeth (Ilsebe) Groteian(s), Tochter des Bürgers Hans Groteian († vor 1534) zu Einbeck und seiner Frau Margarete. Klosterjungfrau 1501/04 (11 Alt Mar. Gand. Rechn. 6) bis 1549 o. T. (14 Urk 205). 25. Okt. 1543 als Gastmeisterin bezeichnet (VII B Hs 277 S. 124 u. VII B Hs 278 Bl. 70).

Elisabeth Scrivers (Scriptoris), Klosterjungfrau 1501/04 (11 Alt Mar. Gand. Rechn. 6) bis 12. Nov. 1515 (14 Urk 154 R).

N. Steynman (de Stemensche), Klosterjungfrau 1501/04 (11 Alt Mar. Gand. Rechn. 6); Tod 1511? (ebda. Rechn. 10).

Agnes von Roringen, s. oben § 27.

N. Lude (de Ludesche), Klosterjungfrau 1501/04 (11 Alt Mar. Gand. Rechn. 6).

Margarete Lauwen, s. oben § 29.

Anna Holtegel, 1501 mit 70 Pfd. eingekauft (11 Alt Mar. Gand. Rechn. 6); Ausgaben für Arzneien 1511/13 (11 Alt Mar. Gand. Rechn. 8 u. 9).

Anna Rudemans, s. oben § 28.

Margarete Nydtz, s. oben § 29.

Jutta Uden, Tochter des Bürgermeisters Herman Uden zu Gandersheim u. seiner Frau Jutta. Klosterjungfrau 1501/04 (11 Alt Mar. Gand. Rechn. 6) bis 19. Mai 1531 (VII B Hs 277 S. 48 f.). Wohl jüngere Schwester der Küsterin Margarete Uden, s. oben § 29.

Anna Clokereme, s. oben § 27.

Jutta Bals, 1501—1511/12 (11 Alt Mar. Gand. Rechn. 6 u. 8).

Dorothea Wolders (sen), s. oben § 27.

Brigitta Mullers, Klosterjungfrau 22. Nov. 1509 (VII B Hs 277 S. 1).

? Ursula von Minnigerode, 1511 (?) Krankheit u. Begräbnis (11 Alt Mar. Gand. Rechn. 10).

? N. von Reden, 1511/12 Klosterjungfrau? (11 Alt Mar. Gand. Rechn. 8).

Margarete Dannenberges, Tochter des verstorbenen Hans D., Einkauf 1511/12 mit 100 Pfd. und 100 fl. (11 Alt Mar. Gand. Rechn. 8 S. 17 f.), wohl schon tot 31. März 1561 oder 1562 (VII B Hs 277 S. 126).

Margareta Witten, s. oben § 29.

Jutte Mullers, Schwestertochter des Bürgermeisters Albrecht Welge zu Northeim. 24. April 1528 — 19. Mai 1531 (VII B Hs 277 S. 48 f.).

Barbara von Berckefeld, s. oben § 27.

Ilsabe (Ilse) von Offensen, s. oben § 29.

Dorothea Heilwigs, bestreitet am 1. Sept. u. 29. Okt. 1567 als ehemalige Nonne zu St. Marien u. derzeitige Ehefrau des Heinrich Schultze zu Förste Amt Westerhof die Beschuldigung, mit dem „Propst“ und Gandersheimer Stiftskanoniker Johann Schnor in Unehren gelebt zu haben und von diesem zum Austritt veranlaßt worden zu sein (11 Alt Gand. Fb. 1, III 139 Bd. 1).

Catharina Schunemans, 31. Okt. 1568 (Spanuth, Vis. Prot. S. 125) bis 9. Okt. 1570 (Abfindung, 14 Urk 231). Erwähnt noch 29. Sept. 1573 als Empfängerin von „Nonnenbesoldung" (37 Alt 1078 Bl. 281).

Catharina Pipers, 31. Okt. 1568 (Spanuth, Vis. Prot. S. 125) bis 9. Okt. 1570 (Abfindung, 14 Urk 231). Erwähnt noch 29. Sept. 1573 als Empfängerin von „Nonnenbesoldung" (37 Alt 1078 Bl. 281).

Anna Soithoves (Sotthofs), 31. Okt. 1568 (Spanuth, Vis. Prot. S. 125) bis 9. Okt. 1570 (Abfindung, 14 Urk 231). Erwähnt noch 29. Sept. 1573 als Empfängerin von „Nonnenbesoldung" (37 Alt 1078 Bl. 281).

Ilsebe Twelen (Twellen, Zwelen), aus Gandersheim. 31. Okt. 1568 (Spanuth, Vis. Prot. S. 125) bis 9. Okt. 1570 (Abfindung, 14 Urk 231). Erwähnt noch 29. Sept. 1573 als Empfängerin von „Nonnenbesoldung" (37 Alt 1078 Bl. 281). Später Jungfrau in Brunshausen, s. dort § 23, 7.

§ 31. Konversen, Laienschwestern

Margarete Wolters, 1504—1508 (11 Alt Mar. Gand. Rechn. 6 u. 10).

Anna Bruns, 1504 (11 Alt Mar. Gand. Rechn. 6).

Ilse Beckers (Bockes), 9. Okt. 1570 (Abfindung, 14 Urk 231) bis 29. Sept. 1573 (37 Alt 1078 Bl. 281).

Ilse Schnehagen, wie die Vorige.

Catharina Tollen, wie die Vorige.

Dorothea Barchmans, wie die Vorige.

Anna Peinen, wie die Vorige.

Ilse Elsen, wie die Vorige.

§ 32. Kanoniker, Präbendaten

Hermann Dasselman (van Dassel), zugleich Kanoniker im RStift Gandersheim s. GS NF 7 § 46, Kanoniker und Präbendat St. Marien 30. März 1494 (14 Urk 153) bis 5. Nov. 1513 (11 Alt Mar. Gand. Rechn. 7 u. 9).

Johann Byndeman, Priester und Vikar in Lamspringe 9. Febr. 1488 bis 20. Jan. 1499, Testamentar des dortigen Propstes Jordan Byndeman (Feise, Urkundenausz. Einbeck nr. 1837, 1840, 2012);

1501/04 (11 Alt Mar. Gand. Rechn. 6) bzw. 21. Dez. 1504 Priester u. Präbendat St. Marien (10/11 Urk 96), Testament 15. Sept. 1511 (2 Alt 3543), zuletzt Senior 7. April 1515 (VII D Hs 52 Bl. 38 v). Wieder in Lamspringe 26. Juli 1522 (11 Alt Mar. Gand. Rechn. 11) bis 1527 o. T. (VII B Hs 277 S. 55).

Conrad (Cort) Hammenstede, zugleich Vikar und Kanoniker im RStift Gandersheim, s. GS NF 7 S. 431 f. Priester u. Präbendat St. Marien, auch Prokurator der Äbtissin 1501/02 (11 Alt Mar. Gand. Rechn. 6) bis 6. Dez. 1529 (VII B Hs 277 S. 54) bzw. 21. Dez. 1530 (11 Alt Mar. Gand. Rechn. 10); tot 12. Febr. 1542 (14 Urk 204).

Hermann Lutken (Luthgen, Lucken), Vikar St. Marien 7. Sept. 1506 (14 Urk 163; VII B Hs 277 S. 93) bis 1525 o. T. (VII B Hs 276 S. 102); Präbendat 9. Juni 1527 (VII B Hs 277 S. 54) bis nach 1530 (VII B Hs 280, —). Dann Kanoniker im RStift Gandersheim, s. GS NF 7 § 46.

Bartold Eggerdes, zugleich Kanoniker im RStift Gandersheim, s. GS NF 7 § 46. Präbendat St. Marien 9. Juni 1527 (VII B Hs 277 S. 55), erhält 9. April 1531 für die Einlösung verschiedener Schulden des Klosters den Teich vor dem Schachtenbeck (ebda. S. 56). Erklärte sich 29. Sept. 1546 mit Unterschrift und Ringsiegel mit der Ordinanz der Schmalkaldener Visitatoren einverstanden (41 Urk 146, Ringsiegel: Gemme mit Frauenkopf ohne Umschrift), besaß 25. Dez. 1558 außer den Kanonikaten im RStift u. zu St. Marien auch ein Kanonikat in Einbeck (14 Urk 210) und starb am 15. Mai 1559 (11 Alt Gand. Fb. 1, III, 161). Seine Kurie s. Plan S. 94.

Johann Ruleman, Vikar, dann Kanoniker im RStift Gandersheim, s. GS NF 7 § 46, außerdem 1506—1540 Kantor bzw. Senior zu St. Alexandri in Einbeck. Präbendat St. Marien 8./9. März 1534 (VII B Hs 277 S. 67 f.) bis 29. Sept. 1540 (VII B Hs 280 ad a.).

Martin Eg(g)elster (Elster, Echsteren), zugleich Vikar im RStift Gandersheim, s. GS NF 7 § 47. 7. Febr. 1535 Testamentar des Albert Crack (11 Alt Gand. Fb. 1, III, 161); Präbendat St. Marien Okt. 1542 (2 Alt 1583 Bd. 2 Bl. 111 v; Kayser, Ref. Kirch. Vis. S. 199) bis 12. Dez. 1555 (VII B Hs 277 S. 115 f.). Vgl. Plan S. 94.

Johann Kuleman (Culeman), Matr. Erfurt Mich. 1543 *Joannes Kuleman Northeimensis* (GQProvSachs 8, 2 S. 360, 35), Präbendat 12. Febr. 1542 (14 Urk 204); Präbendat u. Senior 23. Aug. 1561 (VII B Hs 278 Bl. 213 v.).

Johann Swicker, Matr. Erfurt Mich. 1506 *Joannes Swicker de Wormacia* (GQProvSachs 8, 2 S. 247, 16). Identisch? Präbendat 23. Aug. 1561 (VII B Hs 178 Bl. 213 v). Besitzer der Musikhs.

Cantica sacra (15. Jh.), Cod. Guelf. 545 Helmst., Heinemann, Katalog d. Hss. d. HABibl. Wolfenb. 2 nr. 593.

Johann Schnor (Snor), zugleich Kanoniker im RStift Gandersheim, s. GS NF 7 § 46. „Propst" und Pfarrer St. Marien 7. März 1563 (14 Urk 217) bis 2. Juli 1567 (14 Urk 229). Ausgeschieden wohl wegen der Affäre mit der Nonne Dorothea Heilwigs (11 Alt Gand. Fb. III, 139 Bd. 1; s. oben § 11, § 13, 10 u. § 30).

Ringsiegel, Bild: über gekreuzten Ästen drei aus einem Herzen wachsende Blumenstengel (14 Urk 217). Keine Umschrift.

§ 33. Klosterpfarrer

Heinrich Uden (Udonis), auch Vikar im RStift Gandersheim (GS NF 7 § 47). Pfarrer St. Marien seit 1501 (s. die Angabe 41 Urk 145 von 1545 o. T.), zeitweise Notar und stellvertr. Schulmeister im RStift Gandersheim (14 Urk 200 u. R.), erklärte sich 1545 o. T. durch eigenhändigen Revers mit der Ordinanz der Schmalkaldischen Visitatoren einverstanden (41 Urk 145), zuletzt „Stiftspfarrer" 29. Juli 1549 (VII B Hs 277 Bl. 115 u. 278 Bl. 212). Tot 12. März 1559, ebda. sein Sohn Christoffer (14 Urk 211, 6 Urk 878).

Heinrich Finner, c. 1559—1563. Nur 30. Jan. 1590 als Pfarrer und Nachfolger des Heinrich Uden und Vorgänger des Johann Schnor erwähnt (VII B Hs 36 Bd. 4 Bl. 116 v). Identisch mit dem Cluser Mönch Heinrich Finder (s. unten S. 298)?

Johann Schnor, s. oben § 32.

§ 34. Vikare

Hermann Gremsheim (Gremmedeschen), Vikar im RStift Gandersheim u. Pfarrer Opperhausen, s. GS NF 7 § 47. Vikar (?) St. Marien 18. April 1484 (VII B Hs 276 S. 109).

Heyso Wydeshusen, Vikar im RStift Gandersheim, s. GS NF 7 § 47. Vikar St. Marien 18. Apr. 1484 (VII B Hs 276 S. 109) bis 27. Mai 1493 (14 Urk 152), Zinsempfänger noch 1508 (11 Alt Mar. Gand. Rechn. 10).

Hennig Sochting, Priester u. Vikar (?) St. Marien 21. Okt. 1485 (VII B Hs 276 S. 109).

Johann Ebbrecht(s), Prokurator 16. Dez. 1499 (VII B Hs 277 S. 15), Priester D. Halberstadt, Zinsempfänger St. Marien 1505 bis 1512 (11 Alt Mar. Gand. Rechn. 8 u. 10), Vikar (?) 24. Nov. 1509 (VII B Hs 277 S. 3 ff.) bis 23. August 1516 (VII B Hs 277 S. 52).

Johann Jacke, Pfarrer zu Düderode, Vikar (?) 16. Dez. 1499 (VII B Hs 277 S. 15).

Henning Sothoff (Sothove), Pfarrer zu Sebexen, Vikar (?) 16. Dez. 1499 (VII B Hs 277 S. 15).

Albrecht Crack (Crackes, Kracke). Schreiber des Rats zu Bockenem 27. Sept. 1500 (VII B Hs 277 S. 45), Zinsempfänger St. Marien 1501—1513 (11 Alt Mar. Gand. Rechn. 6—10), 27. Sept. 1515 Pfarrer zu Bornhausen (VII B Hs 277 S. 44), besaß am 9. Juni 1527 ein Haus am Kloster und erhielt am 24. Aug. 1532 auf Lebenszeit Verpflegung und Wohnung im Kloster (VII B Hs 277 S. 55 u. 57); eigenhändiges Testament 7. Febr. 1535 (11 Alt Gand. Fb. 1, III, 161).

Hermann Lutken, s. oben § 32.

Henning Bruning (Bruniges), Priester 23. August 1508 (14 Urk 168; VII B Hs 277 S. 92), Zinsempfänger bis 1512 (11 Alt Mar. Gand. Rechn. 7, 9, 10).

Ulrich Ol(e)man (Olemans), zugleich Vikar im RStift Gandersheim, s. GS NF 7 § 47. Priester D. Hild. 24. Nov. 1509 (VII B Hs 277 S. 3 ff.) bis 6. Dez. 1529 (VII B Hs 277 S. 79), 10. Aug. 1534 (?) von Äbtissin Agnes als Kaplan für die Kommissie St. Anna in der Roringenschen Kapelle im RStift präsentiert (Harenberg S. 982, handschr. Einlage).

? Johann Rotger(s), Vikar (?) RStift Gandersheim, s. GS NF 7 § 47. Zinsempfänger St. Marien 1505—1512 (11 Alt Mar. Gand. Rechn. 7—10).

Johann Fricke, zugleich Vikar im RStift Gandersheim, s. GS NF 7 § 47, u. Propst in Brunshausen, s. dort § 23, 1. Priester in St. Marien 14. Aug. 1512 (14 Urk 170) bis Okt. 1542, Inhaber der Kommende St. Thome (2 Alt 1583 Bd. 2 Bl. 111 v; Kayser, Ref. KirchVis. S. 199). Tod 26. Aug. 1551 (41 Urk 154).

? Henning Hovet (Capitis), Vikar im RStift Gandersheim, GS NF 7 § 47. Zinsempfänger St. Marien 1505—1513 (11 Alt Mar. Gand. Rechn. 8—10), Vikar (?) 12. Nov. 1515 (14 Urk 154 R).

? Johann Beyenrodt und Mag. Johann Schympes, Inhaber der Kapelle St. Mauritii zu *Söse 24. Okt./7. Nov. 1516 (14 Urk 182—184).

Johann Schneehagen (Snehagen), Vikar im RStift Gandersheim, s. GS NF 7 § 47. Stifter der neuen Kommissie BMV. Conc. et Mathie ap. am St. Annenaltar im Süden des Herrenchors u. Vikar 3. Mai 1518 (VII B Hs 277 S. 11).

Bartold Stein (Steyn), Kanoniker im RStift Gandersheim, s. GS NF 7 § 46. Priester u. ständiger Vikar des Thomasaltars 10. Apr./ 10. Sept. 1520 (14 Urk 189 u. 190) bis nach 1530 (VII B Hs 280).

? Conrad Werneri, Vikar im RStift Gandersheim, s. GS NF 7 § 47. Erh. die Patronatskapelle zu *Söse 24. Sept. 1524 (6 Urk 766).

? Johann Bevern, Pfarrer Bornhausen 14. Febr. 1527 (14 Urk 195).

? Hermann Myddendorpe, Pfarrer Düderode 9. Apr. 1531 (VII B Hs 277 S. 56).

Martin Eggelster, s. oben § 32.

? Cort Menneken, Zinsempfänger St. Marien 1514 (11 Alt Mar. Gand. Rechn. 8 Bl. 31 v), Pleban Wetteborn (11 Alt Mar. Gand. Rechn. 11), tot März 1531 (VII B Hs 277 S. 72).

? Hinrik Rymmerodt, Pfarrer Sebexen 2. Sept. 1535 (14 Urk 201) bis 13. Nov. 1552 (VII B Hs 277 S. 117).

Ernst Walten, Vikar im RStift Gandersheim, s. GS NF 7 § 47. St. Marien 29. Juli 1549 (VII B Hs 277 S. 115, VII B Hs 278 Bl. 212) bis 26. Jan. 1569 (VII B Hs 28 Bl. 13).

? Ernst Borcherdes, Resign. Pfarrer Wetteborn 1562 o. T. (VII B Hs 278 Bl. 150 v).

? Johann Abtmeier, Pfarrer Wetteborn 1562 o. T. (VII B Hs 278 Bl. 150 v).

? Joachim Hentis, Pfarrer Sebexen 21. Dez. 1566 (VII B Hs 278 Bl. 66 v); da bei der Visitation als ungelehrt befunden, am 1. Jan. 1569 von Hz. Julius entlassen (VII B Hs 50 S. 65).

BENEDIKTINERKLOSTER CLUS

1. QUELLEN, LITERATUR UND DENKMÄLER

§ 1. Quellen

1. Ungedruckte Quellen

StA. Wb. = Wolfenbüttel, Niedersächsisches Staatsarchiv.[1])

Hauptabteilung Urkunden (Urk):

6 Urk:	Reichsunmittelbares Kanonissenstift Gandersheim.
10/11 Urk:	Benediktinerkloster Clus (mit Brunshausen). (150 Originalurkunden, 1127—1701).
14 Urk:	Benediktinerinnenkloster St. Marien vor Gandersheim.
41 Urk:	Stadt Gandersheim.
60—110 Urk:	Grafen, Edelherren und adlige Familien.
139 Urk:	Varia Brunsvicensia.

Hauptabteilung Handschriften (Hs):

Abteilungen I—IV Hs, VI Hs Gr. 2—10, 14—16.

VII A Hs:	Kopial- und Lehnbücher, Urkundensammlungen usw. betr. Adelsgeschlechter.
VII B Hs:	Kopialbücher, Urkundensammlungen, Güterverzeichnisse betr. die Braunschweigischen Stifter und Klöster, insbesondere: VII B Hs 1—67 (Stift Gandersheim) und VII B Hs 320. Sog. Rotes Kopialbuch des Klosters Clus, zusammengestellt 1574 von dem Prior Andreas Lüderitz (Schuld- und Pfandverschreibungen 1467—1571). VII B Hs 321. Lose Abschriften von Urkunden des Klosters Clus (1124—1681).

Hauptabteilung Ältere Landesakten (Alt):

1 Alt:	„Fürstliches Hauptarchiv" Gr. 8—12, 13, 19, 22—24.
2 Alt:	Kanzlei, Geh. Ratsstube.
4 Alt:	Kammer, insbesondere: 4 Alt 2 Gr. 2 Clus und Brunshausen und 4 Alt 18 Fb. 14.
8 Alt:	Ämter.

---

[1]) Alle Signaturen im Text ohne vorangehende Nennung eines Archivs oder einer Bibliothek beziehen sich auf Archivalien des Nieders. Staatsarchivs Wolfenbüttel. Zum Bestand 2 Alt s. den Hinweis im Vorwort.

11 Alt: Stifter und Klöster, insbesondere:
- 11 Alt Brunshausen.
- 11 Alt Clus.
- 11 Alt Gandersheim Fb. 1, Fb. 2, insbesondere: Angelegenheiten der Klöster Brunshausen und Clus, Fb. 3.

14 Alt: Fürstliches Konsistorium.

16 Alt: Handelsbücher der Fürstl. Kanzlei.

19 Alt: 30—33 (Erbregister und Corpora bonorum).

22 B Alt: Klosterrechnungen.

Hauptabteilung Kgr. Westphalen (W).

Hauptabteilung Landschaftliche und Ständische Akten (Ldsch).

Hauptabteilung Kirchenbücher und Personenstandsregister (Kb).

Hauptabteilung Nichtstaatliche Archivalien (N), insbesondere:
- 17 N Stadt Gandersheim.
- 142 N Braunschw. Landeskulturverband, vorl. Nr. 8: G. Brackebusch, Fragebogen Clus.

Hauptabteilung Karten, Risse und Pläne (K).

Hauptabteilung Sammlungen (Slg), insbesondere:

1 Slg:	Siegelabgüsse.
2 Slg C:	Siegelstempel.
5 Slg:	v. Praunsches Siegelkabinett.
12 Slg:	Pergamentbruchstücke.
32 Slg:	Regestensammlung H. Dürre.
37 Slg nr. 28:	Fb. der Akten der Stiftskirchenbibliothek.

HABibl. Wb.	= W o l f e n b ü t t e l, Herzog-August-Bibliothek, insbesondere: Cod. Guelf. 19. 13. Aug. 4°: Henricus Bodo von Clus, Chronica cenobii Clusini (abgekürzt CC.) und Syntagma ecclesie Gandesiane.
HStA. Hann.	= H a n n o v e r, Niedersächsisches Hauptstaatsarchiv.
StadtA. Brschw.	= B r a u n s c h w e i g, Stadtarchiv und Stadtbibliothek, insbesondere: B III 5 Bd. 27. Schmalkaldischer Bund 1542—1548, mit Statistik der Braunschweigischen Klöster.
LKA. Brschw.	= B r a u n s c h w e i g, Archiv der Ev. luth. Braunschw. Landeskirche (früher in Wolfenbüttel).
Stiftsk. Bibl. Gand.	= G a n d e r s h e i m, Stiftskirchenbibliothek.
BistA. Hild.	= H i l d e s h e i m, Bistumsarchiv.
Bisch. Bibl. Hild.	= H i l d e s h e i m, Bischöfliche (Beverinische, Dom-) Bibliothek.
Mus. Hild.	= H i l d e s h e i m, Städtisches Museum (Hs 191 a: Nekrolog des Klosters St. Michael zu Hildesheim).
StA. Magd.	= M a g d e b u r g, Staatsarchiv.

2. Gedruckte Quellen[2])

Admonter Totenroteln = Bünger Fritz, Admonter Totenroteln 1442—1496 (Beitrr. z. Gesch. d. alten Mönchtums u. d. Benediktinerordens 19) 1935.

Bodo, Syntagma = Bodo Henricus, Syntagma ecclesie Gandesiane (Teildruck: H. Meibom, Rer. Germ. S. 477—510 und G. W. Leibniz, SSrerBrunsv. 3 S. 701—726 und 2 S. 337—345).

Bodo, CC. = Selecta ex Chronico Clusino Henrici Bodonis, gedr. G. W. Leibniz, SSrerBrunsv. 2 S. 345—370. Auszüge aus Cod. Guelf. 19. 13 Aug. 4°.

Busch, Lib. ref. = Busch Johannes, Liber de reformatione monasteriorum, ed. Karl Grube (GQProvSachs 19) 1886 S. 377—799.

Ceremonia = Ceremonia nigrorum monachorum ordinis S. Benedicti de observantia Bursfeldensi. Marienthal im Rheingau 1474 (Hain 4883).

Chron. Hild. = Chronicon episcoporum Hildesheimensium (ed. Georg Heinrich Pertz, MGH. SS. 7 S. 845—873).

Erath, Cod. dipl. Quedl. = Erath Anton Ulrich von, Codex diplomaticus Quedlinburgensis. Frankfurt/M. 1764.

Feise, Ausz. = Feise Wilhelm, Urkundenauszüge zur Geschichte der Stadt Einbeck bis 1500 [nebst] Orts- und Personenregister von Erich Plümer. 1959—1961.

Harenberg = Harenberg Johann Christoph, Historia ecclesiae Gandershemensis cathedralis ac collegiatae diplomatica. Hannover 1734.

J. L. = Regesta pontificum Romanorum. Hg. von Philipp Jaffé, 2. Aufl. bearb. von S. Loewenfeld, F. Kaltenbrunner und P. Ewald 1. 2. 1885—1888.

Kayser, Ref. KirchVis. = Kayser Karl, Die reformatorischen Kirchenvisitationen in den welfischen Landen 1542—1544. Instructionen, Protokolle, Abschiede und Berichte der Reformatoren. 1897.

Klosterordnung 1655 = Augusti Herzogens zu Brunswyk und Lunaeburg Verordnung, wy es mit Besez- und Verfassung der Clöster ... zu halten. Wolfenbüttel 1655.

Leuckfeld = Leuckfeld Johann Georg, Antiquitates Gandersheimenses. Wolfenbüttel 1709.

MatrErfurt = Acten der Universität Erfurt. Bearb. von Hermann Weissenborn. 1—3 (GQProvSachs 8, 1—3) 1881—1899.

MatrHelmst. = Album Academiae Helmstadiensis. 1. Hg. von Paul Zimmermann (VeröffHistKommNdSachs 9) 1926.

MatrJena = Die Matrikel der Universität Jena. 1. Bearb. von Georg Mentz und Reinh. Jauernig (VeröffThürHistKomm 1) 1944. 2. Bearb. von Reinh. Jauernig u. a. (VeröffHistInstUnivJena) 1961—1970.

Mooyer, Nekr. Hild = Mooyer E. F., Auszüge aus dem Todtenbuche des Hildesheimer Hochstifts (VaterlArchHistVNdSachs 1840 S. 49—116).

Mooyer, Nekr. Mich. = Mooyer E. F., Das Nekrologium des Hildesheimischen Michaelisklosters in Auszügen (VaterlArchHistVNdSachs 1842 S. 361—469; 1843 S. 1—83).

---

[2]) Im allgemeinen werden nur mehrfach zitierte Werke aufgeführt. Die Abkürzungen von Reihen und Zeitschriften richten sich nach Dahlmann/Waitz, Quellenkunde der deutschen Geschichte. Bd. 1. [10]1969 S. 37 ff.

Philippi, Abh. 2 = Philippi Friedrich, Der Liber vitae des Klosters Corvey (Abhandlungen über Corveyer Geschichtsschreibung 2, VeröffHistKommWestf 10) 1916 S. 43—169.

Potth. = Regesta pontificum Romanorum unde ab an. 1198 usque ad an. 1304. Hg. von August Potthast. 1. 2. 1874—1875.

Rep. Germ. = Repertorium Germanicum. Verzeichnis der in den päpstlichen Registern und Kameralakten vorkommenden Personen, Kirchen und Orte des deutschen Reiches, seiner Diözesen und Territorien vom Beginn des Schismas bis zur Reformation. 1—4. Bearb. von Emil Göller, Gerd Tellenbach, Ulrich Kühne und Karl August Fink. 1916—1961. Band 6 (Nikolaus V., 1447—1455), bearb. von Jos. Friedr. Abert und Walter Deeters, konnte im Ms. im Deutschen Historischen Institut in Rom eingesehen werden.

Schmidt, Päbstl. Urkk. = Schmidt Gustav, Päbstliche Urkunden und Regesten, die Gebiete der heutigen Provinz Sachsen und deren Umlande betreffend. 1 (1295—1352). 2 (1353—1378). (GQProvSachs 21 u. 22) 1886—1889.

UB Gosl. = Urkundenbuch der Stadt Goslar und der in und bei Goslar belegenen geistlichen Stiftungen. Bearb. von Georg Bode und Uvo Hölscher. 1—5. (GQProvSachs 29—32. 45) 1893—1922.

UBHHalb. = Urkundenbuch des Hochstifts Halberstadt und seiner Bischöfe. Bearb. von Gustav Schmidt. 1—4. (PubllPreußStaatsArch 17. 21. 27. 40) 1883—1889.

UBHHild. = Urkundenbuch des Hochstifts Hildesheim und seiner Bischöfe. Hg. von Karl Janicke und Hermann Hoogeweg. 1. (PubllPreußStaatsArch 65) 1896. 2—6. (QDarstGNdSachs 6. 11. 22. 24. 28) 1901—1911.

UBStadtHild. = Urkundenbuch der Stadt Hildesheim. Hg. von Richard Doebner. 1—8. 1881—1901.

Volk, GenKapRez. = Volk P. Paulus, Die Generalkapitelsrezesse der Bursfelder Kongregation. 1. (1458—1530). 2. (1531—1653). 1955—1957.

§ 2. Literatur[3])

Bernhardi, Jbb. L. III. = Bernhardi Wilhelm, Lothar von Supplinburg (Jahrbücher des Dt. Reiches) 1879.

Bertram Adolf, Geschichte des Bisthums Hildesheim 1. 1899.

BuK. 5 = Die Bau- und Kunstdenkmäler des Herzogtums Braunschweig. 5. Die Bau- und Kunstdenkmäler des Kreises Gandersheim, bearb. v. Karl Steinacker. 1910.

Frank, Barbara, Das Erfurter Peterskloster im 15. Jahrhundert. Studien zur Geschichte der Klosterreform und der Bursfelder Union (Veröffentl. d. Max-Planck-Instituts für Geschichte 34. Studien zur Germania Sacra 11) 1973.

Goetting, Brunshausen = Goetting Hans, Das Fuldaer Missionskloster Brunshausen und seine Lage (ZHarzV 5/6. 1953/54 S. 9—27).

Goetting, Clus = Goetting Hans, Die Gründung des Benediktinerklosters Clus (BraunschwJb 40. 1959 S. 17—39).

[3]) Im allgemeinen werden nur mehrfach zitierte Werke aufgeführt. Die Abkürzungen von Reihen und Zeitschriften richten sich nach Dahlmann/Waitz, Quellenkunde der deutschen Geschichte. Bd. 1. [10]1969 S. 37 ff.

Goetting, Fortsetzung = Goetting Hans, Eine unbekannte Fortsetzung der Chronik des Henricus Bodo von Clus (BraunschwJb 49. 1968 S. 1—32).

Goetting, Gandersheim und Rom = Goetting Hans, Gandersheim und Rom. Die Entwicklung der kirchenrechtlichen Stellung des Reichsstifts Gandersheim und der große Exemtionsprozeß 1203—1208 (JbGesNdSächsKG 51. 1953 S. 36—71).

Goetting, Or. Suppl. = Goetting Hans, Die Gandersheimer Originalsupplik an Papst Paschalis II. als Quelle für eine unbekannte Legation Hildebrands nach Sachsen (NdSächsJbLG 21. 1949 S. 93—122).

Goetting, Primordia = Goetting Hans, Das Überlieferungsschicksal von Hrotsvits Primordia (Festschr. f. Hermann Heimpel z. 70. Geb. 3. 1972 S. 61 —108).

Goetting, Riechenberg = Goetting Hans, Die Riechenberger Fälschungen und das zweite Königssiegel Lothars III. (MIÖG 78. 1970 S. 132—166).

Goetting-Niquet, Ausgrab. Brunshausen = Goetting Hans und Niquet Franz, Die Ausgrabungen des Bonifatiusklosters Brunshausen bei Gandersheim (Neue Ausgrabungen u. Forschungen in Niedersachsen, hg. v. Herb. Jankuhn 1) 1963 S. 194—213.

Harland, Einbeck = Harland, H. L., Geschichte der Stadt Einbeck nebst geschichtlichen Nachrichten über die Stadt und ehemalige Grafschaft Dassel. 1. 2. 1854—1859.

W. Heinemann, Hildesh. = Heinemann Wolfgang, Das Bistum Hildesheim im Kräftespiel der Reichs- und Territorialpolitik vornehmlich des 12. Jahrhunderts (QDarstGNdSachs 72) 1968.

Herbst, Anfänge = Herbst Hermann, Die Anfänge der Bursfelder Reform (JbGesNdSächsKG 36. 1931 S. 13—30).

Herbst, Klus = Herbst Hermann, Das Benediktinerkloster Klus bei Gandersheim und die Bursfelder Reform (BeitrrKulturgMARenaiss 50) 1932.

Herbst, J. v. Br. = Herbst Hermann, Johannes von Brakel. Ein Beitrag zur Bibliotheksgeschichte des Benediktinerklosters Klus bei Gandersheim (Nunquam retrorsum. Beiträge zur Schrift- und Buchkunde als Ehrengabe für A. Schramm. 1930. S. 31—46).

Hilpisch, Säkularisation = Hilpisch Stephan, Die Säkularisation der norddeutschen Benediktinerklöster im Zeitalter der Reformation (StudMittGBened 50. 1932 S. 78—108, 159—193).

Hofmeister, Verfassung = Hofmeister Philipp, Die Verfassung der Bursfelder Kongregation (StudMittGBened 53. 1935 S. 37—76).

Homann Heinrich, Kloster und Bistum in der Diözese Hildesheim. Diss. phil. Marburg [Masch.] 1925.

Kleinau, BestÜbersStAWb. = Kleinau Hermann, Übersicht über die Bestände des Niedersächsischen Staatsarchivs in Wolfenbüttel 1 (VeröffNdSächsArchivverwaltung 17) 1963.

Kleinau, GOV = Kleinau Hermann, Geschichtliches Ortsverzeichnis des Landes Braunschweig. 1. 2. Namen- und Sachverzeichnis (Geschichtliches Ortsverzeichnis von Niedersachsen 2. VeröffHistKommNdSachs 30) 1967—1968.

Kronenberg, Clus u. Brunsh. = Kronenberg Kurt, Clus und Brunshausen. Verlassene Klöster. ²1966.

Kronenberg, Ref. = Kronenberg Kurt, Die Reformation des Reichsstiftes Gandersheim durch Herzog Julius von Braunschweig (JbGesNdSächsKG 66. 1968 S. 81—106).

Kronenberg, Wanderungen = Kronenberg Kurt, Wanderungen um Gandersheim. Heimatkunde für das Land zwischen Harz und Leine. 1965.

Krumwiede, Patroz. = Hennecke Edgar und Krumwiede Hans Walter, Die mittelalterlichen Kirchen- und Altarpatrozinien Niedersachsens (StudKirchengeschNdSachs 11) 1960.

Lange, Northeimer I = Lange K.-H., Die Grafen von Northeim 950—1144. Politische Stellung, Genealogie und Herrschaftsbereich. Beiträge zur Geschichte des sächsischen Adels im Hochmittelalter. Diss. phil. Kiel [Masch.] 1958.

Lange, Northeimer II = Lange K.-H., Die Stellung der Grafen von Northeim in der Reichsgeschichte des 11./12. Jahrhunderts (NdSächsJbLG 33. 1961 S. 1—107).

Linneborn, Reformation = Linneborn Johannes, Die Reformation der westfälischen Benedictinerklöster im 15. Jahrhundert durch die Bursfelder Congregation. 1901.

Lüntzel, Diöz. = Lüntzel H. A., Die ältere Diöcese Hildesheim 1. 2. 1837.

Lüntzel, Gesch. Hild. = Lüntzel H. A., Geschichte der Diöcese und Stadt Hildesheim 1. 2. 1858.

Machens, Archidiakonate = Machens Joseph, Die Archidiakonate des Bistums Hildesheim im Mittelalter (BeitrrGNdSachsWestf, Erg. H. 8) 1920.

Meyer, Pastoren = Meyer, Philipp, Die Pastoren der Landeskirchen Hannover und Schaumburg-Lippe seit der Reformation. 1941.

Mühe, Dankelsheim = Mühe Adolf, Dankelsheim. Eine flur- und siedlungskundliche Untersuchung (BraunschwJb 28. 1941/42 S. 123 ff.).

Mühe, Stadtgeschichte = Mühe Adolf, Geschichte der Stadt Bad Gandersheim. ²1950.

Petke, Wohldenberger = Petke Wolfgang, Die Grafen von Wöltingerode-Wohldenberg. Adelsherrschaft, Königtum und Landesherrschaft im nordwestlichen Harzvorland im 12. u. 13. Jahrhundert (VeröffInstHistLdesforschUnivGöttingen 4) 1971.

Reller, Ref. = Reller Horst, Vorreformatorische Kirchenverfassung im Fürstentum Braunschweig-Wolfenbüttel (StudKirchengeschNdSachs 10) 1959.

Samse, Zentralverw. = Samse H., Die Zentralverwaltung in den südwelfischen Landen vom 15.—17. Jahrhundert. Ein Beitrag zur Verfassungs- und Sozialgeschichte Niedersachsens (QDarstGNdSachs 49) 1940.

Seebaß-Freist, Pastoren = Seebaß Georg und Friedrich Wilhelm Freist, Die Pastoren der ev. luth. Landeskirche Braunschweig 1. 1969.

Spanuth, Quellen = Spanuth Friedrich, Quellen zur Durchführung der Reformation im Brschwg.-Wolfenbüttelschen Lande 1551—1568 (JbGesNdSächsKG 42. 1937 S. 241—288).

Volk, Urkk = Volk P. Paulus, Urkunden zur Geschichte der Bursfelder Kongregation (KanStudTexte 20) 1951.

Volk, Generalkapitel = Volk P. Paulus, Die Generalkapitel der Bursfelder Benediktinerkongregation (BeitrrGaltMönchtBened 14) 1928.

Volk, 500 J. = Volk P. Paulus, Fünfhundert Jahre Bursfelder Kongregation, eine Jubiläumsgabe. 1950.

Weiland, Chronologie = Weiland Ludwig, Chronologie der älteren Äbtissinnen von Quedlinburg und Gandersheim (ZsHarzVer 8. 1875 S. 475—488).

Zeller, Provinzialkapitel = Zeller Joseph, Das Provinzialkapitel im Stifte Petershausen im Jahre 1417 (StudMittGBened 41. 1922 S. 1—73).

Ziegler, Bursf. Kongr. = Ziegler Walter, Die Bursfelder Kongregation in der Reformationszeit (BeitrrGaltMönchtBened 29) 1968.

§ 3. Denkmäler. Baugeschichte und Topographie

1. Die Klosterkirche

Der in seinen Ausmaßen bescheidene Bau der Klosterkirche (eingehende Beschreibung bei K. Steinacker, BuK. 5 S. 51—63, jedoch in den historischen Folgerungen vielfach überholt) bietet abgesehen von der spätgotischen Chorerweiterung in seinen wesentlichen Bestandteilen noch das Bild aus der ersten Hälfte des 12. Jhs. Für den Gründungsbau sind zwei Abschnitte anzunehmen. Die Ostteile, der Chor und das Querhaus mit früh gewölbter, mit niedrigen Bögen versehener Vierung und ursprünglich quadratischen, jetzt verkürzten Armen, dürften bis zur ersten Weihe von 1124, sicher aber bis zum Beginn der dreißiger Jahre des 12. Jhs. fertiggestellt worden sein. Der gegenüber dem Langhaus nur leicht erhöhte Chor hatte von vornherein keine Krypta. Spuren der äußeren Wandgliederung mit Arkadenfries und Halbsäulen sind noch an der nördlichen Außenwand des romanischen Chorrechtecks sichtbar.

An diese Ostpartien wird nach der Reform von 1134 in der Zeit bis 1155 das kurze, im Grundriß nahezu quadratische Langhaus angefügt worden sein. Die westliche Turmfront mit tonnengewölbter offener Vorhalle zwischen den beiden rechteckigen Türmen war 1159 fertiggestellt, da in diesem Jahre die Michaelskapelle im Obergeschoß zwischen den Türmen geweiht wurde (Henr. Bodo, CC. Bl. 5 v, Leibniz, SSrerBrunsv. 2 S. 332 f.; Herbst, Klus, S. 56 Anm. 1). Die für Niedersachsen ungewöhnliche Westlösung und der Grundriß des Langhauses haben Fr. Thöne (Reclams Kunstführer, Bd. 4 Niedersachsen [^{2}1962] S. 121) an St. Aurelius in Hirsau als Vorbild denken lassen.

Im Innern öffnet sich das flachgedeckte Mittelschiff mit vier Arkaden (Pfeiler-Säule-Pfeiler) unter gekröpftem Gesims (wie auch im Gandersheimer Münster) zu den schmalen, ursprünglich gleich den Turmuntergeschossen gewölbten Seitenschiffen. Zum Aussehen des Kircheninnern im Osten gibt der Chronist Henricus Bodo (CC. Bl. 5 v, s. oben) auf Grund einer ihm noch vorliegenden Notiz über die Weihe von drei Altären durch Bischof Bruno von Hildesheim im Jahre 1155 einige

Einzelheiten. Danach wurde damals zunächst der *in medio ecclesie* gelegene Kreuzaltar geweiht, zu dessen beiden Seiten zwei Türen durch den Lettner zum Chor führten, wo der der Gottesmutter geweihte Hochaltar stand. Im nördlichen Querhausarm wurde zur gleichen Zeit der St. Georgsaltar, im südlichen Querhausarm der St. Nikolausaltar geweiht, beide leicht erhöht an den Ostwänden gelegen. Ob der romanische Chor mit einer Hauptapsis oder gerade geschlossen war, konnte bisher nicht geklärt werden[1]). Auch ob die Querhausarme im Osten gerade geschlossen waren oder Apsiden hatten, hat sich bisher nicht einwandfrei klären lassen. Die von der Kreisbildstelle Gandersheim nach Entfernung des Putzes im November 1960 hergestellten Aufnahmen lassen allerdings Bögen erkennen, die auf ursprüngliche Apsiden schließen lassen könnten. Aller Wahrscheinlichkeit nach haben auch im Westen die Turmuntergeschosse Kapellen enthalten (s. unten § 3, 2).

Zur Reparatur der schon in der Mitte des 13. Jhs. als baufällig bezeichneten Kirche („nimia vetustate consumpta") wurde am 8. März 1252 von dem päpstlichen Kardinallegaten Hugo von S. Sabina ein Ablaß ausgeschrieben (10/11 Urk 17, Leuckfeld S. 180 f. Anm. hh; Harenberg S. 1610). Doch hat diese Wiederherstellung offenbar keine Veränderung der baulichen Substanz zur Folge gehabt. Erst die Reform von 1430 mit ihren einschneidenden Veränderungen der Klosterverfassung, ihren größeren finanziellen Mitteln und vor allem der Vermehrung des Mönchskonvents erforderte vor allem eine bedeutende Erweiterung der Ostpartien. Schon 1464 war ein neues Chorgestühl angeschafft worden (Henr. Bodo, CC. Bl. 145, für 60 fl., nicht für 600, wie Herbst, Klus S. 55 irrtümlich angibt. Das Inventar von 1675 [4 Alt 2 Clus/Br. nr. 6] erwähnt noch *24 Mannsstühle* auf dem Chor).

Die Chorerweiterung erfolgte in den Jahren 1485—1487 (Henr. Bodo, CC. Bl. 150; Herbst, Klus S. 33). Man brach die alte Ostwand des Chores einschließlich der Fundamente ab, verlängerte den Chor mit dem Hochaltar um 9 m nach Osten und gab ihm einen $^3/_8$-Schluß. Zugleich wurde der Kreuzaltar an einen Pfeiler verlegt, an seiner Stelle eine Mitteltür in den Lettner gebrochen und die bisherigen beiden Seitentüren

---

[1]) Bei den 1957 ff. durch das Bauamt der Ev. luth. Braunschweigischen Landeskirche ohne Hinzuziehung der staatlichen Denkmalspflege durchgeführten umfangreichen Fundamentierungs- und Erneuerungsarbeiten sind entsprechende Untersuchungen, die dringend erwünscht gewesen wären, nicht vorgenommen, dafür aber sicherlich wichtige archäologische Befunde zerstört worden. Eine Meldung des Gandersheimer Kreisblattes vom 23. März 1960 (Nr. 70) über eine angeblich von Oberkustos Dr. H. A. Schultz vom Braunschweigischen Landesmuseum für Geschichte und Volkstum vorgenommene Notgrabung im Chor und die Feststellung eines geraden Abschlusses des romanischen Chores erwies sich nach Mitteilung von Dr. Schultz als irrig.

vermauert (CC. Bl. 5 v; Herbst, Klus S. 56 Anm. 1). Dieser Lettner mit Mitteltür war nach dem Inventar von 1675 (4 Alt 2 Clus/Brunsh. Nr. 6) bekrönt von *Christi Bildniß am Creutz zwischen der Mutter Gottes und Maria Magdalena in Holtz verfertiget.* Die beiden Querhausaltäre St. Georg und St. Nikolaus wurden an die nord- und südöstlichen Vierungspfeiler gesetzt, ihre bisherigen Plätze, nachdem die Querhausarme damals möglicherweise einen geraden Ostabschluß erhalten hatten, von den Altären des hl. Hieronymus und der hl. Katharina eingenommen. (So wird die Nachricht bei Henricus Bodo [CC. Bl. 5 v, Herbst, Klus S. 56 Anm. 1] zu interpretieren sein, die Kronenberg, Clus u. Brunsh. S. 24 offensichtlich mißverstanden hat.)

Im übrigen wurden Querhaus und Langhaus im alten Zustand belassen. Der neue spätgotische Chor wurde nach der Fertigstellung von dem Mönch Konrad Hammenstedt mit Fresken ausgemalt und mit bemalten Glasfenstern versehen (Beschreibung bei Leuckfeld S. 187; Herbst, Klus S. 55 f.). Gleichzeitig mit dem Chorerweiterungsbau wurde an das Chorrechteck im Süden ein neues Armarium, im Norden ein gewölbter Bibliotheksraum angebaut (Herbst, Klus S. 54 f.). Die Bibliothek bestand nach dem Inventar von 1637 aus zwei *Librey Cammern* (2 Alt 3543). Die Kosten für diese Erweiterungsbauten werden bei Henricus Bodo (CC. Bl. 150 v) mit 1000 Pfund angegeben. In diesem Zustand hat die Kirche auch die Aufhebung des Klosters und die folgenden Jahrhunderte, freilich unter starker baulicher Vernachlässigung, überdauert.

Kurze Beschreibungen der Kirche finden sich in den erhaltenen Klosterinventaren von 1675, 1681, 1698 und 1706 (4 Alt 2 Clus/Brunsh. Nr. 6). Ältere, leider sehr ungenaue Abbildungen bieten Merian (1654) und Leuckfeld (1709) (wiedergegeben bei Kronenberg, Clus u. Brunsh. Tafel IV u. V). Beide zeigen einen großen, turmähnlichen Dachreiter über der Vierung.

1730 stellte der Gandersheimer Oberhofmeister J. A. von Kroll fest, daß das Dach auf dem einen Kirchturm schon seit 20 Jahren offen stehe (11 Alt Gand. Fb. 2 nr. 144 S. 453). Zu Beginn des 19. Jhs. wurde dieser südliche Westturm wegen Baufälligkeit bis auf das Untergeschoß abgetragen. Die Gewölbe der Seitenschiffe waren schon früher entfernt und durch Balkendecken ersetzt worden. Einschneidende Veränderungen im Baubestand brachte dann die von 1848—1852 durch den Kreisbaumeister Bremer im Geiste des Purismus erfolgte grundlegende Restaurierung der Klosterkirche. Über die damals vorgenommenen Umgestaltungen (u. a. Verkürzung der Querhausarme, Versetzung der alten Langhausfenster in regelmäßigen Abständen) hat Steinacker, BuK. 5 S. 57 f. eingehend berichtet. Vgl. hierzu die Zeichnungen Bremers (K 1050 und 1051), die

Steinacker offenbar nicht gekannt hat und die z. T. noch den alten Zustand erkennen lassen. Eine umfassende Instandsetzung der Kirche erfolgte in den Jahren 1957—1966 (s. oben S. 174 Anm. 1). Sie soll mit der Wiedererrichtung des abgebrochenen Südturmes abgeschlossen werden.

2. Altäre

a) Der Hauptaltar war der hl. Gottesmutter Maria geweiht. Er mußte bei der Chorerweiterung von 1485/87 nach Osten versetzt werden. Für ihn erwarb Abt Wedego 1487 von einem Lübecker Künstler für 170 fl. das bedeutende, noch heute vorhandene Altarretabel mit der Darstellung der Marienkrönung (CC. Bl. 150 v, Herbst, Klus S. 56 f.; vgl. die eingehende Beschreibung mit Abb. bei Steinacker, BuK. 5 S. 58 ff. und die Beschreibung des heutigen Zustandes nach gründlicher Wiederherstellung i. J. 1965 bei Kronenberg, Clus u. Brunsh. S. 47 ff. u. Abb. Taf. IX). Leuckfeld (Ant. Gand. S. 187) sah noch auf einer Tafel die heute verlorene Weihinschrift: *Altare summum consecratum est in honorem beatae Mariae Virginis, cuius dedicatio celebratur dominica post Dyonysii . . . 68. frater Andreas Probst.* (So auch schon in 11 Alt Gand. Fb. 2 nr. 267 von nach 1587. Die genannte Jahreszahl 1568 kann mit dem erwähnten Cluser Mönch Andreas Probst nicht zusammenhängen, da dieser nur 1578 und 1589 bezeugt ist [10/11 Urk 136].)

Es folgen dann die von Bischof Bruno von Hildesheim 1155 geweihten drei älteren Altäre, über die Henricus Bodo in seinem Gandersheimer „Syntagma“, und zwar in dem vorangestellten Hildesheimer Bischofskatalog, aus einer alten Weihenotiz berichtet (CC. Bl. 5 v, gedr. Herbst, Klus S. 56 Anm. 1). Es sind:

b) Der Hl. Kreuzaltar *in medio ecclesie* vor dem Lettner. Er wurde, als man beim Umbau des Chores 1485/87 anstelle der seitlichen Lettnertüren eine Mitteltür anlegte, entfernt und an eine Säule versetzt. 1525 wurde für den Kreuzaltar ein Tafelbild von dem Meister *Fredericus Piscatoris sacerdos* für 30 Pfd. gekauft (CC. Bl. 184 r).

c) Der Hl. Georgsaltar an der Ostwand des nördlichen Querhausarmes. Eine ewige Lampe *im Chor des hl. Georg* wird 1231 erwähnt (10/11 Urk 21). Beim Chorerweiterungsbau von 1485/87 wurde der Georgsaltar wohl an den nordöstlichen Vierungspfeiler versetzt.

d) Der Hl. Nikolausaltar an der Ostwand des südlichen Querhausarmes. Beim Chorerweiterungsbau von 1485/87 wurde er wohl an den südöstlichen Vierungspfeiler versetzt.

In der Obergeschoßkapelle *inter turres ecclesie* lag

e) der Hl. Michaelsaltar, der 1159 von Bischof Gerold von

Oldenburg geweiht wurde (CC. Bl. 5 v, gedr. Herbst, Klus S. 56 Anm. 1, vgl. auch unten S. 203). Ob die *capella sub turri,* für die 1231 ein Nachtlicht gestiftet wurde (10/11 Urk 21), mit der Michaelskapelle identisch ist oder die Kapelle eines Turmuntergeschosses war, muß dahingestellt bleiben.

f) Der Hl. Hieronymusaltar wurde nach 1485/87 (nach Abbruch der Nordapsis?) an der Ostwand des nördlichen Querhausarmes errichtet (CC. Bl. 5 v, gedr. Herbst, Klus S. 56 Anm. 1).

g) Der Hl. Katharinenaltar stand nach 1485/87 (nach Abbruch der Südapsis?) an der Ostwand des südlichen Querhausarmes (CC. Bl. 5 v, gedr. Herbst, Klus S. 56 Anm. 1; irrige Interpretation der Stelle bei Kronenberg, Clus u. Brunsh. S. 24).

Folgende weitere Altäre gehören wohl zu den von Henricus Bodo (CC. Bl. 5 v) erwähnten *alia altaria ad columnas,* d. h. Altären an den Pfeilern bzw. Säulen des Langhauses, oder befanden sich in den Turmuntergeschossen:

h) der Hl. Thomasaltar, erwähnt 1491 (10/11 Urk 88 R.),

i) der Hl. Erasmusaltar und

k) der Hl. Benediktsaltar, beide im Reliquienverzeichnis vom Ende des 15. Jhs. (11 Alt Clus 3) erwähnt.

Von diesen Altären haben immerhin neun — wenn auch mit Ausnahme des Hochaltars profaniert — die Zeit der Reformation und des Dreißigjährigen Krieges überdauert. Denn das Cluser Inventar von 1675 erwähnt als in der Kirche noch vorhanden außer dem Hochaltar, dessen Retabel beschrieben wird, im Langhaus vier kleine Altäre *mit alten Bildern besetzet,* zwei weitere verfallene Altäre in der *alten verfallenen Kapelle zur Linken* (d. i. der nördliche Querhausarm) und einen Altar in der *verfallenen Kapelle zur Rechten* (d. i. der südliche Querhausarm). Außerdem wird ein steinerner Altar in der Kreuzgangkapelle erwähnt (4 Alt 2 Clus/Brunsh. nr. 6).

Die weitere noch erhaltene Kirchenausstattung (Reste von Plastiken usw.) ist von Steinacker, BuK. 5 S. 61 eingehend beschrieben worden.

3. Reliquienbesitz

Von den Reliquien, die sich in Clus befanden, wissen wir nur wenig. Zu Beginn des 13. Jhs. erwarben, wie Henr. Bodo (CC. Bl. 128 r) angibt, zwei Gandersheimer Kanonissen aus der Familie der Grafen von Wohldenberg gegen zwei Hufen Landes vom Kloster Clus Reliquien Johannis d. T., der Apostel Petrus, Paulus, Andreas, Jakobus d. Ä. und Matthias sowie des hl. Martin (vgl. W. Petke, Wohldenberger S. 37 Anm. 56 und

76). Derselbe Chronist berichtet aus der Reformzeit des 15. Jhs. (CC. Bl. 151 v), daß Abt Wedego 1479 für 50 Pfd. *duo scrinia (reliquiarum thece)* anfertigen ließ. Demselben Abt gelang es nach langen Bemühungen, vom Reichsstift Gandersheim das Haupt des hl. Lullus zu erwerben, dessen vollständiger Körper sich, von den übrigen Reliquien abgesondert, angeblich dort befand, sonst aber nirgends erwähnt ist. Der Chronist erzählt ausführlich davon im Zusammenhang mit einer Wundergeschichte anläßlich der Überführung des Kopfes des hl. Lullus nach Clus, wo dieser durch großes Lärmen seine alsbaldige Einschließung in einen Altar erzwang (Leibniz, SS. rer. Brunsv. 2 S. 352). Ebenfalls noch gegen Ende der Abtszeit Wedegos wurde das Haupt einer der 11 000 Jungfrauen erworben und dem Hochaltar einverleibt (Henr. Bodo, CC. Bl. 153 v).

Im übrigen hat sich ein fragmentarisches Reliquienverzeichnis aus dem Ende des 15. Jhs. erhalten, welches den Reliquieninhalt des Katharinen-, Georgs-, Erasmus- und Benediktsaltars aufzählt (11 Alt Clus 3):

Ad sanctam Catherinam patroni:
Sancti Philippus et Jacobus apostoli
Sanctus Maurus abbas
Sanctus Alexius confessor
Sancta Lucia virgo et martyr
Sancta Juliana virgo et martyr
Sancta Helizabet vidua

Ad sanctum Georgium:
Sanctus Mattheus apostolus et evangelista
Sanctus Laurentius martyr
Sanctus Panthaleon martyr
Sancta Catherina virgo et martyr
Sancta Cecilia virgo et martyr

Ad sanctum Erasmum:
Sanctus Innocentius papa
Sanctus Christophorus martyr
Sanctus Antonius confessor
Sanctus (!) Appolonia virgo et martyr

Ad sanctum Benedictum:
Sancti Cosmas et Damianus martyres
Sanctus Dominicus confessor
Sancta Scolastica virgo
Omnes sancti

Das Verzeichnis zeigt, daß einige Reliquienteile wohl aus dem Reichsstift Gandersheim (S. Innocentius papa, vielleicht auch S. Laurentius und

S. Antonius) und aus dem Gandersheimer Marienkloster (S. Pantaleon) nach Clus geschenkt worden sind.

Vorübergehend müssen die Reliquien der Hll. Cosmas und Damian eine besondere Rolle gespielt haben, da der Admonter Totenrotulus zu 1495 (S. 197) und die Wahlanzeige des Cluser Konvents von 1519 das Kloster als *monasterium s. Georgii, Cosmae et Damiani* bezeichnen (10/11 Urk 97).

4. Grabmäler

Mittelalterliche Grabmäler sind nicht erhalten. Außer den beiden bei Steinacker, BuK. 5 S. 61 f. beschriebenen Grabplatten für die Verwalter Barward Mente (1578) und Daniel Evensen (1697) wurde 1960 in der Kirche, und zwar im Mittelschiff vor der Vierung, die Grabplatte des ersten evangelischen Abtes Georg Schünemann ausgegraben, der dort am 22. September 1617 beigesetzt worden war. Die bildliche Darstellung zeigt ihn in weltlicher Tracht. Der Grabstein wurde in der Kirche aufgestellt. Ein eingemauertes Bruchstück eines Grabmals mit der Kapitalinschrift „QVOD PAVPERI FINIS“ erwähnt G. Brackebusch (142 N vorl. Nr. 8).

5. Kirchenschatz

Verzeichnisse des Kirchenschatzes, von dem sich nur wenige Reste erhalten haben, fehlen. Über einzelne Teile des mittelalterlichen Schatzes sind wir durch Henricus Bodo unterrichtet: er erwähnt als Stiftung des Abtes Winemarus (vor 1167) eine kleine Monstranz und ein mit Steinen verziertes Kreuz. Eine 1452 von Gandersheimer Bürgern gestiftete, vergoldete silberne Monstranz befindet sich heute im Besitz der katholischen Kirche zu Ottbergen Lkr. Hildesheim-Marienburg (Kunstdenkm. d. Prov. Hannover, Kr. Marienburg. 1910, S. 155).

Ein 1516 gestifteter vergoldeter silberner Kelch mit Patene ist noch vorhanden und bei Steinacker, BuK 5 S. 60 abgebildet und beschrieben. Nicht mehr vorhanden sind die oben erwähnten, i. J. 1479 für 50 Pfd. angekauften Reliquienschreine.

Ein großer siebenarmiger Messingleuchter im Chor war 1513/14 von dem Kanoniker des Einbecker Stifts BMV Herman Swider gestiftet worden (Henr. Bodo, CC. Bl. 159 r). Er wurde 1542 vor den Schmalkaldenern geflüchtet, wobei sein Wert mit 60 fl. angegeben wird (Kayser, Ref. KirchVis. S. 38 Anm. 54). Der Leuchter kehrte später zurück, stand nach Angabe der Inventare noch 1675 und 1681 in der Kirche *auf einem behauenen Stein, mit 3 Löwen zum Fuß* und mußte auf herzoglichen

Befehl 1688/91 an das Kloster Lamspringe abgegeben werden (11 Alt Gand. Fb. 2 nr. 244).

Von den Kirchenschätzen, die mit Abt Heinrich Pumme nach St. Godehard in Hildesheim geflüchtet worden waren, holte Abt Georg Schünemann am 3. September 1596 eine Kiste mit nur zwei Kelchen, einer Monstranz und *etlichen alten untauglichen Korallenschnüren* zurück (2 Alt 3523). Die von dem Verwalter Johann Rittierodt vor den Wirren des Dreißigjährigen Krieges nach Braunschweig in Sicherheit gebrachten Klosterschätze wurden am 1. Februar 1637 inventarisiert. Es wurden aufgeführt:

Eine hohe silberne Monstranz mit Marienbild und eingelassenem Kruzifix sowie 4 vergoldeten Aposteln (78 Loth), die teilvergoldete Krümme des Abtsstabes, *1 silbernes Ornamentum uff einem Bischoffsstab mit SS. Mariae undt Georgii Bild* (40 Loth), 8 Kelche und 5 Patenen (2 Alt 3543).

Über eine Rückkehr dieser Schätze nach Clus ließ sich nichts ermitteln. Die Inventare, insbesondere das von 1675, verzeichnen noch einen zum Hochaltar gehörigen Kelch mit Patene (wohl der oben erwähnte von 1516), ferner in der Sakristei 3 Messingkelche, 10 *Ampullen* und außer dem großen siebenarmigen Leuchter noch 4 Messing- und 2 Kupferleuchter (4 Alt 2 Clus/Brunsh. nr. 6).

6. Glocken

Mittelalterliche Glocken aus Clus sind nicht erhalten. Henricus Bodo (CC. Bl. 157 r) berichtet zum Jahre 1508, daß, nachdem die eine Turmglocke einst verkauft worden war, die erhaltene andere alte Glocke zum Guß einer neuen großen Glocke von 36 Ztr. verwendet wurde, zu der auch eine Metallsammlung unter den Bürgern der Stadt Gandersheim beigetragen hatte. Für den zweiten Turm wurde eine Glocke von 26 Ztr. beschafft, außerdem noch eine kleinere von 7 Ztr.

Während der Besetzung des Klosters unter den Schmalkaldenern verkauften die Pfandinhaber Cord und Brun von Bock die große Glocke, deren Gewicht mit 40 Zentnern angegeben wird, an den Rat der Stadt Einbeck für die dortige Marktkirche, während die übrigen Glocken zerschlagen wurden (VII B Hs 321 a, gedr. Goetting, Fortsetzung S. 13). Nach der Restitution des Klosters konnte Abt Johann Mutken für die Türme 5 Glocken beschaffen, von denen eine 1564 gegossen wurde (ebda. S. 19). Steinacker, BuK. 5 S. 61 verzeichnete als vorhanden noch zwei Glocken von 1560 und 1739. Abklatsch der Inschrift der älteren Glocke von G. Brackebusch in 142 N vorl. Nr. 8.

7. Die übrigen Klostergebäude

Wie in Brunshausen und Gandersheim schlossen sich die übrigen Klostergebäude mit dem ehemaligen Kreuzgang nördlich an die Kirche an. Von den romanischen Bauten haben sich keine Reste erhalten. Sie sind im Zuge der Reform des 15. Jhs. vollständig durch zwei- bzw. dreigeschossige spätgotische Neubauten ersetzt worden. Bereits 1446 begann man mit dem Neubau der Abtei (Westflügel), des Refektoriums (Nordflügel) und des Dormitoriums (Ostflügel), ferner der Bäckerei und der Küche (Henr. Bodo, CC. Bl. 140 r; Herbst, Klus S. 50). 1461 wurde ein neuer Abortturm (nach Herbst, Klus S. 52 Anm. 4 dem Nordflügel vorgelagert) mit einem besonderen Gang von dem im Obergeschoß des Ostflügels gelegenen Dormitorium aus erbaut, 1474 ein weiterer Übergang dorthin von den Gastzellen aus (CC. Bl. 144 v, 145 v; Herbst, Klus S. 52). Über den 1485—1487 zugleich mit der Chorerweiterung erfolgten Bau von Armarium und gewölbter Bibliothek — diese zwischen Ostflügel und Kirche gelegen — s. o. § 3, 1. 1487—1489 wurde dann mit einem Kostenaufwand von 1200 Pfund die bisherige äußere Umzäunung durch die große Klostermauer von 1100 Ellen Länge ersetzt (CC. Bl. 150 v—151 r; Herbst, Klus S. 52), welche dann 1504 durch eine Mauer „vom äußeren Klostertor zum Küchenbau *(curia coquine)* und vom Ende der Kirche bis zum Kornspeicher *(granarium)* erweitert wurde" (CC. Bl. 153 r; Herbst, Klus S. 52, vgl. auch den Stich bei Leuckfeld zu cap. XX, Kronenberg, Clus u. Brunsh. Tafel V).

Der Kreuzgang besaß nach den erhaltenen Inventaren des 17. Jhs. (1600, 1602, 1603, 1675, 1681, 4 Alt 2 Clus/Brunsh. Nr. 6) eine Kapelle mit einem Altar. Dieselben Quellen nennen von den Klostergebäuden besonders die Abtei, den Remter, die *Rasur* (d. h. die heute noch erkennbare Tonsur), drei Gastkammern, das Krankenhaus und die Jägerstube (die zu Beginn des 16. Jhs. zur Unterbringung der herzoglichen Jäger eingerichtet werden mußte).

Die Klostergebäude mit dem geschlossenen Kreuzgang dienten später den Gutsverwaltern als Wohnung und wurden vielfach umgebaut. Über weitere Umbauten in den ersten Jahrzehnten des 18. Jhs. vgl. die Beschreibung von Kroll in 11 Alt Gand. Fb. 2 nr. 144, über den gegenwärtigen Zustand s. Steinacker BuK. 5 S. 62. Eine Skizze des Domänenbezirks von 1839 nach der Kartenaufnahme in 4 Alt 2 Clus/Br. Nr. 19 findet sich bei Kronenberg, Clus u. Brunsh. S. 85, ebda. Tafel II u. III Aufnahmen des West- und Ostflügels im heutigen Zustand. Grundrißskizzen des Domänenkomplexes und insbesondere der ehemaligen Klostergebäude von Fr. Hesse 1867 in 142 N vorl. Nr. 8.

8. Auswärtige Kapellen

Mit Zustimmung des Klosters Brunshausen ließ Clus i. J. 1297 eine Kapelle in *Adistessen erbauen (10/11 Urk 18). Nach dem Wüstwerden des Dorfes wurde sie von den ins Oberdorf Dankelsheim übergesiedelten Bewohnern weiterbenutzt. Nach Henricus Bodo (CC. Bl. 126 und 265) war sie ursprünglich aus Holz und wurde 1470 in Stein errichtet. Der ältere steinerne Turm diente den Einwohnern als Befestigung. Die Sakramente für die nach wie vor zu Clus gehörige Kapelle holte man aus Brunshausen.

Die Kapelle zu *Nordliudolfshausen sollte 1323 von Gunzelin von Gittelde, der den Klosterhof zu Meierrecht innehatte, wieder aufgebaut werden (10/11 Urk 22). I. J. 1454 war sie verfallen. Die Steine wurden vom herzoglichen Vogt zum Bau der *Kerkbruge* verwendet (Henr. Bodo, CC. Bl. 143); Kapellenplatz und Friedhof wurden 1516 unter Beseitigung der letzten Ruinen vom „Rektor" der herzoglichen Burg Gandersheim, Hermann Lutken, zu Ackerland umgewandelt (CC. Bl. 224 v.)

Die Cluser Kapelle St. Johannis in Dankelsheim wurde von Abt Georg Schünemann 1607 auf seine Kosten restauriert, da er ursprünglich dort begraben zu werden wünschte (VII B Hs 321).

9. Baumeister und Künstler

Namen der am Bau der Kirche und Klostergebäude beteiligten Meister sind uns nicht überliefert. Allein der Künstler, der den Chorerweiterungsbau der Jahre 1485/87 mit Fresken versah, wird uns in der Chronik des Henricus Bodo genannt: der Cluser Mönch Conrad Hammenstedt († 1497, vgl. unten die Personallisten). Er hat auch das Refektorium ausgemalt und war der Maler einiger Tafelbilder (CC. Bl. 144 r, Herbst, Klus S. 38 Anm. u. S. 55). Von diesen Werken hat sich nichts erhalten. Leuckfeld hat zu Beginn des 18. Jhs. noch Reste der Fresken in der Kirche gesehen (Ant. Gand. S. 188). Conrad Hammenstede war auch als Buchmaler tätig. In einer 1492 von ihm geschriebenen Handschrift (Cod. Guelf. 1359 Helmst.) finden sich vier ganzseitige aquarellierte Federzeichnungen (Abb. der einen bei Kronenberg, Clus u. Brunsh. Taf. VI). Die Steinmetzzeichen des spätgotischen Chores bei Steinacker, BuK. 5 S. 56. Abklatsche davon in 142 N vorl. Nr. 8.

2. ARCHIV UND BIBLIOTHEK

§ 4. Archiv

Am 22. Juli 1637 wurde dem Klostersekretär Barthold Ritter in Braunschweig eine Lade mit den Cluser Archivalien und Kirchenschätzen übergeben, die der Klosterverwalter „Abt“ Johann Rittierodt auf herzoglichen Befehl nach Braunschweig geflüchtet hatte (2 Alt 3543). Das damals aufgenommene Inventar verzeichnete an Archivalien 166 Originalurkunden, sodann das sog. Rote Kopialbuch mit 48 vidimierten Kopien, von deren Originalen allerdings 27 vermißt wurden, außerdem 20 Register und Rechnungen (lediglich Einnahme- und Ausgaberegister aus den ersten Jahrzehnten des 17. Jhs.) und das Almosenregister Abt Wedegos aus Hamburg, Lübeck und Lüneburg. Mit Ausnahme des zuletzt genannten Registers, das leider als verloren angesehen werden muß, entspricht der Bestand annähernd dem, der sich heute im Niedersächsischen Staatsarchiv Wolfenbüttel befindet. Dieser weist außer dem Roten Kopialbuch und einigen Rechnungsregistern noch 150 Originalurkunden auf. Von den fehlenden 16 Urkunden sind mindestens zwei in den Urkundenbestand des Reichsstifts Gandersheim geraten und mit diesem überliefert. Eine Bestätigungsurkunde der Herzogin Margarete von Sagan von 1486 findet sich im Autograph der Chronik des Henricus Bodo von Clus (Cod. Guelf. 19. 13 Aug. 4°) hinten eingeklebt.

Welche Verluste die mehrfachen Auslagerungen und Flüchtungen der Archivalien in der Zeit von 1542—1595 (s. u. § 8) zur Folge hatten, ist aus den Erwähnungen von Quellen zu erschließen, die dem Chronisten Henricus Bodo in der Zeit von 1523—1539 zur Verfügung standen. Die ältesten waren ein *Kalendarium vetustissimum* mit einer bis ca. 1400 geführten Abtsliste (CC. Bl. 96 u. 122), sodann ein *Copiale antiquum*, das mindestens 6 Sexternionen umfaßte (10/11 Urk 25 Rvrm. sowie weitere Rückvermerke auf Urkunden des 15. Jhs., z. B. *habetur in copiali*). Aus der Reformzeit konnte Henricus Bodo *antiqua inventaria* (= Güterregister) des Prokurators Dietrich von Dassel aus den Jahren 1462 und 1463 (CC. Bl. 121 v u. 242 v) und *inventaria* des Cellerarius Andreas Sötefleisch von 1466 (CC. Bl. 242 v) sowie das ebengenannte Register der Almosensammlungen des Abts Wedego aus den Seestädten einsehen. An heute verlorenen Urkunden erwähnt Henricus Bodo mit kurzen Inhaltsangaben 6 aus den Jahren 1253—1392 und 14 aus den Jahren 1467—1536. Daraus erhellt der geringe Umfang des Cluser Archivbestandes aus der Zeit vor der Reform von 1430. Er ist wohl sicher Verlusten während der Zeit des Niedergangs in der zweiten Hälfte des 14. Jhs. und den ersten Jahrzehnten des 15. Jhs. zuzuschreiben.

Die Reformmönche haben offensichtlich ihre Archivalien sorgsam verwahrt. Neue Verluste waren erst eine Folge der mehrfachen Räumungen des Klosters in der Reformationszeit. Von den nach Hildesheim geflüchteten Archivalien sind unzweifelhaft einzelne Stücke dort verblieben und später mit den Archivalien des Domstifts in das Staatsarchiv Hannover gelangt, so die Einigung mit dem Alfelder Archidiakon wegen Klein Freden von 1475 (HStA. Hannover, Domstift Hild. nr. 1911 [verl.], zitiert bei J. Machens, Archidiakonate S. 110 Anm. 38). Das ebenfalls 1943 mit den Hildesheimer Urkunden im Staatsarchiv Hannover verbrannte Privileg Papst Coelestins III. von 1192, J. L. 16940, war wohl von jeher in Hildesheim verblieben (s. u. § 7). Im übrigen hat der letzte katholische Abt Heinrich Pumme die nach Hildesheim mitgenommenen Archivalien in der Masse bei seiner Restitution nach Clus zurückgeführt. In der Kiste aus seinem Nachlaß nämlich, die sein Nachfolger Abt Georg Schünemann in der Kirche von St. Godehard ermittelte und mitnahm, befanden sich nach dem Bericht vom 3. Sept. 1596 nur *etliche Kaiserliche Schutzbriefe* und drei weitere Urkunden, darunter ein Schuldbrief der Stadt Gandersheim über 600 Thaler (2 Alt 3523).

In welchem Umfang die 1637 in herzoglichen Besitz gelangten Archivalien bei der Restitution des Klosters 1695 an das Stift Gandersheim zurückgegeben wurden bzw. inwieweit sie im staatlichen Besitz verblieben, war nicht zu ermitteln. Die wenigen Akten Cluser Provenienz des 15.—17. Jhs. stammen aus der Registratur des Stifts Gandersheim, in die sie offenbar zufällig und zu verschiedenen Zeiten gelangt sind. Sie wurden 1961 aus dieser ausgeschieden und zum Bestand 11 Alt Clus vereinigt.

§ 5. Bibliothek

Von der Klosterbibliothek der Zeit vor 1430 hat sich heute allein das Cluser Evangeliar des 10. Jhs. in der Herzog-August-Bibliothek zu Wolfenbüttel erhalten (Cod. Guelf. 84. 3 Aug. fol.; Heinemann, Hss. Katalog 2, 4, 1900 S. 77 f. Nr. 2868). Die Handschrift ist offenbar als Gründungsgeschenk mit dem ersten Konvent aus Corvey nach Clus gekommen. Ihre Herkunft und ihre enge Verwandtschaft mit den weiteren Corveyer Evangeliaren aus der Mitte des 10. Jhs. in New York (Pierpont Morgan Library Ms. 755) und in Reims und Baltimore (Reims, Bibl. Municip. Ms. 10 und Baltimore, The Walters Art Gallery W 751) ist von kunsthistorischer und paläographischer Seite zweifelsfrei nachgewiesen worden.

Nach einer Feststellung Bernhard Bischoffs berührt sich die Schrift des Cluser Evangeliars sehr nahe mit der Abschrift des Diploms Ottos I. für Corvey von 946 in der Corveyer Handschrift der Leges Saxonum et Thuringorum (StA. Münster, Ms. VII 5201 Bl. 301). Auch liturgische Besonderheiten weisen eindeutig nach Corvey (vgl. Fl. Mütherich, Ottonian Art: Changing Aspects in: Romanesque and Gothic Art, Acts of XX. Internat. Congress of the History of Art 1, Princeton N. J. 1963 S. 32 ff. u. zuletzt Ruth Meyer in: Kunst und Kultur im Weserraum 800—1600, Ausstellungskatalog Corvey 1966, 2 S. 479 nr. 165. Dort auch die weitere kunsthistorische Literatur).

Die Handschrift war 1624 nicht mit der Masse der Klosterbibliothek an die Universität Helmstedt abgegeben worden, sondern verblieb in Clus, wurde mit den Archivalien und dem Kirchenschatz von dem Verwalter Johann Rittierodt nach Braunschweig geflüchtet und gelegentlich der Inventaraufnahme von 1637 zusammen mit dem Autograph der Cluser Chronik des Henricus Bodo dem Herzog August d. J. für seine Bibliothek übergeben (2 Alt 3543). Sie befindet sich daher heute in der augusteischen Gruppe der Handschriftenabteilung der Herzog-August-Bibliothek in Wolfenbüttel.

Außer diesem — wie der gute Erhaltungszustand ausweist — sorgfältig gehüteten Evangeliar scheint die ältere Klosterbibliothek spätestens zu Beginn des 15. Jhs. (vgl. die 1421 erwähnten mehrfachen *incendia*) untergegangen zu sein, bis auf geringe Reste, die wohl in der Kirche verwahrt wurden und die der Chronist Henricus Bodo noch benutzen konnte. Es waren dies die von ihm erwähnten *Kalendaria antiquissima* mit Gründungsnachrichten und ein weiteres (?) *Kalendarium vetustissimum* mit einer Liste der Äbte vor 1400, ferner ein *vetus admodum missale,* welches die Weihenotizen für die ältesten Altäre und den Bau der Michaelskapelle zwischen den Türmen enthielt (s. o. § 3, 2). Diese Quellen sind offenbar in der zweiten Hälfte des 16. Jhs. verloren gegangen, da sie später nicht mehr erwähnt werden.

Nach der Durchführung der Reform von 1430 ging man in Clus, mindestens seit der Zeit Abt Gottfrieds, an den Aufbau einer neuen Bibliothek, die durch eigene Schreibtätigkeit der Mönche, durch Ankauf und durch Schenkungen zu beachtlicher Größe anwuchs. Von diesen Erwerbungen sind vor allem zu nennen der Ankauf von 19 Handschriften aus dem Besitz des Pfarrers Heinrich Ghiler (Protokoll vom 25. Januar 1465 in Cod. Guelf. 20 Helmst. Bl. 1 v, gedr. Herbst, Klus S. 75 f.), Bücherschenkungen des Bremer Klerikers Johannes Roberti und des Mag. Detmarus Colman aus Lübeck, des Domvikars Dietrich Roleves und des Domkanonikers Eghard von Harlsem aus Hildesheim (Herbst, Klus

S. 73 f. u. 86), die größere Stiftung des Kanonikers zu St. Blasien in Braunschweig Dr. Johannes Schorkop von 1511 (Henr. Bodo, CC. Bl. 157) und die Bücherspenden des Vikars von St. Alexander in Einbeck Wilhelm Offenbach von 1542 und des Goslarer Franziskaners Johann Topp von 1563 (10/11 Urk 120 u. 122 a).

Aus dem Cluser Konvent selbst sind als Bücherstifter, vor allem aber als Handschriftenschreiber zu nennen: der Prior Andreas Sötefleisch (Herbst, Klus S. 77 ff.), der Prior Theodericus (Tilomann) Bothe (ebda. S. 84), die Mönche Johannes von Brakel, zugleich Buchbinder (Herbst, Klus S. 88 ff. und ders., J. v. Br. S. 31—46), Konrad Hammenstedt, zugleich Maler und Illuminator (Herbst, Klus S. 95 ff.), Johannes Rimmerod (ebda. S. 96), Konrad Fuerbom (ebda. S. 96 f.), Heinrich Kothmann (Kronenberg, Clus u. Brunsh. S. 44) und nicht zuletzt der Chronist Henricus Bodo.

Über die Zusammensetzung und den Charakter dieser wesentlich vom Geist der Bursfelder Reform bestimmten Bibliothek hat Herbst, Klus S. 70 ff. ausführlich gehandelt, so daß auf seine Darstellung verwiesen werden kann.

Ein älteres Bibliotheksverzeichnis hat sich leider nicht erhalten. Die Bücher scheinen, soweit sie sich in der *Liberey* befanden, in Clus verblieben und von den Flüchtungen des 16. Jhs. verschont worden zu sein. Zum Glück für ihre weitere Erhaltung ordnete Herzog Friedrich Ulrich, bevor noch die Wirren des Dreißigjährigen Krieges das Kloster erreichten, gegen den Protest des Reichsstifts an, die Bücher — zusammen mit der Bibliothek des Klosters St. Blasii in Northeim — in die Universitätsbibliothek Helmstedt zu überführen. Die am 24. Januar 1624 von der Universität ausgestellte Quittung (2 Alt 3543) bescheinigte die Übernahme von insgesamt 445 Bänden aus Clus, und zwar von 212 in Folio, 178 in Quart und 55 in Oktav, wobei zwischen Handschriften und Drucken nicht unterschieden wurde. Nach der Aufhebung der Universität Helmstedt im Jahre 1810 gelangte die Masse dieser Bücher in die Herzog-August-Bibliothek in Wolfenbüttel. In deren Helmstadensien hat Herbst an Hand der Cluser Bibliothekssignaturen, von Besitzvermerken und charakteristischen Cluser Einbandmerkmalen (Buchbinderstempel) 47 Handschriften und 10 Drucke feststellen können, die einwandfrei der Cluser Klosterbibliothek zugewiesen werden können. Die folgende Liste gibt in der linken Spalte die heutigen Signaturen der Wolfenbütteler Herzog-August-Bibliothek, in der mittleren Spalte die Heinemannsche Katalognummer (O. von Heinemann, Die Hss. der herzogl. Bibliothek zu Wolfenbüttel, 1. u. 2. Abth. Die Helmstedter Handschriften, Wolfenbüttel 1884—1886) und in der rechten Spalte die ergänzenden Beschreibungen von Herbst, Klus, in Klammern dessen weitere Angaben in seinem Aufsatz über Johann von Brakel.

Cod. Guelf. Helmst.	Heinemann	Herbst
13	Nr. 16	S. 76 A. 3 (J. v. Br. S. 42)
15	Nr. 18	S. 75 A. 4
18	Nr. 21	S. 75 A. 3
20	Nr. 23	S. 75 A. 1 u. 2
73	Nr. 92	S. 91 (J. v. Br. S. 35)
153	Nr. 178	S. 85 A. 6
173	Nr. 200	S. 73 f.
203	Nr. 236	S. 74
238	Nr. 271	S. 74
268	Nr. 301	S. 94 ob (J. v. Br. S. 42)
280	Nr. 313	S. 86 A. 3
282	Nr. 315	S. 79 A. 1
292	Nr. 325	S. 76 A. 2
307	Nr. 341	S. 76 A. 1
322	Nr. 357	S. 83 A. 3, 4. (J. v. Br. S. 43)
373	Nr. 408	S. 92 (J. v. Br. S. 36)
390	Nr. 425	S. 76 A. 4
394	Nr. 429	S. 75 A. 5
428	Nr. 463	S. 86 A. 2
450	Nr. 485	nicht bei Herbst
464	Nr. 498	S. 94 (J. v. Br. S. 43)
533	Nr. 580	S. 89 A. 3 (J. v. Br. S. 33)
542	Nr. 590	S. 87 A. 1
547	Nr. 595	S. 88 (J. v. Br. S. 32)
552	Nr. 600	S. 94 (J. v. Br. S. 43)
556	Nr. 604	S. 81 A. 3
560	Nr. 608	S. 76 A. 5
587	Nr. 635	S. 91 (J. v. Br. S. 36)
589	Nr. 637	S. 94, 96 (J. v. Br. S. 43)
596	Nr. 644	S. 89
612	Nr. 661	S. 85 A. 2
614	Nr. 663	S. 96 A. 5
615	Nr. 664	S. 93 (J. v. Br. S. 37)
622	Nr. 671	S. 81
625	Nr. 674	S. 78 A. 6
666	Nr. 716	S. 79 A. 8, 80 A. 1-8, 81 A. 1-2
709	Nr. 773	S. 94 (J. v. Br. S. 44)
721	Nr. 785	S. 73 m. A. 1-4
730	Nr. 794	S. 73 A. 5
887	Nr. 989	S. 73 A. 5
954	Nr. 1056	S. 86 A. 2
989	Nr. 1091	S. 91 (J. v. Br. S. 37)
1070	Nr. 1172	S. 83 A. 1
1160	Nr. 1268	S. 86 f. A. 3
1161	Nr. 1269	S. 85 A. 4
1346	Nr. 1460	S. 91 (J. v. Br. S. 37 f.)
1359	Nr. 1473	S. 92, 95 (J. v. Br. S. 38)

An Frühdrucken, welche auf Grund der Einbandmerkmale von Herbst, J. v. Br. S. 44 f. der Cluser Bibliothek zuzuweisen sind, konnten folgende Bände festgestellt werden: 3510 Helmst., 3513 Helmst., 489.6 Theol. 2°, 456.20 Theol. 2°, Quodl. Helmst. 44 und Quodl. Helmst. 74. Für die Frühdrucke Quodl. Helmst. 62, 3530 Helmst., 3531 Helmst. und 3533 Helmst. konnte Herbst auf Grund der Einbandstempel nachweisen, daß sie von dem Mönch Johann von Brakel selbst eingebunden worden waren (J. v. Br. S. 35 und 40). Über die alten Cluser Bibliothekssignaturen (A 12, D 31 usw.) vgl. Herbst, Klus S. 70 f. Jedoch scheinen im Jahre 1624 nicht alle Bücher aus Clus nach Helmstedt gelangt zu sein. Die Kircheninventare des 17. Jhs. vermerken in der Sakristei noch ein großes Buch und ein Priester-Missale (4 Alt 2 Clus/Br. 6). Die notarielle Aufnahme, als das Kloster am 1. Februar 1637 wieder von der herzoglichen Behörde in Besitz genommen wurde, zählte in der ersten *Librey-Cammer* 5 Bücher in Folio (1 *Confessio cathol. fidei,* 1 *Liber canticorum,* 1 Psalterium, 1 Band *Sermones de tempore de sanctis,* 1 *Ars iuvenanti thomate* [!]) und ein Buch in Quart *(Sermones dominicales)* auf. In der zweiten *Librey-Cammer* wurden sogar *32 alte Bücher in fol, 11 alte Bücher in 4°* festgestellt, die wegen völliger Verunreinigung durch die Soldateska nicht einzeln aufgenommen werden konnten. Über das weitere Schicksal dieses Bibliotheksrestes ließ sich bisher nichts feststellen. Ein Cluser Missale mit Hymnar, geschrieben 1521 von dem Mönch Heinrich Kothmann, befindet sich in der Stiftskirchenbibliothek zu Gandersheim unter der Signatur Ms 242 (Kronenberg, Clus u. Brunsh. S. 44).

In der Bischöflichen (Dom-)Bibliothek zu Hildesheim konnten vier Handschriften ermittelt werden, von denen eine, Cod. Bev. 704, mit Sicherheit aus Clus stammt. Die kleine Pergamenthandschrift in 4° aus dem Anfang des 15. Jhs. mit 21 beschriebenen Blättern trägt den Vermerk *Mon. s. Georgii in Clusa ord. s. Ben.* und enthält: 1) *Ritus consecrandi virgines s. Benedicti* (wohl zum Gebrauch des Cluser Abtes in Brunshausen), 2) *Ritus benedictionis campanarum,* 3) *Ritus conferendi primam tonsuram.* Auf Blatt 21 v findet sich ein Urkundenformular über die Weihe des Scholasticus N. dioc. Hild. zum Kleriker durch Abt Johannes von Clus (entweder Johannes I. Schelbeer [1398—1408] oder Johannes II. Ribbrecht [1414—1421]).

Die Handschrift Bev. 703 (Papier, 4°, 112 beschriebene Blätter) ist die Abschrift eines Kommentars zur Benediktinerregel *patre Henrico Angelonio interprete,* also aus der Feder des Chronisten Henricus Bodo von Clus. Der *Prologus patris Henrici Angelonii* schließt auf Bl. 3 mit dem Vermerk *Datum ex Clusa Saxonica.* Bl. 104 heißt es: *Finit sententiarum praecipuarum elenchus 1545.* Bl. 112 bringt einen *Cata-*

logus monasteriorum ord. s. Benedicti unionis Bursfeldensis cum annis reformationis. Werk und Handschrift waren Hermann Herbst nicht bekannt.

Die frühere Zugehörigkeit der beiden Benediktinerregeln des 15. Jhs. Bev. 702 u. 702 a zur Cluser Bibliothek ist möglich, aber nicht sicher nachzuweisen.

Alle vier genannten Handschriften sind aus dem Hildesheimer Kloster St. Godehard, wohin sie vielleicht durch Abt Heinrich Pumme verbracht worden waren, in die Beverina gelangt.

Das Cluser Exemplar der Statuten des Abts Johann Rode von St. Matthias in Trier, die Abt Johann Dederoth 1434 von dort nach Clus mitbrachte, befindet sich heute in der Berliner Staatsbibliothek Preußischer Kulturbesitz, Ms. lat. 8° 220, mit der irrigen Katalogbezeichnung „Consuetudines Bursfeldenses" (vgl. P. Volk, Urkk. S. 3).

Zwei Handschriften bzw. Handschriftenteile Cluser Provenienz konnten im Britischen Museum in London festgestellt werden (frdl. Mitt. v. Irene Crusius): Add. 11 491 „Collectanea ex decretalibus de statu monachorum et canonicorum regularium. Bullae et constitutiones." 15. Jh., Perg. und Add. 43 377 Bl. 108—111 „Gerson, De modo vivendi omnium" Anfang, 4 Bll., 15. Jh., Perg.

3. HISTORISCHE ÜBERSICHT

§ 6. Lage und Name. Patrozinien

Die älteste erhaltene urkundliche Quelle für das 2 km nordwestlich von Gandersheim gelegene Kloster Clus, zugleich die erste Originalurkunde des Cluser Archivbestandes vom 17. Juni 1127, berichtet von dem *novum monasterium* [in] *loco, cui antiquitas „Clusa" vocabulum indidit* (10/11 Urk 1, Harenberg S. 704). Der Platz wurde also von alters her *Clusa* genannt. Entsprechend bezeichnen die meisten der folgenden Urkunden des 12. Jhs. den Ort des Klosters als *Clusa* (1129 DL III. 18; 1134 DL III. 59; 1134 UBHHild. 1, 208 S. 190). Das *monasterium de* oder *in Clusa* ist die in den Quellen bis in die Neuzeit hinein überwiegend gebrauchte lateinische Bezeichnung. Die mittelniederdeutsche Fassung lautet entsprechend *closter to der Clus* (so zuerst 1323, 10/11 Urk 22). Doch findet sich schon in der Mitte des 12. Jhs. die Form *ad Clusam* (1159, 10/11 Urk 4, Harenberg S. 717; [1160] UBHHild. 1, 282 S. 267), im 13. und 14. Jh. mehrfach genauer *de Inclusa* (1231 bis 1252, 10/11 Urk 21, 15, 17; 1285 UBHHild. 3, 727 S. 376; 1329,

10/11 Urk 24, 25; 1359, VII B Hs 1 S. 40), *Incluse* (1238, 10/11 Urk 13, Reg. UBHHild. 2 S. 248 nr. 508), *ad Inclusam* (1251, 6 Urk 62, Harenberg S. 763) und sogar *in Inclusa* (1297, 10/11 Urk 18; 1327 Reg. UBHHild. 4 S. 512 nr. 943; 1334, 10/11 Urk 26, 27; 1341, VII B Hs 1 S. 4).

Aus diesen Namensformen, die seit der Mitte des 14. Jhs. wieder der einfachen Form „Clusa" Platz machen, ergibt sich mit hinlänglicher Sicherheit, daß es sich nicht, wie die Geschichtsschreibung mit dem Chronisten Henricus Bodo angenommen hat, um den Platz eines männlichen Einsiedlers, sondern um die Zelle einer Inkluse, einer eingeschlossenen frommen Frau, gehandelt hat, deren Name und Lebenszeit uns allerdings nicht überliefert ist[2]). Auch ob es sich um eine von mehreren Inklusen nacheinander bewohnte Klause gehandelt hat, entzieht sich unserer Kenntnis. Vermutlich ist sie vom Reichsstift Gandersheim aus besetzt worden. Derartige Klausen waren vielfach Anbauten einer Kirche oder Kapelle, so daß die Inkluse am Gottesdienst teilnehmen konnte, wie es für die hl. Liutbirg bezeugt ist, die im zweiten Drittel des 9. Jhs. bei dem Stift Wendhausen (Thale) eingeschlossen war.

Eine derartige Kapelle war auch hier vorhanden. Der Chronist Henricus Bodo berichtet aus seiner verlorenen Quelle, einem „sehr alten Missale", daß 1159/60 der Michaelsaltar zwischen den Türmen der Klosterkirche an Stelle des Altars der *ad Clusam* gehörigen St. Georgskapelle errichtet wurde, die zu dieser Zeit, also 1159, bereits *ex vetustate collapsa* war (SS. rer. Brunsv. 2 S. 346 u. 333). Henricus Bodo berichtet ferner *ex calendariis antiquissimis,* die ihm noch zugänglich waren, aber heute ebenfalls verloren sind, daß der erste Bewohner des Platzes ein *sacerdos et monachus Walingus nomine* gewesen sei. Sollte dieser sonst nicht nachweisbare Priester m ö n c h Waling in den genannten Kalendarien wirklich in örtlicher Verbindung mit Clus gestanden haben, dürfte es sich um einen Mönch des nahegelegenen damaligen Benediktinerklosters Brunshausen handeln, der wohl den Gottesdienst in der genannten St. Georgskapelle neben der Klause zu versehen hatte. Das Patrozinium der Kapelle stellt die Verbindung zu der jenseits des Clusberges auf dem Wik gelegenen alten Gandersheimer Kaufmannskirche St. Georg her. Dieser Zusammenhang erklärt sich leicht aus der Tatsache, daß Kapelle und Klause nicht „in eremo" angelegt waren, wie es der Chronist Henricus Bodo der Ordensvorschrift entsprechend für die Klostergründung angab und wie noch die neueste Forschung — durch die Idyllik der gegenwärti-

[2]) Zum Inkluseninstitut vgl. Otmar DOERR, Das Institut der Inklusen in Süddeutschland (BeitrrGaltenMönchtBenedikt 18) 1934.

gen abgeschiedenen Lage von Clus verführt — angenommen hat (so noch Kronenberg, Clus u. Brunsh. S. 5, Kap. 1 „In der Einöde").

Vielmehr verlief unmittelbar westlich von Clus die frühe Heer- und Handelsstraße, die von den Leineübergängen bei der Pfalz Brüggen und Freden her und von der Winzenburg über die Helleberge zog und an Clus vorbei jenseits des Clusberges in einem tiefen Hohlweg den alten Gandersheimer Kaufmannswik am Gandeübergang erreichte, der seine Entstehung im frühen 9. Jahrhundert wahrscheinlich eben dieser Straße verdankt. Ihr Alter scheint höher zu sein als das des später bedeutenderen südlichen Astes der großen Fernhandelsstraße vom Rhein zur Elbe, die von der Leinebrücke bei Greene über den Kreienser Berg und *Rickelshausen südlich von Gandersheim verlief.

Es ist übrigens bekannt, daß Inklusenzellen gern an größeren Fernstraßen angelegt wurden, um den Vorüberziehenden als geistliche und auch leibliche Erfrischungsstationen zu dienen. Die Anlage der mit der Inklusenzelle verbundenen St. Georgs-Kapelle dürfte auf die dem Reichsstift Gandersheim inkorporierte Kaufmannswikkirche St. Georg zurückgehen. Der Cluser Chronist weiß jedenfalls — wenn auch nur nach der *fama veterum* — zu berichten, der Ort sei von einem Priester der St. Georgs-Kirche zusammen mit einer Äbtissin des Reichsstifts gegründet worden (Henr. Bodo, CC., SSrerBrunsv. 2 S. 346).

Geweiht wurde das neue Kloster nach der von Henricus Bodo überlieferten, zweifellos alten Weihenotiz (s. u. § 7) zu Ehren der hl. Maria, des hl. Kreuzes und des hl. Märtyrers Georg sowie aller Heiligen. Vorangesetzt ist die Gottesmutter als Hauptpatronin aller damaligen Reformklöster. Sie stand anfangs auch durchaus im Vordergrund. So lautete die Datierungsangabe der ersten Cluser Originalurkunde, der Schenkungsurkunde der Stiftsäbtissin Bertha I. vom 17. Juni 1127: *in novo monasterio s. Marie* (10/11 Urk 1). Jedoch erfolgte bereits die Schenkung im Text dieser Urkunde an die hl. Jungfrau Maria und den hl. Georg zusammen, und in der Folgezeit begann der Mitpatron, dessen Herkunft sich aus dem Gründungsvorgang ergibt, stärker hervorzutreten und schließlich zu überwiegen. Das in der Weihenotiz von 1124 an zweiter Stelle genannte Patrozinium des hl. Kreuzes kam später nicht mehr vor. Schon 1129 und noch durch das ganze 12. Jh. war Clus die *ecclesia s. dei genitricis Marie sanctique Georgii martiris*. Beide heilige Personen zeigt auch das älteste, noch dem 12. Jahrhundert entstammende Klostersiegel (s. u. § 16).

Seit 1217 (10/11 Urk 8) trat der hl. Georg dann in den urkundlichen Quellen als alleiniger Klosterpatron auf, und nur zuweilen wurde ihm im 15. u. 16. Jh. unter Bursfelder Einfluß noch die hl. Maria vorangestellt. Ein derartiges Hervortreten des Mitpatrons gegenüber der in der Gründungszeit des Reformklosters betonten Erstpatronin läßt sich auch anderwärts beobachten, etwa bei dem St. Ägidienkloster Braunschweig, welches in der gleichen Zeit zunächst sogar ausschließlich als Marienkloster bezeichnet wurde (vgl. DL III. 67). Für Clus konnte sich das St. Georgspatrozinium um so leichter durchsetzen, als damit eine Verwechslung mit dem älteren Marienkloster vor Gandersheim ausgeschlossen wurde. Zum Mitpatrozinium SS. Cosmae et Damiani s. S. 179.

§ 7. Klostergründung und ältere Geschichte bis 1430

Zur Gründung seines Klosters berichtet der Chronist Henricus Bodo von Clus (SSrerBrunsv. 2 S. 347) aus einer verlorenen Quelle das Folgende: *Anno .... virginei partus millesimo centesimo vicesimo quarto, indictione tercia, regni vero Hinrici quinti regis huius nominis, imperatoris autem quarti, decimo nono, Bartoldi autem episcopi Hildesianorum sexto, sub abbatissa Gandesianae ecclesiae Athelheidi, imperatoris quarti Hinrici sorore, tertii vero Hinrici filia, hoc monasterium per reverendum patrem ac dominum iam dictum Bartholdum episcopum deo dedicatum est in honorem deiparae virginis Mariae, sanctae Crucis ac divi Georgii martyris et omnium Sanctorum.* Schon L. Weiland (Chronologie S. 486 f.) hatte richtig vermutet, in dieser Nachricht müsse ein alter und damit glaubwürdiger Titulus consecrationis stecken. Dieser ist freilich von Henricus Bodo nicht nur sprachlich, sondern auch sachlich verändert und überarbeitet worden (Goetting, Clus S. 27 f.). Der Chronist nämlich, welcher lebhaft beklagt, daß durch die Nachlässigkeit der alten Klosterbrüder *fundatorum nomina et memoria* unwiederbringlich verloren gegangen seien, besaß für seine Darstellung der Klostergründung an Quellen außer der genannten Weihenotiz nur das sog. Registrum vom 21. Juli 1408. Diese „Gründungsurkunde" aber war nichts anderes als eine plumpe Fälschung der Cluser Mönche, mit deren Hilfe in dem damaligen Prozeß gegen Brunshausen strittige Holzberechtigungen, für die keine urkundlichen Rechtstitel vorlagen, auf die Gründungszeit zurückgeführt werden sollten (10/11 Urk 34, vgl. Goetting, Clus S. 23 ff.).

In dieser Fälschung, für die ebenfalls die obige Weihenotiz als Quelle für die Gründungsdaten diente, war der darin offenbar mit der Sigle *A.* wiedergegebene Name der Äbtissin des Reichsstifts mit *Athelheydis* aufgelöst worden, jener Schwester König Heinrichs IV., die als Adelheid II. bereits von 1062—1096 Äbtissin in Gandersheim gewesen war (Goetting, Clus S. 28). Unter dem Zwang, das „Registrum" von 1408, welches er nicht als gefälscht erkennen konnte oder wollte, auf welches er aber in jedem Falle nicht verzichten zu können glaubte, mit der Weihenotiz von 1124 in Einklang zu bringen, änderte Henricus Bodo nicht nur diese, sondern mußte auch wider besseres Wissen die Chronologie der Gandersheimer Äbtissinnen umstellen, was in der ganzen folgenden Gandersheimer Geschichtsschreibung eine heillose Verwirrung zur Folge gehabt hat[3]).

In Wirklichkeit ist die Äbtissin des Reichsstifts Gandersheim, die 1124 bei der Weihe der ersten Klosterkirche von Clus bzw. von deren Ostbau anwesend war, Agnes I., die Nichte Kaiser Heinrichs IV., zugleich Äbtissin von Quedlinburg, gewesen. Der Umstand, daß sie nicht, wie es unter normalen Umständen der Fall gewesen wäre, die eigentliche *fundatrix* von Clus hatte sein können, war in der besonderen politischen Situation des ausgehenden Investiturstreits begründet, die nach dem Siege der kurialen Partei der exkommunizierten letzten kaiserlichen Prinzessin auf dem Gandersheimer Äbtissinnenstuhl mindestens seit 1115 ein Betreten des Stifts nicht mehr gestattete (s. GS NF 7 Reichsstift Gandersheim § 9).

Die Gründung des Benediktinerklosters Clus, die in die Reihe der zahlreichen Neugründungen von Reformanstalten durch sächsische Dynasten seit dem Ende des 11. Jhs. gehört, war sicherlich ein Ausdruck des Sieges der kurialen Reformpartei im Gandersheimer Bereich. Die Gründung von Clus hat zwar während der Regierungszeit der Äbtissin Agnes I., aber ohne ihre Mitwirkung stattgefunden, woraus sich zwanglos erklärt, daß man sie später nicht als Gründerin gefeiert hat. Sie hat, wie ihre Beteiligung an der Weihe von 1124 ergibt, nach dem Friedensschluß von 1122 die neue Stiftung allenfalls sanktioniert und wohl auch zu deren Erstausstattung beigetragen, wie aus der noch zu besprechenden Urkunde der Äbtissin Liutgard II. von 1134 hervorgeht, die die Schenkungen ihrer Vorgängerinnen, also Agnes I. und Bertha I., bestätigt.

---

[3]) Die Änderung erfolgte, wie Henricus Bodo ausdrücklich bemerkt, entgegen seiner Vorlage: *contra ordinem abbatissarum, quem libellus quidam Gandeneshemensis ecclesiae continet* (SSrerBrunsv. 2 S. 336). Ebenso schreibt er im Syntagma (a.a.O. 3, S. 720) geradezu: *Non fuit* (sc. Athelheidis II.) *Beatricis ... soror, quaedam chronica falluntur, quae duas Atelheides simul post Beatricem describunt. Nam tertia Adelheidis, quando rexerit, nullus fidelior testis quam Clusini coenobii fundationis litterae.* Henricus Bodo strich also die in der Gandersheimer Supplik von 1107/10 und bei Eberhard hinter Adelheid II. genannte dritte Adelheid, schob sie zwischen Agnes I., die er nur kurz regieren und als *inconsecrata* sterben läßt, und Bertha I. als Adelheid III. ein und machte sie aus Altersgründen zu einer Tochter Heinrichs IV. und Schwester Heinrichs V. Im Gegensatz zu der noch vorsichtigen Formulierung in seiner Chronik von Clus bezeichnete Henricus Bodo sie dann in seinem jüngeren Gandersheimer Syntagma in aller Form als *fundatrix* von Clus (a.a.O. 3, S. 720 u. 722). Erst Weiland, a.a.O., hat diese Chronologie richtigstellen können.

Das Weihedatum von 1124 verlegt das eigentliche Gründungsgeschehen noch in das zweite Jahrzehnt des 12. Jhs. Vielleicht hat die Reformsynode, die 1118 unter dem Vorsitz des päpstlichen Legaten Kuno von Palestrina in Gandersheim stattfand, den letzten Anstoß zur Gründung eines Benediktinerreformklosters gegeben, als deren Träger das Kapitel des Reichsstifts, sicherlich mit Unterstützung der ihm verbundenen einheimischen Dynasten, angesehen werden muß. Henricus Bodos nach der *fama veterum* überlieferte Nachricht, welche die Gründung auf den Pfarrer der Gandersheimer Kaufmannskirche St. Georg auf dem Wik zurückführt, braucht hiermit nicht im Widerspruch zu stehen, da die Georgskirche Eigenkirche des Stifts und später dem Kapitel inkorporiert war und deren Pfarrer jeweils aus den Reihen der Stiftsgeistlichkeit genommen wurde. Der Georgenpfarrer wird wohl den Platz der seiner Kirche zugehörigen St. Georgs-Kapelle zur Anlage des Klosters zur Verfügung gestellt haben.

Dennoch scheint die Initiative zur Gründung eines Reformklosters in der Nähe von Gandersheim weniger vom Stiftskapitel als vielmehr von höheren Instanzen ausgegangen zu sein. Und hier ist in erster Linie der reformfreudige Hildesheimer Diözesanbischof Berthold I. zu nennen, dessen umfassende reformierende Tätigkeit sich nicht nur auf die Gründung oder Wiederbegründung von Anstalten nach der neuen Augustinerchorherrenregel (Riechenberg, Georgenberg, Backenrode/Marienrode) erstreckte, sondern der auch gern die günstige Gelegenheit ergriffen haben wird, den Hildesheimer Einfluß im Raum um Gandersheim verstärkt zur Geltung zu bringen. Der Angriff der Reformer richtete sich nicht zuletzt gegen die freiere Verfassung der alten Kanonissenstifter in der Diözese Hildesheim. Unter Berthold I. und seinem Nachfolger Bernhard I. wurde das bisherige Stift Lamspringe in ein reguliertes Benediktinernonnenkloster und wurden die Stifter Heiningen und Steterburg mit Hilfe des bedeutenden Reformers Gerhard von Riechenberg in regulierte Augustinerchorfrauenstifter umgewandelt. Allein das hochadlige Reichsstift Gandersheim hat als einziges Stift innerhalb der Diözese Hildesheim diesen Tendenzen widerstehen können. Es ist daher die Frage zu stellen, ob letzten Endes die Gründung des Reformklosters Clus durch das Gandersheimer Stiftskapitel nicht der Preis gewesen ist, den es dafür zahlte, daß ihm die freiere Verfassung eines Kanonissenstiftes trotz der umfassenden und erfolgreichen Reformtätigkeit ringsumher erhalten geblieben ist.

Eine ganze Anzahl von Gründen spricht dafür, daß der erste Konvent von Clus aus Corvey gekommen ist und daß — wie die meisten anderen sächsischen Reformgründungen der Zeit — auch Clus von der hirsauisch reformierten Reichsabtei besetzt worden ist. Diese bereits früher (Goetting, Clus S. 34 f.) dargelegte und im folgenden zu erörternde Auffassung wird noch durch eine neue Beobachtung der Handschriftenforschung ergänzt. Die älteste Cluser Handschrift nämlich, ein Prachtevangeliar aus der Mitte des 10. Jhs., ist seit kurzem als zweifelsfrei aus Corvey stammend identifiziert und ist offensichtlich von dort dem ersten Konvent nach Clus mitgegeben worden (s. o. § 5).

Die älteste Cluser Originalurkunde, eine Schenkung der Äbtissin Bertha I. von Gandersheim vom 17. Juni 1127 (10/11 Urk 1, Harenberg S. 704), überliefert uns die Namen von vier Angehörigen des ersten Cluser Konvents. Es sind der *eiusdem loci primus abbas* Heinricus, der Propst Waltherus, der Prior Manegoldus und der Presbyter Adalhardus. Von diesen vier Namen erscheinen drei in den Corveyer Mönchslisten innerhalb der Personengruppe, die zur Zeit des Abts Markward, unter dessen Regierung sich Corvey der Hirsauer Reform zuwandte und der 1107 starb, ins Kloster aufgenommen wurde (Fr. Philippi, Abh. 2 S. 85. Philippi sieht S. 61 f. diese Listen als Abschriften von Aufnahmelisten jener Klosterschüler an, die Corvey in jugendlichem Alter übergeben wurden, also nicht als Profeßlisten). Allein der Name des Priors Manegold findet sich darin nicht. Das bedeutet aber nicht, daß er nicht von auswärts nach Corvey gekommen sein könnte, worauf auch sein eher nach Süddeutschland weisender Name hindeuten würde. Das Vorkommen eines Priors im ersten Konvent von Clus ist in jedem Fall ein untrügliches Zeichen für den Hirsauer Ordo, der sich in Corvey durchgesetzt hatte und wesentlich von dort aus auch die Verfassung der neugegründeten sächsischen Reformklöster geprägt hat.

In der genannten Corveyer Aufnahmeliste unter Abt Markward finden sich nun als Einschub an der Spitze der Gruppe (Philippi, Abh. 2 S. 62 f.) acht Namen von späteren Mönchen, die von Corvey aus zu Äbten anderer Klöster berufen wurden. Sieben von ihnen lassen sich bestimmten Klöstern zuweisen, die teilweise von Corvey ihre ersten Konvente erhielten, so die benachbarten Reformgründungen Northeim und Bursfelde. Der achte, ein *Heinricus abbas,* konnte bisher keiner bestimmten Anstalt zugewiesen werden. Schon vor Jahren wurde daher (Goetting, Clus S. 34) die Vermutung geäußert, daß man in diesem Heinricus vielleicht den ersten Abt von Clus zu sehen habe.

Es gibt jedoch, wie es scheint, noch weitere Möglichkeiten, den ersten Cluser Abt zu identifizieren. In der genannten Urkunde der Gandersheimer Äbtissin Bertha I. vom 17. Juni 1127 ist nämlich überaus auffallend, daß der als anwesend bezeichnete Abt Heinrich bei dem Rechtsvorgang keineswegs die erste Rolle spielte. Petent war vielmehr der Propst Walther, dessen Person deutlich hervorgehoben wurde: er, nicht der Abt, trägt als einziger der genannten geistlichen Personen die Bezeichnung *dominus*, er wird von der Stiftsäbtissin als *charissimus noster* bezeichnet und durfte ihr den kostbaren Kelch zur Weitergabe an die Königin Richenza überreichen. Das auffällige Zurücktreten des ersten Abts Heinrich muß seine Gründe gehabt haben. Schon vor dem 24. März 1129, dem Datum des ersten Schenkungsdiploms König Lothars III. für Clus (DL III. 18), war er zudem bereits wieder ausgeschieden. Die Leitung des Klosters hatte zu diesem Zeitpunkt, ohne den Titel eines Abtes zu führen, der bisherige Propst Walther *(presidente prefate Clusensi ecclesię Waltero presbitero)*.

Nun hat K. Kronenberg (Clus u. Brunsh. S. 17 ff.: „Das Geheimnis des ersten Abtes“) die interessante Vermutung geäußert, es habe sich bei dem ersten Cluser Abt Heinrich um den Bruder des mächtigen letzten Northeimers, des Grafen Siegfried IV. von Bomeneburg, gehandelt, den dieser als Vogt von Corvey bekanntlich i. J. 1143 mit Gewalt zum Abt der Reichsabtei wählen ließ. Zugleich sei Heinrich offenbar identisch mit dem gleichnamigen und vor 1143 dort nachzuweisenden ersten Abt Heinrich des von Graf Siegfried IV. gestifteten ältesten sächsischen Zisterzienserklosters Amelungsborn, so daß Heinrich nacheinander Abt der Klöster Clus, Amelungsborn und Corvey, die alle der Vogtei seines Bruders Siegfried IV. unterstanden, gewesen sei. Dazu paßt eine allerdings unbelegte Nachricht Johann Letzners im III. Buch seiner ungedruckten Braunschweigisch-Lüneburgisch-Göttingischen Chronik, die von J. G. Leuckfeld, Antiquitates Amelungsbornenses (1710) S. 18, wiederholt wurde, der erste Amelungsborner Abt Heinrich sei nicht mit dem übrigen Konvent aus dem Zisterzienser-Mutterkloster Altenkamp gekommen, sondern ein Corveyer Benediktiner gewesen.

Daß die Möglichkeit, Siegfrieds IV. Bruder Heinrich insbesondere mit dem rätselhaften ersten Abt von Amelungsborn zu identifizieren, von der Forschung bisher nicht in Betracht gezogen ist, findet freilich seinen Grund in genealogischen Schwierigkeiten, die sich für seine Person ergeben. Vor allem durch die Briefsammlung Abt Wibalds von Stablo und Corvey, aber auch durch weitere Quellen, sind wir recht genau über die Vorgänge unterrichtet, die sich um die gewaltsame Wahl Heinrichs zum Abt von Corvey am 1. Juni 1143, um seine Schwester Judith, die bekannte Äbtissin der Stifter Eschwege und Kemnade, und um beider Absetzung durch den päpstlichen Kardinallegaten Thomas i. J. 1146 abgespielt haben (vgl. K. Lübeck, Abt Heinrich I. von Corvey [1143—1146], WestfZs 98/99 II. 1949 S. 3—33, dessen einseitige, stark moralisierende

Ausführungen jedoch nur als Quellenzusammenstellung zu verwenden sind).

In diesen Corveyer Quellen, insbesondere in dem Schreiben des Corveyer Konvents an Bischof Bernhard I. von Hildesheim, das die Vorgänge um den 1. Juni 1143 genau schildert (Wibaldi epp. Nr. 151, Bibl. rer. Germ. I, Monumenta Corbeiensia, ed. Ph. Jaffé [Berlin 1864] S. 251 ff.), wird ausdrücklich betont, Heinrich sei bei der Wahl von 1143 noch *infra annos* und *in annis adolescentiae* gewesen. Weitere Quellen geben parallel dazu an, daß auch seine Schwester, die Äbtissin Judith, noch in jugendlichem Alter gestanden habe. Daß beide tatsächlich *frater* und *soror* des Grafen Siegfried IV. von Bomeneburg gewesen sind, wird andererseits auch von Überlieferungen bezeugt, die von Corvey unabhängig sind. Nun ist Graf Siegfried IV. schon um 1095 geboren, sein Vater Siegfried III. von Northeim aber bereits 1107 gestorben (K. H. Lange, Northeimer II S. 96). Wären Heinrich und Judith also leibliche Geschwister Siegfrieds IV. gewesen, müßten sie spätestens 1107 bzw. 1108 zur Welt gekommen sein, was mit den angeführten Corveyer Zeugnissen für ihr jugendliches Alter in den vierziger Jahren nicht übereinstimmen kann. Lange (Northeimer I S. 130 f. und Northeimer II S. 96) glaubt diese genealogische Schwierigkeit mit der Annahme beheben zu können, Heinrich und Judith seien einer zweiten Ehe der Witwe Graf Siegfrieds III. entsprossen. Beide seien also Halbgeschwister Siegfrieds IV. gewesen, wobei das Geburtsjahr Heinrichs um 1120 anzusetzen sei.

Macht man sich diesen Vorschlag Langes zu eigen und setzt ihn zu der obigen These Kronenbergs in Beziehung, so würde sich zur Person Abt Heinrichs folgendes Bild ergeben: Der mächtige Northeimer Graf Siegfried IV. müßte als Erbvogt von Corvey seinen Stiefbruder Heinrich schon im frühesten Alter dem Kloster Corvey übergeben und ihm ebenfalls noch im Kindesalter die Abtswürde von Clus verschafft haben. Dies wäre um so eher möglich gewesen, als Siegfried IV. urkundlich zwar erst 1134 als Herrenvogt von Gandersheim und Clus bezeugt ist, es aber sehr wahrscheinlich schon wesentlich früher war, wenn man mit Lange (Northeimer I S. 197) den 1129 als Vogt von Clus genannten, 1130 ermordeten Grafen Burchard von Loccum als Lehnsvogt ansieht, der er zweifellos gewesen ist.

Daß Heinrich noch im Kindesalter stand, würde sein auffälliges Zurücktreten vor dem Propst bei der Rechtshandlung der obengenannten Urkunde vom 17. Juni 1127 für Clus erklären. Er wäre damals noch nicht handlungsfähig gewesen. Schon vor dem März 1129 hätte ihn dann Siegfried IV. zum Leiter seines neuen Hausklosters Amelungsborn gemacht, von dem wir wissen, daß es zwischen 1123 und 1135 eingerichtet wurde (J. L. 7378 von 1129 und der Brief Bernhards von Clairvaux vom 23. August desselben Jahres sind moderne Fälschungen Paullinis, vgl. Lange, Northeimer I S. 187 f.). Dessen Gründung in unmittelbarer Nähe der festen Homburg und die Übernahme der Klostervogtei durch den Gründer entgegen dem zisterziensischen Prinzip der Vogtfreiheit hatte wesentlich den Zweck, „mit der rechtlichen Verfügungsgewalt über den sich zwischen Leine und Oberweser erstreckenden Klosterbesitz ... seinen Machtbereich auch im Norden abzusichern“ (Lange, Northeimer II S. 99).

Auch in Amelungsborn würde die Besetzung der Abtsstelle mit dem noch jugendlichen Stiefbruder des Gründers das Rätsel lösen, warum der erste Abt Heinrich in der offiziellen Abtsliste des Zisterzienserklosters nicht gezählt wurde und auch im Anniversar des Klosters keine Erwähnung gefunden hat (Christhard Mahrenholz, Studien zur Amelungsborner Abtsliste 1, JbGesNdSächsKG 61, 1963 S. 25). Auch in Amelungsborn hätte er offenbar wegen seines jugendlichen Alters die Abtswürde zunächst nicht ausüben können. Erst am 12. Mai 1141 trat Abt Heinrich I. in einer Amelungsborner Urkunde handelnd auf (UBHHild. 1, 223 S. 202). Auch in dem Schutzprivileg Papst Coelestins II. für Amelungsborn vom 28. Dez. 1143 (J. L. —; gedr. A. Brackmann, Papsturkunden des Nordens, Nord- und Mitteldeutschlands [NachrrGesWissGött Phil. Hist. Kl. 1904 H. 1] S. 33 f. Nr. 7) war der *Heinricus abbas* noch Adressat. In der späteren Erinnerung des Klosters aber dürfte er nur als Vertreter der massiven Machtpolitik Siegfrieds IV. gegolten haben. Dieser hat dann schließlich 1143 seine Wahl in dem für ihn wichtigsten Kloster, in der Reichsabtei Corvey, durchgesetzt, wo man sich des dem Konvent vom Vogt gewaltsam aufgedrängten Abtes, als Graf Siegfried IV. gestorben war, nach wenigen Jahren wieder entledigte.

Siegfried IV. von Bomeneburg hat als letzter Graf seines Geschlechtes noch einmal nahezu alle northeimischen Herrschaftsgrundlagen in seiner Hand vereinigt und sie nicht zuletzt durch Besitz und Erwerb zahlreicher Klostervogteien gesichert und ausgebaut. Sein Vorgehen, in drei Klöstern, die alle seiner Vogtei unterstanden, seinen nächsten männlichen Verwandten nacheinander als geistlichen Vorsteher einzusetzen, in Corvey schließlich unter Anwendung von Gewalt, würde durchaus zu der von Lange a.a.O. geschilderten rücksichtslosen Territorialpolitik passen, die diesen letzten Northeimer Grafen kennzeichnet.

Für Clus würde die Annahme, der erste Abt Heinrich sei der Halbbruder Siegfrieds IV. gewesen, noch einen weiteren Umstand erklären, nämlich das auffallende Interesse König Lothars III. und insbesondere der Königin Richenza an dem neuen Gandersheimer Eigenkloster. Richenza war als Tochter Heinrichs des Fetten von Northeim die Base des

Grafen Siegfried IV. von Bomeneburg und damit auch des Abtes Heinrich. Es ist nicht unwahrscheinlich, daß Lothar von Süpplingenburg als maßgebender Führer der sächsischen Fürstenopposition bereits in seiner Herzogszeit an der Gründung von Clus beteiligt gewesen ist. Nicht zu übersehen ist jedenfalls, wie gesagt, die Anteilnahme seiner Gemahlin Richenza an der Entwicklung des jungen Klosters. In beiden Lothardiplomen für Clus (DL III. 18 und 59) war die Gemahlin des Herrschers die alleinige Intervenientin, und auch schon in der ersten Schenkungsurkunde der Stiftäbtissin Bertha I. für Clus vom 17. Juni 1127 spielte die Königin eine Rolle. Sie erhielt vom Klosterpropst über die Stiftsäbtissin einen 4 Mark schweren goldverzierten Silberkelch zum Geschenk, sicher wohl als Ausdruck des Dankes für die hohe Protektion.

Der bei dieser Gelegenheit genannte Cluser Abt Heinrich I. ist jedenfalls — wie man ihn auch einordnen mag — schon vor dem März 1129 in Clus wieder ausgeschieden. Für das Kloster selbst hat diese Fehlbesetzung in der Leitung offenbar zugleich den schließlichen Mißerfolg des ganzen ersten, von Corvey gestellten Konvents bedeutet. Die in ihn gesetzten Erwartungen der Reformer haben sich jedenfalls nicht erfüllt. Als König Lothar III. am 24. März 1129 Clus mit Freigütern in Dankelsheim beschenkte, die dem Reich heimgefallen waren, war der Leiter des Klosters bereits der 1127 als Propst bezeichnete Walther, jedoch ohne daß dieser als Abt oder Propst bezeichnet worden wäre; es heißt vielmehr in der Urkunde lediglich: *presidente ... Clusensi ecclesię Waltero presbitero.* Fünf Jahre später, 1134, war auch dieser nicht mehr in Clus[4]). Als *rector* der *cella Clusa* ist Adelhardus, der letzte der 1127 vorkommenden Mönche, genannt, welcher dem mit *incertis personis* besetzten Ort vorstehe, wie es abfällig in der Urkunde Bischof Bernhards I. von Hildesheim über die Reform von Clus heißt (UBHHild. 1, 208 S. 190). Der Ausdruck *cella,* gebräuchlich für ein abhängiges kleines Kloster, und das Fehlen eines Abtes macht den Rückschritt deutlich, den das noch 1127 als *monasterium* bezeichnete Clus innerhalb eines halben Jahrzehnts genommen haben muß.

Die Pläne für eine Erneuerung des hoffnungsvoll begonnenen Unternehmens, wie sie dann 1134 durchgeführt wurden, sind offenbar schon beim Amtsantritt der neuen Äbtissin Liutgard II. von Gandersheim gefaßt worden. Möglicherweise schon 1130, als König Lothar III. in Gandersheim das Weihnachtsfest feierte (Bernhardi, Jbb. L. III. S. 344),

[4]) Vielleicht war er nach Corvey zurückgekehrt, wo sich 1143 an der Spitze des Konvents ein *Waltherus prior* gegen die Einsetzung des Abts Heinrich wandte (Mon. Corb. a.a.O. S. 253).

wahrscheinlich aber im Februar 1131, als die neue Äbtissin Liutgard im Beisein des Königs zu Goslar von Bischof Bernhard I. von Hildesheim geweiht wurde (Chron. Hild. S. 856), dürfte eine durchgreifende Reform beschlossen worden sein. Die königliche Bestätigungsurkunde vom 25. Januar 1134 (DL III. 59), eine Empfängerausfertigung, läßt jedenfalls erkennen, daß entsprechende Verhandlungen *(communicato nobiscum)* noch in der Königszeit Lothars stattgefunden hatten (vgl. Bernhardi, Jbb. L. III. S. 527 Anm. 9 und die Vorbemerkung zu DL III. 59. S. auch weiter unten). Bei aller Verschiedenheit der übrigen Urkundenteile gehen das Lothardiplom und die wohl wenig spätere Bestätigungsurkunde Bischof Bernhards I. von Hildesheim von 1134 o. T. (UBHHild. 1, 208 S. 190), wie die Herausgeber von DL III. 59 bemerken, in ihren dispositiven Teilen auf die gleiche Aufzeichnung über den Rechtsakt zurück.

Die Initiative zur Neuordnung der Verhältnisse in Clus wurde nach dem Wortlaut b e i d e r Urkunden der Eigenherrin, der Stiftsäbtissin Liutgard, zugeschrieben, welche die *destitutio* bzw. *desolatio* der Anstalt und die *instabilitas* der dortigen Insassen nicht mehr verantworten zu können glaubte. Sie besetzte daher unter Zustimmung des *rector celle Adelhardus* Clus mit *quibusdam fratribus secundum regulam beati Benedicti et ordinem Cluniacensem institutis.* Es ist bezeichnend, daß an erster Stelle der nun folgenden Einzelbestimmungen die Zusicherung freier Abtswahl nach der Regel des hl. Benedikt steht. Sie wurde nach den Erfahrungen des ersten Jahrzehnts offenbar als grundlegende Voraussetzung einer gedeihlichen Entwicklung empfunden. Die Eigenkirchenherrschaft des Reichsstifts kam freilich noch dadurch zum Ausdruck, daß sich die Äbtissin die Bestätigung und Investitur des Elekten vorbehielt, die sie jedoch nur bei Verletzung der kanonischen Bestimmungen verweigern durfte. Die mit Konsens des Stiftskapitels vorzunehmende Investitur sollte in der Form vor sich gehen, daß der Elekt seine Virga pastoralis vom Hochaltar der Gandersheimer Stiftskirche nehmen mußte. Bei dieser eigenartigen Bestimmung handelt es sich zweifellos um einen Kompromiß zwischen der cluniazensischen, auch von den Hirsauer Statuten geforderten Selbstinvestitur des Abtes (vgl. Herm. Jakobs, Die Hirsauer. 1961, S. 75 u. 95 Anm. 41) und dem Eigenkirchenrecht des Reichsstifts an seiner Gründung.

Die Weihe sollte darauf nach Ablegung des Obödienzversprechens durch den zuständigen Diözesanbischof erfolgen. Dies entsprach dessen unbestrittenen geistlichen Aufsichtsrechten mit Lehr-, Weihe- und Jurisdiktionsgewalt. Von einer Exemtion von Clus konnte selbstverständlich ebensowenig die Rede sein wie von einer Exemtion des Reichsstifts vor dem Anfang des 13. Jhs. Ausdrücklich wurde dann in den genannten

Urkunden betont, daß nach erfolgter Investitur und Weihe der Cluser Abt frei von jeder Unterordnung sein Kloster verwalten könne. Er sei lediglich verpflichtet, der Äbtissin auf Anforderung mit Rat und Tat zur Seite zu stehen, an den Hauptfesten das Hochamt im Stift zu halten und kranke Kanonissen auf Einladung zu geistlicher Versorgung aufzusuchen. Mit der Bestimmung freier Verfügungsgewalt des Abtes war einer Hauptforderung der Hirsauer Reform entsprochen.

Zugleich wurde dem Abt die Leitung des ältesten Gandersheimer Eigenklosters Brunshausen übertragen, welches also bei dieser Gelegenheit mit reformiert wurde (s. dort § 7). Auch in Brunshausen war die *instabilitas* der dortigen Mönche zu beklagen. Die Verbindung beider Benediktinerklöster unter Wahrung ihrer sonstigen körperschaftlichen Selbständigkeit durch Personalunion des Abtes — in der Urkunde Bischof Bernhards I. eine Bestimmung unter anderen — steht in dem Diplom Lothars III. absolut im Vordergrunde. Die Bestätigung der *coniunctio* beider Klöster und ihrer *libertas* auf Intervention der Königin Richenza war der eigentliche Anlaß für die Ausstellung des Diploms. Auch die Bischofsurkunde betonte im Anschluß an die Besitzbestätigung nochmals ausdrücklich die *libertas* von Clus. Sie, die Hauptforderung der Reformer, verlangte den Verzicht weitgehender Rechte seitens der Äbtissin des Gründerstifts, wie er in den urkundlichen Bestimmungen eindringlich zum Ausdruck kommt, aber auch von dem Klostervogt, dem Grafen Siegfried IV. von Bomeneburg. Dessen Befugnisse wurden zwar nicht ausdrücklich festgelegt, doch muß seine Zeugenschaft in b e i d e n Urkunden als Ausdruck seiner Zustimmung zu der von der Reichsgewalt, dem Diözesanbischof und dem Reichsstift getroffenen Neuregelung der Cluser Verhältnisse aufgefaßt werden.[5])

---

[5]) Wolfg. Heinemann, Das Bistum Hildesheim im Kräftespiel der Reichs- und Territorialpolitik vornehmlich des 12. Jhs. (QDarstGNdSachs 72) 1968 S. 150 ff. vertritt die Ansicht, Bischof Bernhard I. von Hildesheim habe die Abwesenheit Lothars III. benutzt, um mit der Reform in Clus „im Gandersheimer Raum, der sich seiner Mitsprache offensichtlich noch immer weitgehend entzog, stärker an Einfluß zu gewinnen" (S. 150), und habe mit seiner Urkunde, die Heinemann auf Grund der Zeugenschaft Bischof Anselms von Havelberg auf Anfang Januar 1134, also v o r DL III. 59 vom 25. Januar 1134 ansetzt (S. 151 Anm. 141), „ohne Rücksicht auf die Mitsprache oder Zustimmung des Königs tiefgreifende Reformen im Kloster Clus bestätigt". Diese seien „gegen die Hirsauer Bewegung gerichtet gewesen, deren Ablehnung des geistlichen Eigenkirchenrechtes seiner eigenen Klosterpolitik im Wege stand" (S. 151). Dem „von der Entwicklung offensichtlich überraschten Kaiser" sei „nichts anderes übriggeblieben, als die Reform in einem eigenen Diplom zu bestätigen, und zwar ohne die Mitwirkung des Bischofs und dessen kurz vorher ausgestellte Urkunde zu erwähnen" (S. 151 f.).

Nun mag es durchaus zutreffen, daß Bischof Bernhard I. die Gelegenheit begrüßt hat, seinen Einfluß in Clus und damit auch im Reichsstift Gandersheim zu erweitern.

Woher die von der Äbtissin Liutgard II. berufenen Mönche der zweiten Besetzung kamen, überliefern die Quellen nicht (LThK. [2]2 Sp. 1242 nimmt irrig eine Besetzung aus Cluny selbst an). Sicher wurden sie nicht wieder von Corvey gestellt, da der Liber vitae dieses Klosters aus dem Beginn des 13. Jhs. zwar das Reichsstift und das Marienkloster verzeichnet, nicht jedoch Clus (Fr. Philippi, Abh. 2 S. 91 ff.). Der in unserem Bereich nicht wieder vorkommende Ausdruck *(fratres) secundum ordinem Cluniacensem* könnte darauf schließen lassen, daß die neuen Mönche aus einer entfernteren Anstalt gekommen wären. Kunsthistorische Überlegungen Friedrich Thönes (vgl. Reclams Kunstführer Bd. 4 S. 121) haben zur Feststellung starker Anklänge des Westbaues der Cluser Klosterkirche an St. Aurelius in Hirsau geführt. Allerdings wird in der Liste der *Nomina abbatum ad alia loca transmissorum* im Codex Hirsaugiensis (ed. E. Schneider, Württ. Gesch.quellen, 1887, S. 19 f.) ein etwa nach Clus entsandter Abt nicht aufgeführt. Beide Urkunden von 1134 nennen keine Namen, und aus den folgenden beiden Jahrzehnten sind keine Urkunden überliefert. Wir kennen also auch nicht den nach den neuen

---

Starken Zweifeln aber muß HEINEMANNS Auffassung begegnen, es habe sich um eine Ablösung des noch voll funktionsfähigen, aus Corvey gekommenen ersten Cluser Convents gehandelt, weil dessen hirsauische Richtung dem Bischof nicht gepaßt habe (S. 151 Anm. 139). Diese Ansicht ist schon deshalb abwegig, weil ja auch der nun eingeführte zweite Konvent von „Cluniacensern" ebenfalls dem hirsauischen Ordo angehört haben muß (JAKOBS, Die Hirsauer, a.a.O. S. 95 Anm. 41). Daß der erste Konvent — nicht zuletzt wohl wegen der Person des ersten Abtes — tatsächlich verbraucht war, zeigt das oben erwähnte Lothardiplom von 1129 (DL III. 18), welches eine Auflösung der Klosterverfassung zweifelsfrei erkennen läßt. Es ist weiterhin bereits dargelegt worden, daß die Reform in Clus schon in der Königszeit Lothars III. und sicher nicht ohne dessen Wissen durch die neue Äbtissin Liutgard eingeleitet worden ist und mit der Einführung eines neuen Konvents wohl mehrere Jahre erforderte.

Vor allem aber ist Heinemanns Vermutung, daß der in der Bernhardurkunde als Zeuge genannte Bischof Anselm von Brandenburg (= Havelberg), der noch am 1. Jan. 1134 in Köln (DL III. 56), aber nicht am 6. Jan. 1134 in Aachen nachzuweisen ist (DL III. 57), v o r dem Kaiser nach Sachsen zurückgekehrt sei und deshalb bei Bischof Bernhard hätte testieren können, bevor Lothar III. in Goslar eintraf, hinfällig. Sie berücksichtigt nicht, daß derselbe Bischof Anselm — wie übrigens auch der Graf Hermann von Kalverla — in DL III. 58 für Clarholz erscheint. Dieses Diplom setzten die Herausgeber des 8. Diplomatabandes hinter Lothars Aufenthalt in Aachen (echte Liste der westfälischen Zeugen, vgl. Vorbemerkung und Bernhardi, Jbb. L. III. S. 527 Anm. 8). „Damit gibt es keine Grundlage für Heinemanns Darlegungen, der Hildesheimer Bischof hätte unabhängig und gegen den Willen des Herrschers — vierzehn Tage vor der Rückkehr des zwei Jahre lang abwesenden Kaisers! — in die Verhältnisse der Gandersheimer Eigenklöster eingegriffen, — vgl. GOETTING, Riechenberg S. 144 —. Es bleibt bei einem gemeinsamen Reformakt des Kaisers in Zusammenarbeit mit dem zuständigen Diözesanbischof" (W. PETKE, Wohldenberger S. 279 Anm. 139).

K o r r e k t u r n a c h t r a g : Zur Zeitstellung beider Urkunden und in diesem Zusammenhang auch zur Frage der Echtheit von DL III. 59 sind neue Ergebnisse von Untersuchungen meines Schülers Hans Jakob SCHUFFELS zu erwarten.

Bestimmungen von 1134 gewählten Abt. Fest steht allein, daß der zu 1153/54, ganz sicher zu 1159 bezeugte Cluser Abt Winemarus († wohl frühestens im Mai/Juni 1168) aus dem St. Michaelskloster in Hildesheim kam. Er wird im gleichen Jahre 1159 in der Urkunde des Abtes Franco von St. Michael, die dem sogenannten Ratmann-Missale des Hildesheimer Domschatzes (Hs. 37) vorangestellt ist, unter den Äbten genannt, die aus dem dortigen Konvent hervorgegangen waren. Das Widmungsbild des gleichen Codex zeigt auch sein angebliches Porträtmedaillon, das Bild eines älteren Mannes (A. Chroust, Monumenta Palaeographica 1. Serie, Bd. 2 [1904], 21, Taf. 2 u. 3). Doch stammt die Bildbeschriftung *Wynnimar* (lt. frdl. Hinweis von H. J. Schuffels) erst von der Hand des auch als Fälscher bekannten Mönchs zu St. Michael Henning Rose aus dem Anfang des 16. Jhs., so daß das Bild nicht als Quelle verwertet werden kann. Winemarus ist als einziger der älteren Cluser Äbte im Nekrolog des Hildesheimer Domstifts verzeichnet (s. unten § 20, 1). Angesichts der noch um die Wende des 12. zum 13. Jh. nachweisbar engen Beziehungen von Clus zum Bischof von Hildesheim und zum Michaelskloster stellt sich daher die Frage, ob nicht Bischof Bernhard I. als Ordinarius bei der Reform von 1134 die Neubesetzung von Clus *secundum ordinem Cluniacensem* aus einem ihm besonders nahestehenden Hildesheimer Kloster, dessen reformerische Haltung außer Zweifel steht, veranlaßt oder vermittelt hat. Dann hätte also das Kloster St. Michael zu Hildesheim den zweiten Konvent in Clus gestellt. Fraglich ist allerdings, ob Winemarus der erste Leiter dieses Reformkonvents gewesen ist.

Der Bau der Klosterkirche, die bei der Weihe von 1124 wohl nur in ihren Ostteilen stand, ist unter Abt Winemarus vollendet worden. 1155 hatte Bischof Bruno von Hildesheim drei weitere Altäre, den Kreuzaltar und die Altäre der Nord- und Südquerhausarme, weihen können. Vier Jahre später, 1159, weihte im Auftrage des Diözesanbischofs der Bischof Gerold von Oldenburg in Holstein anstelle der verfallenen alten Georgskapelle die Kapelle im Obergeschoß des Westbaues zwischen den Türmen zu Ehren des hl. Michael (s. oben § 3, 1). Die Wahl dieses Patroziniums dürfte sich vielleicht auch aus der Herkunft des Abtes Winemarus (und des Reformkonvents?) aus dem Hildesheimer Michaelskloster erklären.

Im gleichen Jahre 1159 beurkundete die Gandersheimer Stiftsäbtissin Adelheid IV. die Schenkung von zwei Mühlen, der Broilmühle ostwärts von Brunshausen und der Hasselmühle im Osten von Gandersheim, deren bisherige Lehnsinhaber der Abt von Clus allerdings mit einer Hufe zu Sebexen bzw. 16 Mark Silbers entschädigen mußte (10/11 Urk 4, Harenberg S. 717). Die Schenkung wurde wenig später von Bischof Bruno von Hildesheim zusammen mit einer Tauschaktion des Klosters mit dem Bischof bestätigt, die schon 1153/54 stattgefunden hatte und in der Clus den Zehnten von *Rickelshausen südlich von Gandersheim gegen Hergabe von Einzelhufen in *Oedishausen und *Eddingehusen bei Erzhausen erwarb (10/11 Urk 5, UBHHild. 1, 282 S. 267). Beide Güterbewegungen lassen sowohl eine gewisse wirtschaftliche Liquidität wie andererseits das Bestreben erkennen, entfernten Streubesitz geringeren Ausmaßes gegen näher gelegene Besitzungen einzutauschen. Die Einzelhufen waren wohl sicherlich Stiftungen einzelner Gönner aus der Gründungszeit, während die vom Reichsstift Gandersheim zur Verfügung gestellte Erstausstattung wesentlich aus dem Klosterbezirk selbst und Besitzungen in der nördlich von Clus gelegenen Heberbörde bestand. Eine andere Ausdehnungsmöglichkeit war bei der Lage des Klosters am Nordhang des Clusberges kaum gegeben. Im ganzen muß die Erstausstattung von Clus als nur bescheiden angesehen werden.

Abt Winemarus, sicher der bedeutendste der älteren Cluser Äbte, erscheint zuletzt am 10. Juni 1167 in Quedlinburg als Zeuge in einer Urkunde der Stiftsäbtissin Adelheid IV. (Erath, Cod. Dipl. Quedl. S. 94). Seine Person verbürgte enge Verbindungen zu Hildesheim, zu dem ein gutes Verhältnis zu unterhalten schon die Nachbarschaft der Cluser Besitzungen in Dankelsheim und *Nordliudolfshausen zur Hildesheimer Villikation Wetteborn geraten erscheinen ließ. Nahe Beziehungen zu Hildesheim lassen sich auch unter dem folgenden Abt Heinrich II. feststellen. Auch er kam möglicherweise aus dem Hildesheimer Michaelskloster, dessen Konventsliste von 1159 (A. Chroust, Monumenta Palaeographica 1. Serie, Bd. 2 [1904], 21, 2) nicht weniger als fünf Träger dieses Namens ausweist.

Wenn Clus durch Abt Heinrich II. — ein Jahrzehnt, bevor das Reichsstift Gandersheim mit der Kurie Verbindung aufnahm — von Papst Coelestin III. gegen Ende des Jahres 1192 eine erste päpstliche Privilegienbestätigung erhielt (J. L. 16940, UBHHild. 1, 486 S. 462), so läßt sich dies damit erklären, daß der Cluser Abt die Abgesandten des Hildesheimer Bischofs und des Michaelsklosters, welche die Kanonisation des hl. Bernward erwirkten (UBHHild. 1, 489 S. 465), damals nach Rom begleitet hat oder durch sie das päpstliche Privileg hat erbitten lassen. Als Vorlage für dieses diente die Bestätigungsurkunde Bischof Bernhards I. von 1134, welche ausdrücklich erwähnt und von der päpstlichen Kanzlei in das große Benediktinerformular eingearbeitet wurde. Die Verfassung von Clus wurde in dem päpstlichen Privileg — und zwar zum letzten Mal — als *secundum . . . beati Benedicti regulam atque institutionem Cluniacensium fratrum* bestätigt. Die besondere Besitzliste beschränkte sich auf die in der Bischofsurkunde von 1134 genannten

Teile, jedoch nicht ohne — sicherlich bewußte — Abweichungen: die ecclesia von Brunshausen erschien hier nicht als dem Abt von Clus unterstellt, sondern schlichtweg als Besitz von Clus, worüber gleich zu sprechen sein wird. Es folgte eine weitere *ecclesia totius adjacentis villae*, die es nicht gab und nur aus dem Dativ der Vorlage *Cui etiam ęcclesię* (sc. Clusa!) mißverstanden und vielleicht auf die Kapelle in Dankelsheim bezogen worden sein kann, und schließlich die Kapelle von Opperhausen, hier jedoch ohne die zusätzlichen zweieinhalb Hufen von 1134. Die Verleihung der freien Abtwahl nach der Formel *Obeunte vero te* wurde eingeschränkt durch die Betonung des Konsens- und Investiturrechtes der Gandersheimer Stiftsäbtissin, wobei auch hier die Verkürzung der entsprechenden Sätze aus der Bernhardurkunde infolge Verwechslung des Subjekts (Abt — Äbtissin) zur Entstellung des Sinnes der Vorurkunde geführt hat. Neue Sonderverleihungen des päpstlichen Privilegs waren die Erlaubnis, bei währendem Interdikt Gottesdienst halten zu dürfen, und — besonders wertvoll für das Kloster — das freie Sepulturrecht. Das Decretum schloß mit dem bischöflichen Vorbehalt *(salva . . . diocesani episcopi canonica iustitia)* für nichtexemte Anstalten.

Sehr auffallend ist nun, daß das Coelestinprivileg für Clus nicht im Urkundenbestande des Klosters, sondern im Bestande des Hildesheimer Domstifts überliefert ist (mit dem es 1943 verbrannte). Ja, es scheint, da es dem Chronisten Henricus Bodo offensichtlich unbekannt geblieben ist, nicht etwa mit anderen Cluser Archivalien in der Reformationszeit nach Hildesheim gekommen zu sein, sondern überhaupt nie zum Cluser Archiv gehört zu haben. Dieser eigenartige Umstand mag kaum mit den z. T. sinnentstellenden Fehlern in den auf die Bernhardurkunde zurückgehenden Passagen zu erklären sein. Ein einleuchtenderer Grund für die Zurückbehaltung des Privilegs in Hildesheim dürfte sein, daß es vielleicht ohne Genehmigung der Patronatsherrin, der Gandersheimer Äbtissin, oder gar gegen deren Willen erbeten worden war. Warum Clus die Gelegenheit benutzte, ein derartiges Privileg an der Kurie zu erwirken, könnte zunächst mit dem Wunsche erklärt werden, die 1134 erlangten Rechte bestätigen und noch erweitern zu lassen. An der Spitze der Besitzliste aber stand die *ecclesia de Brunsteshus.* Möglicherweise waren bereits damals auf Seiten des Reichsstifts Pläne erwogen, das Männerkloster Brunshausen in ein selbständiges Frauenkloster umzuwandeln und es damit dem Abt von Clus zu entziehen. Diesen Bestrebungen hätte dann die in der Papsturkunde erneuerte Unterstellung von Brunshausen entgegenwirken sollen. Für die Annahme, daß die Aktion an der Kurie im Interesse von Clus mit Hildesheimer Hilfe eingeleitet wurde, spricht weiterhin die Tatsache, daß eine der beiden Ausfertigungen der Urkunde Bischof Bernhards I. für Clus von 1134, welche, wie wir sahen, dem Wortlaut des päpstlichen Privilegs zugrunde lag, ebenfalls im Archiv des Domstifts Hildesheim überliefert ist (vgl. UBHHild. 1, 208 S. 191 Fußnote). Wahrscheinlich war sie für die Petition an der Kurie benutzt worden und dann in Hildesheim verblieben.

Das einzige Papstprivileg für Clus ist also für das Kloster nicht unmittelbar wirksam geworden, zumal der darin ausgesprochene bischöfliche Vorbehalt schon wenig später durch die Exemtion des Reichsstiftes überholt wurde, die auch die drei Eigenklöster Gandersheim einschloß. Das große Exemtionsprivileg Papst Innozenz' III. vom 22. Juni 1206 (s. GS NF 7 Reichsstift Gandersheim § 9) bezeichnete ausdrücklich auch das *monasterium de Clusa, ubi sunt monachi nigri* als *in fundo et proprietate b. Petri* errichtet und somit gleich dem Reichsstift und den ihm zugehörigen Kirchen von der Diözesangewalt eximiert — eine Rechtsstellung, welche Gandersheim bis zur Reformation hat verteidigen können.

Es scheint, als ob diese Entwicklung und die Einbeziehung in die kirchenrechtliche Sonderstellung des Reichsstifts in Clus nicht uneingeschränkt begrüßt worden ist, ja daß man vielleicht einen stärkeren Einfluß der Eigenherrin auch im kirchlichen Bereich befürchtete. Sehr zu beachten ist nämlich die Tatsache, daß zwei Jahre nach der endgültigen Prozeßentscheidung vom 11. Mai 1208 in dem gleichen Jahre 1210, in dem nicht weniger als fünf päpstliche Mandate die neue Rechtsstellung Gandersheims festigten und der Prozeßbevollmächtigte Bischof Hartberts in Rom der Exkommunikation verfiel, eben der Abt von Clus zusammen mit dem Propst von Brunshausen an der Hildesheimer Generalsynode vom 21. Oktober 1210 teilnahm und als Zeuge in einer Urkunde Bischof Hartberts auftrat (UBHHild. 1, 640 S. 612).

Daß sich die Vorsteher zweier soeben eximierter Anstalten ungeachtet ihrer kirchenrechtlichen Sonderstellung auf der Generalsynode ihres bisherigen Ordinarius einfanden, ist in der Tat eigenartig und fordert eine Erklärung. Handelte es sich — vorausgesetzt daß die Teilnahme mit Wissen des Reichsstifts erfolgte — um einen Versuch Gandersheims, im Augenblick des Sieges durch die beiden Prälaten wieder eine Verbindung mit Hildesheim herzustellen? Oder lag ein Versuch des Bischofs vor, die bisherigen guten Beziehungen zu Clus oder eine mögliche Gegnerschaft von Clus und Brunshausen zu ihrer Eigenherrin zu benutzen, seine Jurisdiktion wenigstens über die beiden Klöster im Gandersheimer Bereich zur Geltung zu bringen? Oder brachten beide Klöster mit ihrer Teilnahme unabhängig zum Ausdruck, daß sie nach der Exemtion des Reichsstifts eine Verstärkung von dessen Eigenkirchenherrschaft, die ja den Forderungen der Reform im Grunde widersprach, oder unerwünschte Auswirkungen dieses Verhältnisses befürchteten? Clus jedenfalls war auch weiterhin sichtlich bestrebt, die Verbindung zum Hildesheimer Bischof nicht abreißen zu lassen. Es erbat von Hartberts Nachfolger Bischof Siegfried eine Schutz- und Besitzbestätigung ([1216—21], UBHHild. 1, 695 S. 662), und zwar besonders *propter iniquas pravorum hominum machinationes* für Güter in Clus und *Nordliudolfshausen, wobei es ganz speziell um angefochtene Holzberechtigungen, 10 Achtworde des Klosters *(decem legitime lignorum incisiones)*, ging. Offenbar war der Bischof von Hildesheim die Autorität, welche dem Kloster in diesem Falle, bei dem es sich möglicherweise um Ansprüche des Hildesheimer Villicus in Wetteborn handelte, Schutz und Hilfe gewähren konnte.

Auf den Schutz des Reichsstifts wie des Bischofs angewiesen, war Clus zum mindesten bestrebt, von beiden Seiten Vorteile für sich zu gewinnen. Eine Reihe von Gütererwerbungen der folgenden Jahrzehnte hat sich das Kloster nach Bedarf von der Stiftsäbtissin oder dem Hildesheimer Bischof bestätigen lassen. Nachdem der Abt 1217 zwei Hufen in Altgandersheim zur Verbesserung der Präbende der Brüder gekauft hatte, lassen in der ersten Hälfte des 13. Jhs. weitere Käufe und Schenkungen von Grundbesitz, meist Lehngütern des Reichsstifts, auf eine gedeihliche wirtschaftliche Entwicklung schließen.

Da die Zeugenreihen der Urkunden nur den Abt und allenfalls einen mit der Wirtschaftsverwaltung betrauten Konventualen nennen, sind Angaben über die Stärke des Cluser Konvents nicht möglich. Man wird sie sich angesichts der geringen baulichen Ausmaße der Klosterkirche relativ bescheiden vorstellen müssen. Übrigens war die Klosterkirche bereits 1252 *nimia vetustate consumpta.* Eine von dem Kardinalpresbyter Hugo von S. Sabina, der auch für das Reichsstift tätig war, erwirkte Ablaßurkunde sollte die Mittel für die Reparatur aufbringen (10/11 Urk 17, Harenberg S. 1610).

Verhältnismäßig häufig ist in der zweiten Hälfte des 13. Jhs. und noch im ersten Viertel des 14. Jhs. die Zeugenschaft des Cluser Abtes in Urkunden des Reichsstifts, in deren Zeugenreihen er jeweils vor den Stiftskanonikern aufgeführt wurde. Durch seine gottesdienstlichen Funktionen und seine Kanonikerpräbende war er dem Reichsstift jederzeit eng verbunden. Die erste Hälfte des 14. Jhs. war in Clus von der Regierung der vier Äbte Berthold II., Ludolf I., Berthold III. und Heinrich IV. bestimmt, von denen der letzte mit Gewißheit und seine Vorgänger sehr wahrscheinlich der gleichen bedeutenden Ministerialenfamilie von Oldershausen angehörten, die als Träger des Marschallamtes im Reichsstift eine besondere Rolle spielte. Noch kam es in den dreißiger und vierziger Jahren zu einzelnen Erwerbungen und zu Rückkäufen verpfändeten Besitzes. Daneben aber wurde bereits entfernterer Außenbesitz wegen Bewirtschaftungsschwierigkeiten abgestoßen (s. unten § 18). Schwerwiegender war die Tatsache, daß selbst unmittelbar benachbarte Klosterhöfe, vor allem der in *Nordliudolfshausen, nicht mehr vom Kloster selbst bewirtschaftet, sondern an adlige Herren, so die von Dorstadt, von Gittelde und von Oldershausen vermeiert wurden. Da diese zeitweise zugleich herzogliche Burgmannen bzw. Pfandinhaber der Gandersheimer Burg waren, blieb es nicht aus, daß schon nach wenigen Jahrzehnten die Landesherrschaft, insbesondere Herzog Otto der Quade zu Göttingen, Ansprüche auf diese Güter erhob, sie zur Burg Gandersheim gehörig ansah und so dem Kloster entfremdete. Auf diese Weise gingen Clus nach dem Bericht von Henricus Bodo eine ganze Reihe von Besitzungen verloren, die es schon bald nach seiner Gründung erworben hatte: die Klosterhufen in *Nordliudolfshausen, die Hasselmühle nahe der Burg Gandersheim, der Zehnte in *Rickelshausen, eine Mühle in Sebexen u. a.

Alle diese Entfremdungen erfolgten in der zweiten Hälfte des 14. Jhs. Aus dieser Zeit ist für Clus keine einzige Urkunde überliefert. Aus den Vorgängen im ersten Drittel des 15. Jhs., unmittelbar vor der großen Reform, ist jedoch zu entnehmen, daß in der zweiten Hälfte des 14. Jhs. ein katastrophaler äußerer und innerer Niedergang des Klosters stattgefunden haben muß. Es ist von *incendia nostri monasterii et gravia ac irrecuperabilia dampna occasione guerrarum* die Rede (10/11 Urk 39, Herbst, Klus S. 24 Anm. 2), und es ist wohl anzunehmen, daß Clus in den Fehden Herzog Ottos des Quaden aufs schwerste gelitten haben dürfte. Damals ist wohl auch die ältere Klosterbibliothek untergegangen, ein Schicksal, das in jener Zeit vielleicht auch schon die Bibliotheken des Reichsstifts und des Marienklosters getroffen haben mag. Obwohl die kriegerischen Ereignisse in ihren Einzelheiten weithin im Dunkeln liegen, gehören jene Jahrzehnte für alle Gandersheimer Anstalten zweifellos zu den trübsten ihrer Geschichte.

Die äußeren Schicksale konnten Clus um so härter treffen, als sich seine innere Verfassung inzwischen grundlegend in Richtung auf stiftische Verhältnisse gewandelt hatte. Schon im 13. Jh. vollzog sich die Auflösung des Konventsgutes in eine bestimmte Anzahl von Einzelpräbenden (s. unten § 9, 3). Die allmähliche Auflösung der Eß- und Schlafgemeinschaft innerhalb der Klausur erfolgte im Laufe des 14. Jhs. Wenn man den schwarzmalenden Schilderungen der Reformer des 15. Jhs. glauben darf, war auch der gemeinsame Chorgottesdienst nur mit der Verteilung von Präsenzgeldern *(non nisi denarii accipiendi intuitu)* aufrechtzuerhalten.

Es ist klar, daß unter der Auflösung des Gemeineigentums in schließlich 8 Mönchspräbenden vor allem die Unterhaltung der Kirche und der Kloster- und Wirtschaftsgebäude litt — bedeutete doch deren Instandhaltung oder gar Wiederaufbau nach Zerstörung, wie wir sie für Clus annehmen müssen, eine Belastung und Schmälerung der Einkünfte aus den Präbenden, an der die einzelnen Inhaber kein Interesse haben konnten. Gemeinsame Aufgaben konnten schließlich nur noch durch Verminderung der Anzahl der Präbenden getragen werden, was einen weiteren Verfall des Klosterlebens zur Folge hatte.

So bieten die ersten Jahrzehnte des 15. Jhs., in denen gerade wegen eines unerfreulichen Präbendenstreites die Quellen reichlicher fließen, ein eindrucksvolles Bild von dem Niedergang von Clus und den dort inzwischen eingetretenen Zuständen, welche schließlich den Anstoß zur Reform von 1430 ff. gaben. In den ersten drei Jahrzehnten des 15. Jhs. lösten nicht weniger als fünf Äbte einander ab, von denen drei resignierten und einer abgesetzt wurde. Im Jahre 1408 war der Abt Johann Schelbeer bei einem Streit mit dem Kloster Brunshausen um Holzrechte von dessen Hofmeister durch einen Beilhieb derart verwundet worden, daß er abdanken mußte. Sein Nachfolger Heinrich V. legte noch im gleichen Jahre jenes gefälschte „Registrum" vor, welches die Holzrechte von Clus im Brunshäusischen Holz auf die Gründungszeit zurückführen sollte (vgl. oben S. 192) und erreichte dessen Vidimierung durch das Gandersheimer Kapitel und sogar durch den Hildesheimer Offizial. Der Ausgang des Prozesses, für den noch 1410 in den umliegenden Dörfern Zeugenvernehmungen durchgeführt wurden, ist unbekannt. Der im Jahre 1414 folgende Abt Johann Ribbrecht resignierte angesichts der heillosen Verhältnisse nach knapp acht Jahren. Kurz vorher, am 17. Juni 1421, stellte er für den Mönch Dethlef von Hannover jene Urkunde aus, die uns einen bemerkenswerten Einblick in die Zustände in Clus gibt (10/11 Urk 39, gedr. bei Herbst, Klus S. 24 Anm. 2, nicht fehlerfrei). Er beurlaubte unter Hinweis darauf, daß das Kloster wegen irreparabler Brand- und Kriegsschäden nicht in der Lage sei, allen Mönchen Unterhalt zu gewähren, den genannten Dethlef auf zwölf Jahre aus dem Klosterverband mit dem Recht, gegebenenfalls in ein anderes Kloster einzutreten (zu den weiteren Einzelheiten vgl. unten § 20, 1). Zum ersten und einzigen Male wurde in dieser Urkunde die kirchenrechtliche Exemtion von Clus betont: *abbas monasterii beate Marie virginis et sancti Georgii in Clusa ordinis s. Benedicti ad Romanam curiam nullo medio pertinentis.* Während Clus sonst von sich aus von diesem Recht wenig oder keinen Gebrauch gemacht zu haben scheint, kam es in diesem Falle wohl darauf an, die Einholung der formellen Genehmigung des Diözesanbischofs zu umgehen, die gleichwohl durch die betonte Anwesenheit von zwei Hildesheimer Domkanonikern und einem Domvikar gewissermaßen ersetzt werden sollte. Inwieweit die Beurlaubung ausgesprochen wurde, um einen offenbar schwierigen Querulanten aus Clus zu entfernen, ist nur zu vermuten. Schon am 4. September 1429 war jedenfalls der Mönch Dethlef wieder im Kloster und erreichte von der Stiftsäbtissin — offenbar als Abschluß eines von ihm gegen Clus geführten Prozesses — die Bestätigung seiner Präbende: sie bestand u. a. aus dem Meierhof zu Dankelsheim, dem halben Zehnten zu *Adestessen, dem Lerchenfeld und drei Gulden Jahresrente (10/11 Urk 42). Wenig später resignierte der Abt Reimbert von Geismar, der 1421 auf Abt Johann Ribbrecht gefolgt war, *umme sunderliker sake willen, ... alse umme eyndrechtichkeit unde beteringe des sulven closters,* also wegen Streitigkeiten innerhalb des Konvents und nicht zuletzt wegen eigener übermäßiger Verschuldung. Schon am 1. Mai 1429 hatte er dem Kapitel des Reichsstifts eine Rente aus seinem Abtsgut verkaufen müssen (VII B Hs 1 S. 146). Nun sollte der Nachfolger seine Schulden übernehmen; im übrigen erhielt der resignierende Abt bis zum Freiwerden einer Mönchspräbende, deren Annahme ihm freigestellt wurde, aus dem Abtsgut ein Leibgedinge von 24 Malter Korn jährlich sowie den Zehnten über 24 Morgen Land im Felde zu Brunshausen. Seine Kurie durfte er behalten und auch an den Präsenzgeldern des Konvents teilnehmen (VII B Hs 12 Bl. 12). Diese Entschädigung war offenbar der Preis für den Rücktritt und die nun folgende Wahl des Dethlef von Hannover, die am gleichen Tage mit den fünf Stimmen des Küsters Johann Smelter, des Mönchs Hinrik Bote, des 1421 zurückgetretenen Abtes Johann Ribbrecht, des resignierenden Abtes Reimbert von Geismar und des Kandidaten Dethlef selbst erfolgte.

Die Wahl wurde von der Stiftsäbtissin Agnes II. am folgenden Tag bestätigt, die sich im Beisein von drei Stiftskanonikern auf dem Chor der Klosterkirche von dem Erwählten das Obödienzversprechen leisten ließ (die nur zur Hälfte erhaltene Urkunde, die Herbst, Klus, nicht bekannt war, in VII B Hs 12 Bl. 120 r). Die Gegenpartei der vier Mönche Berthold Schade, Berthold Ludolvessen, Ludolph Dorne und Johannes Hune war, wie sie behaupteten, überhaupt von der Wahl ausgeschlossen gewesen. Sie appellierten daher an den Präsidenten des Provinzialkapitels der Benediktinerordensprovinz, Abt Ortwin Körbel von St. Peter in Erfurt, der als judex ordinarius Dethlef und seine Wähler vor sein Gericht lud. Nach Henricus Bodos Darstellung kam Dethlef der Vorladung nicht nach. Er bestritt die Zuständigkeit des Provinzialkapitels, da Clus nur dem Reichsstift Gandersheim unterstehe, welches nicht nur das Recht zur Bestätigung des Abtes, sondern auch zur Visitation oder Reform des Klosters habe. Diese Einrede erkannte jedoch das in Bamberg auf dem Michelsberg tagende Provinzialkapitel des Benediktinerordens nicht an. Abt Ortwin wurde bei der Gandersheimer Äbtissin vorstellig und erreichte, daß sie den von ihr bestätigten Abt fallen ließ. Nach dem bei Henricus Bodo (CC. Bl. 134 v/135 r, Herbst, Klus S. 26 Anm. 2) überlieferten Auszug ihres Schreibens fügte sie überdies noch Zeugenaussagen über die dunkle Vergangenheit Dethlefs, seinen Austritt aus dem Franziskanerorden und sein anschließendes Leben im weltlichen Stande, ohne daß die von ihm behauptete päpstliche Genehmigung vorlag, bei. Er habe außerdem mit Hilfe angeblicher päpstlicher Indulgenzen das Kloster mit über 300 fl. Schulden belastet. Das Wichtigste aber war, daß die Äbtissin nunmehr dem Abt Ortwin das Recht übertrug, an ihrer Stelle einen neu zu wählenden Abt zu bestätigen. Nachdem noch ein Gutachten des Generalstudiums der Franziskaner an der Universität Erfurt über die Apostasia des Dethlef eingeholt worden war (Herbst, Klus S. 26 Anm. 3), wurde dieser wahrscheinlich noch im April 1430 durch Abt Ortwin als Präsidenten des Provinzialkapitels abgesetzt. Zugleich wurde für den 9. Mai eine Neuwahl in Clus anberaumt, von der die Wähler Dethlefs ausgeschlossen blieben. Die vier Mönche, die die Klage vor dem Provinzialkapitel in Gang gebracht hatten, wählten den Mönch Heinrich (von Goltern) aus dem Braunschweiger St. Ägidienkloster zum Abt. Dieser gab jedoch schon am 6. Juli des gleichen Jahres seine Würde wieder auf, da er zum Abt seines Heimatklosters gewählt wurde (Henr. Bodo, CC. Bl. 136 r; Herbst, Klus S. 27 Anm. 4 äußert die irrtümliche Ansicht, es könne nicht das Braunschweiger Ägidienkloster gemeint sein).

Abt Heinrich von Goltern hatte es offenbar nicht vermocht, Dethlef aus Clus zu vertreiben, der sich um die Absetzungssentenz nicht kümmerte und nunmehr an den Papst appellierte und um Bestätigung seiner Wahl bat (Supplik vom 7. Juli 1430, Rep. Germ. 4 Sp. 566).

Nun aber griff die Landesherrschaft ein. Herzog Otto der Einäugige zu Braunschweig-Göttingen, der auch an anderen Stellen die Reformbewegung in den Klöstern seines Territoriums nachdrücklich unterstützte, hatte offenbar schon vorher seine Verwandte, die Gandersheimer Äbtissin Agnes II., veranlaßt, Dethlef aufzugeben. Auf Anweisung des Abtes Ortwin von St. Peter in Erfurt traten am 21. Juli 1430 die zur Abtswahl zugelassenen Cluser Mönche — nach dem darüber ausgestellten Notariatsinstrument waren es noch drei: Berthold Schade, Berthold Ludolvessen und Johann Hune — zu einer Neuwahl zusammen, und zwar, da

Clus noch in den Händen der Gegenpartei war, in der Peterskapelle des St. Blasiusklosters in Northeim. Gewählt wurde der vom Herzog geförderte Northeimer Novizenmeister Johann Dederoth, der auf einer Romreise die benediktinische Reformbewegung von S. Giustina in Padua studiert hatte und der Initiator der später nach Bursfelde benannten Benediktinerkongregation wurde (über seinen Lebensgang s. unten § 21, 1; das Notariatsinstrument vom 21. Juli 1430 [10/11 Urk 43] ist von dem ebenfalls bekannten Reformer, dem späteren Prior von Bursfelde und Abt von Reinhausen Dietrich Voß ausgestellt).

Am 31. Juli 1430 bestätigte Abt Ortwin von Erfurt aus die Wahl und verhängte über den nach wie vor sich in Clus hartnäckig behauptenden Dethlef und seinen Anhang die Exkommunikation. Zur Vollstrekkung wurde der weltliche Arm in der Person Herzog Ottos des Einäugigen zu Hilfe gerufen, der selbst zusammen mit dem neuen Abt Johann Dederoth und dem Prior Rembert des Windesheimer Augustinerchorherrenstiftes Wittenburg in Clus erschien. Die nun folgende Gefangensetzung des Dethlef, von der der Windesheimer Reformer Johannes Busch eine lebendige Beschreibung gegeben hat (Liber de reformatione monasteriorum, ed. K. Grube [GQuProvSachs. 19], 1886, S. 517 ff.), hat also erst frühestens im August 1430 stattgefunden. (Die Zeitfolge bei Herbst, Klus S. 27 ff. ist zu berichtigen. In der Darstellung des Johannes Busch ist der Vorgang irrig mit der Baseler Konzilsbulle vom 25. Januar 1435 betr. die Reform der Augustinerchorherren verknüpft. Auch die Teilnahme des Priors Rembert von Wittenburg an den Cluser Ereignissen ist fraglich. Vgl. auch Herbst, Anfänge S. 17.)

Der sich widersetzende Dethlef wurde nach der Erzählung des Johannes Busch vom Herzog persönlich verhaftet und von dem neuen Abt Johann Dederoth in den Klosterkarzer im Nordturm der Kirche gesperrt, in dem er volle zwölf Jahre verbracht hat. Erst 1443 wurde er auf Fürsprache einflußreicher Personen gegen Urfehdeleistung entlassen. Er begann trotzdem sofort gegen Clus zu prozessieren, starb aber bald. Von den vier Anhängern und Wählern Dethlefs schieden die alten Äbte Johann Ribbrecht und Reimbert von Geismar noch 1430 aus dem Kloster, die beiden anderen, Hinrik Bothe und Johann Smelter, unterwarfen sich der Reform, wobei dieser sein Küsteramt verlor.

§ 8. Von der Reform von 1430 bis zum Ende des Klosters

Die Klosterreform, die Abt Johann Dederoth nun mit sechs Mönchen in Clus tatkräftig in Angriff nahm, erstreckte sich in erster Linie auf die Erneuerung des Klosterlebens im Sinne der Regel des hl. Benedikt, also auf Wiederherstellung der Klausur, der Lebens- und Gütergemeinschaft unter Auflösung der Einzelpräbenden, auf Abschaffung des Privateigentums und auf Zusammenfassung bzw. Wiedereinlösung des großenteils verlehnten, vermeierten oder verpachteten Klosterbesitzes. *(Monasterium) per byennium illic in spiritualibus et temporalibus particulariter reformavit, sicuti quasi funditus invenit desolatum et depauperatum,* hieß es in der Supplik des Cluser Konvents vom 29. September 1433 an die Gandersheimer Stiftsäbtissin. Schon drohte nämlich ein Abbruch der so hoffnungsvoll begonnenen Reform, als sich Johann Dederoth 1433 mit seiner Wahl zum Abt von Bursfelde ein größerer Aufgabenkreis eröffnete. Der Cluser Konvent erreichte von der Äbtissin, daß sie dem Abt trotz seines wohl von der Landesherrschaft gewünschten Überganges nach Bursfelde die Cluser Abtswürde auf weitere zehn Jahre übertrug (VII B Hs 12 Bl. 8 v). Johann Dederoth hat Clus von Bursfelde aus verwaltet, es aber häufig besucht. Über die Rolle des Klosters Clus als des eigentlichen Ursprungsortes der Bursfelder Kongregation s. unten § 13.

Der Chronist Henricus Bodo wird nicht müde, die außerordentlich ärmlichen Verhältnisse hervorzuheben, unter denen der erste Reformkonvent leben mußte. Diese Einschränkungen der Lebenshaltung waren der Preis für eine Reihe wichtiger Gütererwerbungen, welche die Voraussetzung für die schon nach wenigen Jahrzehnten einsetzende wirtschaftliche Gesundung von Clus bildeten. Der Chronist (CC. Bl. 137 r) berichtet von einer geschickten Wirtschaftspolitik des Abtes, der zunächst durch Rentenverkäufe gewonnene Kapitalien gewinnbringend anlegte. Die erste bedeutendere Erwerbung war der Kauf des Vorwerks mit umfangreichem Zubehör zu Klein Freden Kr. Alfeld, herzogliches Lehngut der von Uslar als Erben des Beseke von Freden, im Jahre 1436 (10/11 Urk 45 und 45 a). Schon im folgenden Jahre konnte der seit 1410 verpfändete Zehnte von Dankelsheim von dem Ritter Albrecht Bock für 400 rh. fl. zurückgekauft werden (10/11 Urk 46 und 47). Er war Lehen der Abtei Gandersheim und wurde am 8. September 1439 von der Stiftsäbtissin in Anerkennung der *reformacien unde holdinge der regulen des ... hilgen abbedes s. Benedicti ..., de de hern abbet unde convent des stichtes sancti Georgii to der Clus ... an sek genomen hebben,* an das Kloster geschenkt (10/11 Urk 48). Weitere Hilfe wurde von anderen Gönnern des Klosters geleistet. Der Priester Heinrich Eschershausen, der früher Mönch in Clus gewesen war, stellte 200 rh. fl. zur Verfügung, mit denen vom Kloster Wülfinghausen der Zehnte zu Klein Freden erworben werden konnte (10/11 Urk 49 und 50).

Inzwischen war nach dem Tode Abt Johann Dederoths am 6. Februar 1439 die Personalunion mit Bursfelde wieder aufgehoben und der aus Einbeck stammende Hermann Bornemann, wohl ein Bursfelder Mönch, zum Abt von Clus gewählt worden. Er resignierte nach siebenjähriger Tätigkeit im Jahre 1446 krankheitshalber und zog sich in das Kloster Schinna bei Stolzenau (D. Minden) zurück, wo er 1480 starb.

In Clus folgte ihm abermals ein Reformmönch aus Bursfelde, der aus Blomberg stammende Gottfried, als Abt nach. Henricus Bodo (CC. Bl. 140 r) bezeichnet ihn als *ad reformationem animo promptus ac integer*. Zu seinen ersten Amtshandlungen gehörte am 26. Oktober 1446 die Ausstellung der förmlichen Urkunde über den Anschluß von Clus an die Bursfelder Union (gedr. bei P. Volk, Urkk. S. 69). Sieben Mönche, deren Namen uns der Chronist überliefert, bildeten damals den Konvent, weitere sechs traten während Gottfrieds Abtszeit ein. Die Verhältnisse waren also immer noch bescheiden, und an die Abgabe von Reformmönchen an andere Benediktinerklöster war wohl bei der geringen Konventsstärke von Clus aus nicht zu denken. Doch wirkte der Abt als Reformator benachbarter Benediktinerinnenklöster. Im Jahre 1448 übertrug ihm die Gandersheimer Äbtissin Elisabeth unter Hinzuziehung der Äbte von Bursfelde und Reinhausen die Visitation und Reform des benachbarten Nonnenklosters Brunshausen (s. dort § 8). Nach Henricus Bodo (CC. Bl. 140 r) hat Abt Gottfried auch Lamspringe reformiert (zur Korrektur der chronologischen Ordnung durch Herbst, Klus S. 35 s. unten § 21, 1). Als wenige Jahre später der Hildesheimer Dompropst Eghard II. von Hanensee als Kommissar des Kardinals Nikolaus von Cues die Reform auch des Gandersheimer Marienklosters verlangte, erging der Reformauftrag ebenfalls an Abt Gottfried von Clus, und zwar seitens Herzog Heinrichs des Friedfertigen unter Zustimmung der Stiftsäbtissin. Freilich blieb diese Reform infolge des bald darauf im Reichsstift ausbrechenden langjährigen Äbtissinnenwahlstreits stecken (s. oben St. Marien § 9).

Daß die Landesherrschaft an der Reformierung der einzelnen Klöster so lebhaft interessiert war und sie tatkräftig förderte, ist nicht zuletzt in der erstaunlichen Erstarkung der Wirtschaftskraft der Reformklöster begründet, die sich in nahezu allen Fällen feststellen läßt. Diese Entwicklung ist in Clus ganz besonders charakteristisch verlaufen. Die systematische Gütererwerbs- bzw. Rückerwerbspolitik seiner Vorgänger setzte Abt Gottfried energisch fort. Besonders der neue, für das Kloster besonders wichtige Besitzkomplex um Klein Freden erhielt mit der Erwerbung des Patronatsrechtes über die dortige St. Laurentiuskirche von denen von Uslar eine wünschenswerte Stärkung, durch den Ankauf des Uslarschen

Besitzes im benachbarten Everode einen erheblichen Zuwachs. Ansprüche des Klosters Amelungsborn auf die zugehörigen Fischrechte in der Leine konnten abgewiesen werden. Die Pfarrei von St. Laurentius in Klein Freden erhielt ein kapitalkräftiger Gönner des Klosters, der Pfarrer Heinrich Eldagsen, der später u. a. an Clus 50 Pfd. zur Anlage von 13 Fischteichen schenkte. Dazu konnte sich Abt Gottfried auf die Hilfe eines wirtschaftlich sehr versierten Angehörigen seiner Klostergemeinschaft stützen, des Donaten Johannes Buxtehude, der nicht nur selbst vermögend war, sondern Clus auch auf neue Wege der Kapitalbeschaffung wies, welche in der Folgezeit entscheidend wichtig wurden. Sie ermöglichten erst den äußeren Aufbau des Klosters, in dem unter Abt Gottfried eine Reihe von Klostergebäuden neu errichtet werden konnten (s. oben § 3, 7). Die Gelder, welche nun in steigendem Maße nach Clus flossen, waren neben Stiftungen aus der Umgegend (vgl. z. B. Doebner, UBStHild. 7, 524 S. 326 und 757 S. 476) Spenden aus den Seestädten Bremen, Hamburg und vor allem Lübeck, in denen dank der persönlichen Beziehungen Johannes Buxtehudes das Interesse der reichen Kaufmannschaft für das Benediktinerreformkloster am Nordharz mobilisiert werden konnte. Diese Geldquelle weiterhin zu pflegen, ließ sich der Nachfolger Abt Gottfrieds, der aus Einbeck stammende bisherige Prior Wedego Rese (1460—1505), besonders angelegen sein.

Abt Wedego war nach dem Tode seines Vorgängers am 15. Juni 1460 in Anwesenheit der Unionsäbte Johann von Bursfelde und Johann von St. Michael in Hildesheim, die als verordnete Visitatoren nach den Satzungen der Bursfelder Kongregation beide Stimmrecht hatten, gewählt worden. Der Elekt wurde der im Jahre 1453 von Abt Gottfried in päpstlichem Auftrag konfirmierten Äbtissin Walburg von Spiegelberg präsentiert, doch entstanden angesichts der durch den langen Wahlstreit mit ihrer Konkurrentin Sophia (IV.) von Braunschweig verursachten vielfachen Schwierigkeiten Bedenken wegen der Bestätigung. Davon gibt das Konzept eines Rechtsgutachtens Zeugnis, wonach beide Äbtissinnen das der Abtei Gandersheim zustehende Konfirmationsrecht derzeit nicht ausüben könnten (10/11 Urk 59 a). Schließlich wurde am 13. Juli 1460 eine Lösung in dem Sinne gefunden, daß die Äbtissin Walburg von Spiegelberg Abt Johann von St. Michael in Hildesheim zu ihrem Prokurator ernannte und ihm die Bestätigung des Erwählten Wedego von Clus übertrug (10/11 Urk 60). Daraufhin beeilte sich ihre Gegnerin Sophia von Braunschweig, noch am 28. Juli dasselbe zu tun. Die Bestätigung und Einführung Wedegos durch den Hildesheimer Abt fand schließlich am 5. August 1460 allein im Namen der Äbtissin Walburg statt (10/11 Urk 62). Am 3. Mai 1461 legte dann Abt Wedego vor dem in Reinhausen tagenden Generalkapitel der Bursfelder Union den vorgeschriebenen Eid ab (Volk, Gen. Kap. Rez. 1 S. 107).

In den 45 Jahren seiner Abtszeit erreichte Clus durch ihn ohne Zweifel den Höhepunkt seiner Existenz. Die von Johann Buxtehude und seinem Vorgänger geknüpften Beziehungen zu den Hansestädten des Nordens, insbesondere zu Lübeck, aber auch zu Hamburg und Lüneburg führte Abt Wedego intensiv fort, indem er sie bis in sein hohes Alter jedes Jahr besuchte, um Zuwendungen und Stiftungen für sein Kloster von dessen zahlreichen *fautores* einzuheben. Das Sammelbuch des Abtes mit den Namen der Spender war noch 1637 unter den nach Wolfenbüttel geflüchteten Archivalien vorhanden, ging aber dann leider verloren (s. oben § 4). Henricus Bodo, dem es noch vorlag, hat die auf diese Weise zusammengebrachten Geldsummen auf 3834 lübische Mark oder 7668 Pfund beziffert. Ohne dieses Geld wäre die umfangreiche Bautätigkeit im letzten Drittel des 15. Jhs. (s. oben § 3, 7) nicht möglich gewesen, und der Chronist urteilt geradezu, daß die *devoti homines* der Seestädte, besonders von Lübeck, das Kloster neu erbaut hätten (CC. Bl. 141 v). Vierundzwanzig Mönche haben unter Abt Wedego in Clus Profeß abgelegt. Um den vergrößerten Konvent unterbringen zu können, mußte auch der romanische Chor der Klosterkirche einem Neubau weichen. An ihn schlossen sich ein neues Armarium und ein neues Scriptorium als Zeichen der bedeutenden literarischen und Abschreibetätigkeit jener Zeit (s. oben § 3, 1).

Die Erwerbung von Grundbesitz wurde auch unter Abt Wedego systematisch fortgesetzt. Eine Rückgewinnung entfremdeter Güter glückte nur dort nicht, wo sie inzwischen in landesherrlichen Besitz übergegangen waren (s. oben S. 208 und unten § 18), wie überhaupt die Hand des herzoglichen Vogtes auf dem Gandersheimer Schloß als hart empfunden wurde. Doch konnte Clus 1480 die Ablösung der Dienste an das herzogliche Amt gegen eine jährliche Geldzahlung erreichen (s. unten § 15).

In der Stadt Gandersheim war es nach längeren Streitigkeiten 1474 möglich gewesen, ein Grundstück vor dem Hagentor für einen Klosterhof zu erwerben, bei dem die Stadt aus militärischen Gründen allerdings die massive Ausführung nur bis Mannshöhe gestattete (41 Urk 63). Er sollte vorwiegend als Kornhaus dienen, also zur Aufbewahrung und zum Verkauf der Getreideüberschüsse des Klosters, ähnlich den Stadthöfen der Zisterzienserklöster.

Da der Erwerb von Grundbesitz nur noch in begrenztem Umfange möglich war, mußte Clus seine flüssigen Mittel in bedeutendem Maße in Rentenkäufen anlegen. Diese Entwicklung setzte in der Abtszeit Wedegos ein und steigerte sich in den folgenden Jahrzehnten dahin, daß Clus als Geldgeber für zahlreiche Städte des näheren und auch weiteren Umkreises auftreten konnte.

Wegen der bedeutendsten Neuerwerbung des Klosters in Klein Freden (ehem. Gandersheimer Lehen der von Uslar) kam es freilich noch in den sechziger Jahren zu Streitigkeiten mit einem Verwandten der Verkäufer, Hans von Freden, der Ansprüche auf den verkauften Besitz und auf das Patronatsrecht über die St. Laurentiuskirche erhob. Er hatte auch bereits einen eigenen Kandidaten als Pfarrer zur Hand, den der von Clus bestätigte Pfarrer Heinrich Eldagsen alias Ghiler erst durch einen Prozeß vor dem Hildesheimer Offizialatsgericht ausschalten mußte (10/11 Urk 64, VII B Hs 321). Schon 1461 hatte Clus mit seiner Zustimmung die Inkorporation der Pfarrei für den Fall seines Wegganges betrieben und von Bischof Ernst von Hildesheim eine entsprechende Zusage erhalten (10/11 Urk 63). Nach Abfindung der Ansprüche des von Freden wurde, nachdem Äbtissin Sophia als Patronatsherrin der Kirche und Lehnsherrin der von Uslar ihr Einverständnis gegeben hatte (10/11 Urk 68 a), 1468 die bischöfliche Erlaubnis erneuert und am 21. Dezember 1469 auch die päpstliche Genehmigung zur Inkorporation erwirkt (10/11 Urk 68 und 70). Mit der Resignation des Pfarrers Heinrich Eldagsen (über seine Bibliotheksspende s. oben § 5) kam schließlich im September 1470 die Inkorporation der Pfarrkirche von Klein Freden zur Ausführung. Das Kloster konnte künftig die Pfarrei mit einem Vikar, auch mit einem Mönch besetzen und über die Pfarreinkünfte nach Abzug der congrua portio für den Vikar frei verfügen. Der zuständige Alfelder Archidiakon wurde durch eine jährliche Abgabe von 3 lübischen Pfund entschädigt (10/11 Urk 72).

Bei seinem Tode am 1. August 1505 hinterließ Abt Wedego ein wirtschaftlich gesichertes Kloster und einen blühenden und gesunden Konvent, von dem nur der Senior älter als 42 Jahre war (CC. Bl. 153 v). Die Schaffung einer großen Bibliothek, rege Schreibtätigkeit und künstlerische Betätigung der Mönche lassen ein geistiges Leben von beachtlicher Höhe erkennen. Das Übermaß von Memorialverpflichtungen konnte schon 1477 durch die Visitatoren der Bursfelder Union auf zwölf reduziert werden (10/11 Urk 74).

Das Verhältnis des Klosters zum Reichsstift Gandersheim entsprach dem Herkommen, und Clus nahm auch weiterhin, soweit es ihm nützlich erschien, an dessen kirchenrechtlicher Sonderstellung teil. In dem großen Äbtissinnenstreit (s. oben GS NF 7 Reichsstift Gandersheim § 10) hat der Abt von Clus offenbar auf der Seite des Kanonikerkapitels gestanden. Nach dem Siege der Braunschweigerin Sophia IV. kam nun auch mit

Unterstützung der Landesherrschaft die Reform des Marienklosters wieder in Gang, die 1452 infolge der Doppelwahl im Reichsstift abgebrochen worden war. Abermals wurde der Abt von Clus mit der Durchführung der Reform betraut, die mit der Einführung von Lamspringer Benediktinerinnen in St. Marien abgeschlossen wurde (s. dort § 10). Weniger einverstanden war das Reichsstift in der Mitte der neunziger Jahre, als Abt Wedego ohne Zustimmung der Äbtissin, vielleicht auf Wunsch des Bischofs Barthold II. von Hildesheim, die Wahl einer neuen Domina in Brunshausen veranlaßt hatte. Der Streit sollte durch Vermittlung der Äbte von St. Michael und St. Godehard und eines Rechtsvertreters der Stiftsäbtissin in Hildesheim geschlichtet werden (10/11 Urk 95 a). Henr. Bodo (Syntagma Bl. 15 v) stellte die Angelegenheit so dar, daß Äbtissin Agnes III. von Anhalt sich die *potestas ordinande et ad libitum destituende priorisse ibidem* angemaßt und Clus deswegen auf Anraten ihres Kanzlers Hermann Dasselmann mit *variis impeticionibus* belästigt habe. Sie habe ferner die Ersetzung eines Cluser Beichtvaters, der einigen Nonnen in Brunshausen verhaßt gewesen sei, durch einen Weltgeistlichen genehmigt. Andere Nonnen aber hätten *ob introductam observanciam* die Cluser Mönche gebeten, ihnen wieder einen Beichtvater zu geben, was schließlich auch geschehen sei.

Der Vorgang zeigt, daß dem durch seine Zugehörigkeit zur Bursfelder Union und seine wirtschaftliche Stärke selbstbewußt gewordenen Kloster Clus die Abhängigkeit vom Reichsstift allmählich lästig geworden zu sein scheint. Ohnehin war die alte Eigenkirchen- bzw. Patronatsherrschaft Gandersheims über Clus mit den Statuten der Bursfelder Kongregation schwer zu vereinbaren. Dies zeigte sich besonders deutlich nach dem Tode Wedegos, als der Cluser Konvent am 5. August 1505 in Anwesenheit der Bursfelder Visitatoren, der Äbte Johann von St. Michael und Hennig von St. Godehard zu Hildesheim den aus Alfeld gebürtigen Konrad Hissing, bislang Prior in Clus, zum Abt gewählt hatte. Da der Gandersheimer Äbtissinnenstuhl gerade vakant war, erfolgte die Wahlanzeige durch die drei Compromissarii, Senior, Cellerarius und einen Mönch, an das Stiftskapitel. Dieses machte die Wahl durch Anschlag am Tor der Stiftskirche und der Cluser Klosterkirche öffentlich bekannt und bestätigte sie schließlich am 22. August. Zugleich wurde Abt Johann von St. Michael in Hildesheim ersucht, den Gewählten, nachdem ihm von einem Beauftragten des Kapitels mit Überreichung des Ringes vom Hochaltar der Stiftskirche die cura animarum sowie das regimen und die administracio in spiritualibus et temporalibus übertragen worden sei, in Clus einzuführen und ihn schließlich dem Weihbischof Ludwig zu Hildesheim zur Benediktion zu präsentieren.

Der Urkunde des Kapitels (10/11 Urk 98) war ein „Votum" inseriert, welches ein förmliches Treue- und Obödienzversprechen des Elekten gegenüber der Gandersheimer Stiftsäbtissin und ihren Nachfolgerinnen darstellte. Bezeichnenderweise ist dieses „Votum" in dem am gleichen Tage von Abt Johann von St. Michael veranlaßten ausführlichen Notariatsinstrument über den Einführungsvorgang (10/11 Urk 99) überhaupt nicht erwähnt. In der Urkunde des Stiftskapitels aber wurde es von einer Cluser Hand durchgestrichen. Ein später von dem Chronisten Henricus Bodo, der Zeitgenosse des Vorgangs war, auf derselben Urkunde angebrachter Rückvermerk aber ermahnte die Brüder, bei der Wahl künftiger Äbte dieses „Votum" nicht zu leisten und, falls daraufhin von den Äbtissinnen die Bestätigung verweigert werden sollte, diese beim Generalkapitel der Bursfelder Union nachzusuchen. Ähnlich äußerte er sich auch in seiner Chronik. Schon zwei Tage später, am 24. August 1505, legte Abt Konrad Hissing vor den versammelten Äbten der Kongregation in Bursfelde den statutenmäßigen Eid ab und wurde zum Generalkapitel zugelassen (Volk, Gen. Kap. Rez. 1 S. 354). Henr. Bodo berichtete in seinem Syntagma (Bl. 15 v), daß die Äbtissin Gertrud von Regenstein den Abt, weil er im Wahlstreit nicht offiziell für sie habe Partei nehmen wollen, vor Gericht zitiert habe, damit er seine Bestätigungsurkunde vorlegen solle. Sie habe nämlich geglaubt, daß er das *votum obediencie insitum dolose literis* auch nach der Benediktion zu leisten habe, und habe ihn damit „in die Untertänigkeit zwingen wollen". Aber der Abt habe sich des Notariatsinstruments (des Kapitels), mit dem er bestätigt worden war, bedient und damit die Nichtswürdigkeit jener zunichte gemacht. Der Chronist knüpfte daran die Ermahnung an die *posteri,* bei Differenzen zwischen Äbtissin und Kapitel solle Clus auch auf Aufforderung, soweit möglich, keinerlei Partei nehmen. Wenn aber Partei genommen werden müsse, dann nur für das Kapitel: *capitulum enim semper manet!*

Zu einer ganz ähnlichen Auseinandersetzung mit dem Reichsstift wie im Jahre 1495 kam es, als der Cluser Abt 1525 unter Umgehung der Stiftsäbtissin gemeinsam mit dem Abt von St. Blasii in Northeim die Wahl der Priorin Gertrud Augustini in Brunshausen „von des Ordens wegen", also im Namen der Bursfelder Union, hatte vornehmen lassen. Abermals mußte sich das Reichsstift in seinen alten Rechten beeinträchtigt fühlen, abgesehen davon, daß die Person der Gewählten zu Bedenken Anlaß gab (s. oben Brunshausen § 8). Vergeblich berief sich der Abt auf die Urkunde Bischof Bernhards I. von Hildesheim vom Jahre 1134, in der das damalige Männerkloster Brunshausen dem Cluser Abt unterstellt worden war. Als er am Ostermontag 1525 pflichtgemäß das Hochamt im Münster zelebrieren wollte, verbot ihm die Dekanin schriftlich das Betreten der Stiftskirche, und er blieb volle vier Jahre von seinen dortigen gottesdienstlichen Funktionen ausgeschlossen, bis Herzog Heinrich d. J. ihn veranlaßte, sie vorbehaltlich weiterer Untersuchung *more antiquo* wieder aufzunehmen (CC. Bl. 183 v—184 und 197—199).

Diese Vorgänge zeigen deutlich, daß das seit der Gründung unbestrittene Unterordnungsverhältnis unter das Reichsstift von dem Kloster als um so weniger erträglich empfunden wurde, je mehr die Cluser Äbte innerhalb der Bursfelder Union größere Aufgaben zu erfüllen im Stande waren. Entschiedene Vertreter der Reform waren sie seit Johann Dederoth alle gewesen. Nachdem zunächst der Aufbau und die wirtschaftliche Sicherung des eigenen Klosters die meisten Kräfte in Anspruch genommen hatten, war vor allem Abt Konrad Hissing in der Führung der Bursfelder Kongregation außerordentlich intensiv tätig geworden, und zwar gerade in der für die Union überaus schwierigen Zeit der beginnenden Glaubensspaltung (s. unten § 13). Die Worte hohen Lobes, die der Chronist Henricus Bodo für die Persönlichkeit Konrads gefunden hat, haben nicht zum wenigsten von daher ihre Berechtigung.

Das Kloster und den Klosterbesitz hatte er von seinem Vorgänger in bester Verfassung übernehmen können. Der Konvent war jung und gesund (*aetate florida, sanitate corporali eciam robusta,* CC. Bl. 153 v). Tatsächlich verzeichnen die Totenlisten der Bursfelder Generalkapitel zwischen 1507 und 1541 nur zwei Todesfälle unter den Brüdern von Clus.

Die Tradition seines Vorgängers, regelmäßig die Seestädte zu besuchen, um das Interesse der dortigen Gönner des Klosters wachzuhalten, setzte Abt Konrad fort. Schon als Prior hatte er dabei mehrfach seinen Abt vertreten (CC. Bl. 156 v). Für eine Meßstiftung des Lübecker Bürgers Bernt Wissen von 100 fl. konnte schon 1508 der Zehnte zu Heckenbeck zurückgekauft werden (ebda.). Im gleichen Jahr wurde aus dem Ergebnis einer Metallsammlung unter den Gandersheimer Bürgern eine neue Glocke für den zweiten Turm gegossen (CC. Bl. 157). In der Erkenntnis, daß der Spendenfluß einmal weniger reichlich sein würde, war der Abt in besonderem Umfange bestrebt, durch zahlreiche Rentenkäufe die dem Kloster zufließenden Gelder auf Zinsen anzulegen (VII B Hs 320 Bl. 4—24).

Um ein gutes Verhältnis zur Landesherrschaft war Clus weiterhin bemüht. Nach dem Tode Heinrichs d. Ä. konnte mit Hilfe des Kanzlers Conrad Gossel am 15. Juli 1515 die Erneuerung der herzoglichen Schutzprivilegien auch bei Heinrich d. J. durchgesetzt werden (10/11 Urk 111, CC. Bl. 158). Der jüngere Bruder des Herzogs, Georg, erhielt vom Kloster ein Islandpony *(equum parvulum ex Islandia),* das ihm von einem Lübecker Gönner geschenkt worden war, was allerdings zur Folge hatte, daß der junge Herzog als Kanoniker in Köln später ein größeres Pferd vom Kloster verlangte (CC. Bl. 178 v). Wesentlich trug nach Henricus Bodo der Umstand, daß der jugendliche Bruder des mächtigen herzoglichen Vogtes Hans von Scharfenstein auf Gandersheim mehrere Jahre im Kloster erzogen wurde, dazu bei, die *inquietudo clamantium contra monachos* abzuwehren (CC. Bl. 160).

Schwere wirtschaftliche Schäden brachte allerdings die Hildesheimer Stiftsfehde. Wagen und Pferde, die das Kloster entgegen seinem Privileg für den Herzog stellen mußte, gingen in der Schlacht bei Soltau verloren (CC. Bl. 163 v, SSrerBrunsv. 2 S. 354). Am 1./2. November 1519 wurde das Kloster selbst von hildesheimischen Söldnern geplündert, vor allem aber die Klosterhöfe in der Heberbörde niedergebrannt. Kaum waren diese im Laufe des Jahres 1520 wieder aufgebaut, erfolgte ihre abermalige Einäscherung durch die Hildesheimer und beim Einfall Herzog Heinrichs d. J. in deren Gebiet die Niederbrennung der Klostergüter in Ohlenrode, Eyershausen, Wetteborn, Klein Freden und Orxhausen (CC. Bl. 165—168, SSrerBrunsv. 2 S. 355—358). Gleichwohl konnten von 1523 an, z. T. unter Mithilfe der Brüder selbst, 17 Güter sowie die Kretelmühle bei Altgandersheim wieder aufgebaut werden (CC. Bl. 172 f., 10/11 Urk 114). Das Kloster war auch noch finanzstark genug für weitere Gütererwerbungen (s. unten § 18). Mit Brunshausen kam es übrigens 1531 wiederum zu einem Hudestreit, der mit einer Körperverletzung eines Cluser Klosterangehörigen endete und von einem Schiedsgericht von drei herzoglichen Räten entschieden werden mußte (10/11 Urk 115 a, CC. Bl. 226 v—227).

Daß während der 36 Jahre dauernden Regierung des Abtes Konrad Hissing nur noch acht Mönche in Clus Profeß leisteten, war eine Folge der vor allem in den Städten vordringenden Reformation. Immer weniger Bürgersöhne aus den umliegenden Landstädten, aus denen sich bisher der Cluser Konvent vorwiegend rekrutiert hatte, fanden sich bereit, in das Kloster einzutreten. Solange freilich der Landesherr am alten Glauben festhielt, hatte Clus für seine Existenz nichts zu fürchten.

Als Abt Konrad Hissing 1541 gestorben war, wurde der Cellerarius des Klosters, Johannes Mutken aus Alfeld, in Anwesenheit von drei Nachbaräbten der Bursfelder Kongregation einstimmig zum Abt gewählt. Die Besetzung des Landes durch die siegreichen Schmalkaldener Verbündeten Landgraf Philipp von Hessen und Kurfürst Johann Friedrich von Sachsen im August 1542 veränderte jedoch mit einer ersten Einführung der lutherischen Lehre die Situation für Clus grundlegend. Abt Johann Mutken floh nach Northeim, während einige andere Konventualen nach

Marienstein und Bursfelde auswichen (VII B Hs 321 a, Goetting, Fortsetzung S. 13). Die von den schmalkaldischen Statthaltern und Räten eingesetzte Visitationskommission unter Führung der ersten evangelischen Theologen Johannes Bugenhagen und Anton Corvinus ordnete am 21. Oktober 1542 die sofortige Annahme der lutherischen Lehre an, Ablegung des Mönchshabits innerhalb von sechs Wochen, Austritt aus dem Benediktinerorden und der Bursfelder Union sowie Leistung eines Beitrages von 30 fl. zur Unterhaltung des lutherischen Predigers in Gandersheim, der dafür wöchentlich in Clus predigen sollte. Die Visitatoren verboten ferner die Aufnahme von Novizen und verlangten die Aussteuerung der vorhandenen jungen Mönche zu anderweitigem Studium. Die Rückkehr des flüchtigen Abtes wurde ausdrücklich untersagt. Im übrigen sollte das Kloster künftig gegenüber den Statthaltern und Räten genaue Rechnung ablegen (Kayser, Ref. Kirch Vis. S. 36—38, dort irrtümlich unter Franziskanerkloster Gandersheim). Eine Aufhebung des Klosters und eine gänzliche Vertreibung des Konvents fand also nicht statt, um die Wirtschaftskraft des Klosters nicht zu gefährden. Nach der im Visitationsprotokoll enthaltenen Konventsliste waren noch sechs Mönche und vier Novizen in Clus geblieben. Während die älteren Brüder z. T. „ausziehen“ wollten, erklärten sich die übrigen vor den Visitatoren zum Bleiben und zur Annahme der neuen Ordnung bereit. Doch mußte eine zweite Visitation Anfang Februar 1544 feststellen, daß die Mönche entgegen den Weisungen des Visitationsabschieds von 1542 mit dem geflüchteten Abt weiterhin Verbindung gehalten und die vier Novizen nach Marienstein zur Einkleidung geschickt hatten, um junge Mönche zu haben, falls Herzog Heinrich d. J. sein Land wieder in Besitz nehmen könnte (LKA. Brschw. V 449 Bl. 12 v—13 und Kayser, Ref. KirchVis. S. 38 Anm. 54). Der Konvent sollte daher das Kloster bis zum 25. Februar 1544 verlassen. Die Räumung scheint allerdings nur teilweise stattgefunden zu haben; denn wie die Landesbeschreibungen für den Schmalkaldischen Bund von 1544 und 1546 (StadtA. Brschw. B III 5 Bd. 27 Bl. 577 bis 580 und 614 v) erkennen lassen, waren in diesen Jahren noch *drei alte Münche* in Clus.

Inzwischen war nach der Gefangennahme Herzog Heinrichs d. J. durch den Landgrafen Philipp von Hessen am 21. Oktober 1545 bei Calefeld das Kloster von den Schmalkaldischen Verbündeten für 2000 fl. Kriegsdienstschulden den Junkern Brun und Curd von Bock verpfändet worden (Polit. Arch. Ldgr. Philipps d. G. von Hessen, hg. von Friedrich Küch [PublPreußStaatsarch 85] 1910, II S. 207 nr. 1529). Sie schufen sich zwischen den Türmen der Klosterkirche ein befestigtes Quartier, hausten übel mit dem Klosterinventar, zerschlugen bzw. verkauften die

Glocken und verwüsteten die Klosterwaldungen durch übermäßigen Holzeinschlag (VII B 321 a, Goetting, Fortsetzung S. 13 f.). Erst nachdem Herzog Heinrich d. J. am 15. Juni 1547 sein Land wiedergewonnen hatte, kam als erster der geflüchteten Konventualen der Prokurator Heinrich Kothmann nach Clus zurück und übernahm den Klosterhaushalt, nachdem die Brüder von Bock unter Mitnahme von Pferden und Wagen des Klosters nach Elze abgezogen waren (ebda. S. 14). Auch der Abt kehrte wieder zurück. Am 2. Februar 1548 urkundete er erstmals wieder als Abt in Clus (VII B Hs 320 Bl. 21). In den nächsten Jahren machte die Wiederherstellung des Klosters mit Förderung des Landesherrn rasche Fortschritte. Daß noch Kapitalien zur Verfügung standen, beweisen mehrere Rentenkäufe bei der Stadt Goslar im Gesamtbetrage von 1200 Goldgulden und eine Reihe bedeutender Gütererwerbungen (s. unten § 18). 1549 nahm der Abt noch einmal an einem Generalkapitel der Bursfelder Union in Corvey teil, auf dem er zum Diffinitor bestellt wurde (Volk, Gen. Kap. Rez. 2 S. 86).

Dieser Entwicklung machten die verheerenden Einfälle des Grafen Volrad von Mansfeld im Okt./Nov. 1552 und des Markgrafen Albrecht Alcibiades von Brandenburg-Kulmbach im Juli 1553 ein vorläufiges Ende. Über die Vorgänge sind wir durch einen Brief des Abtes vom 27. Februar 1554 an Abt Dietrich Meppis von Ilsenburg (gedr. von E. Jacobs, ZHarzV 11. 1878 S. 482 ff.) und durch die Pummesche Chronik (VII B Hs 321 a, Goetting, Fortsetzung S. 15 f.) gut unterrichtet, so daß für die Einzelheiten auf diese Quellen verwiesen werden kann. Der Abt und der Prokurator Heinrich Kothmann waren nach Marienstein geflüchtet, wurden aber durch Reiter des Obersten Christoph von Warberg dort verhaftet und auf der Burg Gandersheim volle vier Wochen gefangen gehalten. Erst nach schweren Mißhandlungen und Zahlung von 400 Th. Lösegeld und 200 Th. Brandschatz konnten sie ins Kloster zurückkehren, wo sie alles gänzlich ausgeraubt und alle Fenster und Einrichtungsgegenstände zerschlagen vorfanden.

Gleichwohl kam das Klosterleben unter dem Schutze des katholischen Landesherrn wieder in Gang. Für die abermals weggenommenen Glokken stellte das Kloster Marienstein eine Glocke von 80 Pfund zur Verfügung. Anfang Februar 1554 konnte in Clus die Wahl des Vizepropsts Ludwig zum Abt von Königslutter abgehalten werden (ZHarzV 11. 1878 S. 485), und auch der gleichfalls schwer geschädigte Abt von Northeim konnte sich einige Zeit in Clus aufhalten. Weitere pfandweise Erwerbungen und Rentenkäufe lassen eine rasche wirtschaftliche Erholung des Klosters erkennen. Die an Städte und Klöster ausgeliehenen Kapitalien beliefen sich auf 8480 rh. Goldgulden, 3366 Pfund und 466

Mark (2 Alt vorl. nr. 368), und das Kloster befand sich wieder in gutem Wohlstande, als Herzog Heinrich d. J., bis zuletzt Anhänger der alten Lehre, am 11. Juni 1568 zu Wolfenbüttel starb. Sein Sohn und Nachfolger Julius führte sogleich die Reformation im ganzen Fürstentum Wolfenbüttel durch. Nachdem bereits Anfang August 1568 ein allgemeines Verbot des Messehaltens erfolgt war, erschienen Anfang November die fürstlichen Visitatoren, die drei Theologen Abt Petrus Ulner von Berge, der Braunschweiger Generalissimus Superintendens Martin Chemnitz und der Kanzler der Universität Tübingen Jacob Andreae gen. Schmidlein mit den beiden adeligen Räten Burchard von Cramm und Curd von Schwicheldt in Clus, um die Reformation durchzuführen. Es wurden alle Konventualen einzeln vorgeladen und examiniert, zuletzt der Abt und der Prokurator Andreas Lüderitz (Stendel). Beide weigerten sich, die Klosterkleider abzulegen und lutherisch zu werden. Auch als am folgenden Tage der herzogliche Kanzler Franz Mutzeltin persönlich in Clus erschien und mit Zureden und Drohen die Forderung des Herzogs durchzusetzen versuchte, blieben Abt und Prokurator standhaft. Schließlich kam es doch zu einem Aufschub der Entscheidung bis zum Erlaß der Braunschweigischen Kirchenordnung, welche der Prokurator anzunehmen versprach, sofern es ihm ohne Gewissensnot möglich sei. Der Abt durfte seines hohen Alters wegen sein Klosterhabit behalten, alle übrigen Konventualen mußten sich weltlich kleiden (VII B Hs 321 a, Goetting, Fortsetzung S. 20 ff.). Am 28. November 1568 befahl dann der Herzog die Einrichtung einer Knabenschule im Kloster bis Fastnacht nächsten Jahres (VII B Hs 35 Bl. 77), ohne daß es jedoch zur Ausführung dieses Befehls kam. Ende Mai 1569 verließ der Prokurator, der die inzwischen am 1. Januar 1569 erlassene Kirchenordnung nicht annehmen zu können glaubte, das Kloster und ging über Hildesheim und Mainz nach Worms, wo er eine Vikarie übernahm.

Der hartnäckige Widerstand, den das Reichsstift Gandersheim unter der Äbtissin Magdalena von Chlum der Einführung der Reformation entgegensetzte, führte Clus wieder mit seiner alten Eigenherrin zusammen. Als Abt Johann Mutken am 21. Februar 1570 gestorben war, nutzten die Stiftsäbtissin und der Cluser Konvent die Gelegenheit, daß sich Herzog Julius zum Regalienempfang in Prag befand, zu schnellem Handeln aus. Am 4. März 1570 fand ohne vorherige Benachrichtigung der herzoglichen Räte in Clus die Wahl des Nachfolgers statt. Die Stiftsäbtissin, welche zwei Kanoniker und einen Notar zum Wahlakt entsandte und sich auf die ihr angeblich zustehende erste Stimme berief, verlangte die Wahl des bisherigen Northeimer Abtes Johann Beckmann, da sie *keinen jungen Herrn dazu haben wollte*. Daraufhin gaben die bei der Wahl anwesenden und nach den Statuten der Bursfelder Union stimmberechtigten Äbte Christian von Ringelheim und Alexander von Marienstein diesem ebenfalls ihre Stimme, dazu zwei der fünf Konventualen, während die übrigen drei den Prokurator Heinrich Pumme gewählt wissen wollten (VII B Hs 35 a Bl. 29). Zwei Tage nach der Wahl kam dann der Elekt mit dem Senior und Prokurator ins Stift Gandersheim, um die Konfirmation zu erbitten. Nach einer Examination und der Leistung des Treueides auf das Stiftsplenar — das *juramente vor de Clus* hatte er schon nach dem Wahlakt in Clus geleistet — erfolgte die Überreichung von Ring und Buch vom Hochaltar *auctoritate apostolica et imperiali* und damit die Übertragung der Cura animarum, der Spiritualien und Temporalien, wobei dem Abt die Weihe durch einen beliebigen Bischof anheimgestellt wurde (10/11 Urk 125; VII B Hs 35 Bl. 29 v, dazu VII B Hs 27 Bl. 50 v und 28 Bl. 14). Von einem Widerstand gegen das in vollem Umfang ausgeübte Patronat des Reichsstiftes war angesichts der Verhältnisse nicht mehr die Rede.

Die Reaktion der fürstlichen Landesregierung blieb nicht aus. Am 18. März 1570 erschien einer der Wolfenbütteler Räte, Heinrich von der Luhe, unversehens in Clus und sprach namens der Herzogin und der heimgelassenen Räte deren schärfstes Mißfallen über die ohne ihr Wissen — auch der Tod des alten Abtes war nicht nach Wolfenbüttel gemeldet worden — vorgenommene Wahl aus. Er verlangte von dem neuen Abt die sofortige Räumung des Klosters mit der Drohung, ihn im Weigerungsfalle gebunden nach Wolfenbüttel abführen zu lassen. Alle Proteste und Hinweise auf die legitime Wahl und die Bestätigung durch die Stiftsäbtissin nutzten nichts. Der Abt mußte das Kloster verlassen, nachdem der herzogliche Gesandte die Abtswohnung und die obere Sakristei hatte versiegeln und vom Gandersheimer Amtmann die Vorräte des Klosters hatte aufnehmen lassen, — wobei er bemerkte, *es sei kein Kloster im Fürstentum, das mit solchem Vorrat versorgt wäre* (VII B Hs 321 a, Goetting, Fortsetzung S. 23 ff.).

Der vertriebene Abt wandte sich zunächst nach Hildesheim, wo er am 27. März 1570 beim St. Godehardi-Kloster 1000 rh. Goldgulden auf Zins anlegte (VII B Hs 320 Bl. 16) — offenbar hatte er außer dem Klostersiegel auch Bargeld mitnehmen können —, und ging von dort nach Erfurt, wo er den geflüchteten Prior Andreas Lüderitz in Worms beauftragte, auf dem Reichstag zu Speyer die Restitution des Klosters zu betreiben (11 Alt Gand. Fb. 1, V, 1).

Inzwischen hatten die geistlichen Visitatoren in herzoglichem Auftrage am 6. Juni 1570 den Gandersheimer Superintendenten Lic. Hermann Hamelmann als evangelischen Abt zu Clus eingesetzt (VII B Hs

35 a Bl. 32). Sein Wirken hatte bald den Auszug fast des ganzen Konvents zur Folge (Goetting, Fortsetzung S. 25 f. und weiter unten). Ein von dem Prior in Speyer erwirktes kaiserliches Mandat an den Herzog vom 30. August 1570 und das anschließende große Schutzdiplom Kaiser Maximilians II. für den Abt und die namentlich aufgeführten Konventualen vom 3. September 1570 (10/11 Urk 126, gedr. Leuckfeld S. 192 f., und 127) veranlaßten jedoch schließlich Herzog Julius zum Einlenken, zumal sich die Amtsführung Hamelmanns auch in wirtschaftlicher Hinsicht als völliger Fehlschlag erwies. Hamelmann wurde abgesetzt (Goetting, Fortsetzung S. 25 f.). Am 30. Oktober 1570 erklärten sich die nach Clus zurückgekehrten Mönche unter Führung ihres Seniors Johannes Menneken zur Annahme der Fürstlichen Kirchenordnung vorläufig bereit (2 Alt 3480), und der nach Marienstein geflohene Prokurator Heinrich Pumme übernahm, nachdem ihm der Herzog freies Geleit zugesichert hatte, am 10. Dezember 1570 die Verwaltung des Klosters (Goetting, Fortsetzung S. 26 f.). Ebenso wurde der in Erfurt weilende Abt zur Rückkehr aufgefordert. Er kam zwischen dem 16. und 25. Mai 1571 in Clus an, wo alsbald die Verhandlungen mit den herzoglichen Kommissaren, dem Abt Gothard Coci von Königslutter, dem Generalsuperintendenten Nicolaus Selnecker und dem herzoglichen Rat Erasmus Ebener wegen der Reformation des Klosters begannen (2 Alt 3482; Goetting, Fortsetzung S. 27 ff.). Die von ihnen auf Grund der herzoglichen Instruktion vorgelegten vier Punkte waren: 1. Annullierung des kaiserlichen Mandats und Herbeischaffung der geflüchteten Klosterprivilegien, 2. Unterwerfung unter das Fürstliche Konsistorium gleich den übrigen Prälaten des Landes, 3. Annahme der Augsburgischen Konfession und der Fürstlichen Kirchenordnung und 4. Kontributionszahlung zum Gandersheimer Pädagogium. Auf den Rat des Rechtsbeistandes der Stiftsäbtissin, D. Albrecht Busch aus Hildesheim, lehnten Abt und Konventualen diese Forderungen ab und erklärten, lieber nochmals weichen zu wollen. Die Gesandten entfernten sich, kamen aber am 6. Juni wieder und legten dem Abt einen Revers zur Unterschrift vor, in dem dieser sich als erwählter, von der Stiftsäbtissin konfirmierter und vom Landesfürsten eingesetzter Abt zu ordentlicher Klosterverwaltung, Befolgung der Kirchenordnung und Tragung der Landeslasten entsprechend den übrigen Prälaten verpflichten sollte.

Nach anfänglicher Weigerung rieten die von der Stiftsäbtissin beigestellten Gandersheimer Kanoniker Johann Struve und Johann Schnor zur Annahme, *damit man den besitz des closters behalten muchte* (Goetting, Fortsetzung S. 29). Daraufhin unterschrieben Abt und Konventualen den Revers, den der Abt am 11. Juli nochmals allein untersiegelte

(2 Alt 3489). Er wurde wieder in seine Würde eingewiesen und erhielt das von dem kommissarischen Abt Hermann Hamelmann *nachgegrabene* Siegel ausgehändigt, das er alsbald zerschlagen ließ (VII B Hs 36 Bd. I Bl. 24 v).

Der bereits siebzigjährige Abt Johann Beckmann erkrankte im folgenden Frühjahr schwer und resignierte am 1. Juni 1572, einen Tag vor seinem Tode, zu Gunsten des Prokurators Heinrich Pumme, um dem Herzog jede Eingriffsmöglichkeit zu nehmen, die bei einer Neuwahl mit Sicherheit befürchtet werden mußte. Auch die Stiftsäbtissin Magdalena von Chlum handelte rasch. Schon einen Tag nach dem Tode des Abts Johann Beckmann, am 3. Juni 1572, bestätigte sie den neuen Abt Heinrich Pumme, *als wenn er ... erwählt wäre* (10/11 Urk 130), und begab sich am folgenden Tage mit der Dekanin und zwei Kanonikern nach Clus, um ihn einzuführen. Am 5. Juni wurde er sodann auf der Abtei des Reichsstifts feierlich konfirmiert und leistete den Kanonikereid (VII B Hs 50 S. 408). Herzog Julius mußte die ohne seine Beteiligung erfolgte Einsetzung zunächst sanktionieren, um den wenige Tage später mit dem Reichsstift abgeschlossenen (3.) Vertrag als Ganzes nicht zu gefährden. Nach Artikel 4 sollte *der neue, gegen den* (2.) *Vertrag vom 15. August 1571* (der die künftige Besetzung von Clus mit einem Abt Augsburgischer Konfession vorgesehen hatte) *gewählte und bestätigte Abt zu Clus ... der Äbtissin zu Gefallen bleiben* (6 Urk 924).

Im Verlauf der weiteren Auseinandersetzungen aber zeigte es sich, daß, wie schon mehrfach, dem Herzog gerade das von ihm als „Landstand" angesehene Clus als Hebel gegenüber dem widerspenstigen Reichsstift Gandersheim dienen sollte. Ganz kurzfristig, so daß die Stiftsäbtissin es nicht verhindern konnte, setzte der Herzog am 22. August 1573 ein erstes Generalkonsistorium (ein gemischtes geistlich-weltliches Beratungsgremium für Kirchen- und Schulangelegenheiten) in Clus an. Es fand am 24. und 25. August statt und sollte künftig jedes Jahr in Clus abgehalten werden, wobei das Kloster zur Beherbergung und Verpflegung der Teilnehmer verpflichtet sein sollte.

Ein erster Versuch des Landesherrn, mit Befehl vom 20. Oktober 1573 seinen Kammerbeamten Markus von Elpen als herzoglichen „Mitverwalter" in Clus einzusetzen, scheiterte am Eingreifen der Stiftsäbtissin Magdalena, die persönlich in Clus erschien und Elpen des Klosters verwies. Als stiftischen Nebenverwalter setzte sie Georg Straube ein.

Im folgenden Jahre 1574 beraumte Herzog Julius das wiederum in Clus abzuhaltende Generalkonsistorium auf den 20. Dezember an (11 Alt Clus 15) und befahl dem Abt, als „Landstand" daran teilzunehmen. Dagegen erhoben sowohl die Äbtissin des Reichsstifts wie auch Abt und

Konvent zu Clus unter Hinweis auf das kaiserliche Schutzdiplom förmlichen Protest. Gleichwohl fand das Generalkonsistorium zum festgesetzten Termin in Clus statt; der Einspruch wurde von dem Kanzler Franz Mutzeltin und dem Generalsuperintendenten Timotheus Kirchner mit der Begründung abgewiesen, das kaiserliche Diplom sei nicht gegen die landesherrliche Obrigkeit und Gerechtsame gerichtet (10/11 Urk 132). Schon am 9. Oktober hatte der Herzog die Entfernung des stiftischen Nebenverwalters Georg Straube aus Clus verlangt (2 Alt 3492). Die Politik der Nadelstiche gegen Clus wurde auch 1575 fortgesetzt: „Prüfung" des Klosterholzes durch einen herzoglichen Förster, Zitierung des Abts zum Generalkonsistorium nach Amelungsborn, Forderung der Rechnungsablegung durch Abt und Klosterschreiber in Wolfenbüttel (11 Alt Clus 20 und 21).

Angesichts des zunehmend stärker werdenden landesherrlichen Drukkes hatte das Kloster schon 1574 den derzeit in Erfurt studierenden Prior Andreas Lüderitz veranlaßt, die geltenden Privilegien und Rentenbriefe des Klosters durch einen dortigen Notar beglaubigen zu lassen (11 Alt Clus 18, VII B Hs 320). Die Stiftsäbtissin Magdalena von Chlum hatte inzwischen erneut an den Kaiser appelliert und unter dem 15. September 1575 ein neues Schutzmandat erhalten, das den Herzog verpflichtete, die Regalien und Privilegien des Reichsstifts gemäß dem verordneten Religionsfrieden zu achten. Insbesondere wurde dem Herzog untersagt, die dem Reichsstift unterstellten Klöster Clus, Brunshausen und St. Marien, die er *in seine Regierung zu ziehen* bestrebt sei, zu beschweren, von ihnen Kontribution zu verlangen und das jährliche Generalkonsistorium in Clus abzuhalten (11 Alt Gand. Fb. 1, V, 2 Bd. 1). Darüber hinaus traf die Äbtissin Anstalten, ihre Beschwerden auch auf dem für den 15. Februar 1576 angesetzten Regensburger Reichstag vorzubringen. Clus beteiligte sich mit 100 Rth. an den Reisekosten der Stiftsvertreter unter Führung des Syndikus D. Albrecht Busch (VII B Hs 320 Bl. 30, 11 Alt Clus 22).

Jedoch schon am 20. März 1576 entsandte Herzog Julius abermals einen Beamten, Martin Steffan, nach Clus, um die Abhaltung eines neuen Generalkonsistoriums anzukündigen. Abermals griff die Stiftsäbtissin persönlich ein, protestierte förmlich unter Berufung auf das kaiserliche Schutzmandat gegen diese Absicht und wies den herzoglichen Beamten aus dem Kloster. Dem Abt verbot sie jedes Verhandeln ohne ihren ausdrücklichen Befehl (7. April 1576, gedr. Leuckfeld S. 195, dort irrtümlich zu 1577!). Wenig später entschloß sich der Herzog zu einem entscheidenden Schritt: am 6. Juli 1576 wurde Markus von Elpen erneut als „fürstlicher Mitverwalter" in Clus eingesetzt. Wieder erschien nach wenigen Stunden die Stiftsäbtissin mit Notar und Zeugen im Kloster, um Protest dagegen einzulegen, Appellation an den Kaiser anzukündigen und den Eindringling hinauszuweisen. Da er dieser Aufforderung nicht folgte, sperrte sie ihm und seinem „Jungen“ die Verpflegung, so daß der herzogliche Amtmann in Gandersheim hierfür sorgen und zugleich mit sechs Hakenschützen den Schutz Elpens übernehmen mußte (2 Alt 3493).

Während der Cluser Abt Heinrich Pumme angesichts dieser Situation am 9. Juli nach Hildesheim auswich, von wo er erst nach dem Tode des Herzogs Julius zurückkehren sollte, blieb die Stiftsäbtissin in Clus und bezog, um ihre Rechte sichtbar zu wahren, vom 25. Juli an mit ihren Kammerfrauen und zwei Kanonissen im Krankenhaus des Klosters festes Quartier (2 Alt 3496). Ein Verwandter von ihr, der böhmische Freiherr Joachim von Aderspach und Bercka, Bruder der Kanonisse Elisabeth, übernahm als „Kammerherr“ der Äbtissin den Schutz der Damen. Die Äbtissin selbst übernahm die Leitung von Clus, führte auch Disziplinarmaßnahmen gegen den Mönch Johann Sothoff durch, den sie wegen sittlicher Verfehlungen suspendierte, erkrankte aber im November 1576 so schwer, daß sie am 7. Dezember ihr Testament machte (6 Urk 537).

Unter diesen Verhältnissen konnte der herzogliche Mitverwalter Markus von Elpen in Clus nicht tätig werden und blieb im nahen Brunshausen (2 Alt 3493). Die Stiftsäbtissin befahl, ihm auch dort keine Verpflegung zu reichen, und forderte am 10. Januar 1577 unter Bezugnahme auf einen zu erwartenden kaiserlichen Befehl den Herzog auf, ihn abzuberufen (11 Alt Gand. Fb. 1, III, 3).

Nunmehr entschloß sich Herzog Julius, durch eine Visitationskommission die Verhältnisse zunächst in Brunshausen (siehe dort § 8), dann in Clus gewaltsam in seinem Sinne zu regeln. Die am 24. Januar 1577 nach Clus entsandte Kommission (Abt Heinrich von Ringelheim, der Rat Hans von Bülow, Mag. Valentin Vasenbeck, der Propst von Georgenberg Tobias Schonemeyer und der Bürgermeister von Gandersheim) hatte die Instruktion erhalten, notfalls mit Gewalt ins Kloster einzudringen, den früheren Amtmann zu Seesen Barwart Mente als herzoglichen Verwalter einzusetzen, den Klosterbesitz zu inventarisieren und die Speisung der schwerkranken Äbtissin Magdalena und ihres Gefolges von seiten des Klosters einzustellen. Als diese sich durch ihren Kammerherrn weigerte, die „Credenz“ der herzoglichen Kommissare entgegenzunehmen, und sie an ihre Schwester, die Stiftsdekanin Margareta von Chlum, verwies, nahmen die Kommissare den Kammerherrn in Haft, ließen die Schlösser des Klosters zerschlagen und ändern, setzten Barwart Mente als Klosterverwalter ein und führten eine allgemeine Inventarisierung durch, nachdem die herzoglichen Befehle den Konventualen und dem Gesinde verkündet worden waren (Instruktion und Kommissionsbericht in 11 Alt Gand. Fb. 1, III, 3). In Abänderung der Instruktion schlugen die Kommissare vor, der Äbtissin durch den herzoglichen Verwalter Speise und Trank reichen zu lassen, da mit ihrem Ableben täglich zu rechnen sei. Der Herzog erklärte sich am 28. Januar damit einverstanden (ebda.). Am gleichen Tage starb die Äbtissin. In Erwartung ihres Todes hatte sich bereits der Kanzler Franz Mutzeltin in Gandersheim aufgehalten, um die Abtei des Reichsstifts sofort für des Herzogs Tochter Elisabeth in Besitz zu nehmen, ungeachtet des Umstandes, daß das Kapitel alsbald die Schwester und Coadjutrix der verstorbenen Äbtissin, die Dekanin Margarete, zu ihrer Nachfolgerin wählte (30. Januar 1577, VII B Hs 11 Bd. 3).

Unter den so schwierigen Umständen war die Haltung des in Clus verbliebenen Konvents uneinheitlich. Der Mönch Jodocus Möhlmann war schon am 12. April 1573 Pfarrer zu Gehrenrode geworden und hielt als solcher in Clus lutherischen Gottesdienst (19 Alt 42 a). Den von der verstorbenen Stiftsäbtissin suspendierten Mönch Johann Sothoff befahl der Herzog wieder aufzunehmen (11 Alt Gand. Fb. 1, III, 3), offenbar um ihn als Gegengewicht gegen den Prior Johann Menneken und die beiden noch verbliebenen Mönche zu benutzen, von denen die Visitatoren berichteten, sie leisteten passiven Widerstand. Insbesondere der Prior sei mehrfach nach Hildesheim gereist, um den geflohenen Abt Heinrich Pumme aufzusuchen (2 Alt 3493). Gleichwohl wurde der Restkonvent im Kloster belassen. Als Barwart Mente am 17. Februar 1578 starb, übernahmen die Konventualen Johann Sothoff und Andreas Probst die Verwaltung, allerdings wohl unter Aufsicht des in Brunshausen als herzoglicher Verwalter und „Propst" residierenden Markus von Elpen, der 1584 ausdrücklich auch als herzoglicher Verwalter von Clus bezeugt ist (11 Alt Brunsh. 1).

Die fortgesetzten Bemühungen des Abtes Heinrich Pumme, von seinem Exil in Hildesheim aus im Zusammenwirken mit dem Gandersheimer Kapitel die Restitution des Klosters zu betreiben, führten zwar zu einem kaiserlichen Befehl an den Herzog vom 9. Dezember 1579, die Klöster Brunshausen und Clus unverzüglich an die Äbtissin Margarete von Chlum herauszugeben, aber Herzog Julius legte am 30. Januar 1580 beim Reichskammergericht Berufung ein. Er bestritt die Okkupation und betonte, die Äbtissin habe in beiden Klöstern in temporalibus keine Administration gehabt (6 Urk 939). Die Besetzung der Abtei des Reichsstifts durch den Herzog machte eine wirksame Hilfe von dort unmöglich. Verhandlungen, den Abt unter freiem Geleit nach Clus zurückkehren zu lassen, wurden zwar 1582 eingeleitet, blieben aber ergebnislos.

Nochmals gelang es dem Abt von Hildesheim aus, am 26. August 1586 ein Schutzdiplom Kaiser Rudolfs II. für sich und die namentlich aufgeführten Konventualen zu erwirken (10/11 Urk 134). Zugleich erließ der Kaiser ein Mandat an alle in Betracht kommenden Klöster und Städte, die fälligen Rentenzinsen an Clus weiterzuzahlen, soweit dies auf den Druck des Herzogs hin unterblieben war (10/11 Urk 135).

Gleichwohl boten erst die Aussöhnung zwischen Herzog und Reichsstift im Neuenheerser Vertrag vom 16. Februar 1588 (6 Urk 593), die Besitzergreifung der Gandersheimer Abtei durch die Äbtissin Margarete von Chlum am 5. Juli 1588 und schließlich der Tod des Herzogs Julius am 5. Mai 1589 die Möglichkeit zur Rückkehr des Abtes. Nachdem dessen Hildesheimer Prokurator gelobt hatte, Heinrich Pumme wolle sich der fürstlichen Kirchenordnung gemäß verhalten und für die Rückführung der Klosterurkunden sorgen, setzten am 28. August 1589 Abt Heinrich von Ringelheim und der Rat Hans von Gittelde als Kommissare des Herzogs Heinrich Julius den Abt nach dreizehnjähriger Abwesenheit wieder in Clus ein. Der Rest des Konvents, der Prior Johann Sothoff und der Pater Andreas Probst sowie Schreiber, Gesinde und Zinsleute wurden von den Kommissaren veranlaßt, dem Abt Treue und Gehorsam zu geloben. Der Abt betonte als Entschuldigung für seine Flucht, *weil es derozeit allda zur Clauß seltzam were zugangen, hette notwendig weichen müssen, damit er sich keinem teill anhengig machen dürfen.* Er wolle *des closters siegel und brieffe, wiewoll die nicht seinethalben aus dem closter kommen [seien], ... zu closter widderbringen und schaffen* (10/11 Urk 136, gedr. Leuckfeld S. 196 ff.). Der Herzog seinerseits versprach ihn *für einen Prälaten des Fürstentums gleich anderen zu halten* und ihn im übrigen *vor seine Person mit äußerlicher und weltlicher Gewalt zum Glauben nicht zwingen* zu wollen (ebda.). Der große Vertrag zwischen dem Reichsstift und Herzog Heinrich Julius, der nach vierjährigen Verhandlungen am 20. August 1593 abgeschlossen wurde, sah vor, daß es auch für Clus bei den bisherigen Verträgen bleiben solle. Die Klosterrechnungen sollten sowohl der Stiftsäbtissin als auch dem Herzog als Konservator eingereicht werden. Im übrigen beschwor der Abt den Vertrag *in manus abbatissae* (6 Urk 964, VII B Hs 36 Bd. 4 Bl. 244). Nachdem der Cluser Restkonvent und das gesamte Reichsstift selbst evangelisch geworden waren, war Abt Heinrich Pumme der letzte, der im Fürstentum Braunschweig-Wolfenbüttel für seine Person *Stand, Orden und catholische Religion* behalten durfte.

Als Heinrich Pumme am 19. April 1596 gestorben war, stand der Besetzung von Clus mit einem evangelischen Abt nichts mehr im Wege. Als *einen tauglichen gelarten man, der Augspurgischen Confession zu-*

getan, setzte der Herzog am 24. Juni 1596 den früheren herzoglichen Kanzleireferenten, Substituten des Hofgerichts und (nichtresidierenden) Gandersheimer Kanoniker Georg Schünemann ein (2 Alt 3521). Die Stiftsäbtissin Anna Erica von Waldeck begnügte sich damit, den neuen Abt am Altar durch Handauflegen zu konfirmieren. Er selbst bezeichnete sich in seinem schriftlichen Revers als (vom Herzog) *nominirter, promovirter, eingesetzter und gehuldigter, auch* (von der Äbtissin) *confirmirter und beeidigter Abt des Closters zur Clauß* (2 Alt 3521 und 10/11 Urk 137). Auf herzogliche Anweisung reiste er wegen des Nachlasses seines Vorgängers alsbald nach Hildesheim. Nach vergeblicher Nachfrage beim Abt von St. Michael fand sich in der Kirche von St. Godehard eine Kiste, die sich mit einem in Clus vorhandenen Schlüssel öffnen ließ und einige wenige Urkunden und liturgische Geräte enthielt (Bericht vom 3. Sept. 1596, 2 Alt 3592). Herzog Heinrich Julius bestätigte am 17. November 1597 die Schutzbriefe seiner Vorfahren für Clus (10/11 Urk 138).

Der Abt wohnte auf dem Kloster offenbar allein mit seiner Familie, dem Schreiber und Gesinde, während die noch 1604 namentlich erwähnten beiden Konventualen Prior Daniel Puster und Barthold Stein sich außerhalb von Clus aufgehalten zu haben scheinen. Der Tod des *letzten alten fraters* wird in einem späteren Bericht zum Jahre 1620 erwähnt (2 Alt 3576). Von einem Klosterleben, verkörpert durch einen evangelischen Konvent wie in Brunshausen, war in Clus unter Georg Schünemann nicht mehr die Rede. Der Abt war in Wirklichkeit nichts anderes als der herzogliche Verwalter des Klostergutes. Gleichwohl war man im Reichsstift daran interessiert, daß er in Clus blieb. Sein Versuch vom 26. September 1612, im Reichsstift Gandersheim seine Residenz als Kanoniker zu intimieren, scheiterte an der Befürchtung des Kapitels, daß die Clus bei seiner Übersiedlung nach Gandersheim *desolat werde* (11 Alt Gand. Fb. 1, III, 140).

Nach Schünemanns Tode am 17. September 1617 wurde von der herzoglichen Regierung zwei Tage darauf kurzerhand der Verwalter von Brunshausen, Johann Rittierodt, auch zum „Abt“ von Clus bestellt (2 Alt 3550), obwohl die Stiftsäbtissin sogleich gegen die *zerstorliche enderung* des Vertrages von 1593 protestierte. Rittierodt hatte seinen Sitz weiter in Brunshausen und erhielt als Abt von Clus eine Jahrespauschale *pro statu et questura,* da dort *die Haußhaltung gentzlich abgeschafft* sei (11 Alt Clus 27). Erst auf erneute Vorstellungen bequemte sich Herzog Friedrich Ulrich am 8. Februar 1622, Rittierodt offiziell zu nominieren, und am 13. März 1622 wurde dieser in der gleichen Form wie sein Vorgänger von der Stiftsäbtissin gegen Revers konfirmiert (2 Alt 3557 und 11 Alt Gand. Fb. 2 nr. 227). Im folgenden Jahre trat er die Verwaltung von Brunshausen ab und führte die Verwaltung von Clus von dort bzw. von dem ihm 1628 verschriebenen Klosterhof in Dankelsheim aus. Über die Abgabe der Klosterbibliothek nach Helmstedt siehe oben § 5. Ein Antrag des Schulrektors Mag. Friedrich Wacker zu Celle vom 30. Juli 1625 auf Überlassung des Klosters zur Einrichtung einer Schule (2 Alt 1638) konnte nicht mehr in Erwägung gezogen werden. Schon am 3. Oktober 1625 mußte Rittierodt infolge der Ereignisse des Niedersächsischen Krieges Clus im Stich lassen und nach Goslar und Braunschweig fliehen. Erst am 28. September 1626 konnte er zurückkehren, um mit sieben Pferden den Haushalt in dem verwüsteten Kloster wieder in Gang zu bringen. Doch schon am 13. Juli 1627 nahmen die „Schnapphahnen", die schon Brunshausen zum Teil niedergebrannt hatten, aus Clus 8 Pferde und 36 Kühe weg. Die Niederbrennung des Klosters wurde nur durch die Gestellung der geforderten Verpflegung vermieden. Über den danach in beschränktem Umfange weitergeführten Klosterhaushalt fand am 6. Januar 1629 eine Abrechnung mit den Klosterräten bzw. dem Klostersekretär Barthold Ritter statt (2 Alt 3557), wobei die Briefe und Siegel des Klosters sicherheitshalber nach Wolfenbüttel überführt wurden.

Auf Grund des Restitutionsedikts vom 6. März 1629 erfolgte am 15. Juli 1629 die Okkupation des Klosters durch die Katholiken, obgleich noch am 6. Juli ein herzoglicher Befehl an Johann Rittierodt erging, den kaiserlichen Kommissaren den Zutritt zu verweigern (2 Alt 3576). Es erschienen als vom Präsidenten der Bursfelder Union verordnete Kommissare und Visitatoren der Erzabt Friedrich Dauensberg von Harsefeld, Abt Hermann Meyer von Marienmünster und Abt David Zelle von St. Godehard in Hildesheim mit militärischer Bedeckung in Clus, setzten den „Abt" Johann Rittierodt förmlich ab und befahlen ihm, das Kloster binnen zwei Tagen zu räumen. Nachdem sie in Brunshausen ähnlich vorgegangen waren, kehrten sie nach Clus zurück, hinterließen dort zwei Mönche und zwei Soldaten zu deren Schutz und zogen über Einbeck nach Bursfelde weiter. Zuvor hatten sich der Abt von St. Godehard und die beiden seinem Kloster entstammenden Mönche die Schlüssel aushändigen lassen. Sie nahmen das tote und lebende Inventar in Besitz und vereidigten das Klostergesinde. Das Generalkapitel der Bursfelder Union zu Trier verzeichnete am 26./28. August 1629 mit besonderer Befriedigung die Rekuperation von Clus als *primarium s. unionis . . . Bursfeldensis monasterium* (Volk, Gen. Kap. Rez. 2 S. 504). Vergeblich protestierte Herzog Friedrich Ulrich gegen die Intrusion und forderte die Restitution des evangelischen „Abtes" (29. August 1629, Hildesh., BistA. 313 Bl. 262).

Einer der beiden in Clus zurückgelassenen katholischen Mönche war Nikolaus Seling aus St. Godehard in Hildesheim (Hildesh., BistA., unverz. Bestand St. Godeh. Nr. II S), der schon am 27. September 1629 als Abt bezeichnet wurde. Er erhielt aber seine Ernennungsurkunde erst mit Datum vom 19. Juni 1630 auf dem nächsten Generalkapitel der Bursfelder Union zu Seligenstadt durch dessen Präsidenten Abt Heinrich Spichernagel zu St. Pantaleon in Köln (10/11 Urk 139), nachdem er zusammen mit den Äbten der übrigen rekuperierten Klöster Niedersachsens am 16. Juni 1630 zum Generalkapitel zugelassen und vereidigt worden war (Volk, Gen. Kap. Rez. 2 S. 509). Mit Insertion eines Breves Papst Urbans VIII. vom 4. Juli 1629 wurde er zugleich vom Präsidenten autorisiert, in den Schoß der katholischen Kirche zurückkehrende Ketzer zu absolvieren.

Nikolaus Seling hatte von vornherein auch die Administration von Brunshausen übernommen, wo an Stelle der evangelischen Klosterfrauen ein kleiner katholischer Nonnenkonvent eingeführt worden war (s. Brunshausen § 8). In Clus bemühte sich der katholische Abt vor allem — freilich vergeblich — um die Herbeischaffung der nach Wolfenbüttel geflüchteten Klosterarchivalien (VII B Hs 55 Bd. 15 S. 679). Lediglich Privatsachen des Abts Rittierodt konnte er in Einbeck sicherstellen lassen (2 Alt 3557). Bis auf Korrespondenzen mit den Äbten der Nachbarklöster sind Akten über die Klosterverwaltung von Clus in der Rekuperationszeit nicht erhalten, so daß wir über Einzug und Abzug der katholischen Mönche überwiegend nur durch spätere Berichte des Johann Rittierodt unterrichtet sind. Nach dem Eingreifen der Schweden und vollends nach Tillys Niederlage bei Breitenfeld wurde die Stellung des katholischen Abtes in Clus bald unhaltbar. Bereits am 24. Juni 1631 klagte er, daß er wegen akuter Gefährdung durch herumziehende räuberische Soldateska das Kloster nicht mehr verlassen könne (11 Alt Clus 28). Der Einladung zum Generalkapitel der Bursfelder Union nach Fulda vom 28. Juli konnte er nicht mehr nachkommen (ebda.). Am 25. September 1631 erfolgte dann die Räumung von Clus und Brunshausen durch die Katholiken. Freilich erlaubte dann noch ein Jahr später, am 24. September 1632, das Heranrücken Pappenheims eine vorübergehende Rückkehr des Abtes Nikolaus Seling. Wie Johann Rittierodt an die herzogliche Regierung berichtete (2 Alt 3557), ließ der Abt in Clus alles Korn ausdreschen und mit Hilfe Gandersheimer Bürger die besten Schweine des Klosters verkaufen: *so hat der Münch daselbst den ganzen Winter gelegen und tapffer dominirt. Wie solches zum Ende, ist er davon gestrichen*, nämlich Anfang Februar 1633, nachdem die Erfolge Herzog Georgs und der Anmarsch hessischer Truppen ein weiteres Verbleiben in

Clus unmöglich machten. Nikolaus Seling und seine Begleiter, von denen uns nur zwei Namen aus einem Schreiben des Abtes David Zelle von St. Godehardi in Hildesheim bekannt sind (11 Alt Clus 28), dürften in ihr Heimatkloster zurückgekehrt sein.

Schon nach der ersten Räumung durch die Katholiken am 25. September 1631 hatte die Gandersheimer Stiftsäbtissin auf Grund der Vertragsvereinbarung vom 5. Mai 1631 über die Rückgabe der Klöster Clus und Brunshausen den Versuch gemacht, einen eigenen Verwalter in der Person des Notars Antonius Horn in Clus einzusetzen (11 Alt Gand. Fb. 2 nr. 235), und noch am 11. Dezember 1631 vereitelte der Schreiber der Äbtissin Christoph Schaper persönlich einen Versuch Johann Rittierodts, das Kloster wieder zu beziehen (11 Alt Gand. Fb. 2 nr. 338). Doch wurde dieser, nachdem ihm der Herzog auf seinen Bericht vom 30. November 1631 befohlen hatte, sich des Klosters wieder anzunehmen (2 Alt 3578), am 19. Dezember 1631 durch den Gandersheimer Amtmann in Clus wieder eingeführt. Noch einmal mußte er infolge der Kriegsereignisse am 24. September 1632 das Kloster räumen und konnte erst am 12. Februar 1633 wieder in Clus einziehen (2 Alt 3557).

Nachdem Rittierodt am 20. Januar 1637 auf der Flucht vor einer abermaligen Plünderung des Klosters durch kaiserliche Reiter in Gandersheim verstorben war, setzte der herzogliche Amtmann Johann Starcke zunächst einen seiner Leute als Inspektor ein. Herzog August d. J., der die Anerkennung der Vertragsvereinbarung mit dem Stift vom 5. Mai 1631 und deren Ratifikation vom 15. September 1634 über die Rückgabe von Clus und Brunshausen an Gandersheim verweigerte (11 Alt Gand. Fb. 1, V, 3), bestellte schließlich am 5. Juni 1637 den früheren herzoglichen Amtmann zu Seesen Barthold Prott zum Klosterverwalter in Clus (2 Alt 3587). In einem Reskript an die Stiftsäbtissin vom 3. Juli 1637 hieß es ausdrücklich, daß die Bestallung *bloß zu einem verwalter, weil berurtes closter dem alten herkommen nach mitt einem praelaten undt geistlichen haubte noch zur zeit sobaldt nicht wieder versehen werden kann, interimsweise* und unbeschadet des Vertrages von 1593 erfolge (11 Alt Gand. Fb. 2 nr. 236). Das Klosterinventar und die nach Braunschweig geflüchteten Kirchenschätze und Archivalien wurden am 22. Juli 1637 notariell aufgenommen (2 Alt 3543, s. oben § 4).

Am 24. Juni 1642 wurde dann Kloster Clus an den Forstschreiber am Solling und Hils, den nachmaligen Amtmann zu Greene und Oberinspektor der im Westen des Fürstentums gelegenen Klöster Gerhard Niebecker zunächst auf zwölf Jahre verpachtet (2 Alt 3591). Dieses Pachtverhältnis, während dessen Dauer in Clus kein eigener Haushalt bestand, erstreckte sich über zwei Jahrzehnte. Im Februar 1663 schlug Niebecker vor, in Clus wieder einen eigenen Klosterhaushalt unter einem Verwalter einzurichten, und erbot sich, das erforderliche Inventar gegen Bezahlung zur Verfügung zu stellen. Nach Prüfung durch den herzoglichen Kommissar Wittneben, der die Klosterländereien in gutem Zustande befand, genehmigte Herzog August d. J. den Vorschlag (2 Alt 3605). Am 27. Juli 1665 wurde dann Michael Bickling zum Klosterverwalter in Clus bestellt, dem am 5. Juni 1681 Daniel Evensen folgte (2 Alt 3606).

Die Wiedererrichtung eines Konvents in Clus, wenn auch nur eines Scheinkonvents, war bereits mit der Klosterordnung Herzog August d. J. vom 12. März 1655 erfolgt. Danach erhielt der Generalsuperintendent zu Gandersheim, der bereits zu Zeiten des Abts Johann Rittierodt den Titel eines Cluser Priors geführt hatte, die Bezeichnung „Abt von Clus", womit 100 Th. jährlicher Einkünfte verbunden waren. Der Klosterpastor, der Pfarrer zu Heckenbeck Christoph Lamb, wurde Prior, der zweite Pastor (Kaplan) zu Gandersheim wurde Subprior bzw. dritter Konventual. Die vierte Konventualenstelle bekam, ebenfalls mit einer Jahresbesoldung von 5 Th. wie die vorigen, der Schulrektor zu Seesen Johann Strubius, der nach seiner Angabe schon 1652 vom Herzog ernannt worden war (2 Alt 3597). Eine 5. Konventualenstelle war nach der Klosterordnung für den Klosterpraezeptor vorgesehen, doch verblieb die Einrichtung einer Schule. Stattdessen hatte Clus den Unterhalt für vier arme Knaben aufzubringen.

Die Ernennung des Abtes und der Konventualen, welche durchwegs nicht residierten, erfolgte ausschließlich durch den Herzog, ungeachtet des Protestes der Äbtissinnen des Reichsstifts Gandersheim. Diese bemühten sich weiterhin unausgesetzt um die Erfüllung des von Herzog August d. J. nicht ratifizierten Rezesses von 1634 über die Rückgabe der Klöster Clus und Brunshausen. Von seiten des Herzogs erfolgten lediglich hinhaltende Bescheide im Hinblick auf eine schon für 1646 angesetzte, dann aber immer wieder verschobene gemeinsame Konferenz aller welfischen Linien, da die Frage der Rückgabe im Rezeß zugleich mit der Belehnung des welfischen Gesamthauses mit den Lehen des Reichsstiftes verknüpft war. Erst der Äbtissin Henriette Christine, der Tochter des Herzogs Anton Ulrich, gelang es, von ihrem Vater die Extradition der beiden Klöster zu erreichen. Dem Vertrag vom 4. Dezember 1695 folgte am 21. Dezember die förmliche Übergabe der *dem Stift Gandersheim zwar von Alters her angehörigen, aber bey der Reformation aus damahligen erheblichen Uhrsachen deßselben Administration entzogenen beyden Klöster* an das Reichsstift (6 Urk 1175 und 1176; 11 Alt Gand. Fb. 1, V, 3 Bd. 2). Dabei wurde bestimmt, daß die Prälaten, also aus Clus der Gandersheimer Superintendent, ihre jährliche Besoldung behalten sollten.

Die Klosterwirtschaft von Clus wurde von der Stiftsäbtissin in den folgenden Jahren mit Brunshausen zu einer Stiftsdomäne vereinigt und 1706 an den Kanoniker und Amtmann Hermann Curd Schrader für eine jährliche Pachtsumme von 465 Th. verpachtet. Angesichts der zahlreichen Lasten an Kontribution, Landtaxe, Klostertaxe usw. reichte die Summe jedoch bei weitem nicht zur Erhaltung der verfallenden Klostergebäude aus, so daß sich das Reichsstift das ganze 18. Jh. hindurch um Befreiung von diesen dem Kloster seit Herzog Julius zu Unrecht aufgebürdeten Onera publica bemühte, freilich ohne Erfolg (vgl. die ausführlichen Promemorien des Oberhofmarschalls von Kroll, 11 Alt Gand. Fb. 2 nr. 144). Über die weiteren Pächter von Clus, die schließliche Umwandlung der Stifts- in eine Staatsdomäne bei der Säkularisation des Reichsstifts, über die Schicksale von Clus und die Wandlungen seiner Pfarrverhältnisse bis zur Gegenwart vgl. Kronenberg, Clus u. Brunsh. S. 80—88.

4. VERFASSUNG

§ 9. Klosterverfassung und Ämter von der Gründung bis 1430

Wie sich aus der ältesten Urkunde für Clus vom 17. Juni 1127 (Harenberg, S. 704) ergibt, wurde der aus Corvey nach Clus entsandte Gründungskonvent von einem Abt, einem Propst und einem Prior angeführt, was dem im Mutterkloster geltenden Hirsauer Ordo entsprach (Goetting, Clus S. 34 f.). Der rasche Verfall dieses ersten Konvents führte dazu, daß schon 1129 der Propst Walther, jedoch ohne diese Amtsbezeichnung, Vorsteher des Klosters war (DL III. 18: *presidente . . . Clusensi ecclesię Waltero presbitero*). 1134 schließlich war es der 1127 noch ohne Amtsbezeichnung aufgeführte Presbyter Adelhard, der sich als *eiusdem cellę rector religiosus* mit der Einführung eines neuen Konvents *secundum ordinem Cluniacensem* einverstanden erklärte (UBHHild. 1, 208 S. 190).

Über die Ämterverfassung dieses zweiten Cluser Konvents sind wir leider nicht unterrichtet, da erst seit 1159 weitere urkundliche Nachrichten vorliegen, die uns jedoch über den inneren Aufbau keine Auskunft geben. Auffallend ist, daß es in Clus offenbar keinen Propst mehr und bis zur Reform von 1430 auch keinen Prior gegeben hat. Soweit erkennbar, war das einzige Klosteramt nach dem Abt das des Kustos.

1. Abt

Die Stellung des Abtes und sein Verhältnis zur Äbtissin des Reichsstifts als der Eigenherrin von Clus wurde 1134 eingehend geregelt (DL III. 59 und UBHHild. 1, 208 S. 190). Der Abt sollte von den Mönchen der Klöster Clus und Brunshausen frei gewählt werden, war jedoch der Äbtissin und dem Stiftskapitel zur Genehmigung zu präsentieren. Danach sollte der Elekt — in einer Art Selbstinvestitur nach Hirsauer Gewohnheit — die Virga pastoralis vom Hochaltar im Münster des Reichsstifts nehmen und sie so unmittelbar von den Hauptheiligen des Stifts empfangen. Schließlich sollte er dem Diözesanbischof den Obödienzeid leisten und von ihm die Benediktion erhalten.

Nachdem das Reichsstift 1208 die Exemtion errungen hatte, in die auch seine Eigenklöster einbezogen waren, hatte der Abt auch den Obödienzeid vor der Stiftsäbtissin abzulegen, die ihm mit der Konfirmation Spiritualien und Temporalien übertrug. Für die Benediktion des neuen Cluser Abtes konnte nach den Exemtionsprivilegien des Reichsstifts ein beliebiger Bischof herangezogen werden.

Von der Abtswahl abgesehen, die das Eigentumsrecht des Reichsstifts an Clus deutlich zum Ausdruck brachte, hatten sowohl die Urkunde Bischof Bernhards I. von 1134 wie auch das gleichzeitige Diplom Lothars III. betont, daß der Abt über die ihm unterstellten Klöster Clus und Brunshausen nach innen wie nach außen volle Verfügungsgewalt habe: *liber ab omni subiectionis alicuius exactione vel servicio*. Doch solle er der Äbtissin und den Kanonissen auf ihre Bitte mit Rat und Tat zur Seite stehen, kranke Stiftsangehörige besuchen und als ranghöchster Kleriker innerhalb des Exemtionsbezirks eine Reihe gottesdienstlicher Funktionen wahrnehmen. Nach der Aufstellung bei Henricus Bodo (CC. Bl. 97 v) waren dies folgende:

Ostern: Hochamt.

27. April (in die s. Anastasii patroni ecclesie): Hochamt.

17. Mai: Messe zum Gedächtnis der *fundatrix* Oda.

24. Juni (s. Johannis Baptiste): Hochamt.

Tag nach Corporis Christi: Tragen des Sakraments in der Prozession.

28. Juli (in die s. Innocentii patroni ecclesie): Hochamt.

15. August (Ass. Mariae): Kräuterweihe und Hochamt.

1. November (Omnium Sanctorum und Dedicacio templi): Hochamt.

1. Dezember (Tag nach Andree): Messe in der Krypta pro salute Ottonis ibidem sepulti.

25. Dezember (Nativitas Christi): Hochamt.

2. Februar (Purif. Mariae): Kerzenweihe und Hochamt.

Sonntag nach Gregorii: Messe am Stephansaltar zum Gedächtnis des Fundators Liudolf.

Palmsonntag: Palmenweihe und Hochamt. (Vgl. außerdem GS NF 7 Reichsstift Gandersheim § 28.)

Als Vergütung hierfür erhielt der Abt die Einkünfte einer Kanonikerpräbende, und zwar jährlich 3 Vierdung oder mehr, je einen halben Malter Roggen, Weizen, Gerste oder Hafer, ferner die Getreideportion bei der allgemeinen Divisio de granario. Er erhielt ferner nach dem Einkünfteverzeichnis des 13. Jhs. (VII B Hs 42 S. 1, Erath, Cod. dipl. Quedl. S. 195) aus den Wanzlebener Stiftsgütern alle zwei Jahre 10 Malter Getreide sowie 8 Pfund *pro convivio.*

In den Zeugenreihen der Urkunden des Reichsstifts kam dem Abt von Clus jeweils der erste Rang vor den Stiftskanonikern zu. Eine Trennung von Abts- und Konventsgut ist, wenn nicht von Anfang an, so doch mindestens seit dem 13. Jh. anzunehmen, wenn sie auch erst später urkundlich bezeugt ist. So verpfändete Abt Konrad III. 1392 dem Kustos und dem Konvent eine Hufe Abtsgut zu Dankelsheim (CC. Bl. 130 v), und der zurückgetretene Abt Reimbrecht von Geismar wurde 1492 aus dem Abteigut mit einer Leibrente von 24 Malter Korn jährlich und dem Zehnten über 24 Morgen zu Brunshausen abgefunden (VII B Hs 12 Bl. 12). Die gleiche Urkunde erwähnt auch eine besondere Abtskurie im Kloster, die wohl schon von Anfang an dort bestanden haben dürfte.

2. Kustos

Die Kustodie ist bis 1430 das einzige Klosteramt nach dem Abt gewesen. Sie wird zuerst 1231 erwähnt (10/11 Urk 21), als der Mönch Richard $2^1/_2$ Hufen *ad opus custodie* kaufte, und zwar *juxta custodis providentiam,* als der er später selbst in den Urkunden erscheint (s. die Personalliste).

Die Kleinheit der Verhältnisse in Clus legt die Annahme nahe, daß der Kustos zugleich die Funktionen des früheren Propstes, also die Finanz- und Güterverwaltung wahrgenommen hat. Im Rahmen seiner eigentlichen Aufgabe als Verantwortlicher für den Gottesdienst war er auch Verwalter der Memorienstiftungen (vgl. 10/11 Urk 24 u. 25). Er verwaltete ferner wohl auch den Konsolationsfonds, da er 1416 bei einem Rentenverkauf aus diesem nach dem Abt als Mitaussteller fungierte (VII B Hs 1 S. 71).

3. Konvent

Der Übergang zu stiftsähnlichen Lebensformen, insbesondere die Aufteilung des Konventsvermögens in Einzelpräbenden dürfte schon im Laufe des 13. Jhs. stattgefunden haben. In einer von Henricus Bodo inserierten verlorenen Urkunde von 1310 (CC. Bl. [9 v] 126 v) verzichtete der Bruder des Gandersheimer Kanonikers Konrad Calenberg, der 34jährige Engehardus, der nach längerem Aufenthalt außerhalb des Klosters ausgetreten war, auf seine im Alter von sieben Jahren erworbene Klosterpräbende. Über eine derartige Aufteilung des Konventsgutes in Einzelpräbenden, die schließlich nur noch acht betrugen, geben besonders die Ereignisse Aufschluß, die unmittelbar zur Reform von 1430 führten (s. oben § 7). Auch beschränktes Privatvermögen war zulässig, wie ein Rentenkauf des Mönches Eggerd Hane von 1366 beweist (UB Gosl. 5, 17 S. 4).

Die Mönche bezeichneten sich als *domini* bzw. *heren to der Clus* (10/11 Urk 24 u. 25, 6 Urk 254 u. ö.), bildeten *dat ghemene cappittel to der Clus* (10/11 Urk 42) und traten *in cappittels wis* zusammen (VII B Hs 12 Bl. 12). Wie die Kanoniker des Reichsstifts bewohnten die Cluser Mönche eigene Kurien und hatten eigene Haushälterinnen (Henricus Bodo, CC. Bl. 132 r: *Proprias habebant domos, proprias et famulas, ut turpitudini pallium ponam, habebant*). Manche lebten überhaupt außerhalb des Klosters. Selbstverständlich gab es auch in Clus einen Konsolationsfonds zur Verteilung von Präsenzgeldern. Aus ihm wurde z. B. 1416 eine Rente verkauft (VII B Hs 1 S. 71). Die zu Beginn des 15. Jhs. nicht seltene Aufnahme von Bettelmönchen in Benediktinerkonvente beobachten wir in dem folgenreichen Fall des Dethlev von Hannover (s. unten § 20, 1).

4. Konversen

Das Konverseninstitut ist für Clus nur einmal im Jahre 1189 bezeugt, als drei Konversen gleichzeitig als Zeugen in einer Hildesheimer Bischofsurkunde erschienen (UBHHild. 1, 472 S. 448). In den folgenden Jahrhunderten werden in Clus Konversen nirgends mehr erwähnt.

§ 10. Klosterverfassung und Ämter von 1430 bis zur Einführung der Reformation

Über die Durchführung der Reform im einzelnen s. oben S. 212 f. Mit der Beseitigung der stiftischen Lebensformen und der Wiederherstellung eines benediktinischen Gemeinschaftslebens, der Wiedereinführung des

Armutsprinzips und der Vereinigung von Abts- und Konventsgut entwickelte sich die Klosterverfassung in Clus im Sinne der Konstitutionen der sich bildenden Bursfelder Kongregation. Es verschwand das bisherige Amt des Kustos. Stattdessen wurde der Abt von dem Prior und dem Prokurator (Cellerarius) unterstützt. Das Amt des Cantors ist nur vorübergehend nachzuweisen. Das Seniorat ist kein Klosteramt gewesen.

1. Abt

Die Vorgänge bei Wahl und Bestätigung des Abtes werden uns erstmalig genauer durch die Wahlakten des Jahres 1446 deutlich. Sie sind uns dadurch erhalten, daß sie später (1461?) abschriftlich in das 1434 nach Clus gelangte Exemplar der Statuten des Abts Johann Rode von Sankt Matthias in Trier (jetzt Berlin, Staatsbibliothek Preußischer Kulturbesitz, Ms. lat. 8° 220) als Bl. 37 r bis 38 r eingefügt wurden. Hierbei wurden die Texte, um als Formulare für künftige Abtswahlen zu dienen, entsprechend zurechtgestutzt und in den Angaben der Namen und Daten leider großenteils verkürzt. Danach hatte der bisherige Abt Hermann Bornemann (s. unten § 21, 1) seine Würde *in manibus abbatissae* des Reichsstifts resigniert, welche auf Grund eines päpstlichen Privilegs die Resignation zu genehmigen hatte. Soweit die Kürzung des Textes der Wahlanzeige des Cluser Konvents an die Äbtissin erkennen läßt, scheint bei der danach anberaumten Neuwahl zunächst ein *frater Theodericus* (vielleicht Dietrich von Dassel?) per scrutinium gewählt worden zu sein. Der Bursfelder Abt Johannes von Hagen *(quem ad presidendum nobis ea vice duxeramus specialiter convocandum)* nominierte jedoch einen Mönch seines Klosters (Gottfried), der dann vom Cluser Konvent einstimmig zum Abt gewählt, in die Klosterkirche geführt und unter dem Gesang des Tedeum *iuxta solitum monasterii nostri ritum* inthronisiert wurde. Die Annahme der Wahl stellte der Erwählte seinem bisherigen Abt anheim und leistete nach erfolgter Zustimmung vor dem Konvent einen Eid, mit dem er versprach, die *reformacio* des Klosters und die schriftlichen *consuetudines* getreulich zu achten und hierüber innerhalb eines Monats nach seiner Konfirmation unter seinem Abtssiegel eine Urkunde auszustellen, ferner aber sich dem (im Mai 1446 zum ersten Mal zusammengetretenen) Generalkapitel der Bursfelder Union zu unterwerfen und seine Beschlüsse allezeit zu achten. Eine urkundliche Bestätigung dieses Versprechens sollte von dem Kapitelpräsidenten erbeten werden.

Das *Decretum electionis,* d. h. die Wahlanzeige mit der Schilderung des Hergangs der Wahl wurde vom Cluser Konvent sodann der Gandersheimer Stiftsäbtissin Elisabeth mit der Bitte um Konfirmation des

Erwählten, für die sie laut päpstlichen Privilegs zuständig sei, schriftlich in Form eines Notariatsinstruments und unter dem Siegel des Klosters übermittelt. Die Äbtissin setzte nun — ebenfalls schriftlich — einen Termin fest, bis zu welchem gegen die Person des Erwählten Einwände vorgebracht werden konnten, und ließ ihn in der Zwischenzeit durch einen geeigneten Geistlichen prüfen. Nachdem die Frist abgelaufen war und keine Bedenken vorlagen, bestätigte die Äbtissin auf Grund ihres Konfirmationsrechts den Erwählten, übertrug ihm *curam, regimen et administracionem dicti monasterii et bonorum eiusdem in spiritualibus et temporalibus* und forderte den Cluser Konvent auf, ihn als Abt aufzunehmen und ihm Gehorsam zu leisten.

Der in der zweiten Hälfte des 16. Jhs. von der Hand des Stiftsseniors Bartold Stein im Kapitelsprotokollbuch festgehaltene *Processus confirmationis abbatis Clusensis* (VII B Hs 27 Bl. 50 v, unvollständig gedruckt bei Harenberg S. 1608) sah ebenfalls vor der Konfirmation eine *Examinatio* des neugewählten Abtes vor, die von der Stiftsäbtissin veranlaßt wurde. Der Erwählte legte sodann auf das Stiftsplenar, das von der Äbtissin und der Dekanin gehalten wurde, den Treueid ab, der überdies noch schriftlich zu leisten war. Daraufhin erfolgte die Konfirmation *auctoritate apostolica et imperiali* durch Überreichung von Ring und Buch seitens der Stiftsäbtissin mit den Worten: *Ecce, pater venerabilis, nos in anuli huius et libri traditione vos et electionem in vos factam approbamus, ratificamus et confirmamus auctoritate apostolica et imperiali nobis et huic ecclesie nostre et monasterio Clusensi concessa, committentes vobis tam spiritualium quam temporalium regimen plenarie in nomine patris et filii et spiritus sancti, amen.*

Nachdem schon nach der Wahl des Abts Wedego 1460, die in die Zeit des Gandersheimer Äbtissinnenwahlstreits fiel, die beiden streitenden Prätendentinnen ihr Konfirmationsrecht nicht hatten ausüben können (s. GS NF 7 Reichsstift Gandersheim § 10), kam es angesichts der bedeutenden Rolle, die die Cluser Äbte innerhalb der Bursfelder Kongregation spielten (s. unten § 13), bei der nächsten Abtswahl im August 1505 zu Differenzen über das Bestätigungsrecht des Reichsstifts. Bei Vakanz des Äbtissinnenstuhls hatte das Kapitel stellvertretend die Bestätigung vollzogen und dem neugewählten Abt Konrad Hissing den Obödienzeid abgenommen. Der Cluser Konvent war dagegen der Ansicht, daß ein derartiger Eid nur an das Generalkapitel der Bursfelder Union zu leisten sei. Das Gandersheimer Stiftskapitel hatte zwar den bei der Abtswahl anwesenden Visitator der Union, den Abt von St. Michael in Hildesheim, mit der Einführung des Konfirmierten beauftragt, brachte aber in der Bestätigungsurkunde vom 22. August 1505 (10/11 Urk 98) seine Auffassung über die Rechte des Reichsstifts deutlich zum Ausdruck. Das Obödienzvotum wurde im Wortlaut inseriert *(Ego frater Conradus abbas in Clusa O. S. B. subiectionem, reverentiam et obedienciam ... domine abbatisse Gandersemensi eiusque succedentibus ... perpetuo me exhibiturum promitto)* und zugleich betont, daß die Konfirmation *per unius nostrum* (d. h. eines Kapitelsvertreters) *anuli tradicionem de altari ss. Anastasii et Innocentii patronorum ecclesie nostre, curam animarum, regimen et administracionem eiusdem monasterii in spiritualibus et temporalibus plenariam committendo* erfolgt sei. Demgegenüber erwähnte die Einführungsurkunde des Abtes Johann von St. Michael in Hildesheim vom gleichen Tage (10/11 Urk 99) den Obödienzeid mit keinem Worte und betonte seinerseits, daß er dem Erwählten *per unius anuli digito suo immissionem curam regiminis et administracionis in spiritualibus et temporalibus* übertragen und ihm *per bireti capiti suo impositionem* die Klosterleitung anvertraut habe.

Bei der nächsten Abtwahl am 25. Juli 1541, die wiederum in Anwesenheit der Visitatoren der Bursfelder Union stattfand, sind wir über den Bestätigungsvorgang selbst nicht unterrichtet. Doch erfolgte, da der Äbtissinnenstuhl abermals vakant war, eine schriftliche Wahlanzeige an das Gandersheimer Stiftskapitel, in der ausdrücklich anerkannt wurde, daß der Äbtissin die Konfirmation *auctoritate apostolica et antiqua approbataque consuetudine* zustehe (10/11 Urk 119).

Die letzten Abtswahlen von 1570 und 1572 standen bereits unter dem Druck der Zeitverhältnisse, welche Differenzen mit dem Reichsstift wegen des Bestätigungsmodus nicht mehr zuließen. Bei der Wahl Johann Beckmanns am 4. März 1570 entsandte die Äbtissin zwei Kanoniker nach Clus und ließ betonen, daß ihr die erste Stimme bei der Elektion zustehe, wovon früher niemals die Rede gewesen war. Dadurch wurde ihr Kandidat mit einer Stimme Mehrheit gewählt. Die Bestätigung erfolgte bei diesem Abt und zwei Jahre später bei seinem designierten Nachfolger Heinrich Pumme ganz entsprechend dem oben zitierten *Processus confirmacionis abbatis Clusensis.* Beide Äbte leisteten außerdem ihren Eid als Kanoniker des Reichsstifts.

Abgesehen von diesen Bindungen konnte der Abt seine Klosterleitung nach innen und außen frei ausüben, soweit seine Entscheidungen nicht gegen die Interessen des Reichsstifts verstießen (vgl. unten § 14).

2. Prior

Das Priorat wurde, wie die übrigen Klosterämter, durch Abt und Konvent aus diesem in freier Wahl besetzt. Der Prior war ständiger Stellvertreter des Abtes und wurde in den meisten Urkunden als Mitaussteller zwischen Abt und Konvent genannt. Als erster Prior der Reformzeit ist — vermutlich schon in den vierziger Jahren des 15. Jhs. — der spätere Abt Wedego Rese bezeugt. Das Amt des Priors überdauerte zwar noch das 16. Jh., trat aber schon seit der Schmalkaldischen Zeit gegenüber dem des Prokurators zurück.

3. Prokurator *(Cellerarius)*

Das Amt des Prokurators, dem neben dem Abt die Güter- und Finanzverwaltung des Klosters oblag, erscheint zuerst in der Person des Reformmönchs Bertold Ludolvessen (Werneri) etwa 1439 bis 1455. Die Prokuratoren traten in Verkaufs- und anderen Urkunden nach dem Abt und Prior häufig als Mitaussteller auf. Sie legten Rechnungsbücher, Urbare und Kopialbücher an. In den meisten Fällen stiegen sie zum Prior oder zum Abt (Johann Mutken, Heinrich Pumme) auf. Abt und Prokurator gemeinsam sicherten seit der Schmalkaldischen Besetzung vornehmlich die Existenz des Klosters. Mit der Flucht des letzten Prokurators Andreas Lüderitz im Jahre 1569 ging das Amt ein.

4. Cantor

Das Amt eines Cantors ist nur 1473 und 1505 urkundlich erwähnt. Beide Inhaber, Theodericus Bothe alias Uffelmann und Hermann Schonefelt, erlangten nach kurzer Zeit das Priorat (s. die Personallisten).

5. Senior

Der nur zu Beginn des 16. Jhs. und noch einmal 1586 (10/11 Urk 134) besonders genannte Senior war der älteste Mönch, dem wohl einige Ehrenverpflichtungen, z. B. als Compromissarius bei der Abtswahl, zufielen. Ein eigentliches Klosteramt bildete das Seniorat offenbar nicht.

6. Konvent

Der Konvent *(totus conventus fratrum, gantze gemeyne vorsamninge bzw. samnunge)* wuchs mit dem Fortgang der Reform. Wie die von Henricus Bodo mitgeteilten Profeßlisten zeigen, waren es unter Abt Gottfried (1446—1460) 13 Mönche, unter Abt Wedego (1460—1505) insgesamt 31 Brüder, so daß mit einer durchschnittlichen Konventsstärke von etwa 20 Mönchen gerechnet werden kann. Diese Zahl nahm im ersten Drittel des 16. Jhs. auf etwa ein Dutzend und weniger ab. Die Schmalkaldische Besetzung und die weiteren Ereignisse mit ihren mehrfachen Austreibungen ließen die Konventsstärke immer mehr absinken.

In den achtziger Jahren war außer dem Abt und dem Prior nur noch ein einziger Konventual vorhanden. Über die Standesverhältnisse des Konvents vgl. unten § 12.

7. Donaten

Über das Donateninstitut in der Bursfelder Kongregation s. die „Ceremonia nigrorum monachorum O. S. B de observantia Bursfeldensi" (1474), dist. IV c. 6—11. Als erster Donat in Clus wird zwischen 1446 und 1460 der geschäftstüchtige Johannes Buxtehude genannt (Herbst, Klus S. 36). Über weitere Cluser Donaten der Zeit von 1468—1536 erfahren wir fast nur aus den Totengedenklisten der Generalkapitelsrezesse der Bursfelder Kongregation (s. die Personallisten).

§ 11. Die Klosterverfassung nach der Reformation

War der erste evangelische Abt Georg Schünemann (1596—1617), wenn auch an der formellen Bestätigung durch die Stiftsäbtissin festgehalten wurde (s. unten § 21, 1), im Grunde nicht viel mehr als ein herzoglicher Klosterverwalter gewesen, so war dies nach dem Eingehen des Konvents vollends der Nachfolger Johann Rittierodt, auch wenn er noch als „Abt" bezeichnet wurde (s. oben S. 232). Prior von Clus nannte sich 1625 der Gandersheimer Generalsuperintendent Mag. Joachim Pöling (2 Alt 3547), ohne daß etwas über eine förmliche Bestallung bekannt wäre. Über die Einrichtung eines Titularkonvents auf Grund der Klosterordnung Herzog Augusts d. J. vom 12. März 1655 s. oben S. 236.

§ 12. Ständische Verhältnisse

Über die ständische Zugehörigkeit von Äbten und Konventualen in Clus lassen sich für das 12. und 13. Jh. keine sicheren Angaben machen. Sieht man von der möglichen Zugehörigkeit des ersten Abts Heinrich zur Dynastenfamilie der Northeimer ab, so ist für die folgenden Äbte mindestens seit dem 13. Jh. die Herkunft aus dem ministerialischen Adel anzunehmen. In der ersten Hälfte des 14. Jhs. haben mit den Äbten Berthold II., Ludolf I., Berthold III. und Heinrich IV. vermutlich vier Angehörige der der Gandersheimer Stiftsministerialität entstammenden Familie von Oldershausen nacheinander die Abtswürde von Clus bekleidet. Spätestens seit dem letzten Drittel des 14. Jhs. waren alle Äbte ausnahmslos bürgerlich.

Bei den übrigen Konventsangehörigen ist für den Kustos Richard (1231—1251) Verwandtschaft mit der niederadligen Familie von Brunsen zu vermuten. Seit dem Ende des 13. Jhs. dürfte das bürgerliche Element im Konvent überwogen haben. Im Spätmittelalter und in der Neuzeit war der Cluser Konvent mit der alleinigen Ausnahme des 1477 verstorbenen *nobilitaris* Heinrich von Bock rein bürgerlicher Herkunft. Die in der Chronik von Henricus Bodo überlieferten Profeßlisten lassen erkennen, daß sich die Äbte und Konventualen der Reformzeit mit wenigen Ausnahmen aus den umliegenden Städten rekrutierten. Von diesen stellte Gandersheim mit Abstand den meisten Nachwuchs. Es folgten mit zahlreichen Professen die Stadt Alfeld, die u. a. die bedeutenden Äbte Conrad Hissing und Johannes Mutken stellte, sodann Einbeck, Uslar, Dassel, Gronau, Brakel, Hildesheim, Bockenem, Höxter, Goslar und Trendelburg. Aus größerer Entfernung kam nur der aus Luxemburg gebürtige Matthias Linenwever († 1507), dessen Eintritt in Clus vielleicht mit den aus der Frühzeit der Reform datierenden Beziehungen zu St. Matthias in Trier in Verbindung zu bringen ist.

§ 13. Stellung im Orden

Die Betonung des cluniazensischen Ordo für den zweiten Cluser Konvent in der Urkunde Bischof Bernhards I. von Hildesheim von 1134, noch 1192 im Privileg Papst Coelestins III. wiederholt, hatte wohl schon damals kaum eine andere Bedeutung, als daß sie den Reformcharakter des neuen Konvents hervorheben sollte. Irgendeine Verbindung zur Kongregation von Cluny, eine Befolgung der Consuetudines Cluniacenses oder ein Einfluß der Statuten von 1146 läßt sich für Clus zu keiner Zeit nachweisen, wobei allerdings der Verlust der älteren Bibliothek in Betracht gezogen werden muß. Wenn man von der engen Verbindung zu St. Michael in Hildesheim in der zweiten Hälfte des 12. Jahrhunderts absieht, sind auch Beziehungen von Clus zu anderen Benediktinerklöstern, mit Ausnahme einer vereinzelten Konfraternität mit dem Erfurter Peterskloster i. J. 1314 (VII B Hs 100 Bd. 3 Bl. 79 v, vgl. B. Frank, Erfurter Peterskloster S. 397), in den ersten drei Jahrhunderten seines Bestehens nicht bezeugt. Clus blieb ein kleines isoliertes Benediktinerkloster, dessen Stellung als Eigenkloster des Reichsstifts Gandersheim, dessen wirtschaftliche Schwäche und dessen allmählicher innerer Verfall eine Entfaltung und weitere Verbindungen verhinderten. Das von der „Benedictina" Papst Benedikts XII. und dann vom Konstanzer Konzil ausgehende Reformwerk ließ Clus offenbar zunächst unberührt. Zwar verzeichnen die Beschlüsse des in Verbindung mit dem Konstanzer Konzil zu Petershausen tagenden Provinzialkapitels der Benediktinerprovinz Mainz-Bamberg vom 28. Februar/19. März 1417 (abgedr. bei Jos. Zeller, Das Provinzialkapitel im Stift Petershausen i. J. 1417, StudMittGBened. 41, 1922 S. 54, dazu S. 23) den Abt von Clus als einzigen persönlich anwesenden Benediktinerabt der Diözese Hildesheim. Doch dürfte hier eine Verwechslung vorliegen. Eher wird es sich bei dem ebda. c. 9 (Zeller, a.a.O. S. 22 und 56 f.) irrtümlich unter der Erzdiözese Mainz aufgeführten Abt von *Clusa,* der wegen unentschuldigten Fernbleibens bzw. Nichtentsendung eines Prokurators als *contumax* erklärt und mit 20 rh. Gulden Strafe belegt wurde, um den Abt unseres Klosters handeln. Der vorgeschriebene Besuch der Provinzialkapitel blieb weiterhin unbeachtet, so daß Clus auf dem Kapitel der Mainzer Ordensprovinz zu Würzburg am 14. Mai 1424 abermals in Strafe genommen wurde (UB. Kl. Paulinzelle [ThürGQ. NF. 4] 1905 nr. 359 S. 340). Ob die von diesem Provinzialkapitel verordnete Visitation von Clus, die der Abt von St. Michael in Hildesheim mit dem Ziel einer Wiederherstellung der Vita communis vornehmen sollte, auch durchgeführt wurde, ist angesichts der Zustände in Clus gegen Ende der zwanziger Jahre zweifelhaft.

Immerhin bot die neue Ordensorganisation den Gegnern des am 9. Dezember 1429 zum Abt von Clus gewählten Dethlev von Hannover die Möglichkeit, sich an das auf dem Michelsberg zu Bamberg tagende Provinzialkapitel des Ordens um Hilfe zu wenden. Obwohl der Gewählte dessen Zuständigkeit bestritt und ihm gegenüber die Rechte des Reichsstifts Gandersheim über Clus nicht nur im Hinblick auf die Bestätigung des Abtes, sondern auch auf Visitation und Reform auszuspielen versuchte, gelang es dem Präsidenten des Provinzialkapitels, Abt Ortwin von St. Peter in Erfurt, den Elekten mit Genehmigung der Stiftsäbtissin abzusetzen und unter Ausschluß seiner Wähler in Clus eine Neuwahl anzuberaumen. Die Vorgänge (vgl. im einzelnen oben S. 211 f.) bewirkten schließlich in Zusammenarbeit von Provinzialkapitel, Landesherrschaft und Reichsstift 1430 die Einsetzung des Reformabtes Johann Dederoth. Seit 1433 in Personalunion auch Abt von Bursfelde, führte er beide Klöster und 1435 auch Reinhausen zu gemeinsamer Observanz, der sich dann 1444 noch Huysburg anschloß. 1434 reiste er zu Abt Johannes Rode von St. Matthias in Trier und erhielt von ihm für Clus und Bursfelde je zwei Reformmönche sowie die Statuten des Johannes Rode (Das Statutenexemplar für Clus jetzt in der Staatsbibliothek Preußischer Kulturbesitz Berlin, Ms. lat. 8° 220, vgl. Volk, Urkk. S. 3 und ders., 500 J. B. K. S. 20).

Von 1430 bis zu seinem Tode 1439 hat Johann Dederoth zunächst in Clus und dann in Bursfelde seine Reformgedanken verwirklicht und von hier aus die Grundlagen der Bursfelder Union geschaffen. Damit steht Clus am Anfang dieser größten mitteleuropäischen Reformbewegung der Benediktiner.

Tocius Bursfeldensis unionis et observancie suscitator nennt den Abt der Rückvermerk der Wahlurkunde von 1430 (10/11 Urk 43). Daß die Reformbewegung von rechtswegen nach Clus und nicht nach Bursfelde hätte benannt werden müssen, daß eigentlich Clus die *mater reformacionis* sei, ist noch im 15. Jahrhundert auch außerhalb des Klosters betont worden (vgl. Johannes Legatius, Chron. s. Godehardi: *Itaque quoniam Clusa reformationis primum, Clusenses rectius denominandi essemus, non Bursfeldenses, quod est ordine secundum,* SSrerBrunsv. 2 S. 413, vgl. weiter Herbst, Klus S. 21 f.). Daß sich dennoch der Name des größeren Bursfelde mit der Kongregation verband, ist das Verdienst des dort auf Johann Dederoth folgenden Reformabts Johann von Hagen (1439—1468), des eigentlichen Organisators der Union.

Die Namen der nach Clus entsandten beiden Trierer Mönche sind nicht bekannt (vgl. auch Virgil Redlich, Johannes Rode von St. Matthias bei Trier. Ein deutscher Reformabt des 15. Jhs. [Münster 1923] S. 64). Auch daß der spätere Abt von Abdinghof Heinrich von Peine dem Johann Dederoth aus Northeim nach Clus gefolgt sein soll, bevor er nach Bursfelde und von dort als Prior nach Reinhausen und als Abt nach Northeim ging, ist aus Cluser Quellen nicht zu belegen und auch dem Chronisten Henricus Bodo nicht bekannt gewesen, der allerdings in seiner ersten Konventsliste angibt: *fratres nonnulli, quorum nomina nescimus* (CC. Bl. 139 r).

An dem ersten Generalkapitel der Bursfelder Union im Mai 1446 war selbstverständlich auch Clus beteiligt. Am 26. Oktober 1446 stellte Abt Gottfried I. für Clus die förmliche Anschlußurkunde an die Union aus (gedr. Volk, Urkk. S. 69 aus etwa gleichzeitiger Abschr. in Bisch. Bibl. Hild. Hs 706; das Original jetzt im Stadtarchiv Aachen, Bursf. Kongr. Nr. 3, s. Volk, 500 J. B. K. S. 265), nachdem er schon bei seiner Eidesleistung gegenüber dem Cluser Konvent versprochen hatte, allezeit auch den Beschlüssen des Generalkapitels der Union gehorsam zu sein (s. oben § 10, 1). Freilich verhinderten die bescheidenen Verhältnisse in Clus Wirkungen, wie sie nun von dem größeren Bursfelde ausgingen. Vor allem war wohl bei der geringen Konventsstärke an die Abgabe von Reformmönchen an andere Benediktinerklöster, die sich seit der Mitte des 15. Jhs. in großer Zahl an die Bursfelder Union anschlossen, nur in Ausnahmefällen zu denken. Doch wurden durch den Cluser Abt eine

Reihe benachbarter Benediktinerinnenklöster reformiert (s. oben Brunshausen § 8 und St. Marien § 10), und er wurde auch weiterhin zu Visitationsaufgaben innerhalb der Mainzer Provinz herangezogen (Volk, 500 J. B. K. S. 266).

Im übrigen konzentrierte man sich in Clus im Innern auf die Verwirklichung der Reformgrundsätze, nach außen vor allem auf die Verbesserung der eigenen wirtschaftlichen Verhältnisse mit größtem Erfolg (s. oben S. 213 ff.). So hat der bedeutende Abt Wedego Rese (1460—1505), selbst ein entschiedener Vertreter der Reform, nach den erhaltenen Rezessen nur 17mal persönlich an den Generalkapiteln der Union teilgenommen und sich 24mal vertreten lassen (Volk, Gen. Kap. Rez. 1 passim und S. 346).

Erst nachdem Clus wirtschaftlich gefestigt war, hat sein Nachfolger sich um so intensiver im Führungsgremium der Bursfelder Kongregation betätigt. Abt Konrad Hissing hat nach den Generalkapitelsprotokollen während seiner Abtszeit von 1505—1541 trotz der immer schwieriger werdenden Zeitverhältnisse nicht weniger als 29mal an den jährlichen Zusammenkünften der Unionsäbte an oft weit entfernten Tagungsorten teilgenommen. Nicht nur in der Nähe von Clus, sondern auch am Mittelrhein, in der Erzdiözese Bremen (Zeven und Himmelpforten) und in der Diözese Lübeck (Cismar) übernahm er Reformierungs- und Visitationsaufgaben (Elfr. Bachmann, Das Kloster Heeslingen-Zeven. 1966 S. 60 und Volk, Urkk. S. 126). Von 1521 ab bekleidete er auf den Generalkapiteln zweimal das Amt eines Definitors (hierüber vgl. Philipp Hofmeister, StudMittGBened. 35, 1935 S. 43), viermal das Amt eines Kompräsidenten und wurde schließlich anstelle des Bursfelder Abtes 1530 in Köln, 1531 in Mainz, 1533 in Werden, 1539 in Abdinghof und 1540 in Köln zum „praesidens principalis“ des Generalkapitels gewählt (Volk, Gen. Kap. Rez. 2 S. 5, 14, 46 und 51). Die Tatsache, daß der Abt des immer noch bescheidenen Klosters Clus an die Spitze der nun über hundert, z. T. sehr bedeutende Abteien umfassenden Kongregation berufen wurde, war zweifellos eine hohe Auszeichnung.

Sein Nachfolger Johann Mutken hatte infolge der Reformationswirren und mehrfachen Vertreibungen in seiner Amtszeit nicht mehr die Möglichkeit zu ähnlicher Betätigung innerhalb der Kongregation. Während seines Exils in Marienstein hat er 1544 am Generalkapitel in Köln teilgenommen und war dann noch einmal 1549 in Corvey anwesend (Volk, Gen. Kap. Rez. 2 S. 70 f.). In den Jahren 1556 und 1557 ließ er sich die Vertretungsgebühr ermäßigen bzw. erlassen, kam aber 1559 noch einmal zum Generalkapitel in Erfurt, wo er zum Kompräsidenten gewählt wurde (Volk, a.a.O. S. 117, 120, 132). Im letzten Jahrzehnt seiner

Amtszeit blieb er — schon zeitlebens ein kranker Mann — den Generalkapiteln unentschuldigt fern.

Von den beiden letzten katholischen Äbten von Clus hat Heinrich Pumme zwar noch auf dem Generalkapitel in Abdinghof 1574 seine Admission erhalten und noch 1575 7 Th. Kontribution entrichtet (Volk, Gen. Kap. Rez. 2 S. 217 und 228). Nachdem er jedoch ein Jahr später aus Clus hatte fliehen müssen, war das Kloster in der Union, an deren Anfängen und an deren erster Blütezeit es so stark beteiligt gewesen war, nicht mehr vertreten. Über die Beteiligung der Bursfelder Kongregation an der Rekatholisierung von Clus nach dem Restitutionsedikt von 1629 s. oben S. 233 f.

§ 14. Verhältnis zum Reichsstift Gandersheim und zum Ordinarius. Exemtion

Clus ist, wie Brunshausen und St. Marien vor Gandersheim, von Anfang an Eigenkloster des Reichsstifts gewesen, von dem es gegründet und ausgestattet worden war. Allerdings wurde das Eigenkirchenverhältnis im Sinne der Reformgedanken der Zeit des ausgehenden Investiturstreits durch bischöfliche und königliche Bestimmung bereits 1134 als Patronatsverhältnis präzisiert, das die Rechte des Reichsstifts im wesentlichen auf die Bestätigung des vom Konvent gewählten Abtes und dessen Investitur beschränkte. Im übrigen sollte der Abt in der Leitung des Klosters, seiner Verwaltung und seiner Vertretung nach außen völlig frei sein, frei auch insbesondere von Abgaben und Leistungen (DL III. 59: *... tam interiora quam exteriora absolute disponat, liber ab omni subiectionis alicuius exactione vel servicio*). Sonst banden den Abt bestimmte beratende und liturgische Funktionen sowie sein Stiftskanonikat enger an das Reichsstift.

Die Erringung der kirchenrechtlichen Exemtion durch Gandersheim seit 1208 hatte zur Folge, daß das vom Abt bisher dem Diözesanbischof zu leistende Versprechen der *debita obediencia et subiectio* vor der Stiftsäbtissin abzulegen war. Diese übte nunmehr auch die geistliche Jurisdiktion über Clus aus, während die erforderlichen Pontifikalien über das Reichsstift von einem beliebigen Bischof erbeten werden konnten.

Clus hat dieses Verhältnis auf Grund der engen persönlichen und räumlichen Beziehungen zu Hildesheim offenbar zunächst nur widerstrebend anerkannt (s. oben S. 206 f.), hat sich aber in der Folgezeit mit den veränderten Verhältnissen abgefunden, zumal sie ihm auch durchaus Vorteile boten und das Kloster auch von seiten des Bischofs von Hildesheim offiziell unter die exemten Anstalten der Diözese gerechnet wurde (UBHHild. 4, 192 S. 93). Es hat jedoch, soweit die dürftige Überlieferung erkennen läßt, nur ein einziges Mal selbst seine Exemtion betont (17. Juni 1421: *J. abbas monasterii b. Marie et Georgii in Clusa ad Romanam curiam nullo medio pertinentis,* 10/11 Urk 39); es ging dabei um die Beurlaubung des Mönches Dethlev von Hannover, für die sonst eine bischöfliche Erlaubnis erforderlich gewesen wäre. Andererseits betonte das Reichsstift stets seine Exemtion als auch für Clus gültig, so bei einer Appellation an die Kurie vom 20. März 1467 wegen des von Bischof Ernst von Hildesheim auch von Clus geforderten Subsidium caritativum (6 Urk 534).

Obwohl noch der Cluser Chronist Henricus Bodo in seinem Gandersheimer Syntagma (SSrerBrunsv. 3 S. 701) das Reichsstift als *mater nostra* bezeichnete und so das ursprüngliche Abhängigkeitsverhältnis anerkannte, mußte das Patronatsverhältnis infolge des Anschlusses an die Bursfelder Kongregation und der Teilnahme an deren Privilegien allmählich von Clus als nicht mehr vertretbar empfunden werden. Dies lassen schon die nach den Wahlakten des Jahres 1446 gestalteten Formulare (vgl. § 10, 1), in denen schon ein möglicher anderer Konfirmator als die Stiftsäbtissin ins Auge gefaßt ist *(illi qui debet eum confirmare)* und unter denen die gegenüber der Äbtissin zu leistende Eidesformel fehlt, in Ansätzen erkennen. Die voneinander abweichenden Auffassungen des Klosters und seiner Patronatsherrin, die dann seit dem Beginn des 16. Jhs. bei den Abtswahlen zu Tage traten, sind oben S. 218 ff. eingehender behandelt worden. Sonst scheint das Reichsstift den Anschluß von Clus an die Bursfelder Union und seine Betätigung in ihr eher gefördert als gehemmt zu haben, da die Vorteile für die Entwicklung des Klosters ganz offensichtlich waren. Nur wenn der Abt außerhalb eines begrenzten Reformauftrages gegen die Interessen des Reichsstifts in die personellen Verhältnisse etwa von Brunshausen einzugreifen versuchte (so 1495 und 1525, s. dort § 8), reagierte Gandersheim scharf.

Schon die erste Reformation durch die Schmalkaldener aber banden Reichsstift und Kloster notwendig aneinander, und vollends schließlich bewirkte dies der gemeinsame Widerstand gegen die Einführung der Reformation durch den Landesherrn und dessen Versuch, sich die Gandersheimer Patronatsklöster einzuverleiben. Jetzt war es vor allem die Reichsunmittelbarkeit des Stiftes, die dieses gegenüber dem Druck des protestantischen Landesherrn erstmals auch für die untergebenen Klöster, insbesondere Clus, in Anspruch zu nehmen versuchte. Freilich konnten auch die von Gandersheim seit 1575 erwirkten kaiserlichen Schutzmandate eine Entwicklung nicht aufhalten, die durch ein bereits seit langem in der Praxis geübtes und vom Stift geduldetes landesherrliches Klosterregiment vorgezeichnet war. In seiner Appellation vom 30. Januar 1580 konnte Herzog Julius daher nicht ganz zu Unrecht behaupten, die Stiftsäbtissin habe in Clus *in temporalibus keine Administration* gehabt (6 Urk 939).

Nachdem auch das Reichsstift evangelisch geworden war, setzte der große Vertrag vom 20. August 1593 fest, daß sich der Abt von Clus *der Äbtissin als (seiner) gnädigen Frau eidlich verwandt machen* solle, unschädlich der fürstlichen Erb- und Landhuldigung und der hergebrachten Leistungen des Klosters an Fürst und Landschaft. Dem Fürsten als Konservator und Protektor war ebenso wie der Äbtissin jährlich Rechnung zu legen (6 Urk 964, 11 Alt Gand. Fb. 1, V, 3 Bd. 2). Hinsichtlich der Abtsbestätigung mußte sich die Stiftsäbtissin damit begnügen, den beiden letzten „Äbten" durch Handauflegen eine Art Konfirmation zu erteilen, — letzter Ausdruck der alten eigenkirchlichen Rechte des Reichsstifts.

Die schließliche Rückgabe der Besitzungen von Clus aus dem fürstlichen Klosterfonds an Gandersheim im Jahre 1695 hatte, da das klösterliche Leben in Clus längst erloschen war, für das Reichsstift nur noch wirtschaftliche Bedeutung.

§ 15. Verhältnis zum Landesherrn

Während das Reichsstift seinen Eigenklöstern wenigstens die Teilhabe an seiner kirchenrechtlichen Sonderstellung erhalten konnte, gelang ihm der Aufbau eines eigenen Territoriums angesichts der sich in Gandersheim selbst festsetzenden welfischen Landesherrschaft nicht. Spätestens im 14. Jh. kam es auf dem Wege über die Schutzvogtei der Herzöge als der Träger der öffentlichen Gewalt zu einer Art herzoglicher Klosterherrschaft über die dem Reichsstift untergebenen Klöster. Diese Entwicklung verstärkte sich mit der Zugehörigkeit der herzoglichen Ämter Gandersheim und Seesen zum Fürstentum Göttingen. Das machtmäßige Übergewicht der herzoglichen Burg Gandersheim gegenüber dem Reichsstift hatte schon im frühen 14. Jh. zur Folge gehabt, daß Cluser Klosterbesitz, der an Adlige verlehnt oder vermeiert war, welche herzogliche Amtleute oder Pfandinhaber der Burg Gandersheim waren, in größerem Umfang schließlich dem Kloster entfremdet und als zum herzoglichen Amt gehörig an dieses gezogen wurden (s. oben S. 208).

Auch Clus mußte als Gegenleistung für den herzoglichen Schutz, für den das Reichsstift seinen Klöstern nichts Entsprechendes zu bieten hatte, zu den Steuern und Lasten des Landes beitragen. Das Schatzregister des

Fürstentums Göttingen von 1448 führte Clus mit 10 Gulden als schatzpflichtig auf (StadtA. Gött., Allg. Steuern u. Schatzsachen 2 Bl. 20, 28). Allerdings gelang es dem Kloster im Jahre 1480, von Herzog Wilhelm d. Ä. gegen Zahlung von 6 Goldgulden jährlich eine Befreiung von allen Diensten, Pflicht und Unpflicht an das Amt Gandersheim zu erlangen und sich diese auch von den folgenden Herzögen Wilhelm d. J., Friedrich, Heinrich d. Ä. und Erich d. Ä. bestätigen zu lassen (10/11 Urk 75, 77, 78, 82, 92). Doch kam es besonders in den ersten Jahrzehnten des 16. Jhs. immer wieder zu Reibereien und Auseinandersetzungen wegen des gleichwohl vom Amt geforderten Wagendienstes und der Unterbringung der herzoglichen Jäger und Hunde im Kloster, für die der Herzog schließlich den Bau eines besonderen heizbaren Raumes erzwang (CC. Bl. 182 ff.).

Für Clus war es um so weniger möglich, sich dem Druck der Landesherrschaft zu entziehen, als gerade die Reform von 1430 ihren Erfolg wesentlich der Förderung durch Herzog Otto den Einäugigen verdankte. Er hatte im wesentlichen dem neuen Abt Johann Dederoth die Möglichkeit zu seinem Reformwerk gegeben, ebenso wie der Herzog einige Jahre später auch die Reform des Klosters Bursfelde in Gang brachte. Abgesehen von zweifellos vorhandenen religiösen Motiven waren die Herzöge besonders daran interessiert, eben durch die Reform die zerrütteten wirtschaftlichen Verhältnisse der Klöster in Ordnung zu bringen und ihre Finanz- und Steuerkraft zu stärken. Dieses Ziel wurde in Clus in unerwartetem Ausmaß erreicht. Auf Betreiben der Landesherrschaft wurden die Cluser Äbte im Verlauf des 15. Jhs. auch zur Reformierung weiterer Klöster (Lamspringe, Brunshausen, St. Marien vor Gandersheim) eingesetzt.

Da der Schutz des Klosterbesitzes in der Hauptsache nur von der Landesherrschaft gewährleistet werden konnte, war ein gutes Verhältnis zu den welfischen Herzögen aller Linien für das Kloster lebenswichtig. So wurde 1486 die Herzoginwitwe Margarete (geb. von Sagan) und ihr Sohn Heinrich zu Grubenhagen gegen die Schutzverpflichtung für die Dankelsheimer Klostergüter in die Gebetsbruderschaft von Clus aufgenommen (Or. Urk. auf der Innenseite des rückwärtigen Einbanddeckels von Cod. Guelf. 19. 13 Aug. 4°). Auch die gelegentlichen Übergriffe der herzoglichen Amtleute und Vögte auf der Burg Gandersheim haben das persönlich gute Verhältnis mit den Herzögen nicht beeinträchtigen können. Henricus Bodo bringt hierfür eine Anzahl Belege. Auch fällt auf, daß Herzog Heinrich d. J. die Finanzkraft von Clus längst nicht in dem Maße ausnutzte, wie er es anderen Klöstern seines Fürstentums gegenüber tat. Während der Hildesheimer Stiftsfehde hatte das nahe Verhältnis zum Herzog allerdings die Folge, daß der Cluser Klosterbesitz in der

Heberbörde von den Gegnern als herzoglich angesehen und entsprechend schwer geschädigt wurde.

Das Reichsstift Gandersheim hat diese durch die Machtverhältnisse bedingte Entwicklung zu einem in der Praxis ausgeübten landesherrlichen Klosterregiment dulden müssen. Als landsässiges Kloster wurde denn auch Clus während der Schmalkaldischen Besetzung wie auch nach der Restitution Heinrichs d. J. behandelt, und es war nur eine Folge dieser Entwicklung, daß Herzog Julius die Einführung der Reformation im Jahre 1568 dazu benutzte, Clus zum Klostervermögen des herzoglichen Kammerguts einzuziehen. Der heftige Widerstand des Reichsstifts und des Klosters selbst hat dies zwar um mehrere Jahrzehnte verzögern, aber nicht verhindern können, daß Clus bis zur schließlichen Rückgabe an Gandersheim im Jahre 1695 Bestandteil des herzoglichen Klosterfonds wurde.

§ 16. Siegel

1) Klostersiegel (Konventssiegel),
Um 1200. Oval, 75 × 60 mm. Bild: links: hl. Maria stehend, das Haupt dem Christuskind zugewendet, das sie auf dem linken Arm trägt, und mit erhobener Lilie in der rechten Hand; rechts: hl. Georg stehend mit aufgesetztem Schild (dieser gewölbt mit gerader Oberkante und kleinem Buckel in der Schildmitte), die linke Hand zur Lilie erhoben, den rechten Arm in die Hüfte gestützt, das Schwert am Gehenk haltend. Umschrift: † S(ANCTA) MARIA · V(IRGO) · S(ANCTVS) GEORGI(VS) M(ARTYR) IN CLVSA PATRONI. Erhalten nur in fünf beschädigten Exemplaren: 1474 (41 Urk 63), 1510 (10/11 Urk 103), 1549 (10/11 Urk 121), 1555 (41 Urk 166) und 1569 (41 Urk 188).

2) Allgemeines Abtssiegel:
   a) Der von Abt Wedego verwendete persönliche Siegeltyp wurde — ohne dessen Initialen — von seinen Nachfolgern Konrad Hissing und Johann Mutken als allgemeines Abtssiegel verwendet. 2. Hälfte 15. Jh. Rund, ⌀ 35 mm. Bild: hl. Georg zu Fuß mit Lanze, den Drachen tötend. Umschrift: *S(igillum) abbatis · in · clusa.* Abbildung: Prauns Siegelkabinett, 5 Slg Bd. XI nr. 46 b.
   b) Als Ersatz für das 1553 weggenommene vorstehende Siegel (VII B Hs 321 a) erscheint zuerst 1555 (41 Urk 164 und 175) ein zweites kleineres allgemeines Abtssiegel.
   Mitte 16. Jh. Rund, ⌀ 24 mm. Bild: hl. Georg als Drachentöter zu Fuß, in der rechten Hand das geschwungene Schwert, mit der

linken dem Drachen die Lanze ins Maul stoßend. Umschrift: *S(igillum) abbat(is) i(n) Clusa.*
Das Siegel wurde von den Äbten Johann Mutken, Johann Beckmann und noch von dem letzten katholischen Abt Heinrich Pumme neben seinem persönlichen Ringsiegel verwendet.

3) Persönliche Abtssiegel
S. die Personallisten (Abschnitt 7) unter Abt Heinrich IV. 1351, Konrad III. 1390, Johann I. 1398, Heinrich V. 1410, Johann II. 1421, Gottfried 1453, Wedego 1474, Heinrich Pumme (persönl. Ringsiegel).

5. RELIGIÖSES UND GEISTIGES LEBEN

§ 17. Historiographische Tätigkeit. Liturgisches

Über das geistige Leben in Clus vor 1430 ist infolge der dürftigen Quellenlage und des Verlustes der älteren Bibliothek nichts bekannt. Für die Zeit nach der Reform kann auf die erschöpfende Darstellung von Herbst, Klus, besonders Kap. 4 u. 6 verwiesen werden, ebenso oben auf den § 5. Bibliothek und § 13. Stellung im Orden.

Hervorzuheben ist besonders die historiographische Tätigkeit des Mönchs Henricus Bodo alias Angelonius, vor allem sein „Chronicon cenobii Clusini“, mit dessen Abfassung er im Jahre 1523 (vgl. CC. Bl. 117 v) auf Anregung seines Abtes Conrad Hissing begann. Die in gekünstelt schwierigem Humanistenlatein geschriebene Chronik ergänzt die vergleichsweise dürftige archivalische Überlieferung weithin und ist somit insbesondere für die Reformzeit eine unersetzliche Quelle, die von uns (unter der Abkürzung CC.) bereits vielfach zitiert worden ist. Sie ist noch als Autograph des Verfassers in dem Wolfenbütteler Codex 19.13 Aug. 4° erhalten, in dem Henricus Bodo sein Chronicon mit seinem zweiten Geschichtswerk über das Reichsstift Gandersheim, die *Chronica ecclesię Gandesianę* bzw. das *De constructione cenobii Gandesiani, perfectione quoque et defectione eiusdem syntagma,* im Jahre 1532 durch den Buchbinder seines Klosters zusammenbinden ließ (die Buchbindernotiz am oberen Rande der Innenseite des Rückendeckels der Handschrift ist gegenüber Herbst, Klus S. 15 Anm. 2 richtig zu lesen: *Anno domini 1532 ligatus est presens liber per fratrem in hac Clusula inclusus [!] Katharine,* wobei unter dem letzten Wort nach frdl. Hinweis von Herrn Pfarrer Hermann Engfer in Hildesheim wohl die Bezeichnung der nach dieser Heiligen benannten Klosterzelle zu verstehen ist). Das *Chronicon cenobii Clusini*, das der Vf. noch mit Nachträgen bis 1539 versah, ist in Aufbau und Gliederung von Herbst, Klus S. 12 ff. eingehend beschrieben worden. Gedruckt ist es bislang nur in Auszügen von G. W. Leibniz in seinen Scriptores rerum Brunsvicensium Bd. 2 (1710) S. 345—370 unter dem Titel „Selecta ex chronico Clusino". Es fand später eine Fortsetzung für die Zeit von 1541—1580 in der deutsch geschriebenen Chronik VII B Hs 321a, als deren Verfasser der letzte katholische Abt Heinrich Pumme ermittelt werden konnte (Goetting, Fortsetzung; dort S. 12—32 Abdruck der Chronik mit Kommentar).

Zum Gandersheimer „Syntagma" (für das Henricus Bodo das eben damals wiederaufgefundene Gründungsepos Hrotsvits weitgehend ausschrieb) und seiner bis zum Jahre 1550 erweiterten zweiten Fassung, die der Autor als Abt von Marienstein (vgl. unten S. 295) fertigstellte und die uns nur in einer Abschrift des älteren Heinrich Meibom von 1589 erhalten ist (Niedersächsische Landesbibliothek Hannover, Ms. XXIII 548), vgl. Goetting, Primordia S. 87 ff.

Außer den beiden genannten Werken zur Geschichte von Clus und Gandersheim verfaßte Henricus Bodo unter dem Namen Henricus Angelonius im Jahre 1537 noch eine Abhandlung über die Anfänge der Bursfelder Reform (gedruckt bei Herbst, Klus S. 97 ff., vgl. ebda. S. 20 ff.), ferner einen — bisher nicht bekannten — Kommentar zur Benediktinerregel, der abschriftlich im Cod. Bev. 703 der Dombibliothek Hildesheim vorliegt (vgl. oben S. 188).

Zum religiösen und liturgischen Leben in Clus sind für die ältere Zeit ebenfalls keinerlei Quellen überliefert. Für die Reformzeit nach 1430 vgl. die Ausführungen von Herbst, Klus S. 42 ff.

Die Zahl der außer den regulären liturgischen Feiern zu haltenden Memorien und sonstigen Messen wurde 1477 mit Zustimmung des Generalkapitels der Bursfelder Union unter Befreiung von allen sonstigen Verpflichtungen auf die Zahl 12 beschränkt (10/11 Urk 74).

6. BESITZ

§ 18. Güterausstattung und Besitzentwicklung

Da alle älteren Urbare und Güterverzeichnisse für Clus vor dem 16. Jh. verloren sind und der Güterbesitz auch später nur summarisch bzw. unzureichend spezifiziert angegeben wird, kann dieser allein an

Hand der Erwerbs- und Tauschurkunden und der gelegentlichen Angaben in der Chronik des Henricus Bodo rekonstruiert werden.

Die Besitzausstattung der Gründungszeit umfaßte außer der unmittelbaren Umgebung des Klosterbezirks vor allem Güter und Zehnten in den benachbarten Dörfern Dankelsheim und *Nordliudolfshausen, wo Klosterhöfe eingerichtet wurden, sowie die Kapelle zu Opperhausen mit zusammen 3 Hufen. Entlegenere Außenbesitzungen, vermutlich Schenkungen der Gründungszeit oder frühe Erwerbungen, wurden bis etwa zur Mitte des 14. Jhs. abgestoßen und gegen näher gelegene eingetauscht, so 1159/60 1 Hufe in Sebexen Kr. Osterode gegen die Broilmühle ostwärts Brunshausen und die Hasselmühle ostwärts Gandersheim, 1 Hufe zu *Oedishausen ostwärts Klein Rhüden und 1 Hufe zu *Eddingehausen bei Erzhausen gegen den Zehnten zu *Rickelshausen. 1329 wurden 2 Hufen in der alten Gandersheimer Villikation Hoheneggelsen und 1 Hufe zu Lafferde östlich Hildesheim als *nobis minus utilia propter locorum distanciam et versutiam colonorum* verkauft (UBHHild. 4, 1044 S. 569).

Schenkungen und Ankäufe noch im 12. und in der ersten Hälfte des 13. Jhs. rundeten den in der Heber- und Leinebörde gelegenen Besitz ab. Es kamen 1217 hinzu 2 Hufen in Altgandersheim, wo Clus schon früher Fuß gefaßt zu haben scheint (UBHHild. 1, 472 S. 448) und wo noch 1334 die obere (Kretel-) Mühle und die untere Mühle erworben werden konnten, 1222 2 Erbenzinshufen zu *Adestessen bei Dankelsheim (dazu 1237/38 Erwerb des halben Zehnten zu *Adestessen), c. 1217/1244 Ackerland auf dem Clusberg nördlich Gandersheim, 1231/1251 zusammen 2$^1/_2$ Hufen zu Orxhausen und 1318 1 Hofplatz und 8 Joch zu Gremsheim. Rodungen in unmittelbarer Nähe des Klosters (z. B. im Bredenla) werden 1329 und nochmals 1484/1502 erwähnt (CC. Bl. 127, 151 v und 152 v). Wegen der Holzberechtigung von Clus im „Brunshäuser Holz“ kam es mehrfach zu schweren Auseinandersetzungen mit dem Nachbarkloster Brunshausen.

Nach Henricus Bodo (CC. Bl. 129/130) wurden im 14. Jh. durch das herzogliche Amt Gandersheim entfremdet und nicht wieder restituiert: Güter in *Nordliudolfshausen, die Hasselmühle bei Gandersheim, Äcker auf dem Clusberg, eine Wiese zu Orxhausen, eine Mühle zu Sebexen und der Zehnte zu *Rickelshausen.

Eine zielbewußte Erwerbspolitik setzte nach der Reform von 1430 ein, die sowohl Einlösungen verpfändeter Besitzstücke wie auch Neuankäufe umfaßte. Sie begann 1436 mit dem Kauf der Uslarschen, vormals Fredenschen Güter zu Klein Freden Kr. Alfeld, die zum größeren Teil herzogliche, aber auch Gandersheimer Lehen waren. Sie umfaßten das Vorwerk, das „Schoneveldische Land“, die Heverwiese, eine halbe Schäferei, einen halben Mühlenhof, drei Höfe und zwei Fischereien in der Leine (10/11 Urk 45, 45 a). 1443 konnte vom Kloster Wülfinghausen für 200 fl. der Zehnte zu Klein Freden gekauft werden (10/11 Urk 49, 50). Diese Erwerbungen wurden 1452 gekrönt durch den Kauf des vom Stift Gandersheim ursprünglich an die von Freden, dann an die von Uslar verlehnten Patronatsrechts über die St. Laurentiuskirche zu Klein Freden, zu der nicht weniger als 10 Hufen und 7 Hofstätten in Klein Freden selbst und zwei nahegelegenen Wüstungen sowie 1 Hufe und 1 Hofplatz in *Tiedexen bei Salzdetfurth gehörten (10/11 Urk 11 und 55, 58). 1461/71 gelang die Inkorporierung dieser Kirche, deren Einkünfte damit dem Kloster zufielen (10/11 Urk 63, 68, 68 a, 70). Abgerundet wurde der Klein Fredener Komplex durch den Ankauf des Meierhofes zu Everode Kr. Alfeld mit 7 Hufen, 4 Kothöfen und 3 Hägerhufen im Jahre 1452 (10/11 Urk 57 a, CC. Bl. 242 v), nachdem schon 1449 3 Hufen in Elboldshausen von denen von Reden hinzugekauft worden waren (10/11 Urk 53).

Während so im Nordwesten, im Gericht Winzenburg, ein neues Besitzzentrum aufgebaut wurde, wurde auch der alte Klosterbesitz in der Heberbörde erweitert. Bereits 1437 war der Erwerb des ganzen Zehnten zu Dankelsheim als Dauerlehen des Reichsstifts gelungen, 1447 auch der Erwerb des „Hollandesrot“ daselbst (10/11 Urk 46, 47, 52). 1466 wurden die verpfändeten Güter in Altgandersheim zurückgekauft (CC. Bl. 146), 1467 der Zehnte zu Helmscherode im Tausch gegen den zurückgekauften halben Zehnten zu Groß Giesen bei Hildesheim erworben (CC. Bl. 145 v) und 1471 auch in Gremsheim Ländereien hinzugekauft (10/11 Urk 69).

1499 gelang es dem kapitalkräftigen Clus, dem Kloster St. Godehard in Hildesheim das Vorwerk und den ganzen Zehnten zu Ohlenrode (Gericht Winzenburg) abzukaufen, wozu 1518 noch ein Hof in dem benachbarten Eyershausen kam (CC. Bl. 152 v und 258 v). 1513 konnte südlich Klein Freden der Meierhof zu Meimershausen mit der Heberwiese und der Wüstung *Eygen aus dem Ruscheplatenschen Erbe erkauft werden (10/11 Urk 106, 107).

Eine teilweise Übersicht ist dem Bericht des Chronisten Henricus Bodo über die Schäden des Klosters in der Hildesheimer Stiftsfehde zu entnehmen. Es wurden 1519/1521 zerstört und von 1523 an wieder aufgebaut: 6 Klosterhöfe *(allodia)* in Dankelsheim, 2 in Altgandersheim, 1 in Gremsheim, 3 in Helmscherode, 1 in Ohlenrode, 1 in Eyershausen und 3 in Klein Freden (CC. Bl. 172 f.).

Noch 1522 konnten vom Kloster Northeim dessen Außenbesitz in Steinlah und *Gronstede bei Salzgitter gekauft und 1542 auch noch dessen Vorwerk in Eboldshausen Kr. Northeim pfandweise erworben werden (VII B Hs 320 Bl. 28). Das Kloster Lippoldsberg verkaufte 1537 an Clus sein Allodium mit 5 Hufen und Höfen in Opperhausen, wo Clus bereits begütert war, sowie den Zehnten zu Haieshausen Kr. Gandersheim (CC. Bl. 254).

Die Besetzung des Landes durch den Schmalkaldischen Bund brachte die Beschlagnahme der Klostergüter und ihre Verpfändung an die Brüder von Bock (siehe oben S. 222 f.). Der Besitz wurde 1546 außer dem über 300 Morgen umfassenden Ackerland beim Kloster mit 19 Meierhöfen und 6 Zehnten berechnet, die einen Ertrag von jährlich 690 fl. abwarfen. 2 Meierhöfe in Klein Freden und Meimershausen wurden als inzwischen entfremdet gemeldet (StadtA. Brschw. B III 5 Schmalk. Bund Bd. 27 Bl. 577).

Ein undatiertes Verzeichnis der Getreideeinkünfte aus der Mitte des 16. Jhs. (41 Alt Fb. 1 nr. 1) verzeichnet im Gericht Winzenburg, also für Klein Freden und Ohlenrode, 17 1/2 Hufen und im Gericht Gandersheim 46 Hufen, die jeweils die dritte Garbe gaben, ferner 3 Zehnten mit jährlich 80 und 2 Zehnten mit jährlich 60 Malter Korns.

Die Zeit nach der Restituierung Herzog Heinrichs d. J. brachte noch einige weitere Erwerbungen. Der Klosterbesitz in Everode Kr. Alfeld wurde 1552 durch den dortigen Meierhof des Hildesheimer St. Michaelisklosters vergrößert und der Zehnte zu Breinum im Gericht Winzenburg vom Kloster Derneburg für 800 fl. pfandweise erworben. Damit war der Höchststand des Cluser Güterbesitzes erreicht.

Die Auseinandersetzungen der Reformationszeit haben dann eine Rcihc von Vcrlusten zur Folge gehabt. Das auf herzoglichen Befehl im Jahre 1589 aufgestellte Erbregister von Clus (19 Alt 42 a, in einer gleichzeitigen und zwei jüngeren Abschriften erhalten) gibt die Erbländerei vor dem Kloster mit zusammen 352 Morgen an und führt die großen Zehnten zu Dankelsheim und Klein Freden und die Meierländerei in Dankelsheim, Altgandersheim, Gremsheim, Helmscherode, Eboldshausen, Eyershausen und Everode nur nach dem gelieferten Getreidezins auf.

Wie bereits oben S. 223 f. angegeben wurde, hat Clus besonders in der ersten Hälfte des 16. Jhs. in großem Umfange an Städte und Klöster Kapitalien ausgeliehen. So wurden z. B. unter Abt Konrad Hissing folgende Rentenkäufe abgeschlossen (vgl. VII B Hs 32 Bl. 10 ff.):

1510 beim Stift BMV vor Einbeck für 700 rh. fl.,

1512 bei der Stadt Hildesheim für 1000 kl. Pfd.,

1517 bei der Stadt Braunschweig für	600 rh. fl.,
1517 bei der Stadt Alfeld für	100 Pfd.,
1519 bei der Stadt Hildesheim für	800 Pfd.,
1520 bei der Stadt Braunschweig für	500 fl.,
1529 bei der Stadt Hildesheim für	133 Pfd.,
1533 bei Einbecker Bürgern für	100 Pfd.,
1534 bei der Stadt Hildesheim für	666 Pfd.,
1536 bei der Stadt Einbeck für	400 M und 100 fl.,
1536 bei der Stadt Goslar für	700 fl.

Um die Mitte des 16. Jhs. beliefen sich die ausgeliehenen Kapitalien auf insgesamt 8480 rh. Goldgulden, 3366 Pfund und 466 Mark.

7. PERSONALLISTEN

§ 19. Von 1127—1134

1. Abt:

Heinricus (I.), 17. Juni 1127 *eiusdem loci primus abbas* (10/11 Urk 1, Harenberg S. 704). Über seine Herkunft aus Corvey und eine mögliche Gleichsetzung mit dem *Heinricus abbas* der Corveyer Aufnahmeliste unter Abt Markward vgl. Goetting, Clus S. 34 Anm. 52 und 53. Zur Frage seiner Identität mit dem (Stief-)Bruder des Grafen Siegfried IV. von Boyneburg s. oben S. 195 ff. Er war in Clus bereits vor dem 24. März 1129 ausgeschieden.

2. Propst:

Waltherus, 17. Juni 1127 *prepositus* (10/11 Urk 1, Harenberg S. 704). Auch er kam vermutlich aus Corvey (Goetting, Clus S. 34 Anm. 54). Über seine Rolle als Petent und seine besondere Hervorhebung in der obigen Urkunde s. oben S. 196. Bereits am 24. März 1129 war er Leiter des Klosters, ohne jedoch den Abtstitel zu führen (DL III. 18: *presidente . . . Clusensi ecclesię Waltero presbitero).* Schon vor 1134 wieder ausgeschieden. Vielleicht identisch mit dem Corveyer Prior gleichen Namens, der in den vierziger Jahren sich gegen den dort gewaltsam eingesetzten Abt Heinrich wandte (Jaffé, Mon. Corb. [Bibl. rer. Germ. 1, 1864] S. 243).

3. Prior:

M a n e g o l d u s, 17. Juni 1127 (10/11 Urk 1, Harenberg S. 704). Vermutlich ebenfalls aus Corvey (Goetting, Clus S. 34 f.) und wohl vor 1134 wieder ausgeschieden.

4. Mönch:

A d a l h a r d u s, 17. Juni 1127 *presbiter* (10/11 Urk 1, Harenberg S. 704). Vermutlich ebenfalls aus Corvey, wo er noch unter Abt Markward aufgenommen wurde (Goetting, Clus S. 34 u. Anm. 54). 1134 erklärte er sich als Leiter des Klosters ohne Abtstitel (*presbyter, eiusdem cellę rector religiosus,* 10/11 Urk 3, UBHHild. 1, 208 S. 190) mit der Einführung eines neuen Reformkonvents einverstanden und trat dann vermutlich zurück.

§ 20. V o n 1 1 3 4 — 1 4 3 0

1. Äbte:

W i n e m a r u s (Winnimarus), [1153/54] (10/11 Urk 5, UBHHild. 1, 282 S. 267) bis 10. Juni 1167 (Erath, Cod. dipl. Quedl. S. 94). Er kam aus dem St. Michaelskloster in Hildesheim. In dem sog. Ratmann-Missale (Hildesh. Domschatz Hs. 37) wird er in der Urkunde des Abtes Franco von St. Michael von 1159 als *Winimar abbas* unter den Konventsmitgliedern, welche die Abtswürde erlangten, genannt und im gleichen Codex auf dem Widmungsbild Bl. 111 v abgebildet (Chroust, Mon. Pal. Ser. 1, Bd. 2, 21, 2 u. 3; fehlt UBHHild. 1). Das angebliche Porträt (im mittleren Medaillon der rechten Bildumrahmung) zeigt den Kopf eines greisen Klerikers und die (spätere) Unterschrift *Wynnimar,* ist jedoch, wie oben S. 203 dargelegt, als Quelle nicht verwendbar. Nach dem Nekrolog des Domstifts Hildesheim war sein Todestag der 16. Mai (Cod. Guelf. 83. 30 Aug. 2° Bl. 70 r: *Winnimarus abbas;* Mooyer, Nekr. Hild. S. 75), nach dem Totenbuch von St. Michael der 15. Juni (Mus. Hild., Hs. 191 a: *Vinemarus abbas,* vgl. auch Mooyer, Nekr. Mich. S. 462), was wohl auf eine Verschreibung von (XVII. Kal.) Jun. in Jul. in einer dieser Quellen zurückzuführen sein dürfte. Das bei Leibniz, SS. rer. Brunsv. 2 Introd. S. 31 angegebene Todesjahr 1166 ist unrichtig.

H e i n r i c u s (II.). In Henricus Bodos Abtsliste (CC. Bl. 122) *huius nominis secundus.* 1189 o. T. (10/11 Urk 6, UBHHild. 1, 472 S. 448) bis Sept./Dez. 1192 (J. L. 16940, UBHHild. 1, 486 S. 462). Möglicherweise wie sein Vorgänger aus dem Konvent von St. Michael in Hildesheim (s. oben S. 204).

? Adolphus. Der Chronist Henricus Bodo berichtet CC. Bl. 128, daß zu unbekannter Zeit auf Veranlassung des *Adolphus monasterii Clusensis procurator, postea abbas* zwei vornehme Gandersheimer Kanonissen, Odilia und deren Mutterschwester Liutgardis, dem Kloster Clus je eine Hufe zu Dankelsheim und *Adestessen geschenkt hätten. Die beiden Damen sind von W. Petke, Wohldenberger S. 76 (vgl. auch ebda. S. 37 Anm. 56) identifiziert worden: Odilia, deren Tod vor Mitte des 13. Jhs. im Wöltingeroder Psalter, Cod. Guelf. 515 Helmst., eingetragen ist, als Tochter des Grafen Liudolf II. von Wöltingerode und der Guta zur Lippe, wahrscheinlich identisch mit der Gandersheimer Dekanin Odelhildis (s. GS NF 7 Reichsstift Gandersheim S. 365), Liutgardis als deren Tante, wohl personengleich mit der Gandersheimer Pröpstin Liutgardis (ebda. S. 360). Der Abt Adolph wäre danach wohl an den Anfang des 13. Jhs. zu setzen.

? Lampertus. Der Name ist nur in der Abtsliste des Henricus Bodo unter Nr. 4 überliefert und aus einem „sehr alten Kalendarium" entnommen (CC. Bl. 122, vgl. auch Bl. 96). Ob er mit dem am 21. Oktober 1210 (UBHHild. 1, 640 S. 612) aufgeführten *abbas de Clusa* identisch ist, muß unentschieden bleiben.

Bertoldus (I.), [1216—1221] (10/11 Urk 7, UBHHild. 1, 695 S. 663) und 1217 o. T. (Auszug CC. Bl. 124 r, unter Weglassung des Namens gedr. Harenberg S. 189 Anm. r, S. 424, vgl. das Regest bei W. Petke, Wohldenberger S. 562 nr. 1) bis 21. Juni 1222 (10/11 Urk 10). Erwähnt bei Henricus Bodo CC. Bl. 122 v und 123. Ob der 1231 o. T. (10/11 Urk 21) ohne Namen genannte Cluser Abt mit Bertold I. oder seinem Nachfolger zu identifizieren ist, muß unentschieden bleiben. Die Nachrichten bei Leibniz, SS. rer. Brunsv. 2 Introd. S. 31, Abt Bertold sei 1204 und sein Nachfolger 1220 verstorben, sind unrichtig.

Richardus, 1237 o. T. (10/11 Urk 12, Harenberg S. 1610) bis 18. Juni 1238 (10/11 Urk 13). Erwähnt bei Henricus Bodo CC. Bl. 124. Ob Richard mit dem 1244 und 1245 ohne Namen aufgeführten Cluser Abt in Verbindung gebracht werden kann, muß unentschieden bleiben.

Conradus (I.), 18. Juni 1238 als *monachus* Zeuge in 10/11 Urk 13; Reg. UBHHild. 2, S. 248 nr. 508, Abt 1251 o. T. (10/11 Urk 15) bis 30. Juli 1285 (UBHHild. 3, 727 S. 376). Conrad I. erscheint innerhalb dieser Jahre in 9 Gandersheimer Urkunden als Zeuge jeweils vor den Stiftskanonikern. Henricus Bodo nennt ihn in seiner Abtsliste CC. Bl. 124 nur auf Grund der Urkunde von 1251. Als seinen Nachfolger schiebt er infolge irrtümlicher Ansetzung der undatierten Urkunde Bischof Siegfrieds von Hildesheim (UBHHild. 1, 695 S. 663) zum Jahre 1282 einen angeblichen Abt *Bartholdus II.* ein, der also zu streichen wäre.

? Conradus (II.). Henricus Bodo fußt bei der Nennung Conrads II. in seiner Abtsliste (CC Bl. 126) auf zwei verlorenen Urkunden: einer Stiftung zu seinem Jahresgedächtnis von 1291 und einer Tauschurkunde von 1293 mit dem Abt von St. Michael von Hildesheim über einen Hofplatz zu Hoheneggelsen. Ferner bezieht er die Urkunde des Klosters Brunshausen vom 15. Juli 1297 betr. die Erlaubnis zur Erbauung einer Kapelle in *Adestessen durch Abt N. zu Clus (10/11 Urk 18) auf Conrad II. Inwieweit eine Überschneidung seiner Amtszeit mit der seines Vorgängers in Rechnung zu stellen ist, läßt sich nicht entscheiden.

? Heinricus (III.). Auch dieser Abtsname ist nur bei Henricus Bodo (CC. Bl. 126 v) überliefert. Er schreibt ihm eine verlorene Urkunde von 1310 zu, in der vor ihm der Mönch Engehardus (s. u.) gegen Entschädigung auf seine Klosterpräbende verzichtete.

Bertoldus (II., von Oldershausen?), 1311 o. T. (10/11 Urk 19, Harenberg S. 801 u. 1611) bis 5. September 1314 (Aussteller eines durch Adolf Overham [VII B Hs 100 Bd. 3 Bl. 79 v] abschriftlich überlieferten Konfraternitätsbriefes für St. Peter in Erfurt, vgl. B. Frank, Erfurter Peterskloster S. 397). Möglicherweise ist er auch der namentlich nicht genannte *abbas de Clusa* in der Adresse der Urkunde Bischof Heinrichs von Hildesheim vom 21. Oktober 1313 (UBHHild. 4, 192 S. 93).

Ludolf (I., von Oldershausen?), 1. März 1318 (10/11 Urk 20) bis 27. April 1334 (10/11 Urk 26 u. 27). Als Zeuge außerdem 14. Jan. 1324 (HStA. München, Mainzer Urkk. 568). Möglicherweise sind auch die Abtsurkunden ohne Namensnennung vom 25. Mai 1335 und vom 7. März 1337 (10/11 Urk 28 u. 29) auf diesen Abt zu beziehen. Henricus Bodo nennt (CC. Bl. 96 und 128 v) ohne Quellenangabe, vermutlich nach seinem damals noch vorhandenen Grabstein, auf dem seine Verdienste und seine *dexteritas* mit *quibusdam versibus lapidi sepulchri illius inscriptis* hervorgehoben gewesen seien, als Todestag den 21. Juni (Albani mart.) 1337.

Berthold (III., von Oldershausen?), 5. Februar 1341 (VII B Hs 1 S. 4). Henricus Bodo, der ihn in seiner Abtsliste CC. Bl. 130 als *Bartholdus III. abbas* bezeichnet, kennt seinen Namen nur aus dem vorgenannten Eintrag im Kopialbuch des Gandersheimer Stiftskapitels. Es ist möglich, daß der am 22. Januar 1344 in einem Revers Bartholds von Oldershausen über die Rückgabe von Gütern in

*Nordliudolfshausen durch seinen verstorbenen Vater Hermann genannte Cluser Abt (10/11 Urk 30) Berthold III. gewesen ist.

Heinrich (IV.) von Oldershausen, 11. November 1351 (6 Urk 162) bis 16. Juni 1360 (VII B Hs 12 Bl. 37), wo er zusammen mit den Rittern Ludolf und Berthold von Oldershausen Zeuge beim Empfang der Gandersheimer Lehen durch Herzog Ernst zu Braunschweig-Göttingen war. Am 30. Mai 1354 als Oheim der Brüder Baldewin und Gunzelin von Westerhof bez. (Klinckhardt, Oldershausen S. 43 f. nr. 28).

Siegel (an 6 Urk 162): Spitzoval, 50 × 32 mm. Bild: Abt stehend, auf den mit der Linken gehaltenen Abtsstab gestützt, in der Rechten ein Buch haltend. Der freie Raum zwischen Bild und Umschrift mit Rankenwerk und zwei heraldischen Rosen aus dem Wappen der von Oldershausen ausgefüllt. Umschrift: S(IGILLVM) HINRICI ABBATIS I(N) INCLVSA.

Conrad (III.) (Cord), 24. Januar 1390 (14 Urk 64) bis 1392 o. T. (CC. Bl. 130 v, wo Henricus Bodo eine verlorene Urkunde über eine Verpfändung des Abtes Conrad an Küster und Konvent zitiert).

Siegel (14 Urk 64, stark beschädigt): Spitzoval, ca. 35 × 25 mm. Bild: Abt im Ornat stehend, in der rechten Hand den Abtsstab, in der linken Hand Buch mit Manipel (?). Umschrift zerstört.

Aus einem verlorenen „Kalendarium vetustissimum" bringt Henricus Bodo (CC. Bl. 96) noch weitere Namen von Äbten, die er in seiner Liste zeitlich nicht unterbringen konnte, da ihm urkundliche oder sonstige Hinweise auf ihre Amtszeit fehlten. Da diese Abtsnamen in dem verlorenen Nekrolog vermutlich nach ihrem Todes t a g eingetragen waren, ist die von Henricus Bodo gegebene Reihenfolge für die Chronologie nicht verwertbar. Sie müssen in jedem Falle in die Zeit vor 1390 gehören, und zwar sind es:

ein weiterer Conradus,
Sigibertus,
Adolfus (s. aber oben S. 262),
Lampertus (s. aber oben S. 262),
Theodericus,
Burchardus.

Johannes (I.) Schelbeer, erwähnt vom 13. November 1398 (6 Urk 254) bis 1408 o. T. Nach Henricus Bodo, CC. Bl. 131, war Johannes *cognomine Schelbeer* aus Einbeck gebürtig. Er wurde vor 1408 durch den Hofmeister in Brunshausen, den Konversen Hermann, den er persönlich an der Abfuhr von Holz aus dem zwischen Brunshausen und Clus streitigen „Brunshäuser Holz" hindern wollte, mit dem Beil am Arm schwer verwundet und resignierte deshalb seine Würde. Bei einem 1408 o. T. geschlossenen Vergleich verzichtete *her Johan de olde abbet* gegenüber dem Kloster Brunshausen auf Ansprüche wegen der Körperverletzung (VII B Hs 321, 11 Alt Gand. Fb. 1, III, 1).

Siegel (an 6 Urk 254): Spitzoval, 42 × 26 mm. Bild: Abt mit Biret (?) stehend, halb seitlich, das rechte Bein vorgestellt, in der linken Hand Abtsstab mit einfacher Krümme, im rechten angewinkelten Arm ein Buch. Umschrift: + S(IGILLVM) IOHANNIS * ABBATIS * IN * CLVSA. Abb.: Prauns Siegelkabinett, 5 Slg Bd. XI Nr. 46.

H e i n r i c h (V.), 1408—1414. 1408 o. T. schloß nach dem Verzicht seines Vorgängers Johannes I. *her Hinrik de nige abbet* den vorgenannten Vergleich mit Kloster Brunshausen (VII B Hs 321; 11 Alt Gand. Fb. 1, III, 1). Am 21. Juli 1408 legte er dem Gandersheimer Stiftskapitel das damals gefälschte Registrum von angeblich 1124 vor (10/11 Urk 34, gedr. Goetting, Clus S. 23 f., dort auch S. 24 ff. zur Sache und über die Fälschung im einzelnen. Vgl. auch oben S. 192). Urkdl. zuletzt 5. April 1410 (6 Urk 287). Resignation oder Tod müssen bis 1414 erfolgt sein.

Siegel (beschäd. an 6 Urk 287): Spitzoval, 48 × 30 mm. Bild: Abt stehend, in der rechten Hand den Stab, in der linken Hand Buch (?). Umschrift: [SIGILLVM H]IN[RIC]I ABBATIS IN CLVSA (?).

J o h a n n e s (II.) R i b b r e c h t, 1414—1421, wurde nach der Abtsliste bei Henricus Bodo (CC. Bl. 96) im Jahre 1414 gewählt. Urkdl. erscheint er erst am 11. November 1416 (VII B Hs 1 S. 71). Am 17. Juni 1421 entließ er den Mönch Dethlev von Hannover (s. unten S. 209) aus dem Klosterverband (10/11 Urk 39) und hat nach Henricus Bodo (CC. Bl. 132) noch im gleichen Jahre resigniert. In der Konventsliste von vor 1429 (CC. Bl. 133 v) erscheint er als *Joannes Ribbrecht quondam abbas* und gehörte am 9. Dezember 1429 zu den Wählern des Abts Dethlev (VII B Hs 12 Bl. 12). Als solcher verfiel er am 31. Juli 1430 der Exkommunikation (10/11 Urk 44).

Siegel (an 10/11 Urk 39): Das Siegel Johannes' II. ist in Gestaltung und Schrift dem Siegel Johannes' I. (s. oben) so ähnlich, daß Benutzung des alten Stempels oder genauer Nachschnitt anzunehmen ist. Beschreibung s. oben.

R e i m b e r t u s v o n G e i s m a r, 1421—1429. Nach Henricus Bodo (CC. Bl. 133 v) löste Abt *Reymbertus patria Geysmariensis* seinen Vorgänger schon 1421 ab. Urkundlich erscheint er erst am 1. Mai 1429, als er dem Kapitel des Reichsstifts eine Rente aus seinem Abtsgut verkaufte (VII B Hs 1 S. 146). Schon am 9. Dezember des gleichen Jahres bestätigte die Stiftsäbtissin seine zu ihren Händen erfolgte Resignation. Er erhielt ein Leibgedinge aus dem Abtsgut bis zum Freiwerden einer Präbende, deren Annahme in sein Belieben gestellt wurde (VII B Hs 12 Bl. 12). Mit dieser Abfindung wurde seine Stimme für den neuen Abt Dethlev, für dessen Wahl sie den Ausschlag gab, erkauft. Auch Reimbert von Geismar verfiel daher am 31. Juli 1430 der Exkommunikation (10/11 Urk 44). Sein Siegel ist nicht bekannt.

Dethlev von Hannover, 1429—1430, war nach der Schilderung bei Henricus Bodo (CC. Bl. 133 v u. 134, vgl. auch Herbst, Klus S. 23 ff.) vordem in Hannover in den Franziskanerorden eingetreten und war dann etliche Jahre zu Goslar im dortigen Minoritenkonvent gewesen, hatte jedoch den Mönchshabit abgelegt und mehr als zehn Jahre weltlich als *vagabundus* gelebt. Nach seiner Wiederaufnahme hatte er die Terminei der Goslarer Franziskaner in Gandersheim erhalten. Von hier aus gelang ihm auf unbekannte Weise der Eintritt in das Kloster Clus, von wo er schon am 17. Juni 1421 im Hinblick auf die schlechte wirtschaftliche Lage des Klosters auf zwölf Jahre beurlaubt wurde. In der Urkunde, die seinen Eifer für die Religion, seine *honestas vite et morum* und sonstige Verdienste hervorhob, wurde ihm gestattet, während dieser Zeit außerhalb des Klosters als Ordenspriester zu leben, als Pfarrer oder Kaplan seinen Unterhalt zu erwerben, in eigener Sache vor Gericht aufzutreten und gegebenenfalls in ein anderes Benediktinerkloster einzutreten (10/11 Urk 39, nicht fehlerlos gedr. Herbst, Klus S. 24 Anm. 2). Während seiner Abwesenheit scheint er aber mit dem Kloster wegen seiner Pfründe prozessiert zu haben, da die Stiftsäbtissin Agnes II. ihm am 4. September 1429 alle ihm von Clus verschriebenen Güter und Renten bestätigte (10/11 Urk 42, gedr. Herbst, Klus S. 24 Anm. 1). Drei Monate später wurde Dethlev am 9./10. Dezember 1429 unmittelbar nach dem Rücktritt Reimberts von Geismar zum neuen Abt gewählt. Über diese Wahl und ihre Folgen, seine Absetzung und Exkommunikation durch die Reformer und seine eigenhändige Verhaftung durch Herzog Otto den Einäugigen zu Braunschweig-Göttingen s. oben S. 210 ff. Dethlev wurde nach dem 31. Juli 1430 über zwölf Jahre im Nordturm der Klosterkirche gefangengehalten und erst am 29. April 1443 von Abt Hermann I. gegen Urfehdeleistung und Verzicht auf seine Präbende entlassen. Unter Bruch seines Versprechens begann er sofort gegen das Kloster zu prozessieren, starb aber noch vor einer Entscheidung (Henr. Bodo, CC. Bl. 135 v).

H e i n r i c h (VI.) v o n G o l t e r n, 1430. Nach der vorläufigen Absetzung des *pseudoabbas* Dethlev durch den Präsidenten des Provinzialkapitels Abt Ortwin von Erfurt im April 1430 wählten die vier Mönche, die gegen Dethlev gestimmt hatten, am 9. Mai 1430 den Mönch Heinrich von St. Ägidien in Braunschweig. Henricus Bodo, der allein diese Nachricht überliefert (CC. Bl. 136, gedr. Herbst, Klus S. 27 Anm. 4), nennt ihn *quendam congregationis, ut arbitramur, sancti Egidii patrem Hinricum nomine.* Er übte seine Würde nur zwei Monate aus, da der Abt seines Heimatklosters starb und er zu dessen Nachfolger gewählt wurde. Er war, wie Henricus Bodo (CC. Bl. 163) nicht erhaltenen *litteris* entnimmt, noch am 6. Juli 1430 in Clus tätig. Herbst, Klus S. 26 Anm. 3, bestreitet zu Unrecht seine Herkunft aus dem Braunschweiger Ägidienkloster. Dort erscheint als Nachfolger des 1430 zuletzt vorkommenden Abts Heinrich Hucnatel der aus einer Braunschweiger Bürgerfamilie stammende Abt Heinrich von Goltern, in dem wir wohl den kurzzeitigen Cluser Abt sehen dürfen. Er starb 1446 (vgl. 9 Urk 195).

2. Küster:

A d o l p h u s, s. oben Äbte § 20, 1.

R i c h a r d u s. 1231 o. T. kaufte er als *monachus de Inclusa* zusammen mit dem Abt von dem Ritter Johann von Brunsen $2^1/_2$ Hufen zu Orxhausen hauptsächlich *ad opus custodie ... iuxta custodis providentiam* (10/11 Urk 21). 1251 o. T. war er als *custos* Zeuge bei der Abfindung der Erben des Johann von Brunsen hinsichtlich des obigen Kaufes (10/11 Urk 15). Im gleichen Jahre wurde die Stiftung seines Jahrgedächtnisses von der Äbtissin des Reichsstifts Bertha II. bestätigt. (Die von Henricus Bodo, CC. Bl. 124 v, zu 1253 datierte und vermißte Urkunde befindet sich im Bestande des Reichsstifts Gandersheim [6 Urk 62, Harenberg S. 763]. Auf Bodo scheint auch die irrige Angabe des Urkundeninventars von 1637 [2 Alt 3543] zurückzugehen, wonach die Äbtissin Bertha 1253 eine Fundation des *custos Jacobus* (!) bestätigt habe. Bertha II. war bereits am 10. Mai 1252 verstorben.) Die Mitwirkung des *custos Richardus* beim Gütererwerb in Orxhausen und nicht zuletzt sein Testament legen nahe, daß er mit denen von Brunsen verwandt war. Henricus Bodo a.a.O. hält ihn für den 1237 und 1238 genannten Abt Richardus (s. oben § 20, 1), der zu Gunsten seines Nachfolgers Konrad I. auf seine Würde verzichtet und das Amt des Kustos weitergeführt habe, doch läßt sich dies durch nichts beweisen.

N., 21. November 1329, *N. custos ecclesie* (10/11 Urk 24).

Bartoldus. 1392 o. T. erhielt nach einer bei Henricus Bodo (CC. Bl. 130 v) zitierten verlorenen Urkunde *frater Bartoldus custos* von Abt Konrad III. eine Hufe in Dankelsheim verpfändet.

Johannes (Jan) Smelter(s). Noch am 13. November 1398 als *her to der Clus* bezeichnet (6 Urk 254), wurde er am 11. November 1416 erstmals als Küster genannt (VII B Hs 1 S. 71). Er gehörte am 10. Dezember 1429 zu den Wählern Dethlevs von Hannover und wurde als solcher am 31. Juli 1430 exkommuniziert (Henr. Bodo, CC. Bl. 133 v, 134 und 10/11 Urk 44), wurde aber — wenn auch nicht mehr als Küster — in den Reformkonvent übernommen und stand am 29. September 1433 an zweiter Stelle unter den 5 Brüdern, die um Verlängerung der Abtszeit des Johann Dederoth baten (VII B Hs 12 Bl. 8 v; Druck nach verl. Orig. Harenberg S. 889, dort falsch als „Johan Smeker“ gelesen). Da ihn die Mönchsliste 1439 bis 1466 nicht mehr nennt (CC. Bl. 139), ist er möglicherweise schon vor 1439 verstorben.

3. Mönche:

Conradus, 1189 o. T., *presbiter et monachus* (10/11 Urk 6, UBH-Hild. 1, 472 S. 448).

? Bucco. In einer von Henricus Bodo, CC. Bl. 128 (die Stelle gedruckt bei Petke, Wohldenberger S. 37, Anm. 56) im Auszug überlieferten Urkunde aus der Zeit um 1200 erfolgte eine Schenkung von je einer Hufe in Dankelsheim und *Adestessen von seiten der Gandersheimer Kanonissen Odilia (Odelhildis) und Liutgardis (über ihre Herkunft und Zeitstellung s. GS NF 7 Reichsstift Gandersheim S. 360 und 365) an Clus unter der Bedingung, daß zunächst ein *frater Bucco* im Falle des Verlustes seiner Präbende den Nießbrauch auf Lebenszeit haben sollte. Nach dem Wortlaut des von Henricus Bodo mitgeteilten Textes ist zwar *frater* eindeutig im Sinne von Mönch zu interpretieren, doch ist nicht auszuschließen, daß der Chronist seine Quelle mißverstanden hat und daß es sich in Wirklichkeit um den Bruder der Odilia Burchard II. von Wohldenberg, den Hildesheimer Domkanoniker und späteren Erzbischof von Magdeburg (über ihn vgl. Petke, Wohldenberger S. 66 ff.), handelt. Damit wäre die Existenz eines Cluser Mönchs Bucco hinfällig.

Richardus, s. oben unter Küster § 20, 2.

Conradus, s. oben unter Äbte § 20, 1.

Engehardus. Nach einer bei Henricus Bodo (CC. Bl. 126 v) inserierten Urkunde von 1310 erklärte der 34 Jahre alte Mönch E. nach längerem Aufenthalt außerhalb des Klosters unter Zeugenschaft seines Bruders, des Gandersheimer Stiftskanonikers Conradus dictus Calenberch, seinen Austritt und verzichtete gegen eine Entschädigung von 5 Pfund auf seine Klosterpräbende, die er im Alter von 7 Jahren erworben hatte.

Eggerd Hane. Als *monek to der Clus* kaufte er am 25. April 1366 vom Rat zu Goslar eine Rente (Gosl. UB V S. 4 nr. 17).

Johann Smelter(s), s. oben unter Küster § 20, 2.

Heinrich Bote. Zuerst am 13. November 1398 als *her to der Clus* erwähnt (6 Urk 254), gehörte er am 9. Dezember 1429 zu den Wählern des Abtes Dethlev (VII B Hs 12 Bl. 12) und wurde am 31. Juli 1430 deswegen exkommuniziert (10/11 Urk 44). Doch wurde er in den Reformkonvent übernommen und erscheint in der Mönchsliste des Henricus Bodo von 1439—1446 mit dem Vermerk *ille ex antiquis* (CC. Bl. 139, Herbst, Klus S. 34).

Bertold Schade(n) (Scado, Scheden), 1408 o. T. als Mönch bezeugt (VII B Hs 321), gehörte er am 10. Dezember 1429 zu den von der Wahl Dethlevs ausgeschlossenen Konventualen (CC. Bl. 133 v u. 134, Herbst, Klus S. 25), wählte am 9. Mai 1430 den Abt Heinrich VI. (CC. Bl. 136) und war am 21./31. Juli 1430 der erste der Mönche, welche in Northeim Johann Dederoth zum Abt wählten (10/11 Urk 43, 44). Am 29. Sept. 1433 stand er an erster Stelle der Konventualen, die um Verlängerung der Abtszeit des Johann Dederoth baten (VII B Hs 12 Bl. 8 v). In der Mönchsliste von 1439 bis 1446 steht er an zweiter, in der Liste von 1446—1460 an erster Stelle noch vor dem Prokurator Bertoldus Ludolvessen, so daß er möglicherweise noch das Priorat bekleidet hat. Ein Beleg hierfür fehlt jedoch.

Dethlev von Hannover, s. oben Äbte § 20, 1.

Heinrich Eschershusen. Am 30. April 1425 supplizierte er an der Kurie um Übertragung der vakanten Abtswürde in *Czellis OSB., Magunt. dioc.* (wohl Marienzell/Ilversdorf bei Querfurt) (Rep. Germ. 4 Sp. 1089). Nach Henricus Bodo (CC. Bl. 139 v, vgl. Herbst, Klus S. 34 u. 61 Anm. 2) stellte 1443 der Priester Hinricus Esschershusen dem Kloster Clus 200 fl. zum Ankauf des Zehnten zu Klein Freden zur Verfügung. Ob er mit dem im Nekrolog von St. Michael in Hildesheim zum 31. Januar genannten *Hinricus abbas in Cella Mariae* (Mooyer, Nekr. Mich. S. 392) identisch ist, muß dahingestellt bleiben.

Bertoldus Ludolvessen, s. unten § 21, 3.

Ludolf Dorn(e). Er war der dritte der am 10. Dezember 1429 von der Wahl Dethlevs ausgeschlossenen Konventualen (CC. Bl. 133 v u.

134, Herbst, Klus S. 25), wählte am 9. Mai 1430 den Abt Heinrich VI. (CC. Bl. 136, Herbst, Klus S. 27) und gehörte zu den Wählern Johann Dederoths am 31. Juli 1430 (10/11 Urk 44, Harenberg S. 1612). In der Mönchsliste von 1439—1446 erscheint sein Name nicht mehr. Er ist vermutlich identisch mit dem Dominikanerbruder Ludolf Dorn, der am 4./6. März 1446 zusammen mit dem Stiftskanoniker Hinricus Coci für den Konsolationsfonds des Reichsstifts eine zu Gronau belegte Rente stiftete (6 Urk 440 und VII B Hs 1 S. 182). Nach dem Gandersheimer Nekrolog stiftete *D. Ludolphus Dornen, frater et monachus ordinis Praedicatorum* im Stift das Fest des hl. Thomas von Aquino am 28. Januar (VII B Hs 46 S. 4).

Johannes Hune(n). Er gehörte am 10. Dezember 1429 zu den von der Wahl Dethlevs ausgeschlossenen Konventualen sowie zu den Wählern Abt Heinrichs VI. und Abt Johann Dederoths (CC. Bl. 133 v, 134, 136; 10/11 Urk 43 u. 44). In den beiden Mönchslisten von 1439—1446 und 1446—1460 (CC. Bl. 139 u. 140, Herbst, S. 33 u. 35) erscheint er an dritter bzw. vierter Stelle *ex illis, qui ante reformacionem hic fuerunt.* Das Bursenregister des Reichsstifts verzeichnet zum 11. Juni eine Memorienstiftung *Johannis et Henningi Hunen et mulieris de Lubeck* (11 Alt Gand. Fb. 1, IX, 63). Es könnte sich bei dem Erstgenannten um den Cluser Mönch handeln. Eine Gandersheimer Bürgerfamilie Hune(n) ist urkundlich von 1432 bis 1510 nachweisbar.

4. Konversen:

Ortwinus Meinhardus Hiddo	1189 o. T. *conversi,* gemeinsam als Zeugen in Urk. Bischof Adelogs von Hildesheim (UBHHild. 1, 472 S. 448).

§ 21. Von 1430 bis zum Ende des Klosters

1. Äbte:

Johannes (III.) Dederoth, 1430—1439. Sein Lebenslauf auf Grund der ungedruckten Vita des Abtes Heinrich von Abdinghof *De reformationis principatione ordinis b. Benedicti et de conversatione et vita hominis dei Henrici abbatis* (Hs. Nr. 31 der Dombibliothek Trier Bl. 177 v—209 v) bei Herbst, Anfänge S. 14 ff. u. Klus S. 29 ff. mit Quellen- und Literaturangaben; vgl. ferner Volk, Gen.

Kap. Rez. 1 S. 7 f. Danach stammte Johannes Dederoth aus (Hannoversch-)Münden und wurde Ostern 1413 an der Universität Erfurt immatrikuliert (MatrErfurt S. 98, Fußn. 29). Er hatte im Benediktinerkloster St. Blasii zu Northeim Profeß abgelegt. Trithemius' Angabe, er sei Mönch in Reinhausen und 1417 dessen Vertreter auf dem Provinzialkapitel zu Petershausen gewesen (so noch Ph. Hofmeister, Verfassung, StudMittGBened. 53. 1935 S. 55), ist unrichtig (J. Zeller, Das Provinzialkapitel im Stifte Petershausen, StudMittGBened. 41. 1922 S. 13 f.). In Northeim war er *novitiorum director* und wurde anläßlich eines Streites zwischen Abt und Konvent zur Kurie entsandt. Auf der Reise hatte er Gelegenheit, die benediktinische Reformbewegung von S. Giustina in Padua kennenzulernen, deren Gedanken er dann in der sog. Bursfelder Reform verwirklicht hat. Über die Vorgänge bei seiner Wahl zum Abt von Clus am 21. Juli 1430 und seine Förderung durch Herzog Otto den Einäugigen s. oben S. 212. Mit sechs Brüdern begann er die Durchführung der Reform. Bereits zwei Jahre später wurde er — nicht ohne Mitwirkung des Herzogs — zum Abt von Bursfelde berufen und von Erzbischof Konrad von Mainz bestätigt, doch gelang es dem Konvent, die Stiftsäbtissin Agnes zu veranlassen, ihm mit Urkunde vom 29. Sept. 1433 (VII B Hs 12 Bl. 8 v, Harenberg S. 889) Clus auf weitere zehn Jahre zu übertragen, damit nicht die so hoffnungsvoll begonnene *exigua reformacio spiritualium et temporalium periclitaretur*. Über seine im Jahre 1434 unternommene Reise zu Abt Johannes Rode von St. Matthias in Trier und die Mitnahme von je zwei Reformmönchen von dort nach Clus und Bursfelde vgl. Volk, 500 J. B. K. S. 20, ders., Urkk. S. 3 und ders., Gen. Kap. Rez. 1 S. 8. Obwohl Johannes Dederoth vorzugsweise in Bursfelde gewirkt zu haben scheint, weilte er doch auch häufig in Clus und versuchte, seine wirtschaftlichen Schwierigkeiten zu beheben. Schon nach wenigen Jahren begann der systematische Erwerb bzw. Rückkauf von Klosterbesitz (s. oben § 18). Johann Dederoth starb in Bursfelde am 6. Februar 1439 (Ad. Overham, Nekr. von St. Peter in Erfurt, VII B Hs 100 Bd. 3 Bl. 1 und Mus. Hild., Hs. 191 a, vgl. auch Mooyer, Nekr. Mich. S. 398). Ein Siegel von ihm als Abt von Clus hat sich nicht erhalten.

Hermann (I.) Bornemann, 1439—1446. Der Nachfolger des Reformators Johann Dederoth stammte aus Einbeck, wurde Mich. 1430 an der Universität Erfurt immatrikuliert (MatrErfurt S. 149, Fußn. 9), war vermutlich Mönch in Bursfelde und ist möglicherweise von seinem Vorgänger designiert worden (Henr. Bodo, CC. Bl. 139; Herbst, Klus S. 33 ff.). Der innere Aufbau des Klosters wurde fortgesetzt — sechs Mönche legten während seiner Abtszeit Profeß ab (CC. Bl. 139) —, ebenso, trotz der von Henricus Bodo hervorgehobenen Armut des Klosters, die systematische Gütererwerbspolitik (s. oben § 18). Krankheit und andere Schwierigkeiten führten dazu, daß Abt Hermann I. schon nach sieben Jahren resignierte (vgl. oben S. 214) und nach Minden ging. Die Annahme von Herbst, Klus S. 35, er sei in das Mindener Kloster St. Mauritii et Symeonis eingetreten, läßt sich nicht bestätigen. Die ausführlichen Konventslisten im „Chronicon s. Simeonis Mindensis" des Mönchs Bernhard (ed. C. L. Grotefend, ZHistVNdSachs. 1873 S. 143 ff.) kennen seinen Namen nicht. Vielmehr ging er in das in der Diözese Minden gelegene Benediktinerkloster Schinna Kr. Stolzenau. Die Generalkapitelsrezesse der Bursfelder Kongregation vom 2. Sept. 1481 melden seinen innerhalb des letzten Jahres erfolgten Tod: *Ob. in Schinna Hermannus quondam abbas in Clusa* (Volk, Gen. Kap. Rez. 1 S. 191). Schinna war übrigens erst 1466 der Bursfelder Union beigetreten. Henricus Bodo (CC. Bl. 139 v) nennt als Todesjahr das Jahr 1481, doch ist als Todesdatum entsprechend dem Nekrolog von St. Michael in Hildesheim (Mus. Hild., Hs. 191 a, vgl. auch Mooyer, Nekr. Mich. S. 48) wohl sicher der 28. Sept. 1480 anzunehmen.

Gottfried (I.), 1446—1460. Als Herkunftsort gibt Henricus Bodo (CC. Bl. 140) Blomberg in Lippe an. J. Letzner, Brschw. Lbg. Gött. Chronik III c. 33 (StUB. Gött., Hs. Histor. 249) setzt seine Abtszeit fälschlich zu 1439—1446 und nennt ihn Gottfrid Stupenhagen (von Blomberg). Er wurde aus dem Bursfelder Konvent nach Clus berufen (vgl. oben S. 214) und war nach Henricus Bodos Urteil *ad reformationem animo promptus ac integer* (CC. Bl. 140; Herbst, Klus S. 35). Nach dem Vorgang von Reinhausen stellte er am 26. Oktober 1446 die förmliche Anschlußurkunde von Clus an die Bursfelder Union aus (gedr. Volk, Urkk. S. 69; zeitgenöss. Abschr. auch in Hildesh., Bisch. Bibl., Cod. Bev. 706 mit Datum vom 26. Oktober 1447). Sein reformerisches Wirken ging über das eigene Kloster hinaus. Die Reform der Nonnenklöster Brunshausen und Lamspringe, welche Herbst, Klus S. 35, irrtümlich noch für die Zeit vor seinem Amtsantritt ansetzt, erfolgte erst — über Auftrag der Stiftsäbtissin Elisabeth — 1448 (VII B Hs 12 Bl. 132 v, Abschr. ebda. Bl. 51 fälschlich zu 1438). Wenige Jahre später wurde er auch zur Reform von St. Marien vor Gandersheim aufgefordert (s. dort § 9). Dieser Reform blieb allerdings infolge des bald darauf einsetzenden Äbtissinnenwahlstreits im Reichsstift der Erfolg versagt. Abt Gottfried stand dabei offenbar auf der Seite der von den Kanonikern gewählten Walburg von Spiegelberg, deren Wahlprüfung und Bestätigung ihm am 19. Januar 1453 von Papst Nikolaus V. übertragen wurde (6 Urk 459). Die systematische Gütererwerbspolitik wurde unter Abt Gottfried fortgesetzt. Wichtig waren vor allem die Beziehungen, die zu den Seestädten Bremen, Hamburg und vor allem Lübeck angeknüpft werden konnten, und zwar mit Hilfe des Donaten Johannes Buxtehude, durch dessen Wirken dem Kloster reiche Spenden zuflossen. Der Neubau von Abtei, Bäckerei, Küche, Refektorium und Dormitorium konnte damit finanziert werden (s. oben § 3, 7). Abt Gottfried hatte noch vom 11. bis 14. Mai 1460 am Generalkapitel der Bursfelder Union im St. Michaelskloster in Hildesheim teilgenommen und dort das feierliche Hochamt gehalten (Volk, Gen. Kap. Rez. 1 S. 102 f.). Er starb am 27. Mai 1460 (10/11 Urk 59). Im Nekrolog von St. Michael in Hildesheim (Mus. Hild., Hs. 191 a, vgl. auch Mooyer, Nekr. Mich. S. 453) ist sein Todestag zum 26. Mai verzeichnet, im Nekrolog von St. Peter in Erfurt (Ad. Overham, VII B Hs 100 Bd. 3 Bl. 1) zum 13. Mai, vgl. jetzt B. Frank, Erfurter Peterskloster S. 414.

Siegel: Rund, ⌀ 31 mm (beschäd. an 10/11 Urk 57). Bild: Gestalt (des hl. Vitus?) mit spitzer Mütze und nacktem Oberkörper mit halberhobenen Armen in einem dreifüßigen Kessel (Grapen) sitzend. Umschrift: *Sigillu(m) [Gotf]ri[di abbatis] in Clus[a].*

W e d e g o (I.) R e s e (n), 1460—1505. Abt Wedego hatte noch unter Abt Hermann Bornemann an 7. Stelle, nach Theodericus von Dassel, in Clus Profeß geleistet und stammte wie der Abt aus Einbeck (CC. Bl. 139; Herbst, Klus S. 34). Wann er das Priorat erlangte, wird auch von Henricus Bodo nicht erwähnt. Am 15. Juni 1460 wurde er in Anwesenheit der Äbte Johann von Bursfelde und Johann von St. Michael-Hildesheim, die als Visitatoren nach den Satzungen der Bursfelder Kongregation beide Stimmrecht hatten, in Clus zum Abt gewählt (10/11 Urk 59, CC. Bl. 143 v; Herbst, Klus S. 37). Vgl. über die Wahl und die infolge des Äbtissinnenwahlstreits schwierige Bestätigung im einzelnen oben S. 215 f. In den 45 Jahren seiner Amtszeit hatte das Klosterleben in Clus ohne Zweifel seinen Höhepunkt erreicht. Henricus Bodo, der ihn noch selbst gekannt hatte, preist ihn und seine Wirksamkeit mit Worten des höchsten Lobes: *Verus profecto Israhelita, quippe in quo dolus nullus reperitur umquam* und *Giganteo more* (womit auf seinen Zunamen Rese angespielt wurde) *per omnia Clusinum hoc cenobium tuitor portavit* (CC. Bl. 143 v, 144 v; Herbst, Klus S. 39 Anm. 9). Seine Sammeltätigkeit für Clus in den Seestädten, die daraus finanzierten Bauten im Kloster und dessen Ausstattung mit Reliquien und Kunstwerken sowie die Vermehrung des Klosterbesitzes während seiner Amtszeit sind oben S. 216 f. behandelt worden. Zu seiner Tätigkeit innerhalb der Bursfelder Kongregation, zu seinem Verhältnis zum Reichsstift und zu seiner Mitwirkung bei der Reform des Marienklosters vgl. oben § 14 u. St. Marien § 10. Unter Abt Wedego legten 24 Mönche Profeß ab (CC. Bl. 144; Herbst, Klus S. 38 f.). Er starb am 1. August 1505 (10/11 Urk 97; CC. Bl. 153 v; Volk, Gen. Kap. Rez. 1 S. 351). Seinen Tod erwähnen auch der Nekrolog von St. Michael von Hildesheim (Mus. Hild., Hs. 191 a, vgl. auch Mooyer, Nekr. Mich. S. 19) sowie die Nekrologien von Liesborn und Marienmünster.

Siegel (an 41 Urk 63): Rund, ⌀ 35 mm. Bild: hl. Georg als Drachentöter zu Fuß, links und rechts die gotischen Minuskelbuchstaben *w* und *r* (= Wedego Rese). Umschrift: *S(igillum) abbatis * in * clusa.* Unter Weglassung der beiden Initialen wurde dieses Siegel von seinen Nachfolgern als allgemeines Abtssiegel verwendet, s. oben § 16.

Konrad (V.) Hissing (Hyssing), 1505—1541. Nach der Profeßliste bei Henricus Bodo (CC. Bl. 144; Herbst, Klus S. 39) trat Konrad Hissing unter Abt Wedego an 14. Stelle in das Kloster ein, vermutlich zwischen 1480 und 1490. Er stammte aus Alfeld. Ein Tilomannus Hissing, der dem Kloster am 28. September 1487 eine Rente aus Alfeld schenkte, wohl ein Verwandter des Abtes, wohnte derzeit in Clus, ohne dem Mönchskonvent anzugehören (10/11 Urk 83). Wohl unmittelbar nach dem Tode des Priors Theodericus Bothe (1497) wird Konrad Hissing dessen Amt übernommen haben. Nach dem Tode seines Vorgängers am 1. August 1505 wurde der Prior Konrad Hissing am 5. August in Anwesenheit der Bursfelder Visitatoren Abt Johannes von St. Michael und Abt Henning von St. Godehard-Hildesheim zum Abt gewählt (10/11 Urk 97). Zu den Einzelheiten des Wahlverfahrens und der Konflikte, die sich bei der Bestätigung des Abtes und auch später aus den Verpflichtungen des Klosters gegenüber seiner Patronatsherrin einerseits und der Bursfelder Kongregation andererseits ergaben, vgl. oben § 10, 1. Die bedeutende Rolle, die Abt Konrad in der Führung der Bursfelder Kongregation spielte, ist oben § 13 gekennzeichnet worden. Zu seinen Verdiensten um den wirtschaftlichen Aufbau und seinem Verhältnis zur Landesherrschaft s. oben § 15. Abt Konrad Hissing starb 1541, nach dem Nekrolog von St. Michael-Hildesheim (Mus. Hild., Hs. 191 a, vgl. auch Mooyer, Nekr. Mich. S. 466) am 25. Juni, nach dem Totenbuch von Huysburg (ZHarzV 5. 1872 S. 281) am 27. Juni und nach dem Nekrolog von Marienmünster (vgl. Mooyer a.a.O. S. 466) am 28. Juni. Der Bursfelder Generalkapitelsrezeß vom 28. August

1541 (Volk, 2 S. 54) meldet den Tod zum 11. Juli, womit der Beisetzungstag gemeint sein dürfte.

Als Siegel verwendete er das allgemeine Abtssiegel s. oben § 16, 2 a (10/11 Urk 103 u. 110).

Johannes (IV.) Mutken, 1541—1570. Nach der Profeßliste bei Henricus Bodo (CC. Bl. 144; Herbst, Klus S. 39) war er der letzte der aus Alfeld stammenden Mönche, der noch unter Abt Wedego, also vor 1505, in Clus Profeß leistete. Demnach dürfte er noch in den achtziger Jahren des 15. Jhs. geboren sein. In der Konventsliste unter Abt Konrad Hissing (CC. Bl. 154) erscheint er an 9. Stelle unter dessen Wählern. Wohl um die Mitte der dreißiger Jahre wurde er der Nachfolger des Johannes Bothe im Amt des Cellerarius. Als solchen wählte ihn der Konvent am 25. Juli 1541 einstimmig zum Abt (10/11 Urk 119). Die Wahl erfolgte in Anwesenheit der Äbte Johannes von Reinhausen, Johannes von Bursfelde und Heinrich (Bodo) von Marienstein und wurde *abbatissa non existente* dem Kapitel des Reichsstifts Gandersheim angezeigt (ebda.). Am 28. August 1541 erschien er auf dem Generalkapitel der Bursfelder Union, das zu St. Jakob in Mainz tagte, und wurde dort aufgenommen (Volk, Gen. Kap. Rez. 2 S. 56). Schon im Spätsommer 1542 mußte er nach der Besetzung des Landes durch die Schmalkaldener Verbündeten nach Northeim und dann nach Marienstein ins Exil gehen. Die weiteren Schicksale des Abtes während und nach dem Schmalkaldischen Krieg bis zur Einführung der Reformation im Fürstentum Wolfenbüttel 1568 und 1569 sind oben S. 221 ff. eingehend geschildert worden. Zu seiner Betätigung innerhalb der Bursfelder Kongregation vgl. oben § 13. Im letzten Jahrzehnt seiner Amtszeit blieb er den Generalkapiteln unentschuldigt fern, war aber noch ohne Auftrag visitatorisch in den Nachbarklöstern tätig, insbesondere bei den Abtswahlen in St. Michael-Hildesheim, wo der ehemalige Cluser Mönch Johann Lovensen gewählt wurde, und in Marienstein. Diese Tätigkeit brachte ihm 1566 einen Verweis des Generalkapitels ein (Volk, Gen. Kap. Rez. 2 S. 182). Abt Johann Mutken starb am 21. Februar 1570 (VII B Hs 321 a; Goetting, Fortsetzung S. 23). Die Chronikfortsetzung des Abts Heinrich Pumme rühmt seine Bescheidenheit, seine Fürsorge für die Brüder und seine vorbildliche Amtsführung trotz großer Gebrechlichkeit. U. a. litt er unter epileptischen Anfällen (Goetting, Fortsetzung S. 19). Trotz der schwierigen Zeitverhältnisse hatte er immerhin 17 Mönche zur Profeß bringen können. Auf dem Generalkapitel der Bursfelder Union vom 16. April 1570 wurde seiner gedacht (Volk, Gen. Kap. Rez. 2 S. 199); im Nekrolog von St.

Peter in Erfurt (Ad. Overham, VII B Hs 100 Bd. 3 Bl. 1) ist sein Tod zum 20. März 1570 eingetragen (vgl. jetzt B. Frank, Erfurter Peterskloster S. 412), desgl. im Nekrolog von St. Michael in Hildesheim (Mus. Hild., Hs. 191 a).

Als Siegel verwendete er zunächst das allgemeine Abtssiegel seines Vorgängers, nach dessen Wegnahme seit der Mitte des 16. Jhs. einen neuen Stempel (beschrieben oben § 16).

Johannes (V.) Beckmann, 1570—1572. Johannes Beckmann wurde bei seinem Tode als 70jährig bezeichnet (VII B Hs 321 a; Goetting, Fortsetzung S. 30), war also etwa 1502 geboren. Daß er mit dem zu Michaelis 1540 in Erfurt immatrikulierten *Johannes Beckman Gotingensis, vicarius Erfordensis* (MatrErfurt S. 353, Fußn. 22) gleichzusetzen ist, ist nicht unwahrscheinlich. Am 2. Februar 1552 erscheint er als Mönch des St. Blasiusklosters zu Northeim (VII B Hs 27 Bl. 49) und wurde dort am 11. Juni 1555 zu dessen Abt gewählt (VaterlArchHistVNdSachs. 1840 S. 321 Anm.). Seine Wahl zum Abt von Clus erfolgte nach dem Tode des Johannes Mutken auf Wunsch der Stiftsäbtissin Magdalena von Chlum am 4. März 1570 (VII B Hs 35 a Bl. 29). Über das Wahlverfahren, die Reaktion der fürstlichen Regierung, die Vertreibung des Abtes aus Clus und seine schließliche Wiedereinsetzung s. oben S. 224 ff. Nachdem er in der Fastenzeit 1572 schwer erkrankt war, resignierte er wegen Leibesschwachheit am 1. Juni 1572 vor Notar und Zeugen seine Würde zugunsten des bisherigen Prokurators Heinrich Pumme (10/11 Urk 129) und starb bereits am folgenden Tage (VII B Hs 321 a; Goetting, Fortsetzung S. 30: *des montags nach Trinitatis Anno 72*). Den 2. Juni 1572 nennt auch der Nachtrag von Heinrich Pummes Hand in CC. Bl. 96 v und die Totenliste des Generalkapitels der Bursfelder Union vom 2. Mai 1574 (Volk, Gen. Kap. Rez. 2 S. 216), während das Gandersheimer Kapitelskopialbuch irrtümlich den 5. Juni angibt (Abschr. in VII B Hs 50 S. 408) und im Nekrolog von St. Peter in Erfurt (Ad. Overham, VII B Hs 100 Bd. 3 Bl. 1 v) sein Tod zum 29. Mai 1572 eingetragen ist (vgl. jetzt B. Frank, Erfurter Peterskloster S. 414).

Als Siegel bediente er sich des allgemeinen Abtssiegels, s. oben § 16 (2 Alt 3480, 3486, 3489).

Lic. Hermann Hamelmann, 1570. Der erste lutherische Generalsuperintendent von Gandersheim (vgl. GS NF 7 Reichsstift Gandersheim S. 445 f.) wurde nach der Vertreibung des Abtes Johannes Beckmann (s. oben S. 225 f.) von Herzog Julius am 6. Juni 1570 als kommissarischer Abt in Clus eingesetzt (VII B Hs 35 a Bl. 32, vgl. 11

Alt Clus 12 und 13). Die Chronikfortsetzung des Heinrich Pumme berichtet (Goetting, Fortsetzung S. 25 f.), daß er *midt weib und gesinde ins closter auff das alte und neuwe kranckenhaus getzogen* sei. Er habe *sich der haußhaltunge hart angenommen, wiewol ehr sich derselben gar nichts oder zum weinigsten vorstanden, der besser in den historienschreibern Tito Livio und dergleichen gestudiret dan midt ackerbeuw umbzugehen.* Hamelmanns völliges Versagen in Wirtschaftsdingen — der Chronist beschreibt sehr anschaulich die vom Herzog in Clus persönlich durchgeführte Rechnungsprüfung (Goetting, Fortsetzung S. 26 f.) — und seine Erfolglosigkeit bei dem Bemühen, die Mönche, von denen alle bis auf einen das Kloster verließen, zum evangelischen Glauben zu bekehren, zogen ihm die Ungnade des Herzogs zu, der ihn schon im Herbst 1570 als Abt von Clus wieder absetzte (vgl. oben S. 226) und ihm zu Pfingsten 1571 auch als Generalsuperintendenten kündigte (Goetting, Fortsetzung S. 25 Anm. 70 und Reller, Ref. S. 172 und 184). Über das von Hamelmann beschaffte Siegel und dessen Zerschlagung nach seiner Absetzung s. oben S. 227.

Heinrich (VII.) Pumme(n), 1572—1596. Heinrich Pumme stammte aus Uslar und leistete als 15. unter Abt Johann Mutken Profeß, also wohl Mitte der sechziger Jahre (VII B Hs 321 a; Goetting, Fortsetzung S. 18; ebda. S. 3 ff. die Schilderung seines Lebensganges). Schon nach der Flucht des Priors und Prokurators Andreas Lüderitz im Mai 1569 scheint er das Amt des Prokurators übernommen zu haben. Bei der Abtswahl am 4. März 1570 erhielt er 3 der 5 Konventualenstimmen, doch wollte ihn die Stiftsäbtissin seiner Jugend wegen nicht gewählt wissen (VII B Hs 35 a Bl. 29). Nach der vorübergehenden Absetzung des Abtes Johannes Beckmann wurde ihm die Leitung des Klosters übertragen, doch ging er nach der Einsetzung des kommissarischen evangelischen Abtes Hermann Hamelmann im Juni 1570 nach Marienstein. Dort unterschrieb er am 15. Juli die Vollmacht für den geflüchteten Prior in Speyer (11 Alt Gand. Fb. 1, V, 1), kehrte aber noch vor dem 12. Dezember 1570 nach Clus zurück, um dessen Verwaltung wieder zu übernehmen (VII B Hs 321 a; Goetting, Fortsetzung S. 27). Bei der Wiedereinführung des Abtes Johannes Beckmann unterschrieb er dessen Revers vom 6. Juni 1571 auffallenderweise an dritter Stelle nach dem Senior Menneken und dem Konventualen Sothoff (2 Alt 3489), während er am 4. Januar 1572 vor diesem rangierte (11 Alt Gand. Fb. 2 nr. 220). Über seine Designation als Nachfolger des resignierenden Abtes Johannes Beckmann, seine Bestätigung durch die Stiftsäbtissin und die weiteren Ereignisse, die am 9. Juli 1576 zu seiner Flucht nach Hildesheim führten, wo er im Exil die Chronik des Henricus Bodo bis 1581 fortsetzte, vgl. Goetting, Fortsetzung S. 4 f. Seine Rückkehr und Wiedereinsetzung in Clus nach dem Tode des Herzogs Julius am 28. August 1589 ist oben S. 231 geschildert worden. Obwohl das Notariatsinstrument über die Wiedereinsetzung (10/11 Urk 136) nichts darüber ausführt, machte der Abt später geltend, es sei ausdrücklich ausgemacht gewesen, daß der Herzog ihn bei seiner *Religion, Orden und Stande die Tage seines Lebens* bleiben lasse (2 Alt 3520). Noch kurz vor seinem Tode wurde Heinrich Pumme vor dem herzoglichen Konsistorium von der ehemaligen Nonne Katharina Dethmers, vormals zu St. Marien, dann in Wiebrechtshausen, wegen gebrochenen Eheversprechens angeklagt. In seiner eigenhändigen Supplik an den Herzog vom 22. Januar 1596 gab der Abt zu, *daß gedachte leichtfertige Nonne vor vielen Jahren mit irem schmeichelhaften Liebkosen einen Zettel von mir trunckener unbesonnen* (!) *Weise heraussẽrkriegen*, bezeichnete dies aber als Jugendsünde und machte geltend, daß die über 50 Jahre alte Klägerin es nur auf seinen Meierhof in Dankelsheim abgesehen habe. Er sei alt und krank und beabsichtige nicht, seinen *Stand, Orden und catholische Religion* zu verlassen (2 Alt 3520; vgl. auch Kronenberg, Clus u. Brunsh. S. 66 f.). Die darauf vom Herzog angeordnete Untersuchung des Falles erledigte sich durch den Tod des Abtes am 19. April 1596 (2 Alt 3521, vgl. auch den Nekrolog von St. Michael in Hildesheim, Mus. Hild., Hs. 191 a und Mooyer, Nekr. Mich. S. 435). Er wurde am 29. April in der Mitte der Klosterkirche begraben (CC. Bl. 96 v). Die Totenlisten der Bursfelder Generalkapitelsrezesse vom 5. Mai 1596 bringen den Namen in der entstellten Form *Johannes Pommel* (Volk, Gen. Kap. Rez. 2 S. 255), ein Jahr darauf den richtigen Namen *Henricus Pummen* (ebda. S. 262).

Im Kloster hatte er (nach Leuckfeld S. 198) die Prälatenstube mit dem westlichen Erker erbauen lassen. Daran befand sich sein Wappen, *so ein dornichter Krantz, durch welchen creutzweise zwey Bischoffs-Stäbe, an welchen zwey Manipeln hangen, gehen*, mit der Umschrift *Henricus Abbas in Clusa: Virtute parta durant* (vgl. auch BuK. 5 S. 63). Dieses Wappen zeigt auch sein persönliches Ringsiegel als Abt: im Schild über Dornenkranz (und Herz?) zwei gekreuzte Abtsstäbe. Über dem Schild die Buchstaben H A I C *(Henricus Abbas in Clusa)* (2 Alt 3523). Ein undeutliches Ring(tektur)siegel, das Heinrich Pumme am 29. Mai 1572 als Prokurator verwendete, zeigt eine Rose über Dreiberg (?) und die Initialen H P (2 Alt 3486).

Georg Schünemann, 1596—1617. Georg Schünemann war in Gandersheim geboren, hatte in Helmstedt studiert (Kronenberg, Clus u. Brunsh. S. 77), war dann Kanzleireferent und später Sekretär beim fürstlichen Hofgericht gewesen und schon am 3. Oktober 1589 für ein Kanonikat im Reichsstift vorgeschlagen, von diesem jedoch abgelehnt worden (11 Alt Gand. Fb. 1, III, 140, VII B Hs 36 IV Bl. 227, vgl. den Lebensgang in GS NF 7 Reichsstift Gandersheim S. 452 f.). Erst am 3. November 1593 wurde er in Gandersheim eingeführt (11 Alt Gand. Fb. 1, III, 136). Ohne zu residieren, versah er weiterhin seinen Dienst als Hofgerichtssekretär. Über seine Einsetzung als Abt von Clus und seine Bestätigung durch die Stiftsäbtissin s. oben S. 232. Er starb nach der Anzeige des Klosterschreibers Dietrich Heßen vom gleichen Tage (2 Alt 3550) am 17. September 1617 und wurde am 23. September in der Klosterkirche begraben, obwohl er am 25. Januar 1607 mit dem damaligen Restkonvent einen Vertrag geschlossen hatte, wonach er und seine Ehefrau in der von ihm restaurierten Johanniskapelle in Dankelsheim begraben werden sollten (VII B Hs 321). Sein Grabstein, der ihn in weltlicher Tracht darstellt, wurde bei den Erneuerungsarbeiten in der Klosterkirche im Jahre 1960 aufgefunden und wurde darin aufgestellt. Inwieweit die negative Beurteilung bei Harenberg S. 1093: *homo a scientiis studiisque nudus, . . . hara dignior quam ara* auf zuverlässiger Überlieferung beruht, muß dahingestellt bleiben.

Siegel: Nachdem Georg Schünemann am 3. September 1596 noch das Abtsringsiegel seines Vorgängers verwendet hatte (2 Alt 3523), gebrauchte er später ein eigenes Abtssiegel: Oval, 18 × 15 mm. Bild: Über zwei gekreuzten Schlüsseln zwei gekreuzte Abtsstäbe. Umschrift: *Georgius abbas in Clusa* (11 Alt Gand. Fb. 2 nr. 225). Sein privates Ringsiegel zeigt als Wappen eine schrägrechte Leiter (?) und die Initialen G S (10/11 Urk 137).

Johannes Rittierodt, 1617—1637. Trotz des Protestes der Stiftsäbtissin wurde Johann Rittierodt, der bereits Verwalter (Propst) von Brunshausen war, unmittelbar nach dem Tode Georg Schünemanns als Abt in Clus eingesetzt (die vom Landdrosten Henning von Rheden entworfene Bestallung vom 18. September 1617 in 2 Alt 3550). Über seine schließliche Bestätigung durch die Stiftsäbtissin s. oben S. 232. In seinem Revers vom 13. März 1622 bezeichnete sich Johann Rittierodt als vom Herzog *nominirter, promovirter, eingesetzter und gehuldigter* und zugleich von der Äbtissin *confirmirter und beeidigter abbt* (2 Alt 3557 u. 11 Alt Gand. Fb. 2 nr. 227). Am 18. Juni 1623 gab er sein Amt als Propst von Brunshausen auf (VII

B Hs 36, V Bl. 69 v). Er war mit Anna geb. Reimers verheiratet. Eine Eingabe des Schulrektors Mag. Friedrich Wacker zu Celle vom 30. Juli 1625 (2 Alt 1638) bezeichnete ihn als *ungebildeten Mann.* Über seine Klosterverwaltung und seine mehrfachen Vertreibungen infolge der Ereignisse des Dreißigjährigen Krieges s. oben S. 233 f. Bei der Plünderung des Klosters am 20. Januar 1637 wurde er nicht von kaiserlichen Reitern erschlagen (so Kronenberg, Clus u. Brunsh. S. 79), sondern erlitt in Gandersheim, wohin er geflohen war, einen tödlichen Schlaganfall (2 Alt 3586). Er wurde auf dem Georgenkirchhof vor Gandersheim begraben (2 Alt 3590).

Siegel: Er verwendete zunächst sein persönliches Ringsiegel, dessen Wappenschild drei aus einem lateinischen Majuskel-R wachsende Lindenblätter zeigt (13. März 1623, 11 Alt Gand. Fb. 2 nr. 227). Sein nur beschädigt erhaltenes Abtssiegel war ein ovales Ringsiegel von ca. 14 × 12 mm (1625—1631, 2 Alt 3557 u. 3576). Bild: Über einem Kranz (?) zwei gekreuzte Abtsstäbe. Umschrift: *Johannes abbas in Clusa.*

Nikolaus Seling, 1629—1633. Über den katholischen Abt der Restitutionszeit s. oben S. 234. Ein Siegel konnte bisher nicht ermittelt werden. Zu seinem Tod (1649) vgl. Volk, Gen. Kap. Rez. 2 S. 589.

2. Prioren:

Bertold Schade, s. oben § 20, 3.

Wedego Rese, s. oben § 21, 1.

Hermann Volthatzen, Profeßleistung unter Abt Gottfried (1446—1460, Henricus Bodo, CC. Bl. 140; Herbst, Klus S. 35). Eine Verwandtschaft mit dem älteren Mönch Johannes Volthatzen ist wahrscheinlich. Er übernahm das Priorat unmittelbar nach der Wahl seines Vorgängers Wedego Rese zum Abt im Juni 1460 (CC. Bl. 144, Herbst, Klus S. 38). Als das Kloster St. Godehardi in Hildesheim unter Abt Lippold von Stemmen reformiert wurde und 1465 der Bursfelder Kongregation beitrat, wurde Hermann Volthatzen zur Stärkung der Reform als Prior dorthin geschickt (CC. Bl. 144, Herbst, Klus S. 38 Anm. 1). Von Hildesheim aus ging er 1468 als Reformabt (am 22. Mai 1468 leistete er den Eid vor dem Erfurter Generalkapitel, Volk, Gen. Kap. Rez. 1 S. 134) nach dem Kloster Marienzell-Ilversdorf bei Querfurt, das eben damals der Bursfelder Kongregation beigetreten war. Er wirkte dort als Abt Hermann III. (v. Mülverstedt, Hierographia Mansfeldica, ZHarzV 1. 1868 S. 26 f. u. Mooyer, NMittHistAntiquForsch. 7. 1843 H. 4 S. 82) und starb daselbst am 12. März 1488 (Volk, Gen. Kap. Rez. 1 S. 230).

Mag. Andreas Soteflesch (Sötefleisch). A. S. war aus der Teichhütte bei Gittelde *(de casa ante piscinam ducis sitam prope Ghittelde)* gebürtig, wo seine Brüder noch später als Eisenhüttenleute tätig waren. Seine Schulbildung erhielt er zu Gandersheim vermutlich auf der Stiftsschule, so daß er sich in Erfurt, wo er sich von 1451—1459 nachweisen läßt, sowohl *de Ghittelde (secundum nationem)* als auch *de Gandersem (secundum educationem)* nannte (Herbst, Klus S. 79, nach den Schreibervermerken in Cod. Guelf. 282 Helmst.). Er dürfte in Erfurt studiert haben, wenn auch die dortigen Matrikel seinen Namen nicht nennen. In Erfurt hat er jedenfalls eine umfangreiche Schreibertätigkeit entfaltet (Herbst, Klus S. 78 ff.). Einige dieser Handschriften hat er später nach Clus mitgebracht (Cod. Guelf. 625 Helmst., 666 Helmst., 556 Helmst.). Neben Bibeltexten waren es vor allem Nachschriften und Übersetzungen von Predigten und Schulschriften. Wie Herbst (Klus S. 82 f.) nachweisen konnte, war er 1460 Rektor der Schule in Tangermünde. Schon von dort aus trat er mit Clus in Verbindung, wie ein von Herbst (S. 82 Anm. 3) aus Cod. Guelf. 622 Helmst. Bl. 285 v veröffentlichter Brief an einen Hinricus (den Priester Hinricus Ghiler?) erkennen läßt, den er um Grüße an die Cluser Mönche und den Gandersheimer Vikar Hinricus Wideshusen bat, der wohl mit ihm zusammen in Erfurt studiert hatte. In Tangermünde überstand A. S. eine schwere Krankheit, die ihn vermutlich 1461/62 zum Eintritt in das Kloster Clus veranlaßte (Herbst, Klus S. 83). Schon nach kurzer Zeit, vermutlich 1465 nach dem Weggang des Hermann Volthatzen nach Hildesheim, übernahm er das Priorat, muß dieses aber schon sehr bald mit dem Amt des Prokurators Dietrich von Dassel (s. unten) vertauscht haben (Henricus Bodo, CC. Bl. 145: *Pater quidem Andreas primum prior, deinde autem procurator huius cenobii;* ebda. Bl. 242 v schon für 1466 ein Inventar des *cellerarius fr. Andreas* über die Klostergüter in Everode erwähnt). Offenbar konnten die geschäftlichen Fähigkeiten des Magisters A. S. auf dem Posten des Prokurators für das Kloster besser genutzt werden als im Amt des Priors, um so mehr als nun die Zeit der großen Gütererwerbungen einsetzte. Urkundlich ist A. S. als Prokurator zuletzt am 17. März 1484 nachzuweisen. Auch in Clus ist er als Schreiber von Handschriften tätig geworden, und zwar 1464/65 (Cod. Guelf. 1070 Helmst.) und 1471 (Cod. Guelf. 322 Helmst.). In seinen Schreibervermerken bezeichnete er sich in scherzhafter Bescheidenheit als *frater Andreas Sot. monachorum simea* (Affe) *in Clusa* bzw. als *monachus inutilis* (Herbst, Klus S. 83 f.). Vermutlich in den achtziger Jahren erhielt er einen Ruf als Abt nach Bosau, lehnte aber ab, nicht zuletzt wohl wegen seiner schwachen Gesundheit (CC. Bl. 145, Herbst, Klus S. 84 Anm. 2). Er starb in Clus am 22. März 1503 (CC. Bl. 145 v, Herbst, Klus S. 78 Anm. 2; Volk, Gen. Kap. Rez. 1 S. 339: *Andreas cellerarius sac. et mon.).*

Dietrich (Theodericus) von Dassel. Die Konventsliste für die Zeit des Abts Hermann (CC. Bl. 139) führt den *fr. Tilemannus sive Theodericus de Dassel* als zweiten unter den Mönchen auf, die unter diesem Abt Profeß leisteten. In der Konventsliste der Zeit Abt Gottfrieds (1446—1460) steht er an sechster Stelle mit dem Vermerk, daß er nach dem Tode des Bertold Ludolvessen (1455) zum Prokurator aufrückte (CC. Bl. 140; Herbst, Klus S. 35 und Anm. 6; die dort abgedruckte Nachricht: *iste autem pater prior evasit* bezieht sich an dieser Stelle auf Wedego Rese). Noch als Prokurator hatte er ein nicht erhaltenes Güterinventar verfaßt (CC. Bl. 242 v), weitere *antiqua inventaria patris Theoderici de Dassel* werden von Henricus Bodo (CC. Bl. 121 v) erwähnt. Als Abt Gottfried 1460 starb, wählte man ihn zunächst zu dessen Nachfolger, doch lehnte er ab (CC. Bl. 143 v; Herbst, Klus S. 34 Anm. 2). Im Tausch mit Andreas Soteflesch übernahm er 1465/66 das Priorat. Als Prior erscheint er urkundlich zuletzt am 25. März 1481 (10/11 Urk 76). Da schon am 17. März 1484 sein Nachfolger im Amt erscheint, muß er noch vor seinem Tode das Priorat abgegeben haben. Nach der Konventsliste bei Henricus Bodo, CC. Bl. 144, starb er im Jahre 1485. Bei dem in der nachträglichen Totenliste des Bursfelder Generalkapitels vom 16. August 1487 als verstorben erwähnten *fr. Hinricus* (!) *quondam prior* (Volk, Gen. Kap. Rez. 1 S. 225) dürfte es sich um eine Namensverschreibung handeln, da weder ein Prior Hinricus noch ein anderer Konventsangehöriger dieses Namens in der fraglichen Zeit belegt ist.

Tilomannus (Theodericus) Bothe alias Uffelman. Er war der zweite Sohn des Gandersheimer Bürgers Bothe Uffelman, der mit seiner Frau Rykele und seinen vier Kindern Hermann, Tylman, Bothe und Rykele 1450 urkundlich erwähnt ist (6 Urk 453). Der Vater schenkte 1468 dem Kloster Clus ein Allodium in Seboldshausen im Werte von 160 fl. (CC. Bl. 151 v; Herbst, Klus S. 84 Anm. 5). Nach Henricus Bodo, CC. Bl. 145, hatte Tilomannus Bothe das Baccalaureat erworben und war Collaborator des Magisters Andreas Soteflesch, als dieser Schulrektor in Tangermünde war. Damit stimmt überein, daß er nach dem Schreibervermerk der von ihm nach Clus mitgebrachten Handschrift des Thomas de Argentina, Compendium theologicae veritatis (Cod. Guelf. 612 Helmst., vgl. Herbst, Klus S. 85), diese 1461 in Tangermünde geschrieben hatte. Wohl zusammen mit seinem Meister trat er — spätestens 1462 — ins Kloster Clus ein (CC. Bl. 144; Herbst, Klus S. 38). Wie an Hand der Schreibervermerke (jeweils in der Form *fr. Tilomannus Bote*) festgestellt werden konnte, hat er dort noch 1463 und 1469 zwei Handschriften vollendet (Cod. Guelf. 1161 Helmst. u. 153 Helmst., vgl. Herbst, Klus S. 85). Am 5. Oktober 1473 erscheint er in Clus als Cantor (10/11 Urk 70 a). Vom 17. März 1484 (VII B Hs 11 Bd. III) bis zum 30. Oktober 1490 (10/11 Urk 86) ist er urkundlich als Prior bezeugt. Gestorben ist er als solcher 1497 (CC. Bl. 145 v; Herbst, Klus S. 85; Volk, Gen. Kap. Rez. 1 S. 318).

Konrad Hissing, s. oben § 21, 1.

Hermann Schonefelt. Er stammte aus Gandersheim (CC. Bl. 144 u. 154), wo ein Bürger Hans Schonefelt 1502 als Bürger belegt (6 Urk 682) und ein Konrad Schonefelt 1519 als *locatus parvulorum* und von 1522 bis 1530 als Vikar im Reichsstift bezeugt ist (s. GS NF 7 Reichsstift Gandersheim § 47). H. S. hat nach 1460, vermutlich um 1480, in Clus Profeß geleistet (CC. Bl. 144; Herbst, Klus S. 39). Mit größter Wahrscheinlichkeit ist er der *fr. Hermannus cantor*, der bei der Wahl des Priors Konrad Hissing zum Abt am 6. August 1505 besonders genannt wurde (10/11 Urk 97) und vermutlich unmittelbar nach dieser Wahl selbst Prior wurde. Als solchen bezeichnet ihn die Konventsliste für die Zeit Abt Konrads (CC. Bl. 154). Urkundlich erscheint er als Prior zwischen dem 10. November 1511 (10/11 Urk 103) und dem 3. Februar 1525 (VII B Hs 321). Er starb am 19. April 1533, nachdem er nahezu 28 Jahre das Priorat innegehabt hatte (Nachruf und Epicedium bei Henricus Bodo, CC. Bl. 240; vgl. Volk, Gen. Kap. Rez. 2 S. 14).

Konrad Aschwin (Ascuinus, -i) alias Schaper. Er hat unter Abt Wedego nach 1460, vermutlich in den achtziger Jahren, in Clus Profeß geleistet (CC. Bl. 144; Herbst, Klus S. 39) und entstammte der mehrfach belegten Gandersheimer Bürgerfamilie Asswyn (Aswen) alias Schaper. Er wurde nach dem Tode des Hermann Schonefelt am 19. April 1533 zum Prior gewählt. Von seinem Vater und seinem Bruder, dem Priester Hermann A. (vgl. 6 Urk 714), erbte er zur Verteilung unter die Cluser Conventualen 2 Rentenbriefe von 100 fl. und 300 Pfd.; außerdem versprach ihm ein anderer Bruder, der Gandersheimer Bürger Hans Assckwen, weitere 200 Pfd., wie Henricus Bodo berichtet (CC. Bl. 241 v). Als Prior erscheint er auch bei der Wahl des Johannes Mutken zum Abt am 25. Juli 1541 (10/11 Urk 119). Er ist auch der in der Liste der Schmalkaldener Visitatoren von 1542 (Kayser, Ref. KirchVis. S. 35 Anm. 49, dort irrtümlich zum Franziskanerkloster) an erster Stelle genannte Conradus Schaper. Er zeigte sich gegenüber den Visitatoren zunächst fügsam, doch ist die Bemerkung im Originalprotokoll *wil sich geburlich halten* wenig später durchgestrichen (2 Alt 1583 Bd. 2 Bl. 112). Er scheint dann mit Heinrich Ecklef und Dietrich Helves in Clus als einer der *3 alten Münche* verblieben zu sein, die sich 1546 noch im Kloster befanden (StadtA. Braunschw., B III 5 Schmalk. Bund Bd. 27 S. 577). Als Mitaussteller ist der Prior Conradus noch zwischen dem 2. Februar 1548 und dem 19. November 1549 erwähnt (VII B Hs 320 Bl. 21, 6 Urk 847, 10/11 Urk 121). Möglicherweise ist er noch nach Marienstein gegangen (vgl. 11 Alt Clus 7). Sein Nachfolger im Priorat erscheint am 29. März 1551 (VII B Hs 321). Über eine mögliche Verwechslung mit dem vor August 1544 im Exil zu Marienstein als verstorben gemeldeten Prior Konrad Furbom (Surboim) siehe unten.

Heinrich (Ecklef?). Bei dem zwischen dem 29. März 1551 und dem 3. Oktober 1552 urkundlich bezeugten Prior Heinrich könnte es sich um Heinrich Ecklef (s. unten), vielleicht aber auch um Heinrich Finder oder Binder (s. unten) handeln. Der Prior Heinrich muß um die Jahreswende 1554/55 verstorben sein, da sein Nachfolger am 14. April 1555 erscheint. Das Generalkapitelsprotokoll der Bursfelder Union von Gladbach gedachte seines Todes am 5. Mai 1555 (Volk, Gen. Kap. Rez. 2 S. 111).

Stephan Siborger (Sibolt). Er war der letzte, der noch unter Abt Konrad Hissing, und zwar 1539, in den Konvent aufgenommen wurde (CC. Bl. 154), und stammte aus Gandersheim. Der Bürger Steffen Siborger, der am 28. Mai 1526 im Gandersheimer Stadtbuch Bl. 10 erscheint, könnte sein Vater sein. In der späteren Konventsliste für die Zeit des Abtes Johann Mutken (CC. Bl. 261) fehlt er, was mit seinem späteren Austritt zusammenhängen mag. Bei der Schmalkaldischen Visitation am 21. Oktober 1542 war er als junger Professus noch in Clus (Kayser, Ref. KirchVis. S. 35 Anm. 49), wurde aber mit den übrigen 3 jungen Mönchen entgegen dem Visitationsabschied vor Februar 1544 heimlich nach Marienstein geschickt (Kayser, a.a.O. S. 38 Anm. 54), von wo er 1547 nach Clus zurückgekehrt sein wird. Am 14. April 1555 ist er zum ersten Mal urkundlich als Prior bezeugt. Wie er später selbst angab, trat er zu Beginn des Jahres 1562 nach 24jähriger Klosterzugehörigkeit und 8jähriger Amtszeit als Prior aus und heiratete. Dieser Angabe entspricht der Nachtrag CC. Bl. 154: *postea apostata factus et duxit uxorem.* Er war dann 25 Jahre im Amt Erichsburg als lutherischer Pfarrer tätig, zuletzt in Markoldendorf Kr. Einbeck, wo er 1588 starb (Kayser,

Ref. KirchVis. S. 347 Anm. 702; Ph. Meyer, Pastoren 2, S. 126, dessen übrige Angaben nach dem oben Dargelegten zu berichtigen sind). Noch ein Jahr vor seinem Tode, am 7. April 1587, hatte er an die Geheimen Räte eine Supplik um Wiederverleihung seines Cluser Priorates gerichtet, in dem er die vorgenannten Angaben zu seiner Person machte (2 Alt 3509).

Andreas Witten. Er war aus dem Dorfe Mechtshausen Kr. Hildesheim-Marienburg gebürtig und wurde unter Abt Johann Mutken an fünfter Stelle, wohl um 1550, in Clus aufgenommen (VII B Hs 321 a; Goetting, Fortsetzung S. 21 Anm. 24). Als Prior wird er nur einmal am 22. Februar 1562 genannt (VII B Hs 321). Er ist wohl sicher mit dem Propst von Brunshausen Andreas Witten identisch, der dort am 25. Juli 1569 erscheint und das dortige Erbregister zusammenstellte (19 Alt 30; s. oben Brunshausen § 23, 1).

Joachim Plate (Plato). Er stammte aus Alfeld und wurde als zwölfter Professus unter Abt Johann Mutken aufgenommen. Prior 22. Febr. 1566 (VII B Hs 321). Da er im Herbst 1568 nicht mehr erwähnt wird, dürfte er schon vorher nach St. Michael in Hildesheim übergegangen sein, wo er am 24. Mai 1582 als Prior starb (Volk, Gen. Kap. Rez. 2 S. 245). Das Nekrologium von St. Michael (Mus. Hild., Hs. 191 a) verzeichnet seinen Tod zum 25. Mai 1582.

Andreas Lüderitz (Stendel), s. unten § 21, 3.

Johannes Menneken. Er dürfte ein Angehöriger der bekannten Gandersheimer Bürgerfamilie M. und ein Vetter des gleichnamigen und gleichzeitigen Reichsstiftskanonikers gewesen sein. Nach der Liste der Chronikfortsetzung wurde er an 13. Stelle von Abt Johann Mutken aufgenommen, wohl zu Anfang der sechziger Jahre (VII B Hs 321 a; Goetting, Fortsetzung S. 22 Anm. 32). Am 6. März 1570 war er als Senior maßgeblich an der Wahl des Abts Johann Beckmann beteiligt (VII B Hs 35 a Bl. 29 v), unterzeichnete am 15. Juli, ebenfalls als Senior, die Vollmacht für Andreas Lüderitz und wurde in dem Schutzmandat Kaiser Maximilians II. an erster Stelle unter den Konventualen aufgeführt (10/11 Urk 127). Von einem vorübergehenden Aufenthalt im Kloster St. Godehardi in Hildesheim nach Einsetzung des lutherischen Gegenabts Hermann Hamelmann muß er bald zurückgekehrt sein, da er sich am 30. Oktober 1570 mit den drei übrigen Konventualen der Fürstlichen Klosterordnung unterwarf (2 Alt 3480). Am 6. Juni 1571 unterschrieb er als Senior den Revers des Abtes nach dessen Wiedereinsetzung (2 Alt 3489). Er ist noch am 4. Januar 1572 als Senior bezeugt, wird aber bald darauf das Priorat übernommen haben. Er ist wohl der am 24. Januar 1577 namentlich nicht genannte Prior, der auch nach der Einsetzung eines herzoglichen Verwalters in Clus blieb, passiven Widerstand leistete und mehrfach zu dem nach Hildesheim ausgewichenen Abt Heinrich Pumme reiste (2 Alt 3493). Der Schutzbrief Kaiser Rudolfs II. vom 26. August 1586 ist ausdrücklich an den Prior Johannes Menneken gerichtet (10/11 Urk 134). Er starb am 3. Januar 1587 in Clus (2 Alt 3502).

Johannes Sodthoff (Soedthoff, Sothhoff). Er stammte aus Gandersheim und war im Januar 1587 angeblich 37 Jahre alt und 25 Jahre im Kloster (2 Alt 3507), wäre also 1549/50 geboren und 1561/62 in Clus eingetreten. Die Liste der Chronikfortsetzung nennt ihn an 14. Stelle der Professen unter Abt Johann Mutken (VII B Hs 321 a; Goetting, Fortsetzung S. 22 Anm. 33). Nach der gleichen Quelle war er der einzige, der nach der Ausweisung des Abts Johann Beckmann und der Einsetzung des Superintendenten Hermann Hamelmann im Juni 1570 in Clus zurückblieb. Er erscheint daher auch nicht unter den Unterzeichnern der Vollmacht für den geflüchteten Andreas Lüderitz (11 Alt Gand. Fb. 1, V, 1) und ebenso nicht unter den Adressaten des Kaiserlichen Schutzbriefs vom 3. September 1570 (10/11 Urk 127). Am 30. Oktober 1570 unterwarf er sich der fürstlichen Klosterordnung (2 Alt 3480). Den Revers des Abtes Johann Beckmann vom 6. Juni 1571 unterschrieb er an 2. Stelle hinter dem Senior (2 Alt 3489). 1576 oder zu Anfang 1577 wurde er beschuldigt, eine Magd geschwängert zu haben, was er bestritt. Immerhin mußte er vorübergehend aus dem Kloster weichen, weil die Stiftsäbtissin ihn ins Gefängnis werfen wollte. Herzog Julius befahl dem Verwalter Barwart Mente seine Wiederaufnahme, da eine eventuelle Bestrafung Sache des Herzogs sei (11 Alt Gand. Fb. 1, III, 3). Die Angelegenheit wirft Licht auf seine offenbar von jeher gegenüber dem Herzog kompromißbereite Haltung. Am 15. August 1586 wurde er in dem Schutzbrief Kaiser Rudolfs II. als vierter und letzter Konventuale genannt (10/11 Urk 134). Er war am 3. Januar 1587 nach dem Tode des Priors Johannes Menneken der einzige Konventsangehörige in Clus (2 Alt 3507) und wird anschließend dessen Amt übernommen haben. Als Prior leistete er am 28. August 1589 dem zurückgekehrten Abt Heinrich Pumme das Gehorsamsversprechen (10/11 Urk 136). Urkundlich erscheint er zuletzt noch unter dem protestantischen Abt Georg Schünemann am 22. Mai 1599 (VII B Hs 36 Bd. 4 Bl. 323 v).

Daniel Puster (Peuster). Wohl aus der bekannten Gandersheimer Bürgerfamilie stammend, wird er erst am 7. Mai 1602 als Konventual genannt, war aber möglicherweise schon einige Jahre vorher im Kloster. Als Prior erscheint er am 14. Mai 1604 (11 Alt 25) und wird dann nicht weiter erwähnt. Ein Rückvermerk auf einem Gandersheimer Chirograph von 1525 (6 Urk 769) nennt ihn unter dem 13. Juni 1609 als „Verwalter" an einem nicht genannten Ort, jedenfalls nicht in Clus.

3. Cellerarii bzw. Prokuratoren

Bertold Ludolvessen alias Werneri. Er wäre möglicherweise ein Angehöriger der Gandersheimer Bürgerfamilie Werners und erscheint zuerst am 10. Dezember 1429 unter den Konventualen, die von der Wahl des Abts Dethlev von Hannover ausgeschlossen waren (CC. Bl. 133 v, 134; Herbst, Klus S. 25). Er gehörte auch am 21. Juli 1430 zu den Mönchen, die in Northeim Johannes Dederoth zum Abt von Clus wählten (10/11 Urk 43 u. 44) und wurde in dessen Reformkonvent übernommen. In der Mönchsliste unter Abt Hermann I. (CC. Bl. 139; Herbst, Klus S. 33 Anm. 3) findet sich *fr. Bartoldus Ludolvessen* mit dem Randvermerk *Cuius cenobii procurator adhuc 1455;* die folgende Liste von 1446 ff. (CC. Bl. 140; Herbst, Klus S. 35) nennt ihn an zweiter Stelle als *frater Bartoldus Ludolvessen sive Werneri.* Da schon am 18. April 1435 *her Bertold Werners to der Clus* dem Marienkloster Kalk zum Kemenatenbau aus der Cluser Kalkröse verkaufte (11 Alt Mar. Gand. Rechn. 1), ist zu vermuten, daß er der erste Prokurator des Reformkonvents gewesen ist und dieses Amt bis 1455 bekleidet hat.

Dietrich von Dassel, s. oben § 21, 2.

Mag. Andreas Soteflesch, s. oben § 21, 2.

Johannes Bothe. Er leistete unter Abt Wedego wohl nach 1480 Profeß. Henricus Bodo (CC. Bl. 144; dazu Herbst, Klus S. 39) gibt seine Herkunft aus Gandersheim an, so daß er wohl der häufig bezeugten Gandersheimer Ratsfamilie Bothe zuzurechnen ist. Das Prokuratorenamt wird er nach dem Tode seines Vorgängers im Jahre 1503 erhalten haben. Bei der Wahl des Abtes Konrad Hissing am 6. Aug. 1505 war der Cellerarius Johannes Bothe der zweite Kompromissar (10/11 Urk 97). Durch Erbgang erwarb er 1521 einen Hof zu Beulshausen, auf den 1534 der Gandersheimer Bürger Cord Hüne, sein Vetter, Anspruch erhob und einen gleichen Anteil zugesprochen erhielt (Henricus Bodo, CC. Bl. 245). Als Cellerarius ist er zwischen dem 13. April 1512 (10/11 Urk 104) und dem 3. Februar 1525 (VII B Hs 321) mehrfach erwähnt. Über seinen Tod ist nichts bekannt. Die Konventsliste von 1541 ff. (CC. Bl. 261) nennt ihn nicht mehr, und auch die Totenlisten der Bursfelder Generalkapitelsrezesse enthalten ihn nicht. Als sein Nachfolger erscheint am 25. Juli 1541 der Cellerarius Johannes Mutken, der an diesem Tage zum Abt gewählt wurde (10/11 Urk 119).

Johannes Mutken, s. oben § 21, 1.

Konrad Stein. Er hat noch unter Abt Wedego, vermutlich erst um 1500, Profeß geleistet (Henricus Bodo, CC. Bl. 144; Herbst, Klus S. 39). Er stammte aus Gandersheim und war sehr wahrscheinlich der älteste Sohn des Bürgers Bartold Stein und seiner Frau Grete. Mit diesen zusammen wurde er zuerst am 25. November 1510 und dann am 20. April 1512 in einer Leibzuchtsverschreibung als *her Cord prestere* (letzteres gestrichen!) bezeichnet (VII B Hs 11 Bd. 1 Bl. 47 v und 48, VII B Hs 17 Bl. 34, 2). Er wäre dann der ältere Bruder des Johannes Stein, mit dem zusammen er 1517/18 200 fl. erbte, die das Kloster beim Rat zu Braunschweig anlegte (CC. Bl. 159 v, 160), und ebenfalls ein Bruder des späteren Seniors des Reichsstifts Bartold Stein (s. GS NF 7 Reichsstift Gandersheim § 46). Die Konventsliste von 1505 ff. nennt ihn an zehnter Stelle (CC. Bl. 154), die nachträgliche Konventsliste von 1541 ff. an vierter Stelle, auffallenderweise hinter dem jüngeren Johannes Stein (CC. Bl. 261). Doch erscheint er in der Aufstellung der Schmalkaldener Visitatoren vom 21. Oktober 1542 an zweiter Stelle vor diesem und unmittelbar nach dem Prior, so daß anzunehmen ist, daß er den zum Abt gewählten Johann Mutken in seinem Amt als Prokurator abgelöst hat. Das Visitationsprotokoll (2 Alt 1583 Bd. 2 Bl. 112) vermerkt über ihn: *wil in seinem orth pleiben, ist nicht zu bewegen, darumb ist er hir nicht zu leiden.* Er mußte also mindestens vorübergehend das Kloster verlassen. Seinen Tod *(Ob. in Clusa Conradus cellerarius)* meldet die Totenliste des Bursfelder Generalkapitels in Werden am 28. August 1547 (Volk, Gen. Kap. Rez. 2 S. 77).

Heinrich Kothman. Aus einer Gandersheimer Bürgerfamilie stammend — seine Schwester Fredeke heiratete den Bürgermeister Hans Koler (41 Urk 189) —, legte er wohl schon vor 1520 unter Abt Konrad Hissing Profeß ab (Henricus Bodo, CC. Bl. 154). Zu 1521 ist ein von *fr. Hinricus Kothman* geschriebenes Missale datiert, das sich in der Bibliothek der Stiftskirche zu Gandersheim befindet (Kronenberg, Clus u. Brunsh. S. 44). Die nachträgliche Konventsliste von 1541 ff. nennt ihn an siebenter Stelle (CC. Bl. 261). Bei der Schmalkaldischen Visitation vom 21. Oktober 1542 erklärte er sich zunächst zum Bleiben bereit *(wil ablegen und die ordnung annemen,* 2 Alt 1583 Bd. 2 Bl. 112, vgl. Kayser, Ref. KirchVis. S. 35 Anm. 49), muß sich aber schon vor 1544 zu seinem Abt ins Exil begeben haben, dessen getreuer Begleiter der offenbar tüchtige und geschäftsgewandte Mann wurde. Bei der Räumung des Klosters durch die Pfandinhaber von Bock in der zweiten Hälfte des Jahres 1547 kehrte er als erster zurück und übernahm den Klosterhaushalt (VII B Hs 321 a; Goetting, Fortsetzung S. 14). Da Konrad Stein inzwischen verstorben war, übernahm er sogleich dessen Amt und wurde am 2. Februar 1548 erstmalig als Prokurator genannt (VII B Hs 320 Bl. 21). Der rasche wirtschaftliche Aufbau des Klosters wird im wesentlichen sein Werk gewesen sein. Über seine Flucht vor der Soldateska des Markgrafen Albrecht von Brandenburg-Kulmbach im Sommer 1553 nach Marienstein, seine gewaltsame Verbringung auf die Burg Gandersheim und seine üble Behandlung, da man bei ihm verborgene Klostergelder vermutete, vgl. VII B Hs 321 a, Goetting, Fortsetzung S. 16. Nach diesen Zwischenfällen, die das Kloster abermals dem Ruin nahebrachten, folgte ein neuer Aufbau, an dem er besonderen Anteil hatte. Urkundlich erscheint Heinrich Kothman als Prokurator zuletzt am 22. Februar 1566 (VII B Hs 321).

Andreas Lüderitz (Stendel). Er stammte aus Stendal, woraus sich sein häufig gebrauchter Zuname Stendel erklärt, und wurde an achter Stelle, wohl nach 1550, unter Abt Johann Mutken in Clus aufgenommen (VII B Hs 321 a, Goetting, Fortsetzung S. 17 Anm. 27). Als Prokurator erscheint er zuerst am 22. Februar 1566 (VII B Hs 321). Bei der Kirchenvisitation Ende Oktober 1568 weigerte sich A. L., der vom fürstlichen Kanzler Mutzeltin als *junger Mann* bezeichnet wurde, den Mönchshabit abzulegen, und wurde deshalb abgesetzt, konnte aber sein Verbleiben erreichen, indem er seinen Übertritt von der noch zu erlassenden Fürstlichen Klosterordnung abhängig machte. Nach deren Erscheinen verließ er, da er sie nicht annehmen wollte, das Kloster Ende Mai 1569, ging zunächst nach Hildesheim und, *da ehr aber aldo nit sehlig sein mugen,* von dort nach Mainz, wo ihm der Erzbischof eine Vikarie in Worms verschaffte (VII B Hs 321 a, Goetting, Fortsetzung S. 21 ff. und 26). Dort wurde er am 15. Juli 1570 von dem geflüchteten Cluser Abt und den Konventualen bevollmächtigt, auf dem Reichstag zu Speyer die Restitution des Klosters zu betreiben (11 Alt Gand. Fb. 1, V, 1). Dieser Tätigkeit ist das kaiserliche Mandat an Herzog Julius vom 30. August 1570 und das Schutzdiplom für Clus vom 3. Sept. 1570 (10/11 Urk 126 u. 127) zu verdanken. A. L. wird darin ausdrücklich als Prior bezeichnet. Sicherheitshalber ließ er die kaiserlichen Urkunden noch vom bischöflichen Offizialat in Worms vidimieren (10/11

Urk 128). Diese Wirksamkeit ließ eine Rückkehr nach Clus in den Machtbereich des Herzogs Julius nicht mehr geraten erscheinen. A. L. ging, vermutlich schon 1571, nach Erfurt, wohin auch der Cluser Abt Johann Beckmann geflüchtet war. Er wurde Prior im dortigen St. Peterskloster und zu Michaelis 1573 als *fr. Andreas Luderitz Stendaliensis* an der Universität Erfurt immatrikuliert (Matr. Erfurt 2 S. 429[26]). Auch von dort aus konnte er noch für Clus wirken. Er schrieb die von ihm mitgenommenen Urkunden, vorwiegend die gültigen Rentenbriefe, in ein Kopialbuch ab und ließ die Abschriften am 22. September 1574 von dem kurfürstl. Mainzischen Rat D. Heinrich Rauchdorn und dem Mag. Johann Algesheym gen. Gröning beglaubigen (jetzt VII B Hs 320). Als Prior von St. Peter in Erfurt wählten ihn die Konventualen zu Bursfelde nach dem Tode des Abts Johann Frenken am 16. Oktober 1578 zu dessen Nachfolger. Die schwierigen wirtschaftlichen Verhältnisse in Bursfelde (vgl. St. Hilpisch, Säkularisation S. 84 f.) zwangen ihn, nachdem er das Kloster schon 1580 verlassen hatte, am 15. Dezember 1581 zur Resignation und zur Rückkehr in sein Erfurter Kloster (Ph. Hofmeister, Verfassung, StudMittGBened 53. 1935 S. 59 u. P. Volk, Das Ende der Abtei Bursfeld, StudMittGBened 53. 1935 S. 260 ff.).

Heinrich Pumme, s. oben § 21, 1.

4. Cantoren

Tilomannus Bothe, s. oben § 21, 2.

Hermann Schonefelt, s. oben § 21, 2.

5. Mönche

Johannes Kron. Er erscheint nur einmal am 29. September 1433 an vierter Stelle der Konventualen (VII B Hs 12 Bl. 8 v, Harenberg S. 889), gehörte also zu den sechs ersten Reformmönchen unter Abt Johann Dederoth. Ob er mit dem Johannes Cron personengleich ist, der am 18. Februar und 25. März 1425 an der Kurie wegen der Propstwürde im Hildesheimer Sültekloster suppliziert hatte (Rep. Germ. 4, 2 Sp. 1784), muß dahingestellt bleiben.

Heyso Krenghen (Crengen), wurde wie der Vorige nur am 29. September 1433 an fünfter Stelle aufgeführt (VII B Hs 12 Bl. 8 v, Harenberg S. 889), wird also ebenfalls dem ersten Reformkonvent zuzurechnen sein.

Heinrich von Peine und zwei ungenannte Mönche von St. Matthias in Trier, s. oben § 13.

Gisbert, leistete als erster unter Abt Hermann I., also nach 1439, Profeß und erscheint noch unter dessen Nachfolger mit dem Vermerk *adhuc fuit 1448* (Henricus Bodo, CC. Bl. 140 f.; Herbst, Klus S. 34 f.).

Heinrich, leistete unter Abt Hermann I. (1439—1446) Profeß, wird aber in der folgenden Konventsliste nicht mehr erwähnt und muß daher vor 1446 ausgeschieden oder verstorben sein (Henricus Bodo, CC. Bl. 139, Herbst, Klus S. 34 Anm. 5).

Johannes Volthatzen, leistete unter Abt Hermann I. Profeß und erscheint noch unter dessen Nachfolger 1446 ff. an fünfter Stelle der Konventsliste (Henricus Bodo, CC. Bl. 139 f., Herbst, Klus S. 34 f.).

Johannes von Höxter (de Hoxaria), leistete unter Abt Hermann I. nach 1439 Profeß, dürfte aber noch vor 1446 ausgeschieden oder verstorben sein, da er in der folgenden Konventsliste nicht mehr aufgeführt wird (Henricus Bodo, CC. Bl. 139, Herbst, Clus S. 34 Anm. 7).

Dietrich Beckmann, erscheint an erster Stelle unter den Mönchen, die nach 1446 unter Abt Gottfried Profeß leisteten (Henricus Bodo, CC. Bl. 140, Herbst, Klus S. 35). Die folgende Konventsliste unter Abt Wedego nennt ihn an dritter Stelle mit dem Vermerk *obiit 1466* (Henricus Bodo, CC. Bl. 144, Herbst, Klus S. 38). In der Totenliste des Bursfelder Generalkapitels vom 21. Mai 1468 ist er als *Theodericus presb. et mon.* genannt (Volk, Gen. Kap. Rez. 1 S. 133).

Johannes Voss. Der in der Konventsliste von 1446—1460 aufgeführte J. V. trägt die Zusatzbezeichnung *Hasso,* kam also aus Hessen (Henricus Bodo, CC. Bl. 140, Herbst, Klus S. 35) und war der zweite, der unter Abt Gottfried Profeß leistete. In der folgenden Konventsliste erscheint er noch einmal mit dem Vermerk *obiit 1475* (CC. Bl. 144, Herbst, Klus S. 38). In der Totenliste des Bursfelder Generalkapitels vom 15. Juni 1477 ist er als *fr. Johannes sacerdos et mon.* verzeichnet (Volk, Gen. Kap. Rez. 1 S. 173).

Konrad Hammenstedt. Unter Abt Gottfried (1446—1460) legte er als dritter Mönch Profeß ab und wurde in der Konventsliste unter Abt Wedego 1460 ff. an sechster Stelle geführt (Henricus Bodo, CC. Bl. 140 und 144, Herbst, Klus S. 35 u. 38). Er war der bildende Künstler des Klosters, der allein namentlich bekannt ist und dem Werke der Wand-, Glas-, Tafel- und Buchmalerei zugeschrieben werden. Über seine Wandfresken, welche Leuckfeld 1709 noch gesehen hat und an denen er die Jahreszahl 1489 entziffern zu können glaubte, s. oben § 3, 9. Von seinen gemalten Tafeln *(aliquot tabulas fecit,* CC. Bl. 144), hat sich ebenfalls nichts erhalten. Über das von ihm mit Miniaturen, Initialen und Federzeichnungen geschmückte Collectarium, Cod. Guelf. 1359 Helmst., s. oben § 5. Die später gelöschte, aber noch lesbare Schreibernotiz auf Blatt 265 v besagt, daß er die Handschrift im Jahre 1492 im Alter von 52 Jahren geschrieben habe (Herbst, Klus S. 95 Anm. 5). Sein Geburtsjahr wäre also mit etwa 1440 zu errechnen. Nach Henricus Bodo starb er 1497 (CC. Bl. 144). Die Totenlisten der Bursfelder Generalkapitelsrezesse nennen seinen Namen nicht.

Johannes Zep (Szep, Scep). In den Konventslisten 1446 ff. und 1460 ff. steht er jeweils an vierter Stelle (Henricus Bodo, CC. Bl. 140, Herbst, Klus S. 35 u. 38). Die Totenliste des Bursfelder Generalkapitelrezesses vom 20. Juni 1479 verzeichnet seinen Tod für das abgelaufene Jahr: (ob.) *fr. Johannes Scep sac. et mon.* (Volk, Gen. Kap. Rez. 1 S. 182).

Johannes Gronau (Gronauwe). Er leistete unter Abt Gottfried (1446—1460) an sechster und letzter Stelle Profeß und ist in der folgenden Konventsliste 1460 ff. an siebenter Stelle genannt (Henricus Bodo, CC. Bl. 140 u. 144, Herbst, Klus S. 35 u. 38). Sein Zuname dürfte seine Herkunft aus Gronau Lkr. Alfeld angeben. Ob sich die Eintragung in der Totenliste des Bursfelder Generalkapitelsrezesses vom 15. Juni 1477 (ob.) *fr. Johannes sac. et mon.* auf ihn oder auf Johannes Voss oder auf Johannes Rimmerode bezieht, muß dahingestellt bleiben. Vgl. die Angabe in dem Admonter Totenrotel I 223 r (Bünger S. 97) vor dem 8. Febr. 1477: *ob. fr. Johannes sac. et mon.*

Gerhard. Unter Abt Wedego 1460 ff. leistete er als erster Mönch Profeß (Henricus Bodo, CC. Bl. 144, Herbst, Klus S. 38), doch ist weiteres über ihn nicht bekannt.

Johannes Rimmerode. Dieser *fr. Johannes,* den Henricus Bodo nicht näher kennzeichnet und der in der Profeßliste unter Abt Wedego an zweiter Stelle steht (Henricus Bodo, CC. Bl. 144, Herbst, Klus S. 38), ist vielleicht mit dem Schreiber des Cod. Guelf. 589 Helmst. *fr. Johannes Rummrod in Clusa* zusammenzubringen (Herbst, J. v. Br. S. 43 f. u. Klus S. 96). Wahrscheinlich stammt er aus der Gandersheimer Bürgerfamilie Rimmerode. Eine Personengleichheit mit dem zu Michaelis 1464 in Erfurt immatrikulierten *Johannes Rymyngerot de Ganderßheym* (MatrErfurt S. 306[29]) und dem am 20. März 1467 als Zeuge in einer Urkunde des Reichsstifts auftretenden *Johannes Rymmingrode cler. dioc. Hild.* (6 Urk 534) liegt ebenfalls im Bereich der Möglichkeit.

Heinrich (von) Bock. Wohl noch in der Mitte der siebziger Jahre trat er an fünfter Stelle unter Abt Wedego in Clus ein. Henricus Bodo vermerkt zu seinem Namen *nobilitaris* (CC. Bl. 144, Herbst, Klus S. 38). Er gehörte also, und zwar wohl als einziger der Cluser Mönche, dem Adel an und zwar dem bekannten Geschlecht der Böcke bzw. von Steinberg, aus dem Ritter Ernst 1400 und 1417 den Dankelsheimer Zehnten zu Lehen getragen und verkauft hatte (10/11 Urk 32, 37, 38). Heinrich Bock ist wohl schon in höherem Alter ins Kloster eingetreten und starb bereits 1477. Sein Tod ist im Bursfelder Generalkapitelsrezess vom 20. Juni 1479 erwähnt *(ob. fr. Heinricus Bock sac. et. mon.*, Volk, Gen. Kap. Rez. 1 S. 182).

Henning Kremmelinck. Er leistete unter Abt Wedego an sechster Stelle Profeß und stammte aus Gandersheim, wo die Bürgerfamilie Cremeling 1436 nachzuweisen ist (11 Alt Mar. Gand. Rechn. 2). Er starb nach Henricus Bodo (CC. Bl. 144, Herbst, Klus S. 38) im Jahre 1483 (vgl. auch Volk, Gen. Kap. Rez. 1 S. 207).

Konrad Damman. Er leistete unter Abt Wedego 1460 ff. an siebenter Stelle Profeß (Henricus Bodo, CC. Bl. 144, Herbst, Klus S. 38). Weitere Angaben fehlen. Er muß vor 1504 verstorben sein, da die Konventsliste unter Abt Konrad Hissing ihn nicht mehr erwähnt.

Johannes Hissing. Er stammte vielleicht wie der nach ihm eingetragene spätere Abt Konrad Hissing aus Alfeld und leistete unter Abt Wedego an achter Stelle Profeß. Urkundlich erscheint er einmal am 12. Juli 1494, als er in Vertretung des Abtes die dem Kloster inkorporierte Pfarre Klein Freden einem neuen Vikar übertrug (10/11 Urk 91). Er starb noch 1494 (CC. Bl. 144, Herbst, Klus S. 38) oder 1495 (Admonter Totenroteln S. 198: *subprior!*).

Johannes Goslar (Goslarie). Der unter Abt Wedego an neunter Stelle eingetretene, wohl aus Goslar stammende Johannes starb 1497 (Henricus Bodo, CC. Bl. 144, Herbst, Klus S. 38). Ob er mit dem zu Ostern 1447 in Erfurt immatrikulierten Johannes de Goslaria gleichzusetzen ist (Matr. Erfurt S. 211[38]), ist fraglich.

Mathias Linenwever. Henricus Bodo (CC. Bl. 144, Herbst, Klus S. 38) gibt für den an zehnter Stelle unter Abt Wedego eingetretenen Mönch seine Herkunft mit *patria Lutzenborgensis* an. Er kam also aus Luxemburg, möglicherweise über Trier, womit auch sein in Clus seltener Vorname zusammenstimmen könnte. Er war bei der Wahl des Abtes Konrad Hissing 1505 der Senior des Konvents, hatte als einziger das vierzigste Lebensjahr überschritten und starb schon vor dem 29. August 1507 (CC. Bl. 154, Herbst, Klus S. 38 Anm. 6; Volk, Gen. Kap. Rez. 1 S. 371).

Johannes (Doliatoris) von Brakel. Er stammte aus Brakel in Lippe und trat vielleicht erst zu Anfang der achtziger Jahre an elfter Stelle unter Abt Wedego in Clus ein. Seit etwa 1485, sicher seit 1490, ist er als Schreiber und Buchbinder nachzuweisen. Die durch den *fr. Johannes de Braclis in Clusa* geschriebenen Codices (mindestens Cod. Guelf. 533 Helmst. und 547 Helmst.) und die zahlreichen von ihm gebundenen Bücher hat Herbst (Klus S. 89 ff.) zusammengestellt; vgl. auch ders., J. v. Br. S. 31 ff. Mit Hilfe der Stempelvergleichung — Johann v. Brakel benutzte neben den in der Buchbinderwerkstatt vorgefundenen Stempeln auch zwei charakteristische Siegelstempel, darunter einen des Seesener Plebans Dietrich von Brakel, wohl eines Verwandten von ihm — gelang Herbst die Zuweisung und zeitliche Festlegung einer ganzen Reihe von Handschriften und Frühdrucken der ehemaligen Cluser Bibliothek, was ohne diese Hilfsmittel nicht möglich gewesen wäre (Tafel mit Abreibungen der Stempel s. Herbst, J. v. Br. S. 34). Johann von Brakel starb 1525 (CC. Bl. 154, Herbst, Klus S. 88 Anm. 6; Volk, Gen. Kap. Rez. 1 S. 517).

Johannes Hovet (Capitis). Stammte als *Gandesianus* wohl aus der bekannten Gandersheimer Bürgerfamilie Hovet (Hovedes), aus der etwa gleichzeitig der Kanoniker des Reichsstifts Herbord Hovet (s. GS NF 7 Reichsstift Gandersheim § 46) und der Notar Henning Hovet hervorgingen. Er ist wohl in den achtziger Jahren in Clus eingetreten und starb 1497 (CC. Bl. 144, Herbst, Klus S. 39 [dort 1495!]). Die Bursfelder Generalkapitelsrezesse erwähnen ihn nicht.

Johannes Herkelsem. Als *Hildesianius* (Henricus Bodo, CC. Bl. 144) stammte er aus dem Hildesheimischen und leistete wohl ebenfalls in den achtziger Jahren in Clus Profeß. In der Konventsliste 1505 ff. erscheint er nicht mehr.

Johannes Lucie. Er stammte aus Gandersheim und leistete in den achtziger Jahren Profeß (Henricus Bodo, CC. Bl. 144, Herbst, Klus S. 39). In der Konventsliste 1505 ff. wird er nicht mehr aufgeführt.

Henning Achim. Auch er stammte aus Gandersheim und wurde vermutlich in den achtziger Jahren in Clus aufgenommen (Henricus Bodo, CC. Bl. 144, Herbst, Klus S. 39). Die Konventsliste von 1505 ff. nennt ihn an vierter Stelle und gibt seinen Tod zu 1506 an (CC. Bl. 154; Volk, Gen. Kap. Rez. 1 S. 371).

Konrad Udalrici. Er stammte aus Alfeld und wurde wahrscheinlich um 1490 in Clus aufgenommen (Henricus Bodo, CC. Bl.

144, Herbst, Klus S. 39, dort fälschlich „Walrici!"). Die Konventsliste 1505 ff. erwähnt ihn an siebenter Stelle (CC. Bl. 154). Über seinen Tod ist nichts bekannt.

Hermann Rhüden (Ruden). Er stammte aus Alfeld und leistete wahrscheinlich nach 1490 in Clus Profeß (Henricus Bodo, CC. Bl. 144, Herbst, Klus S. 39). Bei der Wahl des Abtes Konrad Hissing am 6. August 1505 fungierte er neben Senior und Cellerarius als dritter Kompromissar (10/11 Urk 97). Er wird noch in der Brüderliste 1541 an zweiter Stelle hinter dem Prior genannt (CC. Bl. 261), war aber bei der Schmalkaldischen Visitation am 21. Oktober 1542 nicht mehr in Clus, also entweder verstorben oder mit dem Abt ins Exil gegangen.

Heinrich (Henricus) Bodo alias Angelonius. Der bekannte Chronist steht unter den in der Zeit Abt Wedegos 1460—1505 in Clus eingetretenen Mönchen an letzter Stelle (CC. Bl. 144, Herbst, Klus S. 39). Er stammte aus Alfeld und wird von dem späteren Abt Konrad Hissing nachgezogen sein, der ihn auch zur Abfassung der Cluser Chronik ermunterte. Er begann sie 1523 (CC. Bl. 117 v) und hatte sie zusammen mit dem anschließenden Syntagma ecclesię Gandesianę 1532 im wesentlichen vollendet. Herbst konnte nachweisen, daß die Sammelhandschrift Cod. Guelf. 19. 13 Aug. 4° das Autograph Bodos ist und 1532 zusammengebunden wurde. Nachträge des Verfassers führen bis 1539. Eine zweite Bearbeitung des Syntagma, das bis 1550 fortgesetzt wurde, liegt nur noch in einer Abschrift des älteren Meibom von 1589 vor (Landesbibl. Hannover, MS XXIII 548, vgl. H. Breßlau, NA 23. 1898 S. 134 ff.). Henricus Bodo ist auch der Verfasser der 1537 unter dem Namen Henricus Angelonius — einer gelehrten Übersetzung seines Namens Bodo, Bote — geschriebenen Abhandlung über die Anfänge der Bursfelder Reform (gedr. Herbst, Klus S. 97 ff., vgl. ebda. S. 20 ff.). Die Identität steht außer Zweifel, da auch an einer Stelle des CC. (Bl. 117) des *fratris Hinrici Angelonii alias Bodonis* gedacht ist. Über seine Benutzung des wiederaufgefundenen Gründungsgedichts der Hrotsvit s. Goetting, Primordia S. 87 ff. Henricus Bodo ist zwar noch in der von späterer Hand eingefügten Konventsliste unter Abt Johann Mutken 1541 ff. irrtümlich genannt (CC. Bl. 261), doch wird er schon zu Anfang 1541 zum Abt von Marienstein gewählt worden sein, wo sein Vorgänger Abt Johannes am 24. Dezember 1540 (Volk, Gen. Kap. Rez. 2 S. 54) gestorben war. Schon bei der Wahl des Abts Johannes Mutken am 25. Juli 1541 war er als Abt von Marienstein anwesend (10/11 Urk 119) und wurde als solcher am 28. August 1541 zum Generalkapitel der Bursfelder Kongregation in Mainz zugelassen (Volk, Gen. Kap. Rez. 2 S. 56). D. Heidemann, Gesch. d. Klosters Steina, ZHistVNd-Sachs. 1871 S. 69, verzeichnet *als 25. Abt von Steina Heinricus Boden oder Angeloni von 1541—1553.* Herbst (Klus S. 19 Anm. 5) konnte die Quelle für diese Angabe nicht ermitteln, fand aber immerhin in dem jetzt verlorenen Kopiar von Marienstein im Staatsarchiv Hannover den Abt Henricus Angelonius wieder. In den Jahren 1542 ff. war bekanntlich Marienstein mehrfach die Zuflucht von Cluser Konventsangehörigen. Henricus Bodo nahm 1542 und 1544 an den Bursfelder Generalkapiteln teil, ließ sich 1547 in Werden *prae inopia* vertreten, blieb aber in den folgenden Jahren unentschuldigt fern (Volk, Gen. Kap. Rez. 2 S. 60, 67, 78). Da sein Nachfolger Abt Georg am 17. April 1554 zum Bursfelder Generalkapitel zugelassen wurde (Volk, Gen. Kap. Rez. 2 S. 106), wird Henricus Bodo 1553 verstorben sein, doch wird er in den Totenlisten der Bursfelder Generalkapitelsrezesse auffallenderweise nicht erwähnt.

Gottfried. Die auf dem Bursfelder Generalkapitel vom 28. August 1502 verlesene Totenliste vermerkt: (ob.) *in Clusa fr. Gotfridus sac. et mon.* (Volk, Gen. Kap. Rez. 1 S. 133), doch kommt der Name in den Konventslisten des CC. sonst nicht vor.

Johannes Stein (Stheyn). Er war der zweite Sohn des Gandersheimer Bürgers Bartold Stein und seiner Frau Grete und damit wohl sicher Bruder des Konrad Stein (s. oben) und des späteren Stiftsseniors Bartold Stein (s. GS NF 7 Reichsstift Gandersheim § 46). Er war der erste, der unter Abt Konrad Hissing nach 1505 Profeß leistete (Henricus Bodo, CC. Bl. 154). Die Konventsliste von 1541 ff. führt ihn an dritter Stelle auf, ebenso die Liste der Schmalkaldener Visitatoren, vor denen er am 21. Oktober 1542 seine Bereitschaft auszuziehen erklärte (2 Alt 1583 Bd. 2 Bl. 112: *wil ausziehen und die ordnung annemen*, Kayser, Ref. KirchVis. S. 35 Anm. 49). Möglicherweise ist er mit dem *Johannes sac. et mon.* identisch, dessen Ableben die Bursfelder Totenliste vom 26. April 1556 für Clus meldete (Volk, Gen. Kap. Rez. 2 S. 116).

Konrad Bodo (Boden). Er stammte aus Alfeld und war möglicherweise ein jüngerer Verwandter des Chronisten Henricus Bodo. In dessen Liste der unter Abt Konrad Hissing eingetretenen Mönche steht er an zweiter Stelle (CC. Bl. 154). Da ihn die Konventsliste 1541 ff. nicht mehr nennt, ist er vielleicht vorher Henricus Bodo nach Marienstein gefolgt. Dort starb nach der Bursfelder Totenliste am 28. Aug. 1547 ein *Conradus Boden cellerarius* (Volk, Gen. Kap. Rez. 2 S. 77).

Heinrich Eck(e)leff (Ecklebe), stammte ebenfalls aus Alfeld und leistete unter Abt Konrad Hissing an dritter Stelle Profeß (Henricus Bodo, CC. Bl. 154). In der Konventsliste 1541 ff. steht er an sechster Stelle (CC. Bl. 261). Bei der Schmalkaldischen Visitation vom 21. Oktober 1542 erklärte er sich zunächst zur Annahme der neuen Ordnung bereit, änderte aber bald seinen Entschluß (im Or. Prot. *wil ausziehen und die ordnung annemen* ersetzt durch *wil nicht ausziehen*, 2 Alt 1583 Bd. 2 Bl. 112). Er dürfte einer der *drei alten münche* gewesen sein, die sich 1546 noch in Clus befanden, und ist vielleicht noch 1551 Prior geworden (s. oben § 21, 2).

Conrad Furbom (Fuerbom), aus Gandersheimer Bürgerfamilie (Hans Furbom 1530, 17 N, Gandersheimer Stadtbuch Bl. 11 v). Er leistete unter Abt Konrad Hissing an vierter Stelle Profeß (Henricus Bodo, CC. Bl. 154), jedenfalls vor 1520, da er in diesem Jahre ein Collectarium vollendete (Cod. Guelf. 614 Helmst., vgl. Herbst, Klus S. 97 u. Anm. 1). Merkwürdigerweise nennt ihn die nachträgliche Konventsliste von 1541 ff. nicht mehr (CC. Bl. 261), während die Bursfelder Totenliste vom 31. August 1544 von einem *Conradus Surboim (!) prior* berichtet, der nach Vertreibung aus Clus durch die Schmalkaldener in Marienstein gestorben sei (Volk, Gen. Kap. Rez. 2 S. 66). Möglicherweise hatte er in Marienstein das Priorat erlangt.

Dietrich Helves (Helfs, Helwich). Aufnahme unter Abt Konrad Hissing wohl gegen Ende der zwanziger Jahre (Henricus Bodo, CC. Bl. 154). Nach der gleichen Quelle stammte er aus Trendelburg. Ihm wurde bei dem Hudestreit mit dem Kloster Brunshausen von einem Knecht am 1. Mai 1531 mit einem Stein ein Auge ausgeworfen (CC. Bl. 226 v, 227). Arzthonorar und Schadenersatz waren Gegenstand des Schiedsspruchs von drei herzoglichen Räten (10/11 Urk 115 a). Die Konventsliste von 1541 ff. nennt ihn an achter Stelle (CC. Bl. 261). Bei der Schmalkaldener Visitation vom 21. Oktober 1542 (dort Ditterіcus Helwich genannt) erklärte er sich zur Annahme der neuen Ordnung bereit (2 Alt 1583 Bd. 2 Bl. 112) und wird mit dem Prior und Heinrich Eckleff der dritte der drei alten Mönche gewesen sein, die sich 1546 allein noch in Clus befanden (StadtA. Braunschw., B III 5 Bd. 27 S. 577 ff.). Über seinen Tod ist nichts bekannt.

Andreas Emmermann, stammte aus Gandersheim und wurde zwischen 1539 und 1541 aufgenommen (Nachtrag von jüngerer Hand CC. Bl. 154 u. 261). Nach der Schmalkaldischen Visitation wurde er als junger Professus zusammen mit Stephan Siborger und den beiden Novizen vor Februar 1544 nach Marienstein geschickt und starb dort noch vor August 1544 (Volk, Gen. Kap. Rez. 2 S. 66: *Obiit Andreas diac. expulsus de Clusa per Lutheranos*).

Heinrich Finder (Binder), stammte aus Gandersheim und war der erste, der unter Abt Johann Mutken in Clus aufgenommen wurde (Goetting, Fortsetzung S. 17). Als Novize wurde er nach der Schmalkaldischen Visitation vom 21. Oktober 1542 zur Einkleidung nach Marienstein geschickt (Kayser, Ref. KirchVis. S. 35 Anm. 49). Weiteres nicht bekannt. Vielleicht identisch mit dem vorletzten Klosterpfarrer St. Marien, s. dort § 33.

Bertold Nicolai (Nicolaus de Hoxaria), stammte seinem Beinamen zufolge aus Höxter (Goetting, Fortsetzung S. 17) und war der zweite Novize, der gegen den Befehl der Visitatoren, die die Entlassung der Novizen und ihre Aussteuerung zum Studium verlangt hatten, nach dem 21. Oktober 1542 nach Marienstein zur Einkleidung geschickt wurde (Kayser, Ref. KirchVis. S. 35 Anm. 49). Weitere Lebensdaten nicht bekannt.

F. Jeße, wurde unter Abt Johann Mutken, wohl erst nach dessen Rückkehr im Herbst 1547, in Clus aufgenommen (Goetting, Fortsetzung S. 17). Herkunft und weitere Schicksale sind nicht bekannt.

Petrus Rivestahl, aus Gandersheimer Bürgerfamilie. Aufnahme an vierter Stelle unter Abt Johann Mutken, sicher nach 1547 (Goetting, Fortsetzung S. 17). Er starb, noch Subdiakon, vor dem 15. April 1554 (Volk, Gen. Kap. Rez. 2 S. 106).

Jakob Stromeyer, stammte aus Einbeck und wurde wohl zu Beginn der fünfziger Jahre an sechster Stelle unter Abt Johann Mutken aufgenommen (Goetting, Fortsetzung S. 17). Keine weiteren Nachrichten.

Johann Lovensen, stammte wie der Abt Johann Mutken aus Alfeld und wurde von diesem als siebenter, wohl in den fünfziger Jahren, aufgenommen (Goetting, Fortsetzung S. 17). 1565 wurde er zum Abt von St. Michael in Hildesheim gewählt und starb 1604 (Volk, Gen. Kap. Rez. 2 S. 321), nach dem Nekrolog von St. Michael in Hildesheim (Mus. Hild., Hs. 191 a) am 20. April. Seine Schwester Maria war Konventualin in Brunshausen (s. dort § 23, 7).

Tilemann Brackebusch, kam aus Bockenem und wurde vermutlich Ende der fünfziger Jahre an neunter Stelle unter Abt Johann Mutken aufgenommen (Goetting, Fortsetzung S. 17 f.). Am 15. Juli 1570 unterschrieb er an dritter Stelle die Vollmacht für Andreas Lüderitz (11 Alt Gand. Fb. 1, V, 1) und wurde in der kaiserlichen

Schutzurkunde vom 3. September 1570 an zweiter Stelle genannt (10/11 Urk 127). Da er nicht zu den Konventualen gehörte, die sich am 30. Oktober 1570 der fürstlichen Klosterordnung unterwarfen, dürfte er Clus vorübergehend verlassen haben. Im Schutzbrief Kaiser Rudolfs II. vom 26. August 1586 erscheint er als Senior hinter Abt und Prior (10/11 Urk 134), doch war er schon am 25. Januar 1587 nicht mehr in Clus (2 Alt 3507). Nach der Totenliste des Bursfelder Generalkapitelsrezesses von 1596 (Volk, Gen. Kap. Rez. 2 S. 255) war er 1590 als Prior von St. Michael in Hildesheim verstorben, und zwar nach dem dortigen Nekrolog (Mus. Hild., Hs. 191 a) am 1. Dez. 1590.

Bartholomaeus Goßken, stammte ebenfalls aus Bockenem (Goetting, Fortsetzung S. 18) und ist vielleicht zusammen mit dem Vorigen in Clus eingetreten. 1570 war er nicht mehr im Kloster.

Conrad Kloth, stammte wie Abt Johann Mutken aus Alfeld und leistete an elfter Stelle unter ihm Profeß (Goetting, Fortsetzung S. 18). Auch er wird 1570 nicht mehr erwähnt.

Jodocus Möhlmann (Moleman, Mhulman), 1546/47 in Einbeck geboren (am 25. Januar 1587 40 Jahre alt, 2 Alt 3507), leistete unter Abt Johann Mutken 1563 Profeß (Goetting, Fortsetzung S. 18) und wich nach der Einsetzung des Hermann Hamelmann im Juni 1570 nach Bursfelde aus (ebda. S. 26). So erscheint er weder unter den Unterzeichnern der Vollmacht für Andreas Lüderitz vom 15. Juli 1570 noch unter den Adressaten des kaiserlichen Schutzdiploms vom 3. September 1570 (10/11 Urk 127). Am 30. Oktober 1570 war er jedoch schon wieder in Clus und unterwarf sich der fürstlichen Klosterordnung (2 Alt 3480). Den Revers vom 6. Juni 1571 unterschrieb auch er eigenhändig (2 Alt 3489). Noch am 4. Januar 1572 stand er im Konvent an vierter Stelle (11 Alt Gand. Fb. 2 nr. 220), doch führte schon am 12. April 1573 der Gandersheimer Superintendent Valentin Greser ihn, *einen entlaufenen Mönch der Clus namens Jodocus,* als lutherischen Pastor in Gehrenrode ein (VII B Hs 35 a Bl. 34 v, 50 S. 444). Hier wird er am 25. Januar 1587 genannt (2 Alt 3507) und amtierte nach Seebaß-Freist, Pastoren S. 86, noch bis 1615.

Johannes Schrader alias Ußler. Er stammte wie Heinrich Pumme aus Uslar und war der letzte der 17 Mönche, die unter Abt Johann Mutken Profeß leisteten (Goetting, Fortsetzung S. 18 f.). Nach der Einsetzung des Hermann Hamelmann im Juni 1570 verließ er Clus und ging nach Erfurt zu dem geflüchteten Abt Johann Beckmann (Goetting, Fortsetzung S. 26). Am 15. Juli 1570 unterzeichnete er die Vollmacht für Andreas Lüderitz (11 Alt Gand. Fb. 1, V, 1) und wurde auch in dem kaiserlichen Schutzbrief vom 3. September 1570 aufgeführt (10/11 Urk 127). Am 30. Oktober 1570 unterwarf er sich der fürstlichen Klosterordnung (2 Alt 3480), unterzeichnete am 6. Juni 1571 eigenhändig den Revers des Abtes (2 Alt 3489) und erscheint zuletzt am 4. Januar 1572 (11 Alt Gand. Fb. 2 nr. 220). Am 24. Januar 1577 wird er nicht mehr in Clus gewesen sein (2 Alt 3493).

Andreas Probst, möglicherweise Angehöriger der bekannten Gandersheimer Bürgerfamilie. Nach Kronenberg, Clus u. Brunsh. S. 75, wurde ihm 1578 zusammen mit Johann Sodthoff die Klosterverwaltung übertragen. Am 28. August 1589 legte er bei der Wiedereinsetzung des Abts Heinrich Pumme als einziger noch vorhandener Konventuale nach dem Prior das Obödienzversprechen ab (10/11 Urk 136). Die verlorene, von Leuckfeld, Ant. S. 187, mitgeteilte und auch noch im Corpus bonorum von 1750 erwähnte Weihetafel am Hochaltar: *Altare summum consecratum est in honorem beatae Mariae virginis, cuius dedicatio celebratur dominica post Dionisii — 68* (??) *frater Andreas Probst* muß ungeachtet der sicher falsch gelesenen Jahreszahl auf diesen bezogen werden, nicht, wie Herbst, Klus S. 58 Anm. 3 annahm, auf den Propst (!) Andreas Lüderitz. Über Tod oder Ausscheiden ist nichts bekannt.

Bartold Stein, war möglicherweise ein Enkel des 1571 verstorbenen Seniors des Reichsstifts Bartold Stein und ein Sohn von dessen Sohn Bartold d. J. MatrJena 1575 *Bartold Stein* (VeröffThürHist-Komm. 1, 1944 S. 128), identisch? Erste Erwähnung am 7. Mai 1602 (41 N vorl. nr. 475), letzte Erwähnung am 14. Mai 1604 als einziger Konventuale (11 Alt Clus 25). Er ist sicher vor 1617 ausgeschieden.

Katholische Mönche der Restitutionszeit 1630—1633:

Henricus *subdiac.*, wurde am 22. April aus St. Godehard in Hildesheim nach Clus entsandt (11 Alt Clus 28). Vermutlich identisch mit dem 1642 in St. Godehard nachweisbaren Pater Henricus Algermissen aus Rutenberg (Hildesh., BistA., Hs. 315 Bl. 148).

Gabriel, sollte als Novize am 22. April 1630 zur Profeßablegung nach Hildesheim kommen und dann nach Clus zurückkehren (11 Alt Clus 28). Vermutlich identisch mit dem späteren Mönch zu St. Godehard fr. Gabriel Horstmann aus Gronau (Hildesh., BistA., Hs. 315 Bl. 148), der nach dem Nekrolog von St. Michael in Hildesheim (Mus. Hild., Hs. 191 a) am 27. Apr. 1650 starb.

6. Donaten:

Johannes Buxtehude (Boxtehuden, Bockstehude), von Henricus Bodo ausnahmsweise am Ende der Mönchsliste unter Abt Gottfried (1446—1460) genannt (CC. Bl. 140, Herbst, Klus S. 36), und zwar wegen seiner großen Verdienste um das Kloster. *Rei temporalis peritissimus,* machte er in den Seestädten große Summen von Spendengeldern flüssig, die erst die Bautätigkeit in Clus ermöglichten. Von diesen Geldern bedachte er auch Bursfelde und Reinhausen, wohin er sich später zurückzog. Über das verlorene Spendenbuch aus Lübeck s. oben § 4.

Die folgenden Namen von männlichen und weiblichen Cluser Donaten sind im wesentlichen in den Totenlisten der Bursfelder Generalkapitelsrezesse überliefert:

Hermannus *don.,* 21. Mai 1468 † (Volk, Gen. Kap. Rez. 1 S. 133).

Bertheydis *donata,* 21. Mai 1468 † (Volk, ebda. S. 133).

Johannes *don.,* 2. September 1470 † (Volk, ebda. S. 145).

Hildebrand *don.,* 15. Juni 1477 † (Volk, ebda. S. 173 und die Eintragung im Admonter Totenrotel I 223 r [Bünger S. 97] zum 8. Febr. 1477).

Beata *donata,* 2. September 1481 † (Volk, ebda. S. 191).

Albert *don.,* 28. August 1485 † (Volk, ebda. S. 212).

Hermann *don.,* 28. August 1524 † (Volk, ebda. S. 509).

Jutta *donata,* 23. August 1534 † (Volk, Gen. Kap. Rez. 2 S. 19).

Henning, Präbendar, 27. August 1536 † (Volk, ebda. S. 30).

Dietrich Oldecruck vel Wunstorp, Kleriker, Bruder des Bürgers Johannes Oldecruck in Braunschweig, wurde am 29. August 1520 in die Confraternität der Bursfelder Union aufgenommen und am 27. August 1536 in der Totenliste als verstorben erwähnt (Volk, Gen. Kap. Rez. 2 S. 30). Nach Henricus Bodo hatte er fast 60 Jahre den Cluser Äbten als Famulus gedient und errichtete sein Testament zugunsten des Klosters (CC. Bl. 251).

FRANZISKANERKLOSTER GANDERSHEIM

1. QUELLEN, LITERATUR UND DENKMÄLER

§ 1. Quellen

1. Ungedruckte Quellen

StA. Wb. = Wolfenbüttel, Niedersächsisches Staatsarchiv.[1])

Hauptabteilung Urkunden (Urk):

6 Urk: Reichsunmittelbares Kanonissenstift Gandersheim.

25 Urk: Walkenried.

41 Urk: Stadt Gandersheim.

Hauptabteilung Ältere Landesakten (Alt):

2 Alt: Kanzlei, Geh. Ratsstube.

11 Alt: Stifter und Klöster, insbesondere:
Gandersheim Fb. 1,
Gandersheim Fb. 2.

37 Alt: Universität Helmstedt.

Hauptabteilung Sammlungen (Slg), insbesondere:
37 Slg. nr. 28: Fb. der Akten der Stiftskirchenbibliothek.

HABibl. Wb. = Wolfenbüttel, Herzog-August-Bibliothek, insbesondere: Cod. Guelf. 19. 13. Aug. 4°: Henricus Bodo von Clus, Chronica cenobii Clusini (abgekürzt CC.)

StadtA. Brschw. = Braunschweig, Stadtarchiv und Stadtbibliothek.

LKA. Brschw. = Braunschweig, Archiv der Ev. luth. Braunschw. Landeskirche (früher in Wolfenbüttel).

Stiftsk. Bibl. Gand. = Gandersheim, Stiftskirchenbibliothek.

StUB. Gö. = Göttingen, Niedersächsische Staats- u. Univ. Bibliothek.

---

[1]) Alle Signaturen im Text ohne vorangehende Nennung eines Archivs oder einer Bibliothek beziehen sich auf Archivalien des Niedersächsischen Staatsarchivs Wolfenbüttel. Zum Bestand 2 Alt s. den Hinweis im Vorwort.

2. Gedruckte Quellen[2])

Kayser, Ref. KirchVis. = Kayser Karl, Die reformatorischen Kirchenvisitationen in den welfischen Landen 1542—1544. Instructionen, Protokolle, Abschiede und Berichte der Reformatoren. 1897.

Lemmens, Briefe u. Urkk. = Lemmens Leonhard, Briefe und Urkunden des XVI. Jahrhunderts zur Geschichte der Sächsischen Franziskaner (Beitrr. zur Gesch. der Sächsischen Franziskanerprovinz vom Hl. Kreuze, hrsg. v. P. Patricius Schlager OFM 4) 1911 S. 43—100.

Wadding, Ann. Min. = Wadding Lucas, Annales Minorum seu Trium Ordinum a S. Francisco institutorum 15. (Neudr. Quaracchi 1933).

§ 2. Literatur[2])

BuK. 5 = Die Bau- und Kunstdenkmäler des Herzogtums Braunschweig. 5. Die Bau- und Kunstdenkmäler des Kreises Gandersheim, bearb. v. Karl Steinacker. 1910.

Doelle, Observanz = Doelle Ferdinand, Die Observanzbewegung in der sächsischen Franziskanerprovinz (Mittel- und Ostdeutschland) bis zum Generalkapitel von Parma 1529 (RefGeschichtlStud 30 u. 31) 1918.

Harenberg = Harenberg Joh. Christoph, Historia ecclesiae Gandershemensis diplomatica. Hannover 1734. (S. 1628—1630 „De coenobio Franciscano ejusque in Paedagogium conversione").

Koldewey, Reformation = Koldewey (Friedrich), Die Reformation des Herzogtums Braunschweig-Wolfenbüttel unter dem Regimente des Schmalkaldischen Bundes 1543—1547 (ZHistVNdSachs 1868 S. 243—338).

Koldewey, Paedagog. = Koldewey (Friedrich), Geschichte des Paedagogium illustre in Gandersheim. 1869.

Koldewey, Heinz = Koldewey (Friedrich), Heinz von Wolfenbüttel. Ein Zeitbild aus dem Jahrhundert der Reformation (SchrrVRefG 2) 1883.

Kronenberg, Bettelmönche = Kronenberg Kurt, Die Bettelmönche von Gandersheim. Aus der Geschichte des Barfüßerklosters (Gandersheimer Kreisblatt Nr. 178, 182 u. 184 vom 3., 8. und 10. Aug. 1957).

Kronenberg, Merian = Kronenberg Kurt, Mit Merian durch Gandersheim (Aus Gandersheims großer Vergangenheit 5. 1968).

Lemmens, Nds. Franzisk. Kl. = Lemmens Leonhard, Niedersächsische Franziskanerklöster im Mittelalter. 1896. (Gandersheim: S. 8 f. u. S. 75 ff.).

Leuckfeld = Leuckfeld Joh. Georg, Antiquitates Gandersheimenses. Wolfenbüttel 1709 (S. 146—152: Cap. 18 „Von dem gewesenen Paarfüsser-Closter und dem darein verlegten Paedagogio in Gandersheim").

Mühe, Stadtgesch. = Mühe Adolf, Geschichte der Stadt Bad Gandersheim. ²1950.

[2]) Im allgemeinen werden nur mehrfach zitierte Werke aufgeführt. Die Abkürzungen von Reihen und Zeitschriften richten sich nach Dahlmann/Waitz, Quellenkunde der deutschen Geschichte. Bd. 1. ¹⁰1969 S. 37 ff.

Rethmeier = Rethmeier Philipp J., Braunschweigisch-Lüneburgische Chronica oder historische Beschreibung der Durchlauchtigsten Herzogen zu Braunschweig und Lüneburg. Braunschweig 1722.

Schäfer Dieter, Gründung und Einweihung des Paedagogium illustre in Gandersheim 1569—1571 (JbGesNdSächsKG 64. 1966 S. 97—128).

Strombeck, Eva von Trott = Strombeck H. v., Eva von Trott, des Herzogs Heinrich d. J. von Braunschweig-Wolfenbüttel Geliebte und ihre Nachkommen (ZHarzV 2. 1869 S. 11—57).

Woker, Gesch. = Woker Franz Wilhelm, Geschichte der norddeutschen Franziskanermissionen der sächsischen Ordensprovinz vom Hl. Kreuz. 1880.

§ 3. Denkmäler

1. Baugeschichte der Kirche und der Klostergebäude

Über die heute verschwundenen Klosterbauten sind wir erst aus einer Beschreibung der Gebäude für die Zwecke des einzurichtenden Pädagogiums vom 17. Mai 1569 (11 Alt Gand. Fb. 1, X, 27), aus einer weiteren summarischen Inventarisierung des *Kuchenzeuchs* von c. 1570 (37 Alt 1078 Bl. 90—92) und aus zwei Urkunden bei Gelegenheit der Überlassung der früheren Klostergebäude an Stift und Stadt vom 16. April 1599 (6 Urk 984 und 41 Urk 212) unterrichtet. Aus dem letztgenannten Jahre stammt auch eine rohe Handskizze der Gebäudelage, die Kronenberg (Bettelmönche Nr. 184 Sp. 4) abgebildet und zu einem Rekonstruktionsgrundriß (ebda. Nr. 182 Sp. 2—3) verwendet hat. Nach diesen Quellen, die von K. Steinacker, BuK. 5 S. 201 ff., nicht berücksichtigt wurden, lag die Klosterkirche, wohl ein einschiffiger Hallenbau mit einem Dachreiter, südlich der Wilhelmsburg, die sie auf dem Merianstich von 1652 (BuK. 5 S. 68/69, vgl. auch Kronenberg, Merian S. 32 f.) bis auf den östlichen Teil des Daches verdeckt. Entgegen den sonstigen Gandersheimer Gewohnheiten war der vierflügelige Kreuzgang mit den übrigen Klostergebäuden (im Gesamtausmaß von 190 × 180 Fuß) im Süden der Kirche angelegt. Und zwar lagen Siechenhaus und Kapitelhaus im Westen (jetzt unbebaut), der „lange Remter“ mit Vorgemach und gewölbter Küche im Süden (Grundmauern und Keller sind z. T. in den heutigen Häusern Barfüßerkloster Nr. 16 [seit 1838 Superintendentur], 17 und 18 erhalten). Im Osten (an der Stelle der jetzigen Häuser Barfüßerkloster Nr. 2—6) befand sich die *Liberey*, daneben *Illustrissimi* (d. h. Herzog Heinrichs d. J.) *Gemach mit Schlafkammer*. Ferner wurden insgesamt 31 Mönchszellen gezählt. Zwischen Refektorium und Barbierhaus im Südosten war ein Kohlgarten; das Brauhaus im Süden lag dicht an der Stadtmauer (11 Alt Gand. Fb. 1, X, 27).

Die Umwandlung des Klosters in das Pädagogium, das am 8. Sept. 1570 eingeweiht wurde, berührte die Bausubstanz nur insofern, als im Ostflügel südlich der Bücherei ein Auditorium, nördlich davon die Verwalterwohnung eingerichtet und im übrigen der größte Teil der Zellen in Kammern für die Studierenden umgewandelt wurde. Die Überführung der Anstalt nach Helmstedt — nicht zuletzt infolge der verheerenden Hochwasser vom Juni 1574, die die Stadt und insbesondere das ohnehin tiefgelegene Klostergelände in Mitleidenschaft zogen — hatte den allmählichen Verfall der Gebäude zur Folge, die nach dem Stadtbrand vom 22. Nov. 1580 als Notunterkünfte dienten.

Der erneute große Brand von Stift und Stadt am 15. Mai 1597 führte zu einem Abkommen zwischen Herzog Heinrich Julius und dem Kapitel des Reichsstifts vom 16. April 1599, in dem dieses seine Ansprüche auf das Gelände der Wilhelmsburg und auf das abgebrannte Pfarrhaus und andere Häuser am Plan nördlich des Stifts aufgab und dafür die Gebäude des ehemaligen Barfüßerklosters erhielt. Von diesen sollten der Westflügel und die Kreuzgänge abgebrochen und der Südflügel für den Superintendenten und den Kaplan, der Ostflügel für die beiden Opferleute zu Wohnungen ausgebaut werden (6 Urk 984, vgl. auch die Skizze bei Kronenberg, Bettelmönche Nr. 184 Sp. 4).

Gleichzeitig überließ der Herzog die Klosterkirche, die *19 Jahre leer gestanden, baufällig geworden und die Fenster daraus geschlagen,* dem Rat der Stadt mit der Auflage, sie auf dessen Kosten *zu instauriren, damit darin die Frühpredigten geschehen, sie in esse und baulich zu erhalten,* vor allem auch *die fürstlichen Begräbnisse darin, so mit großen Steinen bedecket, in Ehren zu halten* (41 Urk 212).

Allerdings weigerten sich die Stiftspfarrer, das angeblich zu feuchte Barfüßerkloster zu beziehen, so daß in der Folgezeit meist nur niedere Stiftsbedienstete dort wohnten. Erst zu Beginn des 18. Jhs. wurde der Südflügel zu zwei ansehnlichen Stiftskurien der Kanoniker Anastasius Witten und Johann Albrecht Berckelmann ausgebaut. Es sind die jetzigen Häuser Barfüßerkloster Nr. 16 (Superintendentur) und Nr. 17/18 (vgl. im einzelnen die bei Kronenberg, Bettelmönche Nr. 184 Sp. 2 und 3 zusammengestellten Nachrichten). Kapitelhaus und Kreuzgänge wurden 1609 abgerissen. Seiner Verpflichtung zur baulichen Unterhaltung der Kirche kam der Rat der Stadt, der vergeblich das Stift zur Übernahme der Baulast zu bewegen versucht hatte, nicht nach, so daß der Kirchenbau langsam verfiel und schon 1607 der Einsturz des Dachreiters drohte. (Entgegen Kronenbergs Annahme [a.a.O.] zeigt die Stadtansicht bei

Leuckfeld [1709] diesen nicht mehr, sondern den südöstlich davon gelegenen Stadtmauerturm.) Heute erinnert außer dem Namen des Platzes kein aufgehendes Mauerwerk mehr an das ehemalige Barfüßerkloster.

2. Altäre und sonstige Ausstattung

Über die Altäre der Klosterkirche, über etwa vorhandene Kapellen und über die sonstige Ausstattung besitzen wir keine Nachrichten. Zur Stiftung eines Glasfensters mit dem Wappen des Reichsstifts im Jahre 1550 s. unten die Historische Übersicht (§ 6).

Johannes Letzner berichtet in seiner „Dasselschen und Einbeckschen Chronik" (Erfurt 1596) ausführlich über einen auf Pergament gemalten Totentanz, der sich im westlichen Kreuzgangflügel am Kapitelhause befand (Letzners Beschreibung mit den zugehörigen Bildversen abgedr. BuK. 5 S. 202). Er ist heute verloren.

3. Grabdenkmäler

Über die fürstlichen Begräbnisse in der Klosterkirche s. unten die Historische Übersicht (§ 6). Von sonstigen Grabsteinen ist allein der des Gandersheimer Bürgers Hennig Lindemann von 1514 erhalten (Beschreibung und Abbildung in BuK. 5 S. 203 mit Abb. 119).

4. Kirchenschatz

Der Kirchenschatz an Paramenten und sonstigem liturgischen Gerät wurde auf Befehl des Herzogs noch vor der Aufhebung des Klosters am 2. Januar 1569 inventarisiert (37 Alt 1078 Bl. 8). Er enthielt 49 Kaseln, 12 Diakonenröcke, 1 vergoldete silberne Monstranz, 8 Kelche mit Patenen sowie verschiedene Altardecken und sonstige Paramente. Herzog Julius ordnete am 25. Juli 1569 die Überführung nach Wolfenbüttel an (11 Alt Gand. Fb. 1, V, 1), doch befand sich die Kiste mit dem Kirchenschatz am 20. August 1575 in der Verwahrung des Rektors des Pädagogiums (37 Alt 1078 Bl. 133 ff.) und war auch nach dessen Auszug noch an Ort und Stelle (37 Alt 1038 Bl. 373), ist aber dann verschollen.

5. Baumeister und Künstler

Namen von Baumeistern und Künstlern sind nicht überliefert.

2. ARCHIV UND BIBLIOTHEK

§ 4. Archiv

Ob überhaupt das Vorhandensein eines Klosterarchivs von nennenswertem Umfang angenommen werden kann, ist fraglich, zumal auch das Kloster als solches nach den Grundsätzen der Observantenbewegung offiziell besitzlos war (s. unten Kap. 5). Akten der sonstigen Klosterorganisation (Baurechnungen, Inventare usw.) dürften 1552/53 vernichtet bzw. von den letzten Mönchen 1569 mitgenommen worden sein. In dem Abtretungsinstrument vom 1. Februar 1569 (37 Alt 1078 Bl. 10 f.) ist jedenfalls von einer Übergabe irgendwelcher Archivalien an die herzoglichen Beamten nicht die Rede. Ebenso erwähnen die Inventarisierungen von 1571 und 1575 (s. unten § 5) kein Archiv.

Bislang ist nicht eine einzige vom Konvent des Klosters ausgestellte Urkunde zu Tage gekommen. Gerade die örtliche Quellenlage ist überaus dürftig, da auch die Archivalien des Reichsstifts nur ganz gelegentliche und zufällige Nachrichten über die Barfüßer enthalten. Dementsprechend wissen auch die älteren Gandersheimer Geschichtsschreiber (Leuckfeld, Harenberg) so gut wie nichts über die Entwicklung des Franziskanerklosters. Wenn man von den Schmalkaldener Visitationsakten von 1542/44 absieht, bieten allein die zentralen Ordensquellen einige wenige Nachrichten über die Entstehung und die weitere Geschichte des Gandersheimer Konvents.

Ein *Registrum des Barfusser Munnich Closters* befand sich noch 1626 und 1637 im Kapitelsarchiv des Reichsstifts (vgl. GS NF 7 Reichsstift Gandersheim S. 61), ist aber dann verlorengegangen.

§ 5. Bibliothek

Von der Bibliothek des Klosters erfahren wir erst nach seiner Aufhebung. Am 20. August 1571 übergab der herzogliche Verwalter Zacharias Koch dem Pädagogium die auf der *Liberey* des Klosters vorhandenen Bücher. Es waren insgesamt 252 Bände unterschiedlichen Formats. Bis auf 10 Pergamenthandschriften waren es Papierhandschriften und Drucke, z. T. ungebunden. Dazu kamen noch 5 Bücher in der Klosterkirche (37 Alt 1078 Bl. 133—137). Die Bibliothek wurde wenig später nochmals inventarisiert (37 Alt 1079). Die Bücher befanden sich auch nach dem Umzug des Pädagogiums nach Helmstedt noch in Gandersheim, da ihr ausschließlich „papistischer" Inhalt die Mitnahme wohl nicht lohnend erscheinen ließ. Im J. 1575 wurden *259 große und kleine Bücher, so die*

Monche in vorzeiten gehat, gezählt (37 Alt 1078 Bl. 373). Ihr Schicksal ist unbekannt.

Über Helmstedt ist nur ein einziger Codex mit dem Besitzvermerk *Liber fratrum minorum in Gandersem*, eine i. J. 1469 (für den Mag. Hinrik Tymmermans?) abgeschriebene „Historia scholastica" des Petrus Manducator, in die Herzog-August-Bibliothek Wolfenbüttel gelangt (Cod. Guelf. 137 Helmst., Heinemann, Katalog der Hss. I, 1 nr. 159 S. 135).

Ob die Reste der Stiftskirchenbibliothek in Gandersheim vereinzelte Bände des ehemaligen Franziskanerklosters enthalten, bedarf noch genauerer Untersuchung.

3. HISTORISCHE ÜBERSICHT

§ 6. Die Vorgeschichte, Gründung und Entwicklung des Klosters

Außer den Hildesheimer Dominikanern und den Einbecker Augustinereremiten waren auch die Franziskaner von Goslar in der Stadt Gandersheim, spätestens wohl seit der ersten Hälfte des 14. Jhs., mit einer Terminei vertreten. 1369 erhielten die Goslarer Barfüßerbrüder für ein ihnen vom Rat zu Gandersheim entfremdetes Haus extra muros ein Grundstück des Reichsstifts, für das sie diesem ein Pfund Wachs zu zinsen hatten (VII B Hs 1 S. 104). Am 15. Okt. 1385 schenkte Ritter Egbrecht von Freden mit Genehmigung der Äbtissin den Barfüßern zu Goslar seinen Hof in Gandersheim, auf der Stiftsfreiheit zwischen den Kurien der Kanoniker Johann von Dassel und Gottschalk von Willershausen gelegen (UB Gosl. 5, 593 f. S. 255 f.). Diese Niederlassung — 1408 von dem Terminarius Fr. Johann Tuleke geleitet (VII B Hs 321) — erscheint als *Haus und Hof der Barfüßerbrüder zu Goslar an der Stiftsfreiheit* noch am 28. Okt. 1481 (6 Urk 607). Sie ist zwei Jahrzehnte später offenbar für die Klostergründung Herzog Heinrichs des Älteren an diesen abgetreten worden.

Der Plan, in Gandersheim ein Franziskanerkloster zu gründen, ergab sich im Rahmen der Absichten der welfischen Landesherrschaft, Gandersheim zur zentralen Residenz des Mittleren Hauses Braunschweig auszubauen. Diese Bestrebungen wurden von Herzog Wilhelm dem Jüngeren und seiner Gemahlin Elisabeth von Stolberg eingeleitet und vor allem von deren Sohn, Herzog Heinrich d. Ä., energisch verfolgt. Durch die Errichtung der neuen Wilhelmsburg gelang es dem Herzog, sich innerhalb der Gandersheimer Stadtmauern, und zwar auf der Grenze zwischen Stiftsfreiheit und Stadt festzusetzen und diese Stellung unter Ausnutzung der politischen Schwäche des Reichsstifts mit dem Erwerb weiterer Stiftsgrundstücke und Kurien des Stiftsadels zu befestigen (Kronenberg, Bettelmönche Nr. 178 Sp. 4). Die Gründung eines Franziskanerklosters in unmittelbarer Nähe der neuen herzoglichen Stadtresidenz, dessen Konvent allein dem welfischen Landesherrn als seinem Stifter verantwortlich und treu ergeben war, ohne wie die übrigen geistlichen Anstalten in und bei Gandersheim vom Reichsstift abhängig zu sein, und dessen Kirche ebenso für die geistliche Versorgung des Hofes wie als Grabstätte der herzoglichen Familie dienen konnte, bedeutete zugleich einen weiteren Ausbau der herzoglichen Machtstellung.

Als Zeitpunkt der Klostergründung ist bei Harenberg (S. 1628) und in der ihm folgenden Literatur das Jahr 1510 angegeben. In Wirklichkeit gehen die Anfänge des Gandersheimer Franziskanerklosters noch in das letzte Jahrzehnt des 15. Jhs. zurück. Angesichts der beschränkten Möglichkeit, ausreichenden Grund und Boden für die neue Stiftung innerhalb der Stadtmauern zu erwerben, hatte Herzog Heinrich d. Ä. zunächst den Plan gefaßt, von sich aus den Konvent des Benediktinerinnenklosters St. Marien vor Gandersheim nach Brunshausen zu transferieren, die Konvente und Güter beider Klöster daselbst zu vereinigen und den zu gründenden Franziskanerkonvent in den bisherigen Klostergebäuden von St. Marien unterzubringen. Unter Hinweis auf die wirtschaftliche Schwäche, die angeblich die Aufhebung des Marienklosters bzw. dessen Zusammenlegung mit dem Benediktinerinnenkloster Brunshausen erforderlich mache, mit dem Versprechen, 500 rh. fl. hierfür zur Verfügung stellen zu wollen, und mit der Begründung, die Einwohner der Stadt Gandersheim hätten an der Niederlassung der vorgesehenen Observanten und an der gottesdienstlichen Versorgung durch diese ein ganz besonderes Interesse, gelang es dem Herzog, die Genehmigung der Kurie für seinen Plan zu erhalten. Am 18. Febr. 1496 wies Papst Alexander VI. die Benediktineräbte von Bursfelde und Northeim an, nach Sicherstellung der vom Herzog versprochenen Summe die Aufhebung des Marienklosters und die Überführung und Vereinigung von dessen Konvent mit dem zu Brunshausen in die Wege zu leiten und die Gebäude des Marienklosters einem Franziskanerkonvent *decentis numeri* zum Ausbau eines eigenen Klosters zu übergeben (gedr. L. Wadding, Annales Minorum Bd. 15, Reg. Pont. S. 537 f. nr. XXXV; Lemmens, Nds. Franziskanerklöster S. 8 f. gibt irrtümlich den 19. Febr. an, vgl. Doelle, Observanz S. 55 Anm. 8).

Trotz dieser päpstlichen Genehmigung kam jedoch der herzogliche

Plan, der einen schwerwiegenden Eingriff in die Rechte des Reichsstifts bedeutet hätte, wohl infolge von dessen Widerstand nicht zur Ausführung. Daher erbat der Herzog vier Jahre später von dem gleichen Papst die Erlaubnis, nunmehr innerhalb der Stadt Gandersheim ein neues Kloster mit allen erforderlichen Gebäuden für einen Guardian und zwanzig Brüder der Franziskaner-Observanten zu Ehren der hl. Jungfrau Maria und der hl. Franziskus, Petrus und Paulus errichten zu dürfen. Alexander VI. beauftragte am 13. Dez. 1500 Propst und Dekan von St. Cyriaci in Braunschweig sowie den Dekan des St. Moritz-Stiftes bei Hildesheim mit der Durchführung bzw. Überwachung der Gründung und verlieh dieser alle Ordensprivilegien, jedoch unter Vorbehalt der Rechte der zuständigen Pfarrkirche und sonstiger bestehender Berechtigungen (gedr. Wadding, Ann. Min. S. 581 f. nr. LXIX). Die vom Herzog für diese päpstliche Genehmigung aufzubringenden Kosten wurden von franziskanischer Seite später als unverhältnismäßig hoch bezeichnet (Doelle, Observanz S. 52).

Am 15. Mai 1501 übereignete Herzog Heinrich d. Ä. den Franziskanern *seinen Hof zu Gandersheim* (begl. Abschr. 25 Urk 881), also die von der Landesherrschaft bisher erworbenen und zusammengefaßten Grundstücke südlich der Wilhelmsburg, auf denen dann das neue Kloster errichtet wurde (vgl. oben § 3, 1). Am gleichen Tage erfolgte auch die Einführung der Mönche auf Anordnung des Provinzvikars von Sachsen durch Bruder Antonius von Arnstadt (vgl. dessen Bericht an den Grafen Wilhelm IV. von Henneberg vom 8. Juni 1501, gedr. Doelle, Observanz S. 48).

Bereits in der ersten Supplik des Herzogs an Papst Alexander VI. vom Jahre 1496 war die Rede davon gewesen, daß er seine Gründung dem Provinzvikar und den Brüdern der Observanz der sächsischen Franziskanerprovinz zur Verfügung stellen wolle. So waren es also die wegen ihrer strikten Beobachtung des Prinzips der Besitzlosigkeit (vgl. Doelle, Observanz S. 59 ff.) bei Fürsten und Volk besonders geachteten Observanten, die am 15. Mai 1501 in Gandersheim einzogen. Sie kamen wahrscheinlich aus Arnstadt selbst und dem weiteren ostsächsisch-thüringischen Bereich, nicht jedoch aus Goslar, dessen Franziskanerkloster nicht der Observanz angehörte und seine alte Gandersheimer Terminei wohl dem Herzog für dessen Stiftung hatte zur Verfügung stellen müssen. Mit dem Bau der Kirche und der Klostergebäude wurde alsbald begonnen. Inwieweit die Stadt Gandersheim zum Bau herangezogen wurde, ist nicht überliefert. Der spätere Chronist Johann Letzner (s. unten), der die Gründung irrtümlich erst zum Jahre 1511 ansetzt, bezeichnet das Kloster als *ordentlich gebauet, aber arm an Gütern und Einkünften.*

Daß die Einführung der Barfüßer in die Stadt Gandersheim[1]) sehr zum Mißfallen des Reichsstifts und der ihm unterstehenden Klöster erfolgte, zeigt der Bericht des Chronisten Henricus Bodo von Clus zum Jahre 1501 (CC. Bl. 153 r), Herzog Heinrich d. Ä. habe auf Bitten seiner Mutter Elisabeth von Stolberg und seiner Gemahlin Katharina von Pommern in diesem Jahre den Franziskanern ein Kloster erbaut, *non tam loco necessarium vel commodum, quia ob multa iam cenobia circumiacentia supervacuum et pauperibus onerosum.* Im übrigen übergehen die Gandersheimer Quellen die Klostergründung mit Stillschweigen. Die durch Entzug von Grund und Boden betroffene Stiftspfarre St. Stephani wurde in dem Vertrag des Herzogs mit der Stiftsäbtissin Agnes von Anhalt vom 11. Aug. 1503 durch eine Rente von 2 Gulden aus dem herzoglichen Dorf Sebexen nur sehr mäßig entschädigt (6 Urk 688). In der Folgezeit kam es mehrfach zu Auseinandersetzungen zwischen dem Kapitel des Reichsstifts und den Barfüßern. In dem von Herzog Heinrich d. J. vermittelten Vertrag zwischen der in der Wilhelmsburg residierenden Herzoginwitwe Katharina und dem Gandersheimer Rat einerseits und dem Kapitel des Reichsstifts andererseits vom 10. Okt. 1516 wurde diesem gestattet, mit seiner Fronleichnamsprozession, die dabei von Gandersheimer Bürgern gestört worden war, die Barfüßerkirche zu betreten und auch das hl. Kreuz, wie in andere Häuser, am Pfingstdienstag in das Kloster zu tragen. Andererseits wurden den Barfüßermönchen gottesdienstliche Verrichtungen in der Stiftskirche ohne Genehmigung des Kapitels untersagt (6 Urk 743, Harenberg S. 968).

Die Nutzung der Klosterkirche für fürstliche Begräbnisse erfolgte schon bald. Nachdem Herzog Heinrich d. J. 1517 seinen Sohn Andreas dort hatte beisetzen lassen (Harenberg S. 1628), wurde auch die 1520 verstorbene Witwe Wilhelms d. J., Elisabeth v. Stolberg, die als die eigentliche Gründerin des Klosters angesehen wurde, im Chor der Barfüßerkirche zur Linken des Hochaltars begraben (Rethmeier, Brschw. Lbg. Chron. S. 1007, 1017). Herzog Heinrich d. J. selbst besaß ein eigenes Gemach mit Schlafkammern im Kloster über dem Kreuzgang *negst der Liberey* (s. oben § 3, 1). Wie sehr die Gandersheimer Franziskaner auf Gedeih und Verderb mit dem Herzog verbunden waren, beweist, daß sie

[1]) Die von Lemmens, Briefe u. Urkk. S. 83 mitgeteilte Nachricht aus dem Werk des Ordensgenerals P. Franz Gonzaga, „De origine Seraphicae Religionis" (1587), der Gandersheimer Konvent sei erst 1512 als 26. Kloster in die sächsische Provinz aufgenommen worden, beruht auf einem Irrtum. Andererseits stammt die bei Wadding, Ann. Min. Bd. 15 S. 344 abgedruckte Klosterliste, in der Gandersheim an 20. Stelle in der entstellten Form *Banderscheymensis* erscheint, erst aus dem Jahre 1517, vgl. Doelle, Observanz S. 57 f.

sich für die makabre Komödie des Scheinbegräbnisses der Geliebten Heinrichs d. J., des Hoffräuleins Eva von Trott, im J. 1532 hergaben oder hergeben mußten. Während Eva heimlich nach der Staufenburg gebracht wurde, wo sie dem Herzog noch fünf weitere Kinder schenkte, wurde die angeblich an der Pest Verstorbene in einem Sarge, der eine Holzpuppe enthielt, in der Barfüßerkirche feierlich beigesetzt (vgl. H. v. Strombeck, Eva von Trott, und F. Koldewey, Heinz).

Der bald ruchbar gewordene Betrug wurde von den Gegnern des Herzogs propagandistisch ausgenutzt. Landgraf Philipp von Hessen ordnete nach der Besetzung des Landes durch die Schmalkaldischen Verbündeten zu Beginn des Jahres 1543 die Aufgrabung des Sarges der angeblich toten Eva von Trott in der Barfüßerkirche an und ließ sich von dem Kanzler Heinrich Lersner darüber Bericht erstattten (Pol. Arch. d. Lgr. Philipp d. Großmüt. II, hrsg. v. Fr. Küch [PubllPreußStaatsarch. 85] 1910 nr. 1514 S. 188 u. nr. 1518 S. 192).

Noch bevor die Schmalkaldische Besatzungsmacht das klösterliche Leben unterbrach, hatte schon das Eindringen lutherischen Gedankengutes in die Gandersheimer Bürgerschaft die Wirkungsmöglichkeit der Franziskaner eingeengt und sie noch mehr an den katholisch gebliebenen Herzogshof gebunden. Franziskanerbrüder, die von den lutherischen Bürgern aus Göttingen vertrieben worden waren, konnten noch im Gandersheimer Konvent Aufnahme finden, so der Bruder Johann Remensnider (Henricus Bodo, CC. Bl. 250 r.). Nachdem noch 1539 ein Provinzialkapitel der sächsischen Observanten vom hl. Kreuz unter dem Minister P. Johannes Datoris im Gandersheimer Barfüßerkloster hatte stattfinden können (Lemmens, Briefe u. Urkk. S. 86, 91 f., 97), brachte die Kirchenvisitation der Schmalkaldener vom 21. Okt. 1542 die erste Aufhebung des Klosters. Der Guardian und drei weitere Konventualen, die sich zunächst nicht zur Annahme der Reformation bereiterklären wollten, wurden von den Visitatoren ausgewiesen, *dan sie von wegen irer halsstarrigkeit im closter nicht zu leiden*, die übrigen sollten *kappen und blatten* ablegen und sich weltlich kleiden (2 Alt 1583 Bd. 2 Bl. 112; Kayser, Ref. KirchVis. S. 35). Der Ausweisungsbefehl wurde allerdings wieder zurückgenommen. Es wurde dem Guardian gestattet, nach Ablegung des Habits außerhalb des Klosters in der Stadt zu bleiben, doch sollte er die lutherischen Predigten anhören und *die Religion nach der Chur- und Fürsten Ordnung annehmen* (Kayser, Ref. KirchVis. S. 35). Im Kloster blieben vier genannte (s. unten die Personallisten) und mehrere ungenannte blinde, lahme und kranke Mönche, die durch passiven Widerstand gegenüber den Forderungen der Visitatoren das Klosterleben weiterzuführen suchten. Das Protokoll der zweiten Schmalkaldischen Visitation von

1544 stellte fest: *In diesem closter sein eitel alte munche in iren grauwen cappen befunden, haben und halten ire muncherei noch hart und sein noch nichts bedacht daran zu andern. Wollen sich des habitus halben entschuldigen, das sie zu arm sein, andere kleider zu schaffen. So wil inen auch niemandt dieselbigen vorgeblich geben, behelffen sich aber ires bettelns also, das sie kuchen und keller vol haben* (Kayser, Ref. KirchVis. S. 36 Anm. 51). Ein Versuch, im Februar 1544 die Knabenschule der Stadt in das Franziskanerkloster zu legen und die bisherige Knaben- in eine Mädchenschule umzuwandeln, kam nicht zur Ausführung (Landeskirchl. Archiv Brschwg. V 449 Bl. 12 v). Doch berichtet der spätere Chronist Johann Letzner, der zusammen mit Caselius, dessen Vater Matthias Bracht damals lutherischer Praedikant und Superintendent in Gandersheim war, in den Jahren 1544—1547 die Gandersheimer Schule besuchte, daß er im Barfüßerkloster von dem dort verbliebenen Mönch P. Egidius Sauermage manche Anregungen in historicis empfangen habe (Joh. Letzner, Brschwg. Lbg. Gött. Chronica, Cap. 84 [StUB Gött., Ms. Histor. 249], vgl. Hans Klinge, Johannes Letzner, ein niedersächsischer Chronist des 16. Jhs. [NdSächsJbLdG 24. 1952 S. 41]).

Nachdem Herzog Heinrich d. J. am 15. Juni 1547 Freiheit und Land zurückerhalten hatte, wurde, wie ebenfalls Joh. Letzner berichtet, *das Kloster fein angerichtet und wiederum mit Mönchen besetzt, darunter etzliche gelehrte, die predigen konnten, dann auch alles Volk den Barfüßern gefolget* ... Bei der nun einsetzenden Rückführung des Fürstentums Braunschweig-Wolfenbüttel zur alten Lehre scheint das Franziskanerkloster Gandersheim eine besondere Rolle gespielt zu haben. Jedenfalls wurde der führende Gegenreformer und Hofprediger Herzog Heinrichs d. J., der Franziskanerpater Heinrich Helms (Helmesius), als Gandersheimer *monachus observanticus* bezeichnet (Leuckfeld, S. 474 nach der Kirchengeschichte des Hermann Hamelmann, Teil 2, vgl. aber die Personallisten!).

An dem Aufbau des Klosters beteiligte sich auch das Reichsstift, das z. B. für die Kirche ein Fenster mit seinem Wappen stiftete (Stiftskirchenbibliothek Gandersheim, Fabrikregister 1550). Auch wurden nunmehr die Barfüßermönche des öfteren zu Predigten und anderen gottesdienstlichen Verrichtungen in der Stiftskirche herangezogen (Kronenberg, Bettelmönche Nr. 182 Sp. 1). Wenig später ist in den Fehden des Grafen Volrad von Mansfeld und des Markgrafen Albrecht Alkibiades von Brandenburg-Kulmbach in den Jahren 1552 und 1553, die Gandersheim zeitweise besetzt hielten, der Konvent vertrieben und das Barfüßerkloster mindestens teilweise zerstört worden. Herzog Heinrich d. J. veranlaßte den alsbaldigen Wiederaufbau (Brief des Abtes von Clus

Johann Mutken an den Abt von Ilsenburg vom 27. Febr. 1554, abgedr. von Eduard Jacobs, ZHarzV 11. 1878 S. 485).

Die neue Besetzung des Klosters mit Guardian, Viceguardian und Tertian gibt uns die in Brüssel überlieferte „Kapiteltafel" des in Jüterbog abgehaltenen Kapitels der sächsischen Franziskanerprovinz vom hl. Kreuz vom 8. Sept. 1554 (Lemmens, Briefe u. Urkk. S. 70, vgl. die Personallisten). Doch erbat Herzog Heinrich d. J., wie ein Brief des P. Provinzials Thomas Regius an den in Auflösung begriffenen Greifswalder Konvent vom 15. Mai 1556 berichtet, von diesem *instantissime* Brüder für seinen Gandersheimer Konvent, da dieser nur noch aus fünf Priestern und drei Laien bestehe (Lemmens, Briefe u. Urkk. S. 74). Zugleich wünschte der Herzog nach einem weiteren Brief des gleichen P. Provinzials vom 7. Juni 1556, daß das nächste Provinzialkapitel in Gandersheim stattfinde, was auch geschah (Lemmens, Briefe u. Urkk. S. 76 u. Anm. 1).

§ 7. Die Auflösung des Klosters

Der Tod Herzog Heinrichs d. J. am 11. Juni 1568 und die alsbaldige Durchführung der Reformation im Fürstentum Braunschweig-Wolfenbüttel durch seinen Sohn Herzog Julius beendete die kurze Geschichte des Gandersheimer Franziskanerklosters. Am 1. Februar 1569 forderten die herzoglichen Amtleute zu Gandersheim auf Befehl des Fürsten den Guardian Dietrich Schaffer auf, das von der Mutter Herzog Heinrichs d. Ä., Elisabeth von Stolberg, gestiftete und daher dem Landesfürsten eigentümlich zugehörige Kloster in manus des Herzogs Julius zu resignieren. Der Guardian erklärte zunächst, hierzu von seinen Oberen keinen Befehl zu haben. Er sei aber vor zwei Jahren von Herzog Heinrich d. J. gegen seinen Willen als Guardian eingesetzt und wolle nun dessen Sohn, der mit dem Kloster eine Veränderung plane, *als dem rechten erben und regirenden landesfursten, dem solch closter eigenthumlichen zugehorich ist,* es wiederum überlassen (Not. Instr. vom 1. Febr. 1569, 37 Alt 1078 Bl. 10—11). Die geplante Veränderung war die Umwandlung des Barfüßerklosters in ein Paedagogium illustre als Vorstufe der später in Helmstedt eingerichteten Universität, das schon in der Kirchenordnung des Landes vorgesehen war (E. Sehling, Die ev. Kirchenordnungen des 16. Jhs., VI, 1, 1955 S. 243 f. *Ordinatio des paedagogii zu Gandersheim,* vgl. auch Leuckfeld, a.a.O. S. 148 f.) und alsbald in Angriff genommen wurde (vgl. zuletzt Dieter Schäfer, Gründung und Einweihung des Paedagogium illustre in Gandersheim 1569—1571 [JbGesNdSächsKG 64. 1966 S. 97—128], dort auch die ältere Literatur).

4. VERFASSUNG

§ 8. Ämter und Konvent

Die überaus dürftige Quellenlage gewährt nur wenig Einblick in die innere Verfassung des Gandersheimer Franziskanerklosters. Bei der strengen Einheitlichkeit der Observanz wird sich das Gandersheimer Kloster von den übrigen Konventen der sächsischen Provinz vom hl. Kreuz in seiner Verfassung nicht unterschieden haben. Außer von dem stets vorauszusetzenden und meist wohl vom Konvent gewählten Guardian hören wir erst 1554 von einem Vizeguardian und einem Tertian (über dessen vermutliche Befugnisse — Stellvertretung der beiden Oberen — s. Lemmens, Briefe u. Urkk. S. 68). Lektoren bzw. Lesemeister und Novizenmeister sind nicht überliefert. Auch ob wenigstens zeitweise ein sog. Studium in Gandersheim bestand, ist nicht bekannt, wenngleich der Umfang der Bibliothek ein solches nahelegt.

Die Konventsstärke war bei der Gründung auf 20 Mönche berechnet. Sie war schon 1542 auf knapp ein Dutzend gesunken. Im J. 1556 waren 5 Priestermönche, bei der Aufhebung nur noch 3 einschließlich des Guardians vorhanden.

Über die Stellung im Orden und über das Verhältnis zum Landesherrn s. oben § 6.

§ 9. Siegel

Siegel des Gandersheimer Franziskanerklosters sind bisher nicht bekannt geworden.

5. GÜTERBESITZ

Nach den Prinzipien der Observanz war auch das Kloster als solches besitzlos. Schenkungen an Grundbesitz und Kapitalien pflegten an andere Institutionen, in diesem Falle wohl an den Herzog oder die Stadt Gandersheim, zediert zu werden. Entsprechende Urkunden sind hier allerdings nicht überliefert. In der Landesbeschreibung für den Schmalkaldischen Bund von 1544/46, die alle Besitzungen der Braunschweigischen Klöster verzeichnet (StadtA. Brschwg., B III 5 Bd. 27), ist das Franziskanerkloster nicht aufgeführt, was sicher der Fall gewesen wäre, wenn es nennenswerten Besitz gehabt hätte.

6. PERSONALLISTEN

1. Guardiane:

M a t t h i a s D u v e l 1536 (CC. Bl. 250 r).

N. N. (identisch mit dem Vorigen?), wurde am 21. Oktober 1542 von den Schmalkaldener Visitatoren entlassen, weil er den alten Glauben nicht aufgeben wollte. Der Befehl der Ausweisung aus der Stadt wurde am nächsten Tage zurückgenommen und in ein Klosterverbot umgewandelt (Kayser, Ref. KirchVis. S. 35). Woker, Gesch. S. 365, hält den Mönch Henning Riecke irrtümlich für diesen Guardian.

J o h a n n e s H o l t b o r n. Erhielt 1550 aus dem Konsolationsfonds des Reichsstifts für Arzneimittel 30 s (11 Alt Gand. Fb. 1, IX, 61) und im gleichen Jahre aus der Fabrik des Reichsstifts 24 Kortlinge für ein Kirchenfenster mit dem Kapitelswappen (Stiftskirchenbibl. Gandersheim, Fabrikregister 1550).

J o h a n n e s S c h ö n e w e c k. Wurde am 8. September 1554 auf dem Provinzialkapitel zu Jüterbog als Guardian in Gandersheim eingesetzt (Lemmens, Briefe u. Urkk. S. 70).

D i e t r i c h S c h a f f e r. Wurde nach seiner Angabe 1567 von Herzog Heinrich d. J. gegen seinen Willen als Guardian eingesetzt und resignierte am 1. Februar 1569 das Kloster an Herzog Julius (37 Alt 1078 Bl. 10 f., Lemmens, Nieders. Franziskanerklöster S. 77 u. Anm. 2).

2. Vizeguardian:

G e o r g M i d d e l s t r a t e, auf dem Provinzialkapitel zu Jüterbog am 8. Sept. 1554 bestätigt (Lemmens, Briefe u. Urkk. S. 70).

3. Tertian:

P. B o n a v e n t u r a N., auf dem Provinzialkapitel zu Jüterbog am 8. Sept. 1554 bestätigt (Lemmens, Briefe u. Urkk. S. 70).

4. Mönche:

J o h a n n e s R e m e n s n i d e r, 1536 mit mehreren anderen in Gandersheim aufgenommen, nachdem sie von den lutherischen Bürgern aus Göttingen vertrieben worden waren (Henricus Bodo, CC. Bl. 250 v; nach Lemmens, Briefe u. Urkk. S. 67 waren die Göttinger Franziskaner schon im Juli 1532 vertrieben worden).

H e n n i g R i e c k e (Ricken), verweigerte zunächst am 21. Okt. 1542 vor den Schmalkaldener Visitatoren die Reformation, entschuldigte sich aber anderntags. Er erhielt Klosterverbot, durfte aber in Gandersheim bleiben (2 Alt 1583 Bd. 2 Bl. 112, Kayser, Ref. KirchVis. S. 35). Wird bei Woker, Gesch. S. 365 irrtümlich als Guardian bezeichnet.

Ludolphus Lamberti (Lamperti), wollte bei der Schmalkaldischen Visitation am 21. 10. 1542 anfänglich die Reformation nicht annehmen, erklärte aber dann, bleiben zu wollen (2 Alt 1583 Bd. 2 Bl. 112, Kayser, Ref. KirchVis. S. 35).

Egidius Fricke alias Sauermage, erklärte sich bei der Schmalkaldischen Visitation vom 21. Oktober 1542 zur Annahme der Reformation und zum Bleiben bereit (2 Alt 1583 Bd. 2 Bl. 112, Kayser, Ref. KirchVis. S. 35). Egidius Fricke ist identisch mit dem von Johannes Letzner, der ihn als Schüler der Gandersheimer Stiftsschule 1544—47 persönlich kennengelernt hatte, in seiner Brschwg. Lbg. Gött. Chronik, Kapitel 84, genannten *Pater Historicus* Egidius Sauermage, den er folgendermaßen beschreibt: *Ein alter und nicht ungelehrter Mann, eines blöden und schwachen Gesichts, welcher in seiner Jugend viel gelesen, sonderlich Historien und Chroniken, war dabei friedsam, still und fromm* ... Letzner zitiert ihn mehrfach als Gewährsmann und hat angeblich noch 1548 historische Nachrichten von ihm erhalten (vgl. Hans Klinge, Johannes Letzner. Ein niedersächsischer Chronist des 16. Jhs. [NdSächsJbLdG 24. 1952 S. 40 f.]). Die Nachricht bei Harenberg S. 1628, Sauermage sei 1542 vertrieben worden, trifft nicht zu.

Leonhard Hasselfelt (Hasfelt), erklärte sich bei der Schmalkaldischen Visitation am 21. Oktober 1542 zum Bleiben bereit (2 Alt 1583 Bd. 2 Bl. 112, Kayser, Ref. KirchVis. S. 35). Nach Letzner, Chron. Kap. 84, war er *der andern Koch und Diener, ein frommer Mensch, sah, wie er die andern mit seiner Bettelei erhalten konnte.*

Lüdicke Meiger (Lutkemeyer, Lutke Meiger), wollte zunächst bei der Schmalkaldischen Visitation die Reformation nicht annehmen, blieb aber doch (2 Alt 1583 Bd. 2 Bl. 112, Kayser, Ref. KirchVis. S. 35). Identisch mit dem bei Letzner, Chron. Kap. 84, genannten Bruder Lüdicke, *ein alter, unfreundlicher, feindseliger und unversöhnlicher Mensch, sahe immer saur und gab niemandem ein gut Wort.*

Heinrich Helms (Helmesius), 1547 ff. angeblich Gandersheimer Franziskaner (Leuckfeld S. 474, Adolf Mühe, Stadtgeschichte S. 39), „Gegenvisitator“ und Hofprediger Herzog Heinrichs d. J. Ob Helms tatsächlich dem Gandersheimer Konvent angehört hat, ist allerdings fraglich. Er war nach Woker, Gesch. S. 48, in Halberstadt geboren. 1547—1548 war er Guardian in Stadthagen, 1548—1551 Provinzial in Halberstadt (vgl. Joseph Prinz, Das kirchliche Leben Stadthagens im Mittelalter. III. Das Franziskanerkloster, in: Das alte Stadthagen und seine Höhere Schule [1939, auch MittSchaumbLippG 7], Seite 272 ff., bes. S. 275).

N i c l a s N., resignierte am 1. Febr. 1569 als zweiter Mönch mit dem Guardian Dietrich Schaffer (37 Alt 1078 Bl. 10 f.).

J o h a n n N., resignierte als dritter Mönch wie der Vorige.

NAMEN- UND SACHREGISTER

Nach den Bearbeitungsrichtlinien der Germania Sacra sind die Personen, die vor 1500 gelebt haben, unter ihren (Vor-)Namen eingeordnet, wobei unter ihren Familien- bzw. Herkunftsnamen jeweils auf den Vornamen verwiesen wird. Alle nach 1500 Genannten sind unter ihren Familiennamen aufgeführt. Ausgenommen sind die Angehörigen regierender Häuser, die auch nach 1500 unter ihren Vornamen sowie (in Klammern) mit den Regierungsjahren oder Todesjahren bzw. dem Jahre ihres Vorkommens im Text erscheinen. Ein der Jahreszahl nach gestelltes Kreuz bedeutet, daß die Person in diesem Jahre als verstorben erwähnt ist.

Abkürzungen

A.	=	Anmerkung
a.	=	auch
Äbtiss.	=	Äbtissin
Anf.	=	Anfang
B.	=	Bischof
D.	=	Diözese
Eb.	=	Erzbischof
ED.	=	Erzdiözese
Fst, Fstin, Fsten, Fstm	=	Fürst, Fürstin, Fürsten, Fürstentum
fstl.	=	fürstlich
Flır.	=	Freiherr
Gem.	=	Gemahlin
Gf, Gfin, Gfen	=	Graf, Gräfin, Grafen
gfl.	=	gräflich
H.	=	Hälfte
Hz, Hzgin, Hzge, Hztm	=	Herzog, Herzogin, Herzöge, Herzogtum
hzgl.	=	herzoglich
Jh.	=	Jahrhundert
Kan.	=	Kanoniker
KanRStGand	=	Kanoniker des Reichsstifts Gandersheim
KanStMarGand	=	Kanoniker von St. Marien vor Gandersheim
Kard.	=	Kardinal
Kg	=	König
Kler.	=	Kleriker
Kr.	=	Kreis
Ks.	=	Kaiser
M.	=	Mitte
MinistRStGand	=	Ministeriale des Reichsstifts Gandersheim
Przss.	=	Prinzessin
RStGand	=	Reichsstift Gandersheim
RStift	=	Reichsstift
s.	=	siehe
StMarGand	=	St. Marien vor Gandersheim
Vik.	=	Vikar
VikRStGand	=	Vikar des Reichsstifts Gandersheim
VikStMarGand	=	Vikar von St. Marien vor Gandersheim
v.	=	von

---

* vor Ortsnamen = Kennzeichnung von Wüstungen